Martin Weiss

URCHUCHI

www.rotpunktverlag.ch
www.urchuchi.ch

Layoutkonzept und Umschlag: Barbara Willi
Fotos: Martin Weiss
Herstellung: Patrizia Grab
Übersichtskarte: Patrizia Grab; Kartenausschnitt reproduziert
mit Bewilligung des Bundesamtes für Landestopografie: www.swisstopo.ch
Bildbearbeitung: Photolitho AG, Gossau ZH
Druck und Bindung: fgb · freiburger graphische betriebe · www.fgb.de

ISBN 978-3-85869-339-6
1. Auflage 2008

Martin Weiss

URCHUCHI

Westschweizer Restaurants mit Geschichten und Gerichten

Romandie und Wallis

INHALTSVERZEICHNIS

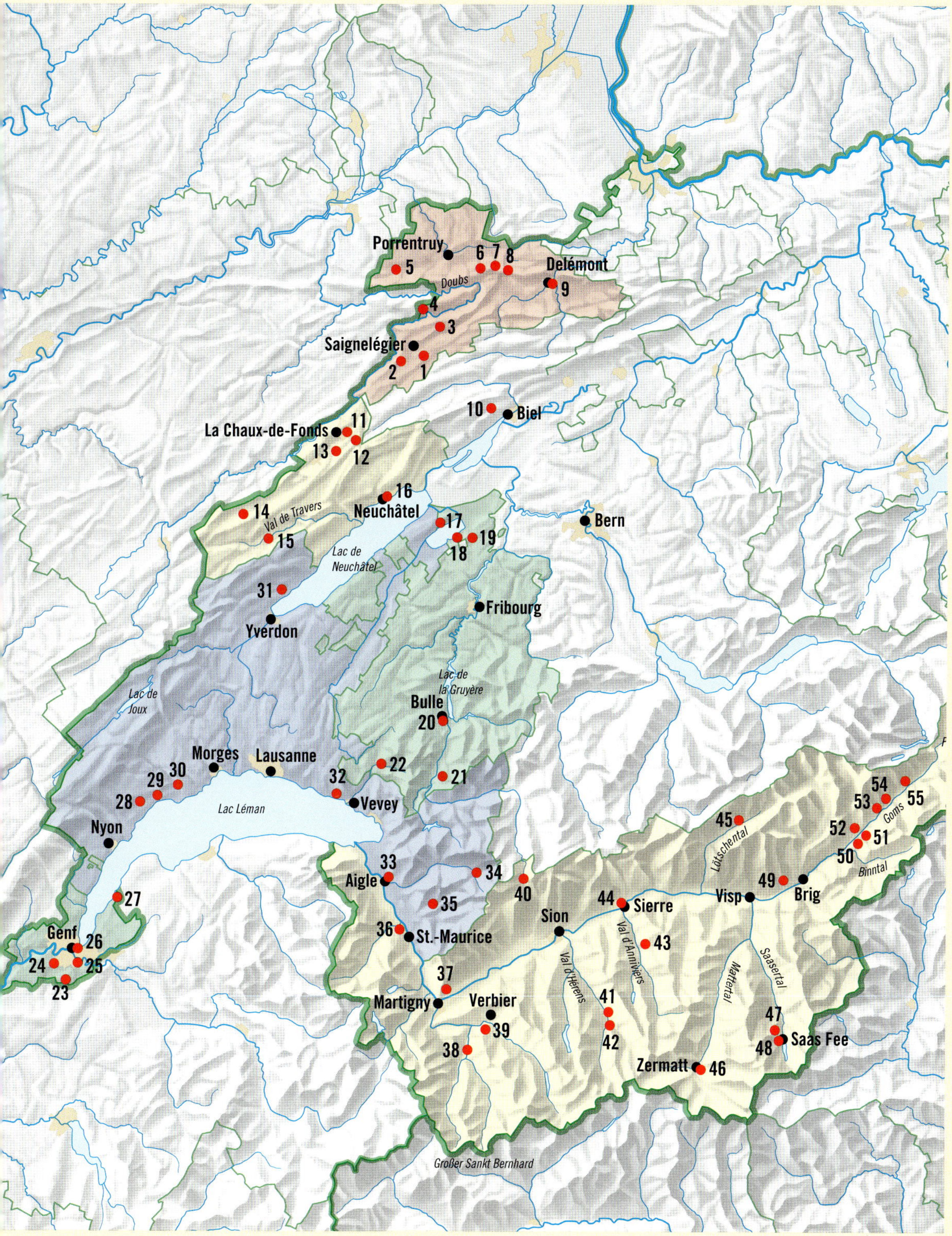

Porrentruy
5
6
7
8
Delémont
9
Doubs
4
3
Saignelégier
2
1
10
Biel
La Chaux-de-Fonds
11
13
12
16
14
Val de Travers
Neuchâtel
17
15
18
19
Bern
Lac de Neuchâtel
31
Yverdon
Fribourg
Lac de la Gruyère
Lac de Joux
Bulle
20
Morges
Lausanne
22
29
30
32
21
28
Vevey
Lac Léman
Nyon
54
53
55
45
Goms
52
51
Lötschental
50
33
Aigle
34
Binntal
40
49
Brig
27
44
Sierre
Visp
35
Sion
Genf
36
St.-Maurice
43
26
24
25
Val d'Anniviers
Saasertal
23
37
Val d'Hérens
Mattertal
Martigny
Verbier
41
47
39
42
48
Saas Fee
38
Zermatt
46
Großer Sankt Bernhard

Einleitung

Der Röstigraben, der ein Vorhang ist.

Romandie. Da kommen den Deutschschweizern sofort Fondue, Raclette und spritzige Weissweine in den Sinn; dann die Waadtländer Saucissons, berühmte Käse wie Gruyère, Vacherin oder Tête de Moine. Viele kennen auch die Jura-Metzgete, den berühmten «Saint-Martin», oder das Chilbiessen im Greyerzerland, die Bénichon. Profunde Romandie-Kenner dürften sogar den Vin cuit kennen, den eingedickten Saft aus den Büschelibirnen, mit dem die Fribourger einen exzellenten Kuchen backen. Doch in der Romandie brutzelt und brodelt noch viel mehr in den Kochtöpfen! Die spannendsten Dinge sind oft sogar gut versteckt: Die Damassine-Pflaumen zum Beispiel, eine besonders sensible Pflaumensorte, die nur in der Baroche, einem kleinen Juratal am Fusse des Mont Terri wächst. Oder die «Jacquerie neuchâteloise», ein Gericht mit Schnecken und Sauerkraut, das nur in wenigen Restaurants zu haben ist. Oder kennen Sie das «Clairbief», eine kleine Forellenbeiz am Doubs, die eine fantastische Forelle in brauner Butter macht? Oder das gemütliche Landrestaurant «Babel» im Genfer Hinterland, das einen herrlichen Cardon-Gratin macht? Nicht zu vergessen das «Chiboz» hoch über dem Dorf Fully, das nur Schwindelfreie unbeschadet erreichen. Solche Geheimtipps und damit auch unbekannte Facetten in der Romandie erlebbar zu machen, war auch bei diesem Urchuchi-Band wieder das Ziel und dürfte aus Sicht der Deutschschweizer auch notwendig sein. So richtig erforscht wurde die Kulinarik jenseits des Röstigrabens nämlich bisher nicht. Die Romandie ist für viele noch immer «terra incognita». Zeit also, den Schleier zu lüften.

Was ist und wo beginnt die Romandie?

Natürlich kann man beim Versuch einer Grenzziehung den Röstigraben bemühen, der die deutsche von der französischsprachigen Schweiz trennt. Doch dieser berühmte Graben (markiert durch das Flüsschen namens Saane) ist durchlässig. Auch auf der anderen Seite der Saane gibt es Dörfer, in denen breites Berndeutsch gesprochen wird. Und einige Regionen im Bernbiet sind bilingue oder französischsprechend. Der Röstigraben wird von den Romands deshalb auch treffender als «rideau de rösti», als Vorhang, bezeichnet.

Oder man kann die Rösti und damit die Kartoffeln als Grenzkriterium nehmen, welche die Romands tatsächlich lieber in Form aristokratischer Gratins, denn als profane Rösti zubereiten. Doch auch die Erdäpfel kümmern sich weder um Gräben noch Vorhänge: Ich habe sogar in Genf eine exquisite Rösti genossen. Trotzdem gibt das Essen am ehesten ein Bild über diesen – auch historisch gesehen – durchlässigen Kulturraum namens Romandie. «Es ist eine geschmacklich fein nuancierte und trotzdem boden-

LA SUISSE N'EXISTE PAS!

Das war der Satz, den Ben Vautier 1992 an der Weltausstellung in Sevilla auf eine Wandtafel schrieb. Die Schweiz existiert nicht!? Der Satz löste Stürme der Entrüstung aus. Dabei wollte der freundliche Ben ein Kompliment machen! Natürlich gibt es die Schweiz, wollte er sagen – doch nur, wenn sie sich immer wieder neu erfindet und formt. Nur dann wird dieser kulturell vielfältige Lebensraum zu einem Land, das man als Schweiz bezeichnen kann. Die Schweiz als permanenter kreativer Akt, als «idée suisse»: Das gefällt mir auch aus der Perspektive des Essens. Denn auch hier existiert *die* Schweiz nicht. Es gibt zwar das Fondue, sozusagen unser Nationalgericht. Doch das fächert sich in viele regionale Fonduevarianten auf (Neuenburger, Fribourger, Waadtländer, Genfer usw.). Und bei den Würsten ist das nicht viel anders: Zwar geniesst der Servelat den Status der Schweizer Lieblingswurst, doch splittert sich unser Wurstuniversum in Hunderte von (weit spannenderen) Spezialitäten auf wie die Saucisse d'Ajoie, die Genfer Longeole oder die Chabiswurst aus Orbe.

All diese kulinarischen Puzzleteile, die oft nur in kleinen Regionen zu finden sind, bilden einen Teil der Schweiz, aber keines ist *die* Schweiz. Das korrespondiert auch mit den Erkentnissen der Ethnologen vom «Patrimoine culinaire suisse», die das kulinarische Erbe unseres Landes erforschen: Bis in die hintersten Täler sind sie unterwegs, um die lokalen Spezialitäten zu inventarisieren. Dabei stellten sie eine aussergewöhnliche Vielfalt fest. Nirgends auf der Welt gibt es auf so kleinem Raum so viele Wurstkreationen– über 400 sind es, eingetragen im Guinessbuch der Rekorde. Kein Land stellt im Verhältnis zur Einwohnerzahl auch so viele verschiedene Käse her. Und derart merkwürdige «Käsebomben» wie die Malakoffs, die – trotz russischer Bezeichnung – am Lac Léman erfunden wurden. Fast jede Region hat eine Kreation, die nur hier hergestellt wird. Manche sogar nur an wenigen Wochen im Jahr. Dazu gehört die Cuchaule, das Safranbrot aus dem Greyerzerland, das nur im Herbst, an der Chilbi gebacken wird.

Eine lebendige Kulinarik, geprägt von den Bräuchen in den Dörfern und Tälern: Auch beim Essen müssen wir die Schweiz aus vielen kleinen Puzzleteilen zusammensetzen und – ganz im Sinne Ben Vautiers – immer wieder neu erfinden. Doch das ergibt ein umso spannenderes Gesamtbild: Das Bild einer kreativen, immer wieder überraschenden kulinarischen Schweiz.

nahe Küche, die ihre Stärke bei den Würsten und den Saucen hat», sagt Georges Wenger, der im jurassischen Le Noirmont kocht. «Im Kern ist sie insofern schweizerisch, als sie aus der bäuerlichen, oft sogar berglerischen Küche herausgewachsen ist, allerdings mit einer romanischen Raffinesse und einem offenen Blick bis ans Mittelmeer und zum Atlantik.» Vielleicht ist es gerade diese Unmöglichkeit einer scharfen Grenzziehung, diese Unschärfe, welche die Romandie ausmacht: Ein luftig-leichter, offener Aggregatszustand, zu dem eine Chaletsuppe mit Doppelrahm genauso gehört wie ein filigraner Saibling, eine fein marinierte Entenleber genauso wie Schnecken auf Sauerkraut. In dem auch mal eine Languste aus der Bretagne auf der Menükarte einer Brasserie erscheint, wo die Glasfenster und Spiegel die Wirklichkeit ohnehin besonders facettenreich, kaleidoskopartig und bis ins Unendliche spiegeln. Räume für philosophische Reflexionen, zu denen sich die Restaurants und Pinten ja besonders gut eignen.

Raum des Geniessens. Die Romandie aber auch als Raum des Geniessens. Nirgends gibt es mehr Spitzenköche, nirgends hat das Essen einen derart hohen Stellenwert. 87 Prozent der Romands verbinden gemäss einer Umfrage «Glücklichsein» mit einem guten Essen in einem gemütlichen Restaurant. Dass man im Waadtland bereits um elf Uhr den Apéro in Form eines Gläschens Chasselas geniesst, ist Teil dieser Genusskultur. Und stets sind da auch noch einige Häppchen Käse, Trockenfleisch und knuspriges Brot auf

dem Tisch, um den Gaumen langsam in Fahrt zu bringen. Die Romands kennen sich in ihrem Genuss-Universum auch bestens aus. Ob weit oben im Goms oder unten am Lac Léman, ob im hintersten Zipfel im Jura oder im Dorf Hermance an der Grenze zu Savoyen: Stets habe ich Menschen getroffen, die sehr genau wussten, welche Kostbarkeiten in ihrem Terroir wachsen und wie ein Gericht zubereitet werden muss, damit «es stimmt.» Als Deutschschweizer kam ich schon sprachlich oft an die Grenzen: Ich musste sehr viel genauer nachfragen und intensiver nachforschen, um etwa den kleinen, feinen Unterschied zwischen «Saucisse» und «Saucisson» zu verstehen (eine Erklärung dazu gibt es auf S. 392). Oder dem Geheimnis der «Grünen Fee» auf die Spur zu kommen, die 1910 verboten wurde und viele Brenner im Val de Travers in den Untergrund trieb. Darunter Berthe Zurbuchen aus Les Bayards, genannt «La Malotte», die aus Protest ihr Haus absinthgrün anmalte.

Widerstand und Rebellion. Überhaupt der Widerstand, das Rebellentum, die beide in der Romandie auffallend häufig mit dem Essen verbunden sind: Dazu gehört der Trick mit der Kabiswurst (S. 211). Oder der Rauswurf der Berner aus dem Waadtland am 24. Januar 1798. Noch heute wird die «kleine Revolution» im Waadtland gefeiert, mit riesigen Berner Schlachtplatten! Dazu gehört auch die Genfer Köchin, die einem Savoyer in der Nacht auf den 12. Dezember 1602 einen Topf mit heisser Gemüsesuppe auf den Kopf warf. Die kulinarische Geschichtsschreibung ist zwar lückenhaft, umrankt von Legenden und Mythen. Doch in diesem Fall ist alles klar: Die Köchin hiess Catherine Cheynel und war zur Zeit der Hugenottenverfolgung von Lyon nach Genf geflüchtet. Auch was in ihrem Suppentopf köchelte, konnte ich herausfinden: Es war Gemüse und Reis (siehe S. 169).

Solche Dinge interessieren mich, weil sie viel über die Esskultur einer Region sagen. Dabei führt eine heisse Spur in der Romandie immer wieder zum Käse. Schliesslich sollen es die Romands gewesen sein, die das Fondue und das Raclette erfunden haben. Um beide Gerichte ranken sich Legenden mit liebeskranken Sennen und wundersamen Erscheinungen. Sogar der Teufel soll im Spiel gewesen sein – ein untrügliches Zeichen, dass wir uns auf eine «heisse Zone» im kulinarischen Erbe zubewegen. Das hat offenbar auch die katholische Kirche so gesehen und ein Konzil abge-

halten zur Frage, ob man den Käse beim Fondue mischen darf oder nicht (siehe Seite 127). Das zeigt, wie viel Symbolkraft im Essen steckt. Ein Paradebeispiel ist das Bénichon-Essen im Greyerzerland: Die Menüabfolge von insgesamt acht Gängen ist vom ersten bis zum letzten eine religiös begründete Zeichensprache. Ähnliches gilt für das Fondue, das vielleicht gerade deshalb zum Schweizer Nationalgericht wurde, weil darin verschiedene Käse(teile) zu einem neuen großen Ganzen verschmelzen, das dann gemeinsam gegessen wird. Eine Metaphorik, die gut zu unserem pluralistischen Land passt.

Essen als Zeichensprache

«Wie spricht die Landschaft zu mir?», fragte Rilke, der seine letzten Lebensjahre im Wallis verbrachte. «Was sagt uns das Terroir?», fragt die Urchuchi. Zu verstehen, wie der Boden beschaffen ist, die Topografie, das Klima einer Region, sagt viel aus über die Kulinarik. Das poröse Juragebirge spricht eine andere, eine durchlässigere Sprache als der harte Fels im Oberwallis. Im Jura erscheinen Schnecken, Entenlebern und Trüffeln auf den Menükarten. Im Goms sind es geräuchertes Trockenfleisch, Raclette, Roggenbrot. Landschaft ist auch Zeichensprache, die sich in dem, was auf den Tisch kommt, artikuliert. Das zeigt sich schön beim Käse. Der Boden, das Klima, das Gras: Das Terroir spricht beim Käse in hundert Sprachen, selbst wenn der Käse exakt nach der gleichen Methode hergestellt worden ist. Der Raclettekäse aus Saas-Fee schmeckt anders als der Raclettekäse in Obergesteln. In nachgerade babylonischer Vielfalt spricht das Terroir beim Wein: Der Chasselas aus Neuenburg ist luftiger und leichter als der spritzige Chasselas vom Lac Léman. Und der wiederum unterscheidet sich stark vom etwas behäbigeren Walliser, der aus den gleichen Trauben gekeltert wird und dort Fendant heisst. Klar, das sind Finessen, die nur die wahren Profis bis auf die «feinsten Ananas- und Veilchennoten im Abgang» herausspüren. Es sind aber genau diese Nuancen und Finessen, welche die Quintessenz des kulinarischen Erbes der Schweiz ausmachen.

All diese Nachforschungen haben sich gelohnt.

55 Restaurants mit regionalen Spezialitäten sind in diesem Urchuchi-Band versammelt, ergänzt mit Hintergrundgeschichten, Reportagen und Informationen zum kulinarischen Erbe. Dazu kommen gegen zweihundert Einkaufstipps und eine Sammlung von über 120 Rezepten, die nicht nur viele bekannte Gerichte der Romandie, sondern auch einige spannende Neuentdeckungen bereit hält.

Eine Erfolgsgeschichte

Mit dem vorliegenden Band ist die Trilogie der Urchuchi abgeschlossen. Dass die Buchreihe in einer Genussregion par excellence ihr Finale findet, freut mich besonders. Denn hier in der Romandie, in einer kleinen Pinte in Onnens, ist die Idee zur Urchuchi entstanden. Michel Kunz, ein Original von einem Beizer und seine nachgerade urzeitlichen Rostbratwürste, die er hier seit dreissig Jahren zubereitet, waren das Muster für die Urchuchi (siehe S. 228). Solche Urgerichte und Urgesteine wollte ich in einem Restaurantführer sammeln.

Niemand konnte damals ahnen, dass die Buchreihe auf ein derart grosses Echo stossen würde. Gegen 20 000 Urchuchi-Bücher wurden bis heute verkauft. Zahlreiche Restaurants haben die Urchuchi als Vorlage genommen. Andere wurden bestärkt, dass sie auf dem richtigen Weg waren. Einige kulinarische Kostbarkeiten wie etwa die «Smieza», ein Gemüsekuchen aus Soazza, konnten dank der Urchuchi vor dem Verschwinden bewahrt werden. Auch andere alte Rezepturen dürften gerettet worden sein, allein durch die Tatsache, dass wir sie wieder zeigten. Natürlich war die Zeit reif für die Wiederentdeckung der Schweizer Spezialitätenküche. Die Leute haben genug von lieblosem Industriefood, von Gerichten, die nach nichts mehr schmecken. Sie suchen authentisches, natürliches, gesundes Essen, bei dem man weiss, woher die Produkte stammen. Die Urchuchi hat diese «Bewegung» in Bilder und Texte gefasst und mit einem Namen versehen, der zum Synonym für ehrliche Frischküche mit Bodenhaftung geworden ist. Das Wort «Urchuchi» gab es noch nicht vor sechs Jahren, es ist ein frei von mir kreierter Dialektbegriff.

Fazit. Was ist das Fazit nach sechs Jahren Forschungs- und Essarbeit? Was lässt sich nach über zweihundert porträtierten Restaurants über die Schweizer Kulinarik sagen?

Sicher ist, dass wir eine der vielfältigsten Küchen der Welt haben. Eine Küche, die sich in in jedem Tal, in fast jedem Dorf wieder anders, überraschend, oft sogar geradezu exotisch präsentiert. Dies führt zu der Rekordzahl von Wurstkreationen, zu der unerhörten schweizerischen Käsevielfalt und – nicht zuletzt – zu einem Schlemmerparadies in Sachen Süssigkeiten: Dies liegt an der Topografie unseres Landes: Die Arbeit in den Bergen setzte Gerichte mit möglichst vielen Kalorien voraus. Einige Knabbergebäcke, wie etwa die Spampezzi im Tessin, wurden deshalb so deftig gefüllt, weil sie als Minisnacks für die Bauern und Hirten dienten. Vielleicht ist deshalb auch die Schokolade in der Schweiz erfunden worden. Sie bildet noch heute die Grundlage eines Kunsthandwerks, das in der Romandie in vielen kleinen Chocolaterien gepflegt wird. Die Schweizer lieben Süsses; auch das ist ein Charakterzug.

Auffallend ist vor allem aber die Innovationskraft in den Schweizer Kochtöpfen. Auch wenn wir das Fondue nicht allein erfunden haben – in der Schweiz wurde die heisse Käsesuppe perfektioniert und zum Markenzeichen gemacht. Das Gleiche gilt für das Raclette, dem die Walliser 1909 an einer Weinausstellung in Sion den heute weltberühmten Namen gaben. «Wir haben fantastische Produkte», sagte Spitzenkoch André Jaeger, Schirmherr der «Woche der Genüsse 2008», und wies auf die Schweizer Weine hin: Wo gibt es eine vergleichbare Vielfalt an edlen Tropfen? Über vierzig Rebsorten sind es allein im Wallis, darunter autochthone Urgewächse, die nur hier und sonst nirgends auf der Welt wachsen. Solche Werte zu erkennen und in originäre Produkte umzusetzen, ist ebenfalls ein Markenzeichen der Schweizer Kulinarik. Kurz: Wenn die Kunst der Gastronomie darin besteht, die Farben und Duftnoten der Regionen geschmackvoll und innovativ auf die Teller und in die Gläser zu bringen, darf sich die Schweiz tatsächlich zu den Besten zählen.

Martin Weiss
www.urchuchi.ch

BIODIVERSITÄT AUF DEM TELLER

Manche versuchen, Schmetterlinge vor dem Aussterben zu retten, die Urchuchi versucht etwas Vergleichbares im kulinarischen Bereich: Wir möchten die Vielfalt der Kulinarik, die Biodiversität der regionalen Spezialitäten erhalten. Nicht dass sie unrettbar verloren wäre, im Gegenteil: Die Schweizer Küche erlebt eine Renaissance, ist lebendiger und vielfältiger denn je. Immer mehr Leute haben gemerkt, dass frisches, im Takt mit der Natur gekochtes Essen geschmackvoller, gesünder und schlicht auch intelligenter ist. Denn wenn überall, von Anchorage bis Zaragossa, der gleiche Plastiksackfood auf den Tisch kommt, lernt man nichts mehr über den Boden, die Lebensweise, die Kultur einer Region. Die Pflege der lokalen Spezialitäten ist deshalb zunächst einmal ein hedonistischer, egoistischer Akt: Ich möchte auch etwas entdecken beim Essen. Es ist aber auch ein politischer Akt:, weil wir mit dem Entscheid, was wir essen, ganz direkt mitbestimmen, wie unsere Gesellschaft mit den Tieren und Pflanzen umgeht. Es ist ein Unterschied, ob wir billige Massenware essen oder Fleisch von einem Biobetrieb, der nach ethischen Richtlinien produziert. Oder ob frische Tomaten, die vielleicht etwas knorriger sind und nicht so schön aussehen, aus einem Bauerngarten kommen und ohne Chemie gewachsen sind. Es ist auch ein Unterschied, ob die Bauern ihre Wiesen früh abmähen oder das Gras länger stehen lassen, wie das in Saas-Fee gemacht wird: Die Zahl der Schmetterlinge, der Bienen und anderer Bestäuber ist deutlich grösser. Das kann vital sein, wenn man die Damassinekulturen im Jura nimmt. Da der Frühling 2008 sehr nass und kalt war, sind die Bienen nicht ausgeflogen. Keine einzige Damassine-Blüte wurde in diesem Jahr bestäubt, nicht eine einzige Zwetschge ist gewachsen. Das zeigt, wie fragil und vernetzt die natürlichen Systeme sind, und wie wichtig es ist, sie zu schützen – und sei es nur aus ökonomischen Gründen: Es wäre schlicht nicht machbar, alle Obstbäume von Hand zu bestäuben.

AUSWAHLKRITERIEN

Die Auswahlkriterien für die Restaurants sind die gleichen wie bei den beiden ersten Bänden: Ausschliesslich Restaurants mit saisonaler Frischküche haben Aufnahme in der *Urchuchi Romandie und Wallis* gefunden. Das bedeutet: Alles, was in den vorgestellten Restaurants auf den Tisch kommt, ist frisch und hausgemacht, sämtliche Betriebe arbeiten mit einer hohen Wertvorstellung gegenüber Natur, Tier und Mensch und setzen sich ein für eine umwelt- und tiergerechte Produktion. Einige Betriebe arbeiten ausschliesslich mit Bioprodukten.

Die in der *Urchuchi* vorgestellten Restaurants wurden nach folgenden Kriterien ausgewählt:

1. Saisonale Frischküche (keine Fertigmenüs)
2. Regionale Spezialitäten, traditionell-innovativ zubereitet
3. Restaurants mit Charme

Die *Urchuchi Romandie und Wallis* präsentiert 55 Restaurants, die eine authentische Westschweizer Spezialitätenküche anbieten.
Dazu kommt eine Auswahl von über hundert weiteren Restaurantvorschlägen und gegen zweihundert Einkaufstipps in allen Regionen. Die Auswahl ist subjektiv und keineswegs lückenlos. Wir freuen uns deshalb, wenn Sie weitere kulinarische Perlen entdecken und uns darüber informieren! Bitte senden Sie Tipps, Anregungen und allenfalls auch Kritik an: mail@urchuchi.ch.

REZEPTSAMMLUNG

Die *Urchuchi Romandie und Wallis* enthält im Anhang eine umfangreiche Rezeptsammlung: Es sind rund 120 Rezepte, die von den Köchinnen und Köchen persönlich aufgeschrieben, von uns kontrolliert und zum grössten Teil auch nachgekocht wurden. Darunter sind fast alle berühmten Klassiker der französischen Schweiz, darunter Papet vaudois, Saibling nach Genfer Art, Kardy-Gratin, Tarte au vin cuit, sowie natürlich das Fondue moitié-moitié und weitere Fonduevarianten. Dazu kommen einige Raritäten, die sonst kaum in einem Rezeptbuch zu finden sind, etwa die Schwarze Blutwurst (boudin noir). Das Resultat ist ein Querschnitt durch die traditionelle Urküche der französischen Schweiz, das in dieser Form einmalig sein dürfte. Thomas Heilmann hat die Rezepte ins Deutsche übertragen und darauf geachtet, dass alle nachvollziehbar rezeptiert und leicht nachzukochen sind.

VERWENDETE BEGRIFFE

GM Die von Gault Millau durchgeführte alljährliche Benotung von Restaurants auf einer Skala von 12 bis 20. Bis 16 GM erwartet den Gast ein normales Preisniveau, danach beginnt der Gourmetlevel, wobei heute viele hoch bewertete Restaurants ein Duo-Konzept mit einem preiswerten Bereich anwenden.

M Michelin-Sterne, Bewertungsskala, die nur Spitzenrestaurants vorbehalten ist. Skala von 1 bis 3. Verbunden mit dem «Guide Michelin».

Goût Mieux ist ein Konzept des WWF, bei dem rund 70 Restaurants in der deutschen Schweiz mitmachen. Sie legen Wert auf frische, natürliche Küche. Auf der Karte stehen nebst Fleisch immer auch vegetarische Gerichte. Die verwendeten Zutaten stammen konsequent aus biologischer, tier- und naturgerechter Produktion und fairem Handel. www.goutmieux.ch

Bio-Knospe Auf biologisch produzierte Nahrungsmittel ausgerichtete Betriebe, die regelmässig kontrolliert werden. Das Knospe-Konzept ist ein Erfolgskonzept, das derzeit in der gesamten Schweiz rund 2000 landwirtschaftliche Betriebe und zahlreiche Restaurants umfasst. www.bio-suisse.ch

Slow Food
Alle aufgeführten Restaurants verfolgen im weitesten Sinne die Philosophie dieser in Italien gegründeten Bewegung des «guten Geschmacks». Die Schnecke ist das Symbol von Slow Food, denn nicht «schneller Food», sondern eine Kochkunst, die sich Zeit nimmt, der Natur und ihren saisonalen Verläufen Respekt zollt, ist das Ziel von Slow Food. Es geht um eine Esskultur, in der Geschmack im Zentrum steht, eingebettet in eine ökologisch verantwortungsvolle Produktion. Slow Food setzt sich auch direkt für den Erhalt einzelner Spezialitäten ein. So werden im Projekt «Arche des Geschmacks» Produkte und Produktionsmethoden unterstützt, die durch die industrielle Massenproduktion zu verschwinden drohen. Dazu gehört der Zincarlin, ein Tessiner Frischkäse, der im Valle die Muggio gerettet werden konnte. Oder die «Cicitt», eine Bratwurst aus Ziegenfleisch, die weltweit nur im Verzasca- und im Maggiatal produziert wird. Siehe auch: www.slowfood.ch

JURA

Terra incognita

Man muss nicht in die Ferne schweifen, um unentdecktes Territorium zu erkunden. Urwüchsige Wälder, romantische Seen, impressionistische Flusslandschaften – all das gibt es im Jura. Vor allem aber ist der jüngste Kanton der Schweiz kulinarisch noch weitgehend Terra incognita.
Zeit also, um in dieser einzigartigen Ecke der Schweiz auf gastronomische Entdeckungsreisen zu gehen …

Am Rand gedeihen die Nuancen

«Von den hereinbrechenden Rändern», schrieb der Schweizer Schriftsteller Ludwig Hohl in seinen Notizbüchern, «geht die Chance der Reflexion aus. Es ist die Distanz, die das Wesen des Randes prägt. Hier, nicht in der Mitte, entwickelt sich das Subtile, fein Nuancierte.» Hohl lebte in Genf, am westlichen Rand der Schweiz. Doch ebenso gut hätte er seine Gedanken im Jura spinnen können, hier, wo die Ränder offen und die Grenzen fliessend sind. Jahrhundertelang war die Region Teil des Fürstbistums Basel, eines katholischen Territorialstaates, der weite Teile der Nordschweiz beherrschte. Ab 1793 gehörte die Region zu Frankreich und wurde Mont Terrible, «Schrecklicher Berg», genannt. Danach kam der Jura zum Kanton Bern. Erst seit 1979 ist er ein eigenständiger Kanton, der jüngste der Schweiz, dessen Ränder nach wie vor offen sind: Auch die bernischen Jurabezirke im Süden, so das Ziel jurassischer Politiker, sollen dereinst in den jungen Kanton integriert werden. Diese, nicht zuletzt ökonomisch motivierte Öffnung stösst jedoch nicht überall auf offene Ohren.

Weich und porös ist auch das Urgestein, das dem Kanton den Namen gibt. Vor 200 Millionen Jahren wurde das Kalksteinmassiv am Rand des Thetysmeeres aufgefaltet. Tafeljura nennen die Geologen diese ungefaltete Schichtform, die vor allem die Region der Ajoie prägt. Die Tafel und damit die Bühne, auf der sich auch die Kulinarik abspielt, ist diesem Gebirgszug somit schon sprachlich eingeschrieben. Und eine maritime Üppigkeit. Ammoniten, bis zu zwei Meter grosse Riesenschnecken, lebten während der tropischen Zeit des Mesozoikums im Juragebiet. Ihre spiralförmigen Häuser erinnern an die Hörner des Widders, der den jurassischen Separatistengruppen, den Béliers, den Namen verlieh. Heute gehören die kleinen Nachfahren dieser urzeitlichen Riesenschnecken, die Escargots, zu den Leckerbissen der Küche im Juragebiet.

DIE FREIBERGE

Rund um den Etang de la Gruère zeigt sich die Juralandschaft noch im Urzustand: Die Franches-Montagnes waren früher dicht bewaldet und unbesiedelt. Das änderte sich erst 1384, als der damalige Fürstbischof Imier von Ramstein die Region zur steuerfreien Zone erklärte: Abenteurer und Freigeister zogen in Scharen ins Hochtal und brannten die Wälder ab. Ortsnamen wie Noirmont (schwarzer Berg) oder Les Enfers (die Höllen) deuten auf diesen zivilisatorischen Kraftakt hin. Sogar die Blutwurst aus der Ajoie hat einiges davon abbekommen: «Schwarz wie Russ und heiss wie der Teufel muss sie sein», ist in einem alten Kochbuch nachzulesen. Der freie Geist der Region begünstigte auch die kulinarische Kreativität, die noch heute spürbar ist: Jérôme Rebetez, ein junger Brauer in Saignelégier, braut obergärige Biere jenseits aller Normen. David Parrat in Saignelégier macht damit Brot, das dank der Hefe innen feucht und aussen knusprig ist. Kreativ ist auch der Biokäser in Montfaucon, dessen Fabrikationsmethoden den «Herren in Bern» nicht immer gefallen; schon mehrmals haben sie versucht, die Produktion zu verbieten – chancenlos. Auch die frei umherziehenden Pferde- und Kuhherden gehören zum Freigeist der Region: Die Alpwiesen gehören den Gemeinden und damit allen. Deshalb gibt es auch keine Zäune, alles ist frei und offen.

Durchlässigkeit schufen auch die Flüsse und Bäche, die im Jura Hunderte von Schluchten in den porösen Untergrund gegraben haben. Deshalb gibt es in dieser weiten, nach Süden offenen Diagonalen mehr Canyons als in irgendeiner Region der Schweiz. Und so muss man sich im Jura auch etwas mehr Zeit nehmen, um von einem Punkt an den anderen zu gelangen. Mancher Fremde hat sich am Rand aller Ränder auch schon verirrt, um so allerdings einige weitere, unbekannte Nuancen zu entdecken.

Jura libre, freier Jura. An einigen Hauswänden im Jura kann man die Slogans der Béliers noch erkennen. Verwittert, abgeschliffen vom Zahn der Zeit, erinnern sie daran, dass hier noch vor wenigen Jahrzehnten hart um die Unabhängigkeit gekämpft wurde. In Bern explodierten Bomben, in Moutier herrschten bürgerkriegsähnliche Zustände.

Das ist Geschichte – es ist aber auch Kontrast. Heute ist der Jura ein friedliches, gastfreundliches Stück Schweiz. Wer als Fremder ein Restaurant betritt, wird mit einem Händedruck begrüsst. Das Wort Gastwirt verstehen die Jurassier so, wie es gemeint ist – der Gast steht im Mittelpunkt. Auch beim Essen hat der Kanton in seiner noch jungen Geschichte eine erstaunliche Identität entwickelt. Das kulinarische Erbe umfasst wenige, dafür herausragende Spezialitäten wie die Saucisse d'Ajoie, den Tête de Moine oder das wilde Pflaumenwasser, die Damassine. Nicht zu vergessen der alljährliche Martinischmaus, zu dem die Ajoie meisterliche «Cochonneries» auf die Tische zaubert. So mancher Gourmet plant im November eine Woche Ferien ein, um ja keine Blutwurst zu verpassen.

Dass die Jurassier die Schätze ihres Terroirs pflegen, zeigt sich auch in den lokalen Spezialitäten: An den Ufern des Doubs ist die Forelle das kulinarische Aushängeschild der Restaurants. Am Fusse des Mont Terrible sind es frittierte Karpfen. In den Wäldern der südlichen Juraregionen schwarze Trüffeln, ein Leckerbissen, der saisonal fast jede jurassische Menükarte ziert. Und schliesslich liegen im Jura auch reiche Jagdgründe, sodass Wild im Herbst ein grosses Thema ist.

Die jurassische Küche ist bodennah: Im Bild eine Pilzsuppe im Blätterteigmantel, eine Spezialität des Jura.

Trüffeln aus dem Jura. Sie gehören zur Familie der Burgunder Trüffel (Tuber uncinatum) und kommen vor allem in den südlichen Jurawäldern vor.

Georges Wenger

Der Terroir-Philosoph

Vordenker der jurassischen Terroir-Philosophie ist Georges Wenger, der in Le Noirmont die wohl edelste, von der Region inspirierte Kochkunst auf die Teller bringt. An einem Nachmittag im Frühling habe ich den Spitzenkoch getroffen, um dem Geheimnis des Jura noch etwas genauer auf die Spur zu kommen. Ein Unterfangen, das fünf spannende Stunden in Anspruch nahm. Der Mann kennt sein Terroir wie kein Zweiter. Einige Hundert Koch- und historische Bücher stehen in seiner Bibliothek. Er forscht selber, zum Beispiel über die Damassine. Dabei ist er auf eine uralte Gerichtsurkunde gestossen, in der ein Damassine-Dieb verurteilt wird – eines der ältesten Dokumente, das die Existenz der Wildpflaume im Jura bezeugt. Der Verfechter authentischer Produkte ist zudem Autor des Buches *Kulinarische Jahreszeiten im Jura*, eine Liebeserklärung an den Jura. Und selbstverständlich lässt er sich auch am Herd nichts vormachen. 18 Gault-Millau-Punkte und zwei Michelin-Sterne belegen seine Könnerschaft, die ich mir natürlich nicht entgehen liess: Vom Rauchlachs an einer hausgemachten Joghurtsauce mit Avocadomousse über gebratene Taubenschenkel mit violetten Spargeln bis zum fruchtigen Damassine-Sorbet liess ich mir Wengers fein nuancierte Kochkunst schmecken.
Zwar umfasst Wengers Brigade ein Dutzend Mitarbeiter, doch der Chef steht noch immer selber am Herd: «Er braucht das», sagt seine Frau Andrea. Auch die Tischvisite gehört zum Ritual, das der Chef bei jedem Gast persönlich vollzieht. Das alles hat seinen Preis, ist aber eindrücklich. Einmal im Leben «Chez Wenger» tafeln, das muss sein!

Georges Wenger, was bedeutet der Jura kulinarisch für Sie?
Das kommt ganz darauf an, wo man sich im Jura befindet! In der Ajoie ist das Klima fast mediterran. Hier wächst wunderbares Obst, darunter die Damassine. Hier gibt es aber auch Kartoffelgerichte, die man sonst nirgends findet. Und es gibt Tabak und Wein. Man darf nicht vergessen: Im Mittelalter war es hier wesentlich wärmer, vor Jahrmillionen sogar tropisch warm. Dagegen ist die Küche in den höher gelegenen Freibergen eher alpin. Hier prägen würzige Käse das Terroir und erstklassiges Fleisch, weil die Tiere frei in der Naur herumlaufen können. Geht man weiter in den Süden, in die Jurawälder, sind Pilze, unter anderem Trüffeln, ein grosses Thema. Ich denke, dass gerade diese Vielfalt ein Charakterzug unserer Küche ist. Und dass es eine sehr naturnahe Küche ist, die mit dem Boden verwurzelt ist.

Der Jura ist einer der kleinsten Kantone der Schweiz, gleichzeitig auch der jüngste. Trotzdem gibt es erstaunlich viele Spezialitäten, einige sind sogar richtige Berühmtheiten.

Andrea und Georges Wenger, Gourmetrestaurant «Georges Wenger» in Le Noirmont.

Terroir-Kreation des Spitzenkochs: Steinpilztörtchen mit Majoran und reifem Jurakäse.

BUCHTIPPS

Georges Wenger ist nicht nur Koch, sondern auch Autor des Bildbands *Kulinarische Jahreszeiten im Jura*, eine Liebeserklärung an seine Heimat. Das 243-seitige Werk wurde von der Société Jurassienne d'Emulation, Porrentruy, herausgegeben und ist nicht gerade billig, aber schön.
Wanderbücher aus dem Rotpunktverlag:
Im Herzen des Jura (Bruno Rauch/Hans Dieter Finck), *Jurawandern* (Philipp Bachmann), www.rotpunktverlag.ch

Weiterführende Informationen zum Jura siehe auch: www.juratourisme.ch

Das hat sicher damit zu tun, dass wir hier etwas am Rande der Schweiz liegen. Da konnten sich die Dinge in Ruhe entwickeln, konnten reifen, ihren Charakter ausprägen. Dazu kommt, dass die Leute hier früher zwar sehr arm waren, gleichzeitig aber einen höchst anspruchsvollen Zugang zum Essen hatten. Die Jurassier sind Gourmets! Wenn etwas auf den Tisch kommt, dann musste es raffiniert sein, so raffiniert wie ein Uhrwerk in einer Uhr. Sehen Sie sich den Saint-Martin an: Das ist ein kulinarisches Kunstwerk, ein Festmahl, um die Natur zu feiern, den Übergang vom Herbst in den Winter.

Striflates, die schneckenförmigen, jurassischen Crêpes, die mit Mehl, Eiern und Kirsch zubereitet werden. Das Dessert, serviert mit Zucker und Zimt, gehört zur bäuerlichen Küchentradition im Jura und erscheint nur noch selten in den Restaurants auf den Menükarten, weil die Zubereitung sehr aufwendig ist (Rezept siehe S. 414).

Viele Einflüsse kamen aus den Klöstern, in denen bekanntlich gerne und gut gegessen wurde.

Im Dörfchen Charmoille in der Baroche gab es einen Pfarrer, der über hundert verschiedene Schnäpse gebrannt hat. Auch das erste Kochbuch des Jura wurde von einem Priester geschrieben. Es erschien 1680, hiess schlicht *Kochbuch* und wurde von Buchinger verfasst, einem Mönch in der französischen Abbaye de Lucelle. Die Juraregion stand ja lange unter der Schirmherrschaft des Fürstbistums von Basel. Das war eine mächtige, bis nach Solothurn reichende Hochburg der Religion, aber auch der Kulinarik. Dazu gehörte auch das Kloster in Bellelay, das den Tête de Moine erfunden hat. Wichtige Einflüsse kamen aber auch aus dem Elsass, von hier stammt zum Beispiel das Sauerkraut, das im Jura eine wichtige Rolle spielt. Aber auch aus der Innerschweiz und den Berner Regionen flossen Ideen in den Jura, nicht zuletzt von den Jurassiern selber, die in fremden Diensten standen und Rezepte mit nach Hause brachten. Ich denke, es ist diese Mischung von kirchlicher Esskultur, von französischer Küche und der bäuerlichen Kunst, aus einfachen Dingen etwas Besonderes zu machen, die den Charakter der jurassischen Küche prägt.

Das Schloss Porrentruy, 250 Jahre lang Residenz der Fürstbischöfe, war nicht nur eine Hochburg des Glaubens, sondern auch der kulinarischen Genüsse: Wesentliche Impulse zur Ausprägung der jurassischen Kulinarik stammen aus der klerikalen Hochburg, deren Einflussgebiet bis ins heutige Solothurn und in den Aargau reichten. Eine kulinarische Reminiszenz ist die Fürstbischof-Pastete, die gut gefüllt mit Kalbfleisch, Schweinefleisch vom Stotzen und Milken auf die fürstbischöflichen Tische kam.

Viele dieser kulinarischen Kostbarkeiten sind weitgehend verschwunden. Ich denke an die Striflates, den Gratin ajoulot, die Flouttes aux pommes de terre oder die Etoffées: Alles alte Bauernspezialitäten, die in den Restaurants kaum mehr serviert werden.

Die Striflates gibt es noch: Der Name kommt von Strievela, abgeleitet von den schwäbischen und elsässischen Spätzli, die im Öl frittiert werden. Das sind wahre Kalorienbomben, die kann man nicht alle Tage auf die Dessertkarte setzen! Und das gilt für viele alte Gerichte: Man kann die alten Rezepte als Inspiration nehmen, muss sie aber neu interpretieren, leichter zubereiten. Zudem kennen viele Leute die traditionellen Gerichte gar nicht mehr, weil sie alte Mundartnamen tragen. So verschwinden sie aus dem Bewusstsein, sind aber in etwas modernisierter Form immer noch da. Aber es stimmt: Die Gäste suchen authentisches Essen, sie wollen Terroir, und genau darum geht es: Wir müssen die typischen Produkte der Region authentisch auf die Teller bringen. Den «Goût du terroir», wie wir hier sagen. In meinem Restaurant in Le Noirmont versuche ich,

die saisonalen Färbungen zu reflektieren, die Karte wechselt sieben Mal pro Jahr. Ich verwende auch viel Zeit, um mit den Lieferanten zu sprechen, gehe auf Entdeckungstouren, lese in alten Kochbüchern, um mehr über die Produkte zu erfahren und dieses Wissen den Gästen weiterzugeben. Ein Restaurant, ein Koch, kann viel dazu beitragen, dass eine Region ihre kulinarischen Schätze erkennt und nicht verliert.

Kreation von Georges Wenger, Le Noirmont: Rührei mit schwarzen Trüffeln, grünen Spargeln und Croûton mit Entenleber.

Wohin geht die Entwicklung? Stichwort Fastfood, Kostendruck, immer mehr Vorschriften …

Sämtliche Lebensbereiche werden immer mehr ökonomisiert, alles muss möglichst viel Gewinn abwerfen. Was in der Lebensmittelbranche katastrophale Auswirkungen hat. Zuerst lassen die Grossverteiler kleine, hochkreative Produzenten fallen, danach werden sie zu schlechteren Konditionen wieder ins Boot geholt – wenn es sie dann überhaupt noch gibt! Oder man vereinheitlicht die Produktion, schafft sogenannte Qualitätslabel, die letztlich das Gegenteil bewirken: Die Vielfalt geht verloren, alles schmeckt am Schluss gleich. Das lässt sich unterwandern, indem die kleinen Produzenten und die Bauern ihre Produkte direkt den Verbrauchern anbieten und die Restaurants bewusst auf authentische Produkte setzen.

Das kulinarische Erbe des Jura

Essen ist Terroir – Terroir ist Identität: Die Jurassier haben dies schnell erkannt. Kaum wurden sie in die Unabhängigkeit entlassen, liessen sie ihre berühmte Saucisse d'Ajoie patentieren – eine kulinarische Perle, die heute nur von einigen wenigen Metzgern in der Ajoie hergestellt werden darf. Ähnlich war es beim Tête de Moine, den die Jurassier als unkopierbares Original eintragen liessen. Bei der Damassine führten die Jurassier sogar einen langjährigen Schnapskrieg gegen die Neuenburger Brennereien, um das AOC-Label zu bekommen. Gräbt man noch tiefer in der Geschichte, finden sich kulinarische Terroiransprüche schon bei den Rauraciens, die zur Zeit der Kelten im Nordjura siedelten. Sie achteten sehr genau darauf, dass ihnen niemand die reichen Jagd- und Fischgründe streitig machte. Auch das Fürstbistum Basel, das jahrhundertelang in Porrentruy die Fäden spannte, versorgte sich weitgehend mit Produkten aus der Region. Dazu gehörten auch Weine, die im warmen Klima damals gut gediehen und heute wieder gekeltert werden. Die raren Tropfen kommen heute vor allem aus der Region des Dörfchens Buix im Pruntruter Zipfel und aus Soyhières bei Delémont.

Damassine – die Dame aus Damaskus

Ist sie nun rotblau, schwarzblau oder violett? Ist es eine Pflaume oder eine Zwetschge? Kam sie mit den Römern in den Jura, oder waren es die Kreuzritter? Keine zwei Zentimeter misst die kleine, rundliche Damassine, und trotzdem gilt sie als die First Lady unter den Pflaumengewächsen. Schon der Römer Apicius, ein Gourmet, der auch gebratene Flamingozungen pries, schwärmte von ihrer Süsse. In seinem Buch *Über die Kochkunst* beschreibt er ein Lammfleischgericht, das mit Damascenas aus dem heutigen Syrien zubereitet wurde. Doch die Krönung ist der Brand, der selbst verwöhnte Schnapsnasen zu poetischen Umschreibungen verführt: «Duftnoten von wilden Pflaumen mit leicht bitterem Mandelgeschmack und Heu» entdecken die einen, für andere ist es ein «zimtiger Schokoladenduft mit einem Hauch von Tabakblättern». Die Jurassier gehen noch weiter und sprechen von «mille parfums».

Wie kam die Damassine-Pflaume in den Jura? Nicht völlig geklärt ist der Weg der Damassine in den Jura. Joseph Jobé, der sich intensiv mit dem kulinarischen Erbe der Juraregion befasst hat, glaubt, sie sei mit den Römern von Damaskus nach Italien und dann über die Alpen gekommen. Andere Quellen nennen die Kreuzritter, die den Damaszener-Baum in Jerusalem entdeckt haben sollen. Gesichert ist, dass sich die Damassine in den fürstlichen Gärten im Mittelalter grosser Beliebtheit erfreute. Dreissig Sorten beschreiben die reich illustrierten Obstatlanten aus jener Zeit, eine Vielfalt, die leider verloren ging.

Doch eine leichte Dame ist die Damassine nicht: Man muss warten, bis die Früchte reif sind und von den Bäumen in die Netze fallen. Dann müssen sie sofort eingesammelt und verarbeitet werden. Da es nur wenige Bäume gibt, die zudem oft nur alle zwei, drei Jahre Früchte tragen, ist die Damassine ein äusserst exklusiver Brand.

Im Frühling stehen die kleinen, knorrigen Hochstämmer in Blüte, im Spätsommer sind die kugeligen Damassine-Wildpflaumen reif: Sie haben den höchsten Zuckergehalt aller Pflaumensorten und gleichzeitig den geringsten Wasseranteil. Deshalb lassen sie sich gut zu Zwetschgenwasser verarbeiten.

Der Sommerkäse Tête de Moine

Der Tête de Moine gehört zu den ältesten Produkten im kulinarischen Erbe der Schweiz. Bereits 1192 wird der «Mönchskopf» von Bellelay erstmals erwähnt: «Herausgegangen ist der Käse aus sehr fetter Milch und aus den besten Kräutern und Gräsern des Landes», steht in den Annalen des Klosters. 1790 taucht der Tête de Moine auch namentlich auf, möglicherweise, weil er längst zu einem Markenprodukt geworden war: Fürsten und Könige liessen sich auf der Durchreise den zartschmelzenden Rohmilchkäse munden. Da das Kloster zum Fürstbistum Basel gehörte, das Burgrechtsverträge mit Bern und Solothurn unterhielt, wurde der Käse auch in anderen Kantonen eifrig geschabt und genossen. Mitte des 19. Jahrhunderts begannen auch die Dorfkäsereien mit der Fabrikation des Sommerkäses. Heute umfasst das Herstellungsgebiet mehrere Berg- und Sömmerungsgebiete in der östlichen Juraregion mit etwa zehn Käsereien. Sie stellen den Mönchskopf nach den strengen Qualitätsvorschriften der Appellation d'Origine Contrôlée (AOC) her: Es darf nur Milch verwendet werden, die hier erzeugt, verarbeitet und veredelt worden ist.

Die Girolle. Zum Erfolg des Tête de Moine hat auch eine geniale Erfindung beigetragen: die Girolle des Jurassiers Nicolas Crevoisier. Wie seit Urzeiten schabte der gelernte Feinmechaniker aus Lajoux mit seinem Messer umständlich die Käsestücke vom Tête de Moine. Viel zu kompliziert, sagte sich der junge Mann und suchte ein schnelleres, eleganteres System. Er spiesste den Käse auf einen Stift, brachte ein bewegliches Messer an, und nach mehreren Versuchen war die Girolle geboren! Das Schaben von Rosetten wurde damit zum Kinderspiel. 1981 hat Nicolas das Patent angemeldet und begann ein Jahr später mit der Produktion. Seither hat seine Metafil AG über zwei Millionen Girolles verkauft.

Siehe auch: www.tetedemoine.ch

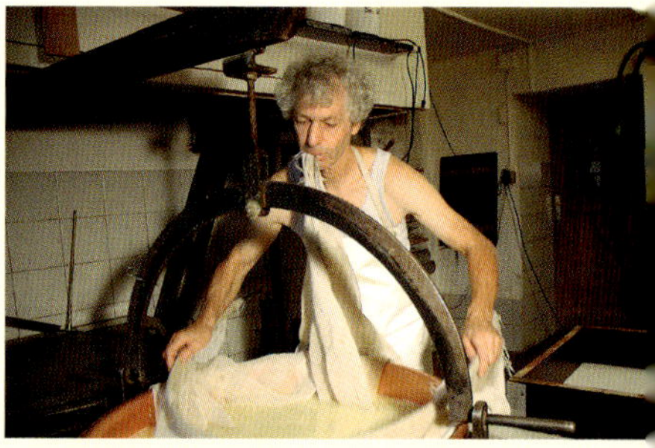

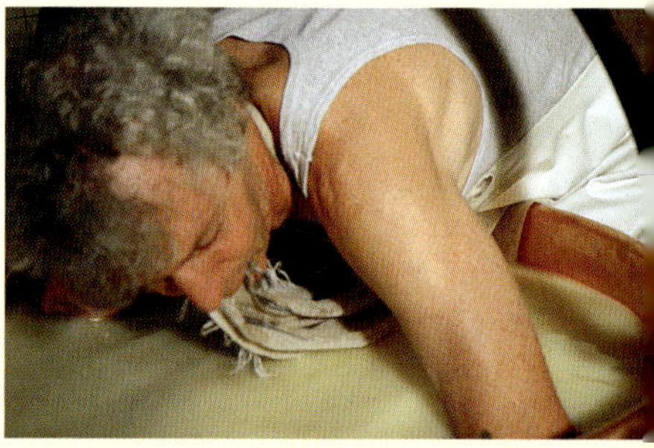

Bernard Froidevaux auf dem Bauernhof Lafleur ist der letzte Käser im Jura, der den Tête de Moine noch nach traditionellen Methoden herstellt: Im Kupferkessel auf dem Holzfeuer erwärmt er die Milch seiner frei laufenden Kühe. Die Brühtemperatur setzt er etwas tiefer an und gibt dem Käse mehr Zeit, um zu reifen. Das Resultat ist ein Tête de Moine, der etwas weicher ist als die industriellen, dafür aber besonders würzig und geschmackvoll – und bio.
Siehe Einkaufstipp S. 79.

Die Saucisse d'Ajoie

Nirgends gibt es mehr Würste als in der Romandie. Jede hat ihre spezielle Rezeptur, ihren eigenen Charakter, und oft wird eine Wurst nur von wenigen Metzgern hergestellt. Die Saucisse d'Ajoie ist ein Paradebeispiel: Im Fachjargon ist es eine geräucherte Kochwurst, die aus Schweinefleisch, Speck sowie aus höchstens zehn Prozent Rindfleisch besteht, mit viel Kümmel gewürzt und geräuchert wird. Für Geniesser ist die Saucisse d'Ajoie allerdings noch mehr: Es ist die Wurst aller Würste, eine Delikatesse, die an den traditionellen Martiniessen im Jura nicht fehlen darf: Kein Saint-Martin im November, bei dem nicht eine Saucisse d'Ajoie auf die Teller kommt, kein Martinimarkt, an dem die Hauswurst nicht an Dutzenden von Ständen genossen werden kann. Eine der besten – wobei alle gut sind, weil alle nach dem gleichen Rezept produziert werden – macht Henri-Paul Grédy in der Pruntruter Altstadt. Immer am Dienstag nimmt er Brust, Schulter und Hals vom Schwein, dazu reichlich Speck und etwas Rindshackfleisch und würzt es mit Salz, Pfeffer und viel Kümmel. Am nächsten Morgen hackt der frühere Basketballspieler die Fleischmasse, knetet handgrosse Ballen und füllt sie auf der Maschine in die gereinigten Schweinsdärme ab. Danach werden die Darmenden abgedreht und geknüpft, denn Schnüre oder Chips sind bei einer Original Saucisse d'Ajoie nicht erlaubt. Und dann geht es ab in den Rauch! Denn nur eine geräucherte Wurst ist eine echte Saucisse d'Ajoie, die früher noch «Saucisse de ménage» hiess und eine Grillwurst war. Doch Marketing muss sein. Also tauften die Metzger ihre Spezialität auf den Namen der Region, womit sie auch gleich den Kollegen in Frankreich eins auswischten: Denn jenseits der Grenze gibt es eine ganz ähnliche Wurst. Doch das ist eben keine Saucisse d'Ajoie…

Metzgerei Grédy, Grand-Rue 32, 2900 Porrentruy, Tel. 032 466 17 85

LE TOÉTCHÉ

Toétché heisst im alten Lokaldialekt schlicht und einfach Kuchen. Und der gehört zum kulinarischen Erbe des Jura, allen voran der Toétché aus Hefeteig mit Sauerrahm und Ei. Typisches Merkmal ist die dicke Unter- und die hauchdünne Oberschicht: «Das ist ein Symbol für die Freiberge», meint Georges Wenger lachend. «Hier gab es nie eine grosse Oberschicht, aber eine breite Unterschicht. Und das ist noch immer so: Die Bauern zahlen einen bestimmten Betrag an die Gemeinde und können ihre Tiere frei laufen lassen. Deshalb findet man in den Franches-Montagnes auch keine Zäune oder sonstige Abgrenzungen auf den Gemeindeweiden.»

Das Lied vom Cochon

Saint-Martin in der Ajoie

Im November läuft die Ajoie zur kulinarischen Hochform auf: Toétchés werden gebacken, Terrinen mit Gelée hergestellt, Schweinsbraten und Würste produziert, allen voran die mit Rahm verfeinerte Blutwurst, die hier Boudin heisst und das Herzstück jedes Martiniessens bildet! Eine gewöhnliche Metzgete ist der Saint-Martin nicht, schon eher ein opulentes Festmahl mit mindestens neun Gängen, die alle mit dem Schwein zu tun haben. Die Jurassier nennen ihre Metzgete deshalb auch «Cochonnaille» und besingen sie mit dem berühmten Chanson «Le Cochon», das der Dichter und Lehrer Louis-Valentin Cuenin (1819–1868) verfasst hat:

Martini ist's, die Blutwürst' dampfen.
Wem schwindelt's nicht ob solcher Düfte?
Die ganze Ajoie sieht man mampfen
und heben Weinkrüg' in die Lüfte.
Ob Borsten, Knochen, Fett, ob Haut,
Gedärme selbst noch munden fein.
Frohlockend singe ich es laut ihr Leut',
mein Hohelied vom Schwein.

Das «Hohelied vom Schwein» ist typisch für Cuenin: Er war durch und durch Jurassier, einer, der sein Terroir liebte und dafür kämpfte. Im Saint-Martin sah er ein Stück Volksseele, gestützt auf ein kulinarisches Erbe, das bis ins frühe Mittelalter zurückreicht und auch als eine Art Protestessen der Bauern betrachtet werden kann. Denn am 11. November, dem Tag vor der Fastenzeit, machten die Bauern jeweils Schluss mit der Feldarbeit. Ihre Speicher und Keller waren voll, die Schweine dick und fett. Da sie in dieser Zeit auch die alljährlichen Zehnten abliefern mussten, verbanden sie den Zinstag mit einem grossen Festschmaus. Den Herren «dort oben» hatten sie den Zehnten abgeliefert, jetzt konnte man unten in den Dörfern schlemmen und bechern, ganz im Zeichen des heiligen Martin, der ja als besonders freigebig galt.
Auch wenn heute keine Fürstenhöfe und Klöster zu bezahlen sind, hat sich die Tradition dieses sublimierten Aufstands (der ja auch in der Fastnacht mitschwingt) gehalten. Er wurde im Jura sogar liebevoll veredelt und erweitert: Neun Gänge umfasst ein echter Saint-Martin, meist werden die Gerichte in einer festen Reihenfolge serviert: Toétché, Gelée de ménage, Boudin à la crème, Bouilli, Grillade mit Atriaux und Saucisse d'Ajoie, Choucroute garnie, Rôti, Striflate oder Crème brulée – und selbstverständlich darf zum Abschluss auch ein Damassine-Schnaps nicht fehlen.

1

5

Boudin à la crème (1). Die edle, mit Rahm angereicherte Blutwurst ist das Herzstück des Martiniessens . **Gelée de ménage (2).** Eine Schweinsterrine, die mit einer Sulz überzogen ist. Dazu isst man Brot und Senf. **Bouillon.** Die Bouillon kommt vom Schwein und zeigt ihre Fettaugen; oft wird sie mit geröstetem Brot serviert. **Bouilli (3).** Suppenfleisch vom Schweinshals, wird mit Randen serviert. **Grillade (4).** Bei der Grillade gibt es zwei Sorten Fleisch: Atriaux (aus gehacktem Schweinefleisch und Leber) und Saucisse d'Ajoie. Dazu gibt's in Schweineschmalz gebratene Rösti. **Choucroute garnie (5).** Sauerkraut mit Kartoffeln, Speck, Brühwurst und Schüfeli. **Rôti (6).** Schweinsbraten, begleitet von frischem Kartoffelstock. **Striflates (7).** Süsses, frittiertes Eier-Mehl-Gebäck (eine Art Crêpe), das leider nur noch selten anzutreffen ist. Es wird heute meist durch eine Crème brûlée ersetzt. **Damassine (8).** Wichtiger Bestandteil des Mahles ist die Damassine: Der Zwetschgenbrand wird meist als Verschränzer am Ende genossen, wobei so mancher bereits nach der Grillade einen ersten, kräftigen Schluck nimmt.

2

3

4

6

7

8

DIE BESTEN SAINT-MARTIN IN DER AJOIE

In der Ajoie bieten die meisten Restaurants ab dem 11. November Martinimenüs an.

Du Raisin, Rocourt (siehe S. 52)
Das Fleisch stammt vom eigenen Bauernhof, serviert wird an langen Tischen im Saal. *Restaurant Du Raisin, Familie Nicoulin, Bas du Village 25, 2907 Rocourt, Tel. 032 476 61 68.*

Du Bœuf, Courgenay (siehe S. 56)
Ein Geheimtipp! Hier werden nicht nur hervorragende Fleischspezialitäten, sondern auch die wunderbaren Striflates serviert. *Hôtel-Restaurant Du Bœuf, Rue de l'Eglise 7, 2950 Courgenay, Tel. 032 471 11 21, www.bœuf-courgenay.ch.*

Au Cheval Blanc, Asuel (siehe S. 64)
Die Hausherrin macht die Blutwürste persönlich. Drei Gänge sind obligatorisch, alle weiteren kann man nach Lust und Laune auswählen. *Restaurant Au Cheval Blanc, Madeleine Monnerat, Bas du Village, 2954 Asuel, Tel. 032 462 24 41.*

De la Cigogne, Miécourt
Ein schlichtes Haus, freundliche Gastgeber und ein gepflegter Saint-Martin. *Restaurant und Hôtel de la Cigogne, Marie-Thérèse Rérat, Route Principale 33, 2946 Miécourt, Tel. 032 462 24 24.*

SAINT-MARTIN IM ÜBRIGEN JURA

Georges Wenger, Le Noirmont
Der edelste Martinischmaus der Region: Wer die schwarzen Blutwürste mit Apfelstücken und Racines rouges, die Atriaux und hausgemachten Striflates versucht hat, kommt alle Jahre wieder. *Restaurant Georges Wenger, Rue de la Gare 2, 2340 Le Noirmont, Ruhetage: Mo., Di., Betriebsferien: 23.12.–23.1., Tel. 032 957 66 33, www.georges-wenger.ch.*

La Haute-Borne, Delémont
Die Bauernbeiz hoch über Delémont bietet im November durchgehend Saint-Martin-Menüs an – mit erstklassigem Fleisch aus der Ajoie (siehe Serviceteil S. 76). *La Haute-Borne, 2800 Delémont, Claude und Madeleine Schmied-Oberli, Ruhetage: Mo. ab 16 Uhr, Di.; Betriebsferien: keine, Tel. 032 422 14 15, www.lahauteborne.ch.*

Clairbief, Soubey
Die Forellenbeiz in den Freibergen serviert einen exzellenten Martinischmaus mit Blick auf den Doubs! Siehe auch S. 46. *Restaurant Clairbief, 2887 Soubey, Ruhetage: Mi. ab 15 Uhr, Do. ganzer Tag, Betriebsferien: Mitte Dez. bis Ende Febr., Tel. 032 955 12 20, www.soubey.ch.*

RESTAURANT **1**

De la Couronne La Theurre

RESTAURANT: **Auberge de la Couronne**

ADRESSE: **2350 Saignelégier, La Theurre**

GASTGEBER: **Urs und Valérie Chalupny**

TELEFON: **032 951 11 15**

INTERNET: **www.couronne-latheurre.ch**

RUHETAGE: **Mo., Di., im Sept. nur Di., Juli und Aug. immer geöffnet**

BETRIEBSFERIEN: **2 Wochen Febr. und März, 3 Wochen im Nov.**

WEGBESCHRIEB: **zwischen Tramelan und Saignelégier**

SPEZIELL: **schöner Garten, Wandergebiet (Etang de la Gruère), preiswerte Zimmer**

Im Herzen der Freiberge, unweit vom Etang de la Gruère, liegt die Auberge de la Couronne, bis vor Kurzem noch eine einfache Ausflugsbeiz. Doch seit 2006 führen zwei junge Gastwirte das Haus und schaffen einen überzeugenden Spagat zwischen gehobener Wanderbeiz und kreativem Terroirrestaurant. Vom Brot bis zu den Desserts machen Urs Chalupny und sein Team alles selber – frisch, abgestimmt auf regionale Produkte und weit entfernt von simplen Ausflugsplättli.

Risotto Tête de Moine und Markknochen mit Fleur de Sel

Ausflugsrestaurants bieten in der Regel nur lieblose Spaghettibolopommes-Kulinarik. Nicht so Urs Chalupny und seine Frau Valérie: Kalbsfilet, Nierli im Fettmantel, gegarte Lammhuft oder Steinbutt in der Salzkruste stehen auf der Menükarte. Keine Frage: Da sind Leute am Werk, die mit Anspruch arbeiten, mit Respekt und einem guten Gespür für das Terroir. Das ist lobenswert und mutig zugleich. Denn die Couronne liegt nur wenige Gehminuten vom Etang de la Gruère, einer der schönsten Naturlandschaften der Schweiz, entfernt. Wollen die Ausflügler tatsächlich mehr als nur eine Suppe oder ein kaltes Plättli? «Sie wollen», ist Urs überzeugt, «denn man kann auch ganz einfache Gerichte hervorragend zubereiten.»

Zum Beispiel Spaghetti. Die gibt es in der gemütlichen Jurabeiz tatsächlich. Doch sie kommen an einer exzellenten Sauce mit Olivenschnitzen, Sardellen und viel Chili auf den Tisch – schön pikant, schön al dente. Auch andere einfache Tellergerichte haben Niveau: etwa die wunderbar würzige Saucisse jurassienne mit ofenfrischem, knusprigem Brot. Oder das hausgemachte Confit von Entenbrust und Entenleber. Im Sommer gibt es frische Ziegenkäseterrine mit marinierten Auberginen und Ruccolasalat. Auch Risotto ist zu haben, veredelt mit Tête de Moine, getrockneten Tomaten, Pinienkernen und etwas Parmesan – einer der besten, die ich kenne.

Knabberknochen. Doch die wohl grösste Überraschung ist der längs aufgeschnittene Rindsknochen mit Mark. Er wird warm serviert, garniert mit Saisonsalaten und einem Säcklein Fleur de Sel – eine ebenso schön arrangierte wie kräftige Delikatesse. Denn das Ausgangsprodukt stammt von der Boucherie Paratte in Saignelégier, die zusammen mit Bilat in Les Bois zu den besten der Region gehört.

Gluscht auf Forelle? Natürlich wird sie frisch (also mit dem charakteristischen Knick) serviert, und natürlich ist es ein «Tiger», also eine Doubs-Forelle. Was sie jedoch besonders macht, ist die Sauce: Da ist nicht nur Butter von den Freibergen, Schnittlauch, Petersilie und etwas Sesam drin, sondern auch eine Prise Kuantung: «Das ist eine chinesische Gewürzmischung, die ich in der Fischerzunft in Schaffhausen kennengelernt habe», klärt Urs mich auf, « Knoblauch, getrocknete Crevetten, Schalotten, Chili, Brillfisch und Salz sind drin – eine Mixtur, die viele Spitzenköche brauchen, weil sie bei Fischgerichten wahre Geschmackswunder bewirkt.» Auch wenn das so klingt, als würde ein Zauberkünstler seinen grössten Trick verraten: Das Resultat gehört zu den besten Forellendarbietungen der Region.

Saisonal gibt es in der Couronne auch Kaninchenrücken, mit Pastinaken-Püree, grillierten Steinpilzen und Randensauce. Das Biofleisch stammt vom Bauernhof Lafleur, der auch den Tête de Moine produziert, und kommt perfekt gewürzt auf den Tisch. Kein Wunder, denn Urs hat seine Kochlehre beim «Kräuterpapst» Chrüter-Oski in der Moospinte Münchenbuchsee absolviert, war danach in der Fischerzunft, dann bei Heinz Winkler und schliesslich im elterlichen Löwen in Grosshöchstetten. «Eigentlich wollte ich Physik studieren», sagt der Jungkoch, «ich bin nämlich ein Zahlenfreak. Doch auch die Kochkunst gehorcht präzisen Regeln, mit dem Unterschied zur Physik, dass man sie kreativ interpretieren kann. Und genau das hat mich schliesslich an den Herd gefesselt.» Wahrscheinlich aber auch die hübsche Valérie, die aus Nendaz im Wallis stammt. Dort, an einem Seminar, haben sich die beiden kennen gelernt, kurz darauf geheiratet und führen nun gemeinsam und mit Erfolg die Couronne. Apropos Wallis: Fast hätte ich die Desserts vergessen. Auch die süssen Krönungen kommen selbstverständlich in der Couronne nicht ab Fliessband. Da gibt es eingemachte Walliser Aprikosen mit Schafsmilchglace. Oder Kokoscrème mit frischen Preiselbeeren. Und wem das immer noch zu konventionell ist, der versuche die Glace «Salamandre» mit Kirschen, zubereitet aus dem gleichnamigen Bier aus Saignelégier. Spätestens bei dieser obergärigen Kreation wird klar, dass die Couronne eine kulinarischen Perle ist.

Der Etang de la Gruère steht unter Naturschutz und ist ein einzigartiges Erholungsgebiet. So, kann man sich vorstellen, hat die Urlandschaft im Jura vor Jahrtausenden ausgesehen.

Die Königskrone, das Aushängeschild der Auberge de la Couronne.

– Kaninchenrücken mit Pastinaken-Püree, Steinpilzen und Randensauce.
– Rindsknochen mit Mark und Fleur de Sel.
– Risotto Tête de Moine mit getrockneten Tomaten und Pinienkernen.
– Eingemachte Aprikosen mit Schafsmilchglace.

Rezepte von **Urs Chalupny** im Anhang.

— **Risotto Tête de Moine,** S. 408
— **Eingemachte Walliser Aprikosen auf Kokoscrème mit Glace von Schafsmilch und Preiselbeeren,** S. 419
— **Porchierte Basler Kirschen im Torpille-Sirup mit Salamandre-Glace und Vanillerahm,** S. 419

RESTAURANT **2**

Du Soleil
Le Noirmont

RESTAURANT: **Du Soleil**

ADRESSE: **2340 Le Noirmont**

GASTGEBER: **Catherine und Alexandre Meusy**

TELEFON: **032 953 11 11**

INTERNET: **www.lesoleilaunoirmont.ch**

RUHETAGE: **Di.**

BETRIEBSFERIEN: **Mitte März bis Mitte April, Weihnachten–Neujahr**

WEGBESCHRIEB: **200 Meter vom Bahnhof, an der Hauptstrasse in der Dorfmitte von Le Noirmont**

SPEZIELL: **historisches Haus aus dem 18. Jahrhundert, Hotelbetrieb**

Es gibt Restaurants, in denen alles stimmt: Der Service ist gepflegt, das Essen hervorragend, der Preis moderat – und wenn dann auch noch die Atmosphäre stimmt, stellt sich unweigerlich das Gefühl ein: Da könnte man noch eine Woche bleiben! So geschehen in der Sonne im Dorfkern von Le Noirmont. Catherine und ihr Mann Alexandre führen den Prachtbau aus dem 18. Jahrhundert. Sie ist hier aufgewachsen und führt den Service, er kommt aus der Ajoie und sorgt für die kulinarischen Genüsse. Zusammen bilden sie ein Traumduo, das die Gäste mit strahlenden Gesichtern und auf höchstem Niveau verwöhnt.

Die Sonne im Herzen der Freiberge

Der Gourmettempel von Georges Wenger ist keine hundert Meter entfernt. Während dort Entenleber, Hummer und französische Täubchen die Menükarte zieren, schreibt Catherine «Rôti de porc jurassien» auf die Schiefertafel vor der Sonne. In der Küche schmeckt Alexandre die Gemüsesuppe ab, seine Lehrlinge platzieren die hausgemachten Terrinen auf den Vorspeisetellern, dann kontrolliert der Chef noch ein letztes Mal das Contrefilet: 15 Stunden hat der Prachtbrocken im Ofen geschmort, jetzt ist er butterzart und rosa. Stilvoll wird er unter einer Silberhaube an die Tische gefahren und aufgeschnitten. Dazu gibt's Bratkartoffeln mit Schnittlauchsauce und hausgemachte, schön körnige Kräuterbutter.

Klassische Landküche. So nennen die beiden jungen Gastronomen ihr Konzept. «Une cuisine soignée», wie Alexandre sagt – gemeint ist: frisch, im Takt mit der Natur, in einer gemütlichen Atmosphäre, aber ohne irgendwelche Punkte-Ambitionen. Und das kommt an. Praktisch alle Tische des Hauses sind besetzt. In der rustikalen Gaststube essen «Normalos» das Tagesmenü (Schweinsbraten mit Kartoffeltätschli), im Cheminée-Raum – mit einem imposanten Mühlstein in der Mitte – gibt's unter anderem Kalbsmilken mit Salat, Risotto mit Froschschenkeln ohne Knochen, Rindscarpaccio mit Parmesan, gratiniertes Tournedos mit Kräuterkruste oder das exquisite Contrefilet.

Napoleon lässt grüssen. Wer's noch intimer liebt, kann im Napoleon-Säli tafeln. Auch wenn der kleine Franzose nie im Jura war, kommt er nicht ohne Grund zu Ehren: Catherines Vater ist leidenschaftlicher Sammler von Antiquitäten. Das Haus ist randvoll mit Kostbarkeiten, angefangen bei alten Bierkrügen bis zu Wand- und Standuhren. Die Meisterwerke der Uhrmacherkunst verfügen über fein ziselierte Zifferblätter aus Messing und Silber. Entsprechend stilgerecht wird hier auch das Tagesdessert serviert: «La Tourmente», eine Absinthglace mit Erdbeercoulis. Selbstverständlich gibt's dazu einen Absinth. Aus einer alten Fontaine lässt Catherine das eisgekühlte Wasser über die Zuckerstücke tröpfeln. Ein ritueller Vorgang, der zwar aus dem weiter westlich gelegenen Val de Travers stammt, aber hier im Jura viele Liebhaber hat.

Wildspezialitäten. Die Freiberge gehören zu den reichsten Jagdgebieten im Jura. Das beweist die Menükarte in der Sonne, die von Anfang Oktober bis Mitte Dezember von Wildgerichten dominiert wird. Rehrücken und Rehmedaillons sind die Herbstklassiker des Hauses, die so gefragt sind, dass man vorreservieren sollte. Auch sonst achtet Alexandre auf Schweizer Provenienz: Die Pilze im Herbst kommen aus den Wäldern am Doubs, die Spargeln im Frühling aus dem Wallis, auch die Weinauswahl ist betont schweizerisch und enthält vor allem Tropfen aus der Romandie.

Au revoir. Sechs Stunden haben wir in der Sonne gegessen, getrunken, fotografiert und recherchiert. Am Schluss stehen die beiden Gastgeber an der Türe und verabschieden uns mit einem strahlenden «Au revoir». So viel Wertschätzung geniessen nicht nur Journalisten. Jeder Gast wird mit einer Professionalität verwöhnt, die nicht alltäglich ist. Das verwundert nicht, wenn man den Werdegang der beiden kennt: Bei Romano im Restaurant de la Gare in Porrentruy haben sie die Lehre gemacht (und sich dort kennengelernt). Dann absolvierten sie die Hotelfachschule in Genf; anschliessend hat Alexandre als Maître d'hôtel im Mövenpick in Genf gearbeitet: «Das war eine wichtige Zeit, weil ich viel über Betriebsabläufe gelernt habe. Aber meine Passion ist und bleibt die Küche!» Gut so, kann man da nur sagen – und: weiter so! Die strahlenden Gesichter dieser beiden Gastgeber möchten wir auch in Zukunft nicht missen.

Der Gewölbesaal im Untergeschoss ist reserviert für Bankette. Hier, wie überall im Haus, prägen Antiquitäten die Inneneinrichtung. Vor allem Pendulen und reich verzierte Standuhren, die sogenannten «morbiers», haben es Catherines Vater angetan.

– Contrefilet de bœuf, Rinds-Entrecôte am Knochen.
– Kalbsmilken mit Salat.
– Rôti de porc franc-montagnard mit Schweinswurst in der Mitte.
– Tournedos gratiné à la moelle.
– «La Tourmente», Absinthglace mit Erdbeercoulis.

Rezepte von **Alexandre Meusy** im Anhang.

— **La Calotte jurassienne** (Jurassischer Suppentopf), S. 395
— **Freiberger Schweinsbraten,** S.399

RESTAURANT **3**

Buffet de la Gare
La Combe

Grossmutters Bauernküche

RESTAURANT: **Buffet de la Gare**

ADRESSE: **2875 Montfaucon-La Combe**

GASTGEBER: **Frieda und Franz Gurtner**

TELEFON: **032 484 94 51**

INTERNET: **keines**

RUHETAGE: **Mi.**

BETRIEBSFERIEN: **3 Wochen im Okt.**

WEGBESCHRIEB: **In Montfaucon Richtung Pré-Petitjean, nach dem Bahnübergang links Richtung La Combe (ca. 1 Std. Wanderzeit). Oder von Lajoux Richtung La Combe (ca. 30 Minuten). Von beiden Seiten auch mit dem Auto erreichbar. Mit der Jurabahn von Delémont aus (Halt auf Verlangen).**

SPEZIELL: **wahrscheinlich die einzige Landbeiz mit eigenem Bahnhof**

Das einzige Bahnhofbuffet der Schweiz, das mitten in der unberührten Natur liegt. Mit zum Betrieb gehört ein Bauernhof mit Gemüsegarten und Obstbäumen. Bewirtschaftet wird der Hof vom Sohn des Ehepaars Gurtner. Die Küche ist einfach und konzentriert sich vor allem auf kalte Plättli.

Mitten im Wandergebiet der Freiberge liegt dieses Bijou von Landbeiz, das sich Bahnhofbuffet nennt. Nur wenige Meter entfernt liegt eine Haltestelle der Jurabahn mit Halt auf Verlangen. Doch von «Bahnhofbuffet» ist hier wenig zu spüren: Im Innern sieht es eher wie in einer gemütlichen Bauernstube aus. Auch die Küche ist bodennah: Es gibt Jambon à l'os (Beinschinken), kalte Plättli mit Speck und Trockenwurst aus dem Jura, dazu Käse aus den Freibergen und einige Rosetten Tête de Moine. Das Brot bäckt Madame Gurtner selber. Auf Vorbestellung kocht sie auch ihre garnierten Platten, zum Beispiel mit Bohnen, Schinken, gekochtem Speck, Bauernwurst und Kartoffeln. Unbedingt probieren sollte man auch ihren hausgemachten Apfelkuchen, und zwar am besten im lauschigen Garten: Mit etwas Glück sieht man die historische Dampflok vorbeituckern, oder es findet sogar einer der Western-Überfälle statt, die hier als Attraktion für die Touristen inszeniert werden. Wem das alles etwas «bernerisch» vorkommt, der hat Recht: Die Gurtners stammen nämlich ursprünglich aus Riggisberg im Kanton Bern. Im Militär lernte Vater Gurtner den Jura kennen und beschloss 1904, den Hof samt Restaurant zu übernehmen. Der Sohn, Franz Gurtner übernahm den Betrieb 1958 zusammen mit seiner Frau, und die «jungen Alten» sind immer noch mit Begeisterung am Wirten!

Wanderparadies. Die Region rund um das Buffet de la Gare eignet sich gut für Wanderungen. Die klassische Route führt von Montfaucon Richtung Pré-Petitjean (nach dem Bahnübergang links Richtung La Combe; ca. 1 Std. Wanderzeit). Als Variante bietet sich die Route von Lajoux Richtung La Combe an (ca. 30 Minuten). Mit der Jurabahn kann man die Landbeiz von Delémont oder Saignelégier aus erreichen (Halt auf Verlangen). Die wildromantische Landschaft der Freiberge ist ein Pferdeparadies: Die Tiere laufen frei durch die Wälder und Wiesen; nebst den braunen Freibergern sieht man bisweilen auch Schimmel, die hier ihre Pensionärszeit geniessen. Spannend ist auch die Flora der Region, in der einige rare Sumpfpflanzen gedeihen.

Auf Vorbestellung gibt es Madame Gurtners garnierte Platte, je nach Saison mit wechselndem Gemüse aus dem eigenen Bauerngarten.

Frei umherziehende Pferde sind in den Franches-Montagnes keine Seltenheit.

Kaltes Plättli mit hausgemachtem Brot, Tête de Moine und «La Meule», dem Bier aus Saignelégier.

Hausgemachter Apfelkuchen.

Forellenquintett am Doubs

Wer am Doubs unterwegs ist, trifft früher oder später auf eine Forellenbeiz: Am romantischen Grenzfluss, der sich zwischen St-Ursanne und Clairbief durch die Jurahügel schlängelt, sind die «truites fraîches» das Markenzeichen. Welches die beste Forellenbeiz ist, darüber streiten sich die Experten stets von Neuem. Yves Gaibrois, Jurassier und Liebhaber der Forellenküche, setzt das Restaurant Clairbief auf den Spitzenplatz: «Hier kommt die Forelle in heisser, brutzelnder Butter auf den Tisch!» Ich stimme ihm zu, denn im Clairbief gibt es nicht nur die exquisite Forelle «au beurre noisette», sondern auch ein 5-gängiges Forellenmenü, das einzigartig ist (siehe Seite 46). Zu meinen Favoriten gehört aber auch das Verte-Herbe in Goumois: Die Kräutersauce der Aemiseggers ist legendär. Und wer romantische Abgeschiedenheit liebt, dem sei die Auberge de la Bouège empfohlen: An einer Traumlage mit Blick auf das französische Ufer des Doubs serviert Nicolas Fontana seit Jahren seine Forellen im Lindenblütenbeet.

Einen Mythos muss man in all diesen Restaurants allerdings vergessen: Die Forellen stammen nicht aus dem Doubs, sondern aus Zuchtstationen, etwa aus der Pisciculture Choulat in Courtemaîche oder aus der Forellenzucht Les Enfers in Le Locle. In frischem Quellwasser werden hier jährlich gegen fünfzig Tonnen Forellen grossgezogen und an die Restaurants geliefert. Da alle über Viviers (Süsswasserbecken) verfügen, ist der Begriff «frische Forellen» erlaubt. Dass sie fangfrisch sind, kann man bei den «Blauen» auch sofort sehen: Sie kommen mit dem charakteristischen Knick auf den Teller. Das sieht zwar nicht so schön aus (und ist auch komplizierter zu entgräten), ist aber ein klares Frischemerkmal.

Der Doubs nimmt sich Zeit. Der Name Doubs kommt vom keltischen «Dub», was schwarz, dunkel, finster heisst. Doch der Doubs hat einen ganz anderen Charakter: An schönen Tagen glitzert und schillert das Wasser, als hätte es Claude Monet oder ein anderer französischer Impressionist gemalt. Majestätisch, bisweilen fast im Stillstand, schlängelt sich der Doubs durch die Juralandschaft. Von der Quelle bis zur Mündung sind es 100 Kilometer Luftdistanz. Doch der Doubs braucht 430 Kilometer, um sich seinen Weg im Zickzackkurs durch die Hügel zu bahnen – gemächlich und ruhig, wie es der Dichter Henri Bouchot beschreibt: «In seiner Jugend ist der Doubs in wilden Sprüngen gereist – jetzt hat er den Schritt eines alten Mannes, ist abgeklärt und nimmt sich Zeit. Und wenn sich der Horizont öffnet und der Doubs die Jurahügel verlässt, kommt er in eine weite Ebene, die ihn zur Heirat mit der Saône geleitet.»

Der Tiger vom Doubs. So ruhig das Gewässer, so quicklebendig ist die Forelle, die im Doubs zu Hause ist. Charakteristisch sind ihre dunklen Streifen und die schwarzen Punkte, weshalb man sie auch Tiger-Forelle nennt. Das passt zu ihrem Charakter, denn die Doubs-Forelle zeigt sich selten und gilt unter Fischern als besonders schnell. Es ist deshalb nicht einfach, den Tiger an die Angel zu bekommen.

RESTAURANT **4**

Clairbief
Soubey

RESTAURANT: **Clairbief**

ADRESSE: **2887 Soubey**

GASTGEBER: **Familie Krall**

TELEFON: **032 955 12 20**

INTERNET: **www.soubey.ch**

RUHETAGE: **Mi. ab 15 Uhr, Do. ganzer Tag**

BETRIEBSFERIEN: **Mitte Dez. bis Ende Febr.**

WEGBESCHRIEB: **ab Soubey dem Doubs entlang**

SPEZIELL: **schöne Sonnenterrasse**

Sie liegt fast am Ende der Welt – die kleine, feine Forellenbeiz Clairbief. Zu erreichen ist sie von Soubey aus in rund 30 Minuten Wanderzeit (am besten den Wanderweg am rechten Ufer des Doubs nehmen und dann den Fluss bei der ersten Brücke überqueren). Auf der linken Doubs-Seite ist das Restaurant auch mit dem Auto erreichbar. Reservation ist empfehlenswert. An schönen Wochenenden ist die Beiz stets gut besetzt.

Forelle «noisette»

Vorne lächelt der Doubs, hinten der jurassische Urwald, und wenn man über den kleinen Bach geht, ist man bereits im Plâteau de Maîche in Frankreich. Doch es lohnt sich, den Schweizer Pass zu Hause zu lassen: Das Clairbief beweist, dass abseits der Touristenströme nur Qualität die Devise sein kann: Das Brot und die Desserts sind hausgemacht. Cordon bleu, Rinds-Entrecôte, die Grilladen, alles wird mit Liebe zubereitet. Nicht zu vergessen die traditionelle Jura-Metzgete, die im November serviert wird, mit allem, was zu einem währschaften Saint-Martin in Sachen Toétché, Gelée, Boudin & Co. dazu gehört. Flaggschiff des Hauses ist jedoch die Forelle, die in brutzelnd heisser Butter serviert wird!

Noisette. Die Butter wird dabei leicht geschlagen und erhitzt, bis sie «noisette», also goldbraun ist. Dazu kommen noch einige Tropfen aus dem Forellensud, und das ergibt dann diese «potion magique», die süchtig macht. Die goldbraune Butter wird mit der Forelle so heiss serviert, dass man aufpassen muss, keine Spritzer abzubekommen. Geniessen kann man die Forelle als Tellergericht oder als Teil des 5-gängigen «Menu dégustation»: Es beginnt mit einem Salat an einer hausgemachten Sauce, die so gut ist, dass man sie noch mit dem knusprigen Brot auftunkt. Dann kommt ein schön marinierter Forellencarpaccio, gefolgt von einer Bisque safranée (Forellenpurée-Suppe mit Sa-

fran), serviert mit Rouille und getoastetem Brot. Dann die legendäre Forelle mit Salzkartoffeln. Und als Krönung das Parfait glacé Grand Marnier, selbstverständlich hausgemacht. Da auch der Preis des Menüs überzeugend ist, wird das kulinarische Bijou am Doubs oft fast überrollt. An schönen Wochenenden ist eine Reservation deshalb unumgänglich.

Flexibilität. Angerauscht kamen wir am Nachmittag, als die Küche schon geschlossen hatte, und dies am letzten Tag vor Saisonende. Trotzdem hat uns Ernest Krall liebevoll bekocht und Philomène, die das Clairbief mit ihrem Mann zusammen führt, höchst sympathisch bedient. So viel Flexibilität ist im Jura zwar die Regel, das Gastgewerbe weiss, dass der Gast noch König ist. Trotzdem: Compliments! Es gibt nur einen einzigen Wermutstropfen: Das Clairbief liegt nicht gerade vor der Haustüre, sondern zwischen St-Ursanne und Les Enfers am «Ende der Welt». Man erreicht es von Soubey aus in einer Stunde Wanderzeit beziehungsweise in zehn Minuten mit dem Auto. Die Strecke zweigt bei der Brücke in Soubey ab und führt dem Doubs entlang. Wer lieber autofrei wandert, kann die Strasse auf der anderen Uferseite wählen.

Die Flusslandschaft des Doubs gilt zu Recht als eine der schönsten Europas.

In der Umgebung der Forellenbeiz lässt sich eine zauberhafte Flora entdecken.

Monsieur Krall und das frisch gebackene Brot des Hauses: Im Holzofen wird im Restaurant Clairbief täglich Brot in nicht weniger als fünf Varianten gebacken. Viele Bewohner von Soubey und Umgebung kommen hierher, um sich das Brot zu kaufen.

– Forelle «noisette» in heisser Butter.
– Bisque safranée (Forellenpürée-Suppe mit Safran).
– Ravioli mit Forellenfüllung.
– Parfait glacé Grand Marnier.

Rezepte von **Erneste Krall** im Anhang.

— **Lachsforellenravioli mit Basilikumbutter,** S. 407
— **Parfait glacé au Grandmarnier,** S. 419

Weitere Forellenbeizen am Doubs

LA GOULE

Auberge de la Bouège

Eine idyllische Gartenterrasse unter einem Lindenbaum direkt am Doubs. Die Forellen gibt es meunière, an Schnittlauchbutter und im Frühling auch im Lindenblütenbeet. Weitere Spezialitäten sind Lammfilet, Risotto, Toétché und Tarte Tatin. Das Haus verfügt auch über eine gepflegte, rustikale Gaststube und bietet Übernachtungsmöglichkeiten in einfachen Zimmern.
Wegbeschrieb: Von Le Noirmont aus Richtung La Goule bis zum Doubs, von dort (vor der Brücke links) 35 Minuten zu Fuss. Zufahrt mit dem Auto möglich. Man kann das Restaurant auch von der französischen Seite her erreichen und nimmt dann am Schluss das bereitstehende Ruderboot.

Auberge de la Bouège, Nicolas Fontana, La Goule, 2340 Le Noirmont, geöffnet: Mitte Jan. bis Weihnachten, Ruhetage: Mo., Di. (im Juli und Aug. durchgehend offen), Betriebsferien: Nov. bis vor Ostern, Tel. 032 953 11 48, www.juragourmand.ch/labouege.htm.

GOUMOIS

Auberge de la Verte-Herbe

In Sachen Butterkräutersauce macht den Aemiseggers niemand etwas vor: Da sind gartenfrische Kräuter drin, frische Butter und ein wenig Schmalz, was den Geschmack verstärkt. Weiter stehen Beinschinken, Salatteller mit Ententerrine und flambierte Omeletten auf der Karte. Das Weinangebot ist nicht überwältigend, aber gut. Bei schönem Wetter empfiehlt sich die Gartenterrasse, die das Feriengefühl verstärkt: Das «Grüne Kraut» ist ein Ort, an dem man gerne sitzen bleibt, um über den Fluss der Dinge nachzudenken. Und der Doubs eignet sich gut dazu: Majestätisch mäandert er dahin, ist aber auch ein zickiger Geselle: Mal fliesst er nach Süden, dann nach Osten, dann nach Westen – und hier in Goumois zieht es ihn nordwärts.
Wegbeschrieb: Von Saignelégier aus Richtung Goumois, dann vor der Grenzbrücke zu Frankreich rechts dem Doubs entlang, Zufahrt mit dem Auto möglich.

Auberge de la Verte-Herbe, Familie Yves Aemisegger, 2354 Goumois, geöffnet: Mitte Jan. bis Weihnachten, Ruhetag: Mo., Betriebsferien: Mitte Dez. bis Mitte Febr., Tel. 032 951 13 27, www.juragourmand.ch/laverte-herbe.htm.

GOUMOIS

Le Theusseret

In der umgebauten Mühle am Doubs kommt die Forelle an einer feinen Butter-Kräuter-Sauce auf den Tisch. Zu den weiteren Spezialitäten gehören Terrinen, Froschschenkel, Schnecken sowie die legendäre Omelette soufflée aus geschlagenem Eiweiss, flambiert mit Grandmarnier.

Im Herbst gibt's Wild und verschiedene Pilzgerichte. An schönen Tagen ist die von der Frau des Hauses geschmackvoll eingerichtete Mühle stets gut besetzt. Das liegt auch an der Terrasse mit Blick auf den Wasserfall und die urwüchsige Natur à la Jurassicpark. Das Haus verfügt auch über Zimmer. Wegbeschrieb: Von Saignelégier Richtung Goumois; etwa 1 km vor Goumois nach links (ca. 2 Std. Wanderzeit ab Saignelégier).

Le Theusseret, Vieux Moulin, Beat Häfeli, 2354 Goumois, Ruhetag: Mi., Betriebsferien: Dez. – Febr., Tel. 032 951 14 51.

ST-URSANNE

Tariche

Rund 75 000 Forellen werden im Tariche jährlich zubereitet, fangfrisch aus dem Vivier. Es gibt sie blau, nach Müllerinnenart oder an einer Weisswein-Dill-Sauce. Weiter stehen Froschschenkel à la provençale, warmer Beinschinken, Rindssteak, Kalbsnieren, Rauchwurst und Tête de Moine auf der Karte. Abgesehen von der Crème brulée und der hausgemachten Caramel-Roulade – beide überzeugend – sind die Desserts leider alle Frisco-Findus. Dafür ist die Weinkarte gut und es gibt das süffige Jurabier «La Meule», das in Saignelégier gebraut wird – ein gutes Blondes mit Kümmelgeschmack, kreiert im Terroir! Die umliegende «Réserve naturelle» ist attraktiv, sodass sich das Tariche auch als Wanderziel empfiehlt.

Wegbeschrieb: Mit dem Postauto bis St-Ursanne oder Soubey, dann ab St-Ursanne etwa eineinhalb Stunden Wanderzeit. Das letzte Stück führt über den Fluss (man kann mit dem Boot übersetzen).
Tariche, Noëlle et Christian Boichot, 2882 St-Ursanne, geöffnet: Mitte Jan. bis Weihnachten, Ruhetage: keine, Betriebsferien: Jan., Tel. 032 433 46 15, www.tariche.ch.

RESTAURANT **5**

Du Raisin
Rocourt

RESTAURANT: **Du Raisin**

ADRESSE: **2907 Rocourt, Bas du Village 25**

GASTGEBER: **Marguerite und Robert Nicoulin**

TELEFON: **032 476 61 68**

INTERNET: **keines**

RUHETAGE: **Do.**

BETRIEBSFERIEN: **auf Anfrage**

WEGBESCHRIEB: **mit dem Autobus ab Porrentruy**

SPEZIELL: **eigener Bauernhof**

Rocourt liegt in der hintersten Ecke des Pruntruter Zipfels. Doch wenn es auf Saint-Martin zugeht, wird das kleine Dorf zum Nabel der Welt: Das Restaurant am Dorfeingang ist berühmt für seine Bauernmetzgete, aber auch für die rüstige Wirtin. Marguerite Nicoulin wäre nämlich längst pensioniert, doch sie macht munter weiter, «wegen dem Saint-Martin», wie sie sagt: «Das ist die schönste und intensivste Zeit, Adrenalin pur! Und das brauche ich, wie ein Spitzensportler seinen Hundertmeterlauf.»

Saint-Martin nach Bauernart

Wenn es um die Blutwurst geht, hält Madame Nicoulin wahrscheinlich den Weltrekord: 1500 Meter Wurst stellt die zierliche Dame alljährlich her, und zwar genau so, wie es ihre Bauernfamilie seit Generationen macht. Die Schweine kommen vom eigenen Hof, werden geschlachtet, in grossen Töpfen erhitzt Madeleine das frische Blut, verfeinert es mit Rahm und füllt es in die gereinigten Därme ab. Kurz gegart bilden die Boudins – sie sind cremiger und feiner als die Blutwürste aus der Deutschschweiz – den Höhepunkt der Martiniessen, die im Du Raisin im November an zwei Wochenenden über die Bühne gehen. Dann brutzelt und dampft es in den riesigen Kochtöpfen. Speck, Schinken, Sauerkraut und Kartoffeln sind am Garen und Schmoren, als würde für ein ganzes Dorf gekocht. Ab elf Uhr füllt sich das Restaurant, nur mit Glück findet man am Mittag noch ein Plätzchen, am Abend geht nichts mehr ohne Voranmeldung. Viele Gäste reservieren deshalb ein Jahr im Voraus, um die Cochonnaille nach Bauernart – die wohl urchigste in der ganzen Ajoie – zu geniessen.

Hommage an alte Zeiten. Genau so muss man sich den Saint-Martin im frühen Mittelalter vorstellen: Toétchés werden gebacken, Gelées auf den Tellern angerichtet, Boudins im heissen Wasser gesotten – und die ganze Familie hilft mit, um die Gäste zu bedienen, die an langen Tischen sitzen und zusehends fröhlicher

werden. Serviert wird ohne Brimborium, direkt aus den Pfannen und Töpfen, man nimmt so viel, wie man mag, muss aber aufpassen: Neun Gänge sind es insgesamt, die einen kompletten Saint-Martin ausmachen (siehe S. 28).

Genau so ist es im Du Raisin noch heute. Alles kommt frisch, direkt vom Herd auf den Tisch. Steamer, Mikrowellengrill oder gar Regeneratoren sucht man in der Küche vergeblich: «Meine Mutter und Grossmutter brauchten das auch nicht», sagt Marguerite, die beim Saint-Martin allerdings ordentlich ins Schwitzen kommt. Sechzehn Stunden steht sie in der Küche, kocht, schöpft, philosophiert, parliert und improvisiert. Alle paar Minuten kommen Dorfbewohner, Freunde, ganze Familien, um einen Blick in die Töpfe zu erhaschen und eine Gabel voll zu probieren: Saint-Martin, das wurde mir an diesem Tag klar, ist ein soziales Ereignis, so etwas wie der kulinarische Kitt einer Region. Vielleicht fällt der herbstliche Festschmaus auch deshalb so üppig aus: Er muss schliesslich für ein ganzes Jahr reichen. So lange zumindest, bis Madame Nicoulin wieder vom «baldigen Rücktritt» spricht und ihn dann doch nicht macht. Zum Glück, sonst gäbe es diesen wunderbaren Saint-Martin nicht. Und das wäre dann doch fast das Ende der Welt in dieser abgelegenen Ecke im Pruntruter Zipfel.

Saint-Martin ist der Tag der Wurst. Im Bild: Boudins und Saucisses de porc (nicht geräuchert, mit Karotten, Petersilie und viel Gewürz drin).

Madame Nicoulin und ihr grosser Kochtopf, in dem Speckstücke, Schweinsbraten, Schinken und Sauerkraut brutzeln und schmoren. Marguerite hatte am Tag meines Besuchs nur ein Problem: «Ich bin doch kein Fotomodell», meinte sie (noch mit der alten Frisur) und wollte partout nicht vor die Kamera. Erst nach langem Zureden liess sie sich vor dem Wirtshaus ablichten.

– Boudin mit Apfelmus und Randensalat
– La Gelée
– Atriau
– Crème brulée

Rezepte von **Marguerite Nicoulin** im Anhang.

— **Atriaux nach Bauernart,** S.401

RESTAURANT **6**

Du Bœuf Courgenay

RESTAURANT: **Du Bœuf**

ADRESSE: **2950 Courgenay, Rue de l'Eglise 7**

GASTGEBER: **Markus und Esther Mettler**

TELEFON: **032 471 11 21**

INTERNET: **www.bœuf-courgenay.ch**

RUHETAGE: **Di., Mi.**

BETRIEBSFERIEN: **14 Tage im Febr., 1 Woche im Juni, 1 Woche im Okt.**

WEGBESCHRIEB: **unterhalb der Kirche, im Dorfzentrum**

SPEZIELL: **gemütliches Säli, Gartenterrasse**

Die junge, hübsche Gilberte servierte zur Zeit des Ersten Weltkrieges im elterlichen Hôtel de la Gare – umschwärmt von den Soldaten und Offizieren. Einer von ihnen, der Musiker und Volksliedsammler Hanns In der Gand (eigentlich Ladislaus Krupski, denn er stammte aus Polen), komponierte für die «petite Gilberte» ein Lied, das die Schweizer Hitparaden stürmte. Der Mythos um Gilberte de Courgenay wird im Hotel Bahnhof noch immer gepflegt, zum Glück ohne allzu viel Kriegsverklärung. In anderen Restaurants, so auch im Du Bœuf, ist davon sogar überhaupt nichts mehr zu spüren. Hier konzentriert man sich auf gutes Essen, auf sehr gutes und typisch jurassisches sogar. Auch wenn ein Berner am Herd steht…

Braisi, Striflates und schwimmende Inseln

Als Markus Mettler vor dreissig Jahren in den Jura kam, war «ziemlich viel Action»», wie er sagt: «Da waren Berner wie ich nicht gern gesehen. Nur wenn einer gut kochen konnte, drückten die Separatisten ein Auge zu.» Und das taten sie offensichtlich. Denn nach Jahren im La Gare in Porrentruy wechselte Mettler als Küchenchef ins Du Bœuf, das er 1996 mit seiner Frau Esther kaufte. Die Geniesser dürften ihm auf ewige Zeiten dankbar sein: Keiner interpretiert die jurassische Terroirküche mit so viel Raffinesse und Forschergeist. Viele Gerichte, die im kulinarischen Erbe des Jura fast vergessen wurden, kommen im Du Bœuf auf den Tisch.

Terroirküche mit Ideen. Eines dieser Traditionsgerichte ist der Gratin ajoulot mit Spätzli – oder wie die Jurassier sagen, mit «frisettes aux poireaux». Dazu gehören saftiger Beinschinken, Champignons, eine leichte Béchamelsauce mit Ei, Schnittlauch und viel Käse. Und das schmeckt so gut, dass manche noch ein Supplément bestellen. Kenner des Hauses fragen oft auch nach dem Gratin mit Kutteln, der allerdings nicht auf der Karte steht. «Doch wer nett fragt, der bekommt ihn auch mit weiteren Innereien», sagt Markus mit breitem Lachen. Ganz offiziell auf der Karte sind dagegen seine mit Eierschwämmen gefüllten Ravioli, die in einer Kürbissuppe schwimmen. Zubereitet wird sie aus rotorangen Potimarron-Kürbissen mit etwas Lauch, Kartoffeln und Zwiebeln. Ein schnörkelloses Gericht, das die Courge, den Kürbis, ins Rampenlicht rückt, der im Namen Courgenay zwar enthalten ist, ethymologisch aber andere Wurzeln hat.

Braisi ajoulot. Eine der grossen Spezialitäten im Jura ist der Braisi, ein Rindsschmorbraten, der auf besondere Weise zubereitet wird. Zwölf Stunden wird der Rindshals im Salz gepökelt, dann geräuchert und in der Luft getrocknet. Dann kommt er geschmort, noch leicht rot, auf den Tisch – genau so, wie es die Bauern auf den Jurahöhen seit Jahrhunderten gemacht haben. Dazu gehören die Flouttes (gestampfte Kartoffeln mit Kräutern), auch sie uralte Bauernkost: einfach, raffiniert, gut. Kein Wunder, lieben die Jurassier ihre Flouttes, denn die knusprig-braunen Tätschli können süchtig machen.

Striflates. Oft fällt es Zugewanderten leichter, den Wert der kulinarischen Traditionen zu erkennen und hochzuhalten. Das zeigt sich bei den Striflates: Markus gehört zu den wenigen Köchen im Jura, die auch diese jurassischen Crêpes auf die Dessertkarte setzen. Was nicht selbstverständlich ist, wie ich mich selber überzeugen konnte: Nur wenn die Konsistenz der Eier-Mehl-Masse genau stimmt, das Öl die richige Temperatur und der Koch eine ruhige Hand hat, lassen sich die Striflates mit dem Dressiersack zu perfekten Schnekken frittieren. Das ist aufwendig und ergibt ein nicht gerade kalorienarmes Dessert, zumal es noch kräftig mit Zucker bestreut wird. Wem das zu deftig ist, der kann auf die Ile flottante, die schwimmende Insel, ausweichen – eine Reminiszenz ans urzeitliche Meer, an dessen Gestaden der Jura entstanden ist; oder auf Grosis Brännti Crème, die allerdings bereits deutlich ins kulinarische Erbe des einst gehassten Nachbarkantons verweist.

Ein Berner im Jura. Ich habe Markus, den «Berner im Jura», erst relativ spät entdeckt und in die *Urchuchi* aufgenommen. Doch der Entscheid war einer meiner besten. Das zeigt nicht zuletzt die Zahl seiner Rezepte, die er der *Urchuchi* verraten hat und die alle Bestandteil der jahrhundertealten jurassischen Esskultur sind. Sie alle seien zum Geniessen im Du Bœuf oder zum Nachkochen zu Hause wärmstens empfohlen!

Markus Mettler bei der Zubereitung der Striflates: Mit dem Dressiersack gibt er die Eier-Mehl-Masse ins heisse Öl. Wichtig ist die schneckenartige Formgebung beim Frittieren. Knusprig braun werden die Striflates mit Zucker und Zimt als Dessert serviert.

– Braisi ajoulot mit Flouttes.
– Kürbissuppe mit Ravioli mit Kürbisfüllung.
– Gratin ajoulot.
– Meringue.

Rezepte von **Markus Mettler** im Anhang.

— **Kürbissuppe à la jurassienne,** S. 394
— **Braisi ajoulot** (gepökelter, geräucherter Rindsschmorbraten), S. 399
— **Gratin ajoulot** (gratinierte Bauernschinken), S. 399
— **Flouttes** (Kartoffeltätschli mit Kräutern), S.409
— **Frisettes** (Spätzli ab dem Brett), S. 409
— **Striflates,** S. 414

RESTAURANT **7**

Du Lion d'Or
Cornol

RESTAURANT: **Du Lion d'Or**

ADRESSE: **2952 Cornol, Route des Rangiers 12**

GASTGEBER: **Yves und Hélène Rondez**

TELEFON: **032 462 22 20**

INTERNET: **keines**

RUHETAGE: **Mo., Di.**

BETRIEBSFERIEN: **3 Wochen Ende Juni bis Mitte Juli**

WEGBESCHRIEB: **Zug bis Porrentruy oder bis Courgenay, dann Postauto**

SPEZIELL: **Friture de carpe**

Als die Franzosen 1793 im Jura einmarschierten, muss sie der Mont Terri bei Cornol tief beeindruckt haben: Sie tauften ihn nämlich kurzerhand in Mont Terrible (Schrecklicher Berg) um und gaben dem ganzen jurassischen Département diesen Namen. Das blieb bis 1815 so. Dann war es vorbei mit der Französischen Republik, und die Jurassier wandelten den Namen wieder auf Mont Terri um. Denn schrecklich ist in dieser idyllischen Juraecke nichts, schon gar nicht die frittierten Karpfen, die man unterhalb des Mont Terri in perfekter Darreichung geniessen kann.

Frittierte Karpfen in der Höhle des Löwen

Was am Doubs die Forellen, sind im Elsgau die Karpfen. Früher gab es hier überall noch Teiche und Seen, in denen die Prachtbrocken in grosser Zahl heimisch waren. Auch wenn sie heute aus Zuchtstationen stammen, bilden sie noch immer das Kernstück der Kulinarik in der Region – allen voran im Löwen in Cornol: Rund sieben Tonnen Karpfen gehen bei Yves und seiner Frau Hélène jährlich über die Restauranttische.

Karpfen sind schwere Brocken. Bis zu zwei Kilogramm wiegen die Fische, die Yves in grossen Frischwasserbecken hält. Fangfrisch kommen sie auf den Tisch, stilvoll serviert auf einem Silbertablett, mit Zitronenschnitzen und frischer Mayonnaise. Wer will, kann sie von Hand essen: «Das ist üblich bei uns», sagt Yves, «wir achten auf eine möglichst leichte, fettfreie Zubereitung, also kann man sie problemlos von Hand essen.»

Froschschenkel. Vor dem Hauptgang präsentiert uns der Patron noch einen anderen Leckerbissen: frische Froschschenkel. Was in der Deutschschweiz unweigerlich zu angeekelten Mienen führt, gilt im Jura als Delikatesse. Yves Rondez zeigt uns die zarten Schenkel, die am Morgen frisch von der Pisciculture in Le Locle angeliefert wurden. Bestreut man sie mit Salz, beginnen sie sich wie elektrisiert zu bewegen: «Das zeigt, dass sie frisch sind», erklärt Rondez und stolziert mit dem Salzstreuer quer durch das Restaurant, um all seinen Gästen die «Froschschenkelmagie» zu demonstrieren. Die anschliessende Zubereitung dauert nur wenige Minuten, dann kommen die Grenouilles nach Wahl à la provençale oder an einer Kräuter-Weisswein-Sauce auf den Tisch. Ich probiere beide Varianten und stelle fest: Yves ist ein Saucier, der sein Handwerk versteht – immerhin ist er Vizepräsident der Gastro Jurassienne und hilft mit, die Qualität der Branche auf hohem Niveau zu halten. «Wir müssen uns anstrengen im Jura», sagt Yves, «die Gäste sind anspruchsvoll, nur mit regionalen Spezialitäten und einer kreativen Küche können wir uns profilieren.»

Salat mit Croquants. Wer nichts mit Grenouilles anfangen kann, dem sei der Salat mit warmen Grifolat-Pilzen aus St-Aubin empfohlen. Serviert wird er mit Apfelessig, Olivenöl und etwas Balsamico, dazu kommen einige Rosetten Tête de Moine und Croquants, die kleineren Brüder der Saucisse d'Ajoie. Die mit Kümmel gewürzte Rauchwurst gehört für mich ohnehin zu den besten Wurstkreationen der Romandie; die Croquants steigern diesen Eindruck noch, weil sie besonders knackig und saftig sind.

Wild und Saint-Martin. Weit herum bekannt ist der Löwen auch für die Wildspezialitäten (ab September), den Saint-Martin (ab dem 11. November) und nicht zuletzt für das Steak tartare, das frisch am Tisch zubereitet wird. Nicht verpassen sollte man auch das Hausdessert, ein Sorbet Damassine. Die Prachtzwetschgen wachsen schliesslich gleich um die Ecke. Und der Damassine-Schnaps, der das Sorbet reichlich begleitet, ist etwas vom Besten, was die Brenner je erfunden haben.

Wie zu Hause. Während wir uns quer durch die Kulinarik des Hauses essen, wird an den Nebentischen das Tagesmenü serviert. Auftakt bildet eine frische Tagessuppe, die in grossen, weissen Schüsseln auf den Tisch kommt. Jeder schöpft, so viel er mag. «Wir wollen, dass sich die Gäste bei uns wie zu Hause fühlen», sagt Yves, der jeden Gast persönlich begrüsst. So einfach kann gute Gastronomie sein – und so weit ist man in manchen Trendlokalen in der Deutschschweiz davon entfernt.

Yves Rondez holt eine lebende Karpfe aus dem grossen Frischwasserbecken.

Die Karpfen wiegen bis zu 2 Kilogramm.

Der typische Dorfbeiz-Schaukasten mit Pokalen der lokalen Vereine.

– Friture de carpe (frittierte Karpfen).
– Salat mit Saucisses d'Ajoie «croquants» und Grifolat-Pilzen.
– Froschschenkel à la provençale.
– Sorbet Damassine.

Rezepte von **Yves Rondez** im Anhang.

— **Froschschenkel à la provençale,** S. 399

— **Frittierte Karpfen,** S. 406

RESTAURANT **8**

Au Cheval Blanc
Asuel

Im Land der Damassine

RESTAURANT: **Au Cheval Blanc**

ADRESSE: **2954 Asuel, Bas du Village**

GASTGEBER: **Madeleine Monnerat und Serge Guntz**

TELEFON: **032 462 24 41**

INTERNET: **www.juragourmand.ch/chevalblanc-asuel.htm**

RUHETAGE: **Mo., Di.**

BETRIEBSFERIEN: **Mitte bis Ende Febr.**

WEGBESCHRIEB: **zwischen Delémont und Pruntrut, im östlichen Teil der Ajoie; Bus ab Pruntrut**

SPEZIELL: **14 GM**

Früher stand hier die Dorfmühle, inzwischen ist aus dem historischen Gebäude ein heimeliges Restaurant geworden. Im Hauptgebäude befindet sich das Bistro mit Holztischen sowie ein edles Säli mit Cheminée, im alten Mühleteil (links) der Festsaal, in dem sich auch grosse Feste feiern lassen.

Die Baroche ist einer dieser jurassischen Ränder, wohin sich Touristen selten verirren. Die meisten bleiben in St.-Ursanne hängen und verpassen das wildromantische Tal, in dem sich das Dorf Asuel wie ein Relikt aus dem Mittelalter in die Landschaft schmiegt. Auf einem mächtigen Felsplateau thront das Schloss Pleujouse, unten wachsen die berühmten Damassine-Bäume, und im Herbst, wenn die Sonne den Talboden nur noch kurze Zeit erreicht, verdichtet sich die Atmosphäre zu einer poetischen Endzeitstimmung. Umso heller strahlt dann der «Schimmel» hinter dem Dorfbrunnen hervor. Es ist ein stattliches Haus, in dem Madeleine Monnerat ihre Gäste empfängt. In der Küche sorgt Serge Guntz seit Jahren für gehobene Kulinarik. Alle zwei Monate passt der Küchenchef aus dem Elsass die Karte der Saison an. Im Herbst gibt es «velouté de bolets en soupière, chapeauté de feuilletage», was so viel heisst wie Pilzsuppe im Blätterteigtopf. Oder Kabeljaufilets mit Kürbiskernkruste. Ganzjährig ist die (nicht gestopfte!) Entenleber aus den Landes mit Trauben aus Courtedoux erhältlich. Oder das Soufflé aus Nusspralinés mit Traubenkernen und Vieux Marc. Womit ich nur vier von insgesamt acht Darreichungen aus dem Gourmetmenü aufgeführt habe, das auch preislich überzeugt. Dafür würde man in Zürich höchstens einen Dreigänger bekommen, und dies ohne die hausgemachten Pralinés, die Madame Monnerat zum Kaffee serviert.

Saint-Martin. Ab Mitte November ist im Cheval Blanc zwei Wochen lang Saint-Martin! Zwar wird das Lied vom Cochon überall in der Ajoie angestimmt, doch wer eine edle Metzgete in einem gepflegten Ambiente sucht, der kommt nach Asuel: Vom Toétché über die Boudins bis zur Saucisse d'Ajoie und dem Rôti werden neun Gänge serviert. Doch die Portionen sind überschaubar, können auch einzeln bestellt werden, und die Qualität ist so exquisit, dass man das Schlemmermahl in vollen Zügen geniessen und mit etwas «esprit» aus dem Tal beschliessen kann. Ich habe den Saint-Martin in Asuel gleich drei Mal genossen – zu Ehren meines geheiligten Namensvetters, versteht sich. Aber zugegeben, auch weil ich ein Fan der fein gewürzten Boudins, der saftigen, mit etwas Schweinsleber bestückten Atriaux und nicht zuletzt der kontemplativen Idylle in der Baroche bin. Dazu trinke ich zum Auftakt einen «Francœur» der Caves Châtenay-Bouvier aus Boudry. Er hat die typische Neuenburger Säure, die gut zu den Vorspeisen passt. Danach wechsle ich zum Viognier «Côteaux Neuchâtelois» der Domaine de Montmollin, wobei Madame Monnerat noch eine ganze Reihe weiterer edler Tropfen auf Lager hat.

Aus Blut wird Wurst. Ich war dabei, als Madame Monnerat höchstpersönlich die Boudins herstellte – assistiert von Serge, der sich als Elsässer köstlich über diese jurassische «Cochonnerie» amüsiert hat: Denn ganz ohne ist der Umgang mit Blut und Därmen nicht. Zudem hat auch die Blutwurst bekanntlich zwei Enden. Beim Boudin werden sie besonders kunstvoll, mit Schnüren, abgebunden, was viel Geschick und Zeit braucht. Auch die übrigen Menügänge sind alles andere als Fastfood. Die Gelée de maison wird Tage im Voraus nach alten Familienrezepten zubereitet. Auch die Saucisse d'Ajoie ist aufwendiges Wursthandwerk: Mindestens einen Tag lang muss das Fleisch in der Würze liegen, und mindestens vier Stunden gehen die fertigen Würste am Schluss noch in den Rauch.

Die grosse Kunst des Saint-Martin ist jedoch die Abfolge der Gerichte, vor allem, wenn die Gäste in grosser Zahl an den Tischen sitzen. Dann geht es in der Küche drei bis vier Stunden lang hektisch zu und her, bis die Crème brulée und ein Gläschen Damassine für den krönenden Abschluss sorgen.

Werfen Sie in der Baroche einen Blick auf die Damassine-Kulturen, die im Frühling, zur Blütezeit, besonders attraktiv sind.

In der warmen Jahreszeit lassen sich die Abgeschiedenheit und Ruhe der Baroche auch im lauschigen Garten geniessen.

– Pilzsuppe im Blätterteigmantel.
– Kabeljaufilets mit Kürbiskernkruste.
– Soufflé aus Nusspralinés mit weissen Traubenkernen und Vieux Marc.
– Hausgemachte Pralinés, die zum Kaffee serviert werden.

Rezepte von **Serge Guntz** im Anhang.

— **Gelée de ménage «Sanit-Martin»** (Hausmachersülze, S. 397

— **Toétché** (Jura-Rahmkuchen), S. 422

RESTAURANT **9**

Du Midi
Delémont

Das Tor zum Jura

RESTAURANT: **Du Midi**
ADRESSE: **2800 Delémont, Place de la Gare 10**
GASTGEBER: **Ghislain und Christine Pissenem**
TELEFON: **032 422 17 77**
INTERNET: **www.hoteldumidi.ch**
RUHETAGE: **Di.-Abend, Mi.**
BETRIEBSFERIEN: **2 Wochen Osterferien und 2 Wochen im Sept.**
WEGBESCHRIEB: **beim Bahnhof Delémont**
SPEZIELL: **15 GM**

Wer von Moutier Richtung Delémont fährt, durchquert die Schlucht von Choindez, eine von der Birs geschaffene Klus mit mächtigen Felswänden. Es ist, als hätte ein Bühnenbildner die Szenerie entworfen: Kaum gibt das Juramassiv den Blick auf die Ebene frei, erblickt man die Kantonshauptstadt. Und Delémont ist auch kulinarisch eine gute Ouvertüre: Ein paar Schritte vom Bahnhof entfernt produziert Ghislain Pissenem jurassische Terroirküche vom Feinsten. Zwar verirren sich ab und zu ein paar Muscheln aus der Provence auf die Teller, doch in einem jurassischen Restaurant darf es durchaus auch ein bisschen «à la française» sein.

Aller guten Dinge sind drei, hat sich Ghislain Pissenem gesagt und sein Restaurant in drei kulinarische Bereiche aufgeteilt. Wer es einfach mag, geht in die Brasserie, in der man Eglifilets, Käseschnitten, eine grosse Auswahl an Salaten und andere kleinere Gerichte geniessen kann. Wer gehobener tafeln möchte, geht in den Restaurantbereich, in dem eine französisch-mediterrane Küche angeboten wird: Muschelsuppe mit Safran, Meerfische, Langustinen, aber auch Urchuchi-Klassiker wie Kalbsleber, Nierli mit Rösti und weitere Biofleisch-Spezialitäten stehen auf der Menükarte. Im dritten Teil, ganz in Grün gehalten, ist edle Gourmetküche angesagt: Von der Gemüseterrine mit Gänseleber über ein Magret de canard au curry rouge bis zur reich dotierten Käseauswahl oder edlen Desserts wie Biscuit cacao à l'orange wird hier auf sämtlichen kulinarischen Tastaturen gespielt. Das Gourmetmenü, das saisonal stets neu zusammengestellt wird, erinnert nicht ohne Grund an die legendären Zeiten Broggis. Ghislain Pissenem hat jahrelang neben dem jurassischen Spitzenkoch am Herd gestanden. Vor zehn Jahren hat er mit seiner Frau Christine das Du Midi übernommen und den Terroir-Gedanken verstärkt: «Wir wollen die besten Produkte auf den Teller bringen», umschreiben die beiden ihr Konzept. Dabei steht die jurassische Herkunft an vorderster Stelle: Sämtliche Frischprodukte kommen aus der Region, von erstklas-

sigen Produzenten aus dem Vadaise und den umliegenden Tälern. Hervorragend ist auch die Weinauswahl, in der die Weine der drei jurassischen Weinproduzenten und die besten Tropfen der Romandie zu finden sind.

Der Duft des Jura. Wenn ein Restaurant die Schätze der Region ins Zentrum rückt, wird's spannend. Dann kommt zum Beispiel eine «Cocotte de légumes oubliés» auf den Tisch: Schön arrangiert in einem Tontopf geben sich Spitzkohl, Welsche Petersilie (Pastinake), Topinambur und weitere alte Gemüsesorten ein farbenfrohes Stelldichein. Garniert ist der Gemüsetopf mit Trüffeln, die man im Herbst bis zur ersten Eisnacht in den Jurawäldern findet. Die «Cocotte» beweist, wie lecker ein bodennahes Gericht ohne Fleisch sein kann. Typisch Delémont sind auch die «Joues de porc à la saucisse vadaise», Schweinsbäggli mit geräucherter Schweinswurst. Von der Rezeptur her ist die Saucisse vadaise eine Saucisse d'Ajoie, darf sich aus urheberrechtlichen Gründen aber nicht so nennen, weil sie in Delémont produziert wird. Doch sie schmeckt genau so wie das Original und hat selbstverständlich ebenfalls viel Kümmel drin! Serviert wird die Spezialität an einer Rotweinsauce, begleitet von Rosenkohl und Filderkraut, die beide von einem Bauernhof im Delsberg-Tal kommen. Ganz «Jura» ist auch das Dessert: ein Duo mit einem Zwetschgensorbet und einer Schokolade-Birnen-Mousse, garniert mit eingelegten Zwetschgen und Birnen. Die Früchte stammen aus dem Val Terbi, einem Juratal im Osten Delémonts, das im Volksmund auch «Heiliges Land» genannt wird. Denn hier, so sagt man, habe der Herrgott seinen Paradiesgarten angelegt. Und hier, so erzählen sich die Gäste im Du Midi, hole sich der Koch des Hauses so manche kulinarische Inspiration …

Ghislain Pissenem kauft seine Ausgangsprodukte ausschliesslich bei lokalen Produzenten, zum Beispiel im Val Terbi, östlich von Delémont: Hier wächst das beste Obst im ganzen Jura.

Der Kanton Jura kennt nur wenige, dafür erlesene Weine (siehe Einkaufstipps S. 80).

– Schweinsbäggli mit Delsberger Wurst (Saucisse vadaise).
– Lammracks mit Gemüse.
– Pfännchen von vergessenen Gemüse mit Juraträffeln.
– Duo mit Birnen-Schokoladen-Mousse und Zwetschgensorbet.

Rezepte von **Ghislain Pissenem** im Anhang.

— **Schweinsbäggli mit Saucisse vadaise,** S. 400
— **Pfännchen von vergessenen Gemüse mit Juratrüffeln,** S. 410
— **Birnen-Schokoladen-Mousse mit Zwetschgensorbet «Val Terbi»,** S. 414

RESTAURANT **10**

Le Grillon
Les Prés-d'Orvin

RESTAURANT: **Le Grillon**

ADRESSE: **2534 Les Prés-d'Orvin**

GASTGEBER: **Daniel und Ursula Jeandrevin**

TELEFON: **032 322 00 62**

INTERNET: **www.juragourmand.ch/legrillon-presdorvin.htm**

RUHETAGE: **Mo., Di.**

BETRIEBSFERIEN: **Juli**

WEGBESCHRIEB: **Zwischen Biel und Sonceboz Richtung Orvin, Busverbindung ab Bahnhof Biel**

SPEZIELL: **naturnahe Küche, 14 GM**

Die Grenzen sind im Jura fliessend. Kein Grund also, nicht auch noch einen Blick in den Berner Jura zu werfen: Im Chasseral, in einem Naturparadies hoch über dem Bielersee, pflegen Ursula und Daniel Jeandrevin seit über zwei Jahrzehnten eine naturnahe Terroirküche; Pilze, Wildkräuter und Blüten sind ihr Leitmotiv. Die Region mit ihren saftigen Wiesen und Tannenwäldern ist zudem ein herrliches Wandergebiet. Zahlreiche Métairies (Alpwirtschaften) bieten sich als Etappenziele an, etwa die Métairie de la Petite-Douanne in Courtelary mit Bauernspezialitäten und einem wunderbaren Fondue (etwa 1,5 Std. Wanderzeit von Prés-d'Orvin aus).

Kräuterküche im Chasseral

Kräutersinfonie. Im Restaurant Grillon bestimmt die Natur den Menüplan. Alles, was in der Umgebung wächst und kulinarisch verwertbar ist, kommt in der Küche zur Anwendung. Den Anfang machen im April der Bärlauch und der junge Löwenzahn, dann folgen Sauerampfer, Nelkenwurz und Wiesenknopf – eine ganze Sinfonie von Kräutern, von den Jeandrevins selber gepflückt und zu Salaten, Kräutersaucen und Suppen veredelt. Besonders die Suppen sind legendär: Es gibt Kürbissuppe, Suppen mit Rüebli, mit Peperoni, und immer sind viel Peterli und Basilikum drin. Auch beim Bielerseefisch, der im Frühsommer auf der Menükarte erscheint, spielen Kräuter eine wichtige Rolle. Allen voran der wilde Oregano, der an den Rändern der Jurawälder wächst und gut zu den frischen Egli und Felchen passt.

In all diesen herrlich duftenden Kreationen zeigt sich Daniels ererbte Liebe zu den Kräutern: «Das habe ich von meiner Grossmutter», sagt er, «meine Oma war eine richtige Kräuterfrau, die den wilden Oregano auch bei den Würsten verwendet hat; im Sauerkraut war stets viel Kümmel drin, und beim Peterli hat sie sogar die hinteren Teile verwendet, die heute meist weggeschnitten werden, obwohl sie besonders süss und wasserhaltig sind. In Grossmutters Küche duftete es stets nach Kräutern, und das hat mich geprägt.» Meistwerk in Daniels Kräuterküche ist die luftig-leichte «Soupe verte», die er mit verschiedenen Wildkräutern und mit Eierschwämmen oder anderen Pilzen serviert. Auch Pilze sind bei den Jeandrevins ein grosses Thema: Nebst Eierschwämmen kommen Steinpilze, Totentrompeten oder der seltene Russule Dorée an den fein abgeschmeckten Saucen oder sautiert auf die Teller – ein Paradiesgarten nicht zuletzt auch für Vegetarier!

Trüffeln. Die ganz grosse Rarität sind Trüffeln, die in den Jurawäldern gut versteckt unter der Erde wachsen. «Da braucht es Profis, die sich auskennen», sagt Daniel, der sich dabei auf Johannes Däppen aus dem bernischen Mühleberg verlässt: Mit seinen beiden Hunden holt der «truffleur» von September bis Dezember die jurassischen Trüffeln aus dem Boden. Sie gehören zur Familie der Burgunder Trüffel (Tuber uncinatum). Unter Buchen, Eichen und Haselnusssträuchern sind die kostbaren Erdlinge zu finden, deren Preis bis zu tausend Franken pro Kilogramm beträgt. «Wichtig ist, dass man die Trüffeln gut reinigt, alle beschädigten Stellen herausschneidet und sie auf keinen Fall kocht, weil durch das Erhitzen das Aroma verloren geht», erklärt Daniel, der die Trüffeln am liebsten auf einem Blini, einem hauchdünnen Pfannkuchen, serviert. Ein Leckerbissen. «Eine gute Variante ist Trüffel auf einem Spiegelei oder auf einem Risotto – fein draufgeschabt und fertig», erklärt Ursula, selber eine grosse Trüffelliebhaberin.

Wild. Im Herbst, wenn die Jagd beginnt, ist Wild ein grosses Thema in der «Heuschrecke». Dann serviert Daniel sein legendäres Reh-Carré: Rosa gebraten, begleitet von Preiselbeeren, Rotkraut und Spätzli, kommt das edle Wildbret auf den Tisch. Zum Dessert gibt's ein Trio aus Panna cotta, karamelisierter Birne, Vanilleglace und Panforte, einem Nussgebäck. Zubereitet werden all diese Süssspeisen von Alina, der Tochter des Hauses und passionierten Pâtissière. Ihre Kuchen, die sie im Takt mit der Natur mit Beeren und Früchten in den Ofen schiebt, sind allein schon ein Grund, zu diesen sympathischen Gastgebern zu pilgern. Ihre Herzlichkeit ist legendär und rundet den Ausflug in diese jurassische Perle perfekt ab.

Saftige Wiesen, Blumen, Pilze: Der Chasseral ist ein Naturparadies.

Voralpenflora.

Tarte au truffes (Blini mit Trüffeln aus dem Jura) auf Nüsslisalat.

– Dessert-Trio mit Panna cotta, karamelisierter Birne, Vanilleglace und Panforte.
– Kräutersuppe (Soupe verte).
– Reh-Carré mit Spätzli, Rotkraut, Rosenkohl und Kastanie.
– Die Kuchen des Hauses werden von Aline, der Tochter, kreiert.

Weitere Restaurants im Jura

TYPISCH JURA

Victoria, Delémont

Es regnet in Strömen, wir sind auf der Suche nach einem Restaurant und landen im Victoria vis-à-vis vom Bahnhof Delémont. Es ist ein Zufallstreffer, der sich auszahlt. Roger Kueny hat Jura-Spezialitäten auf der Karte, die man nur selten findet, zum Beispiel die Omelette Tête de Moine (siehe Rezept Seite 409) oder Schweinsfüsse mit Pilzen; ebenfalls hervorragend sind sein Damassine-Soufflé und die hausgemachten Meringues, die so gut sind, dass Kueny sie sogar an andere Gastrobetriebe verkauft. Die Familie führt das Haus seit drei Generationen.

Hotel-Restaurant Victoria, Roger und Anita Kueny-Billand, Place de la Gare, 2800 Delémont, Ruhetage: Mo., im Sommer auch So., Betriebsferien: 3 Wochen ab Mitte Juli, 2 Wochen ab Weihnachten, Tel. 032 422 17 57, www.victoria-delemont.ch.

SCHÖNE LANDBEIZEN

La Haute-Borne, Delémont

Die wunderschöne Landbeiz mit Bauernhof liegt hoch über Delémont in einem Naturparadies. Von der Altstadt aus ist das Restaurant in 1,5 Stunden Wanderzeit erreichbar. Es gibt Fleisch vom heissen Stein, Bourguignonne mit Rinds- und Pferdefleisch, Entrecôte oder Schweinskotelett. Auch das Fondue moitié-moitié und die kalten Plättli sind hervorragend. Ein Geheimtipp ist der Saint-Martin, der hier ausgiebig, nämlich jeden Tag im November zelebriert wird. Die Boudins, Atriaux und sämtliche Fleischwaren stammen von der Metzgerei Neuenschwander in Courgenay aus der Ajoie, einem Meister seines Fachs. *La Haute-Borne, 2800 Delémont (auf dem Berg im Norden), Familie Claude und Madeleine Schmied-Oberli, Ruhetage: Mo. ab 16 Uhr, Di.; Betriebsferien: keine; Tel. 032 422 14 15, www.lahauteborne.ch.*

Restaurant des Voyageurs, Le Bois-Derrière (Freiberge)

Es war genau der richtige Tag, um das Restaurant des Voyageurs in den Freibergen zu besuchen: Freddo Tschirren liess an diesem Frühlingsmorgen im Mai die Pferde und Kühe zum ersten Mal wieder hinaus auf die Juraweiden. Gegen hundert Tiere aus der Gemeinde Bémont verbringen in Le Bois-Derrière den Sommer, und Freddo übernimmt die Hirtenfunktion. «Dafür muss ich keine Miete bezahlen», sagt der Beizer, der zusammen mit seiner Frau Annelise den Betrieb führt. Ein Geheimtipp, allein schon wegen dem saftigen Chämischinken und der im Schmalz gebratenen, knusprigen Rösti. Zweite grosse Spezialität des Hauses ist das Fleisch auf der heissen Schieferplatte, unter anderem Pferdefilet, Rinds-Entrecôte oder Rindsfilet. Wegbeschrieb: Zwischen Montfaucon und Reussilles, wenige Minuten vom Etang de la Gruère entfernt. Von der Bahnstation Montfaucon aus führt ein schöner Wanderweg zur Jurabeiz (ca. 20 Min.); oder vom Parkplatz zwischen Saignelégier und Tramelan durch den Jurawald (ca. 30 Min.).

Restaurant des Voyageurs, 2877 Le Bémont, Le Bois-Derrière, Annelise und Freddo Tschirren, Ruhetage: Mo., Di.; Betriebsferien: Febr., Tel. 032 955 11 71, http://restaurant-voyageurs.franchesmontagnes.ch.

Hôtel Logis de la Licorne, La Ferrière (Freiberge)

Zwei Minuten vom Bahnhof La Ferrière entfernt liegt das Licorne, das die Einheimischen auch Cheval Blanc nennen. In der ehemaligen Poststation aus dem Jahr 1688 hat der «Zurück zur Natur»-Philosoph Jean-Jacques Rousseau in früheren Zeiten einige Male übernachtet. Spezialitäten sind die Klassiker der Region: Beinschinken mit Rösti, Fleisch auf der Steinplatte und kalte Plättli. *Hôtel Logis de la Licorne, Familie Hager-Jost, 2333 La Ferrière, Ruhetage: Di. und Mi., Betriebsferien: siehe Internet bzw. auf Anfrage, Tel. 032 961 15 55, www.logis-de-la-licorne.ch.*

RESTAURANT MIT PFERDEWEIDE
Auberge du Peu-Péquignot (Freiberge)

Olivia Steiner führt diese hübsche Landbeiz mit offener Pferdeweide. Es gibt eine einfache Landküche mit Chämischinken, einer grossen Auswahl an Röstivariationen und kalten Plättli. *Auberge du Peu-Péquignot, 2340 le Noirmont, Ruhetage: Di. ab 16 Uhr und Mi.; Betriebsferien: Nov., Tel. 032 953 14 37, http://aubergepeupe.franchesmontagnes.ch.*

WILDSPEZIALITÄTEN
Hôtel du Soleil, St-Brais (Freiberge)

Jean und Marie-Louise Bader wären eigentlich längst pensioniert, aber «wir machen weiter, weil es Spass macht», sagen die beiden. Das spürt man. Das Haus hat äusserlich Patina angesetzt, auch im Innern ist es eher Dorfbeiz denn Gourmettempel. Doch Jean Bader, gelernter Koch und Metzger, macht eine ehrliche Küche mit Raritäten: So stehen im Frühling «pigeonnots», junge Tauben aus eigener Zucht, auf der Menükarte. An Ostern gibt es Osterlamm, im Hochsommer Kaninchen, und im Herbst geht der passionierte Jäger auf die Jagd. Dann ist Wild in allen Variationen zu geniessen – vom Gämspfeffer bis zum Rehrücken. Das Restaurant ist ein echter Geheimtipp. Es liegt an der Strecke Saignelégier–Delémont.

Hôtel du Soleil, Jean und Marie-Louise Bader, 2874 St-Brais, Ruhetage: Di.-Abend, Mi., Betriebsferien: 3 Wochen im Sommer, Tel. 032 433 45 06.

PENSION MIT GUTEM ESSEN
Hôtel de la Chaux d'Abel, La Ferrière
Eine Pension wie aus dem Bilderbuch, kurz vor La Chaux-de-Fonds. Die Zimmer sind zum Teil schon fast museal, der Speisesaal ganz in Holz und urgemütlich. Gekocht wird traditionell, saisonal und gut, allerdings nur für Hotelgäste. Wenn man jedoch nett fragt und sich vorher telefonisch anmeldet, macht die Küche bei sympathischen Gästen auch mal eine Ausnahme. *Hotel La Chaux d'Abel, Agnès und Daniel Frochaux, 2333 La Ferrière, Ruhetage: keine, Betriebsferien: auf Anfrage, Tel. 032 961 11 52, www.hotellachauxdabel.ch.*

SPITZE
Château de Pleujouse (in der Baroche)

Das Schloss stammt aus dem 11. Jahrhundert und thront hoch über dem Dörfchen Pleujouse, mitten in Damassine-Gärten. Gérard und Catherine Praud, die das Schlossrestaurant führen, nennen sich «Kochhandwerker», doch das ist zu bescheiden: Die beiden Profis am Herd haben bei grossen Vorbildern gelernt und ihren eigenen, kreativen Stil entwickelt: eine hochstehende, kreative «cuisine du terroir». Das findet seinen Niederschlag in 14 Gault-Millau-Punkten. Man tafelt entweder im Saal «Prince-Evêque» oder draussen im lauschigen Schlossgarten. Leider wollten die beiden keinen grossen Auftritt in der *Urchuchi*, deshalb bleibt es bei dieser etwas kurz gehaltenen Basisinformation. Vielleicht klappt's ja bei der nächsten Auflage! *Château de Pleujouse, Le Château 18, 2953 Pleujouse, Tel. 032 462 10 80, Ruhetage: Mo., Betriebsferien: auf Anfrage, www.juragourmand.ch.*

TOP
Georges Wenger, Le Noirmont

Das beste Restaurant im Kanton Jura (siehe auch Interview S. 21). *Restaurant Georges Wenger, Rue de la Gare 2, 2340 Le Noirmont, Ruhetage: Mo., Di., Betriebsferien: 23.Dez. bis 23.Jan., Tel. 032 957 66 33, www.georges-wenger.ch.*

Restaurants im Berner Jura

MIT EIGENER METZGEREI

La Cuisinière, Les Prés-de-Cortébert

Die kulinarischen Grenzen sind fliessend: Auch Georges Wenger soll ab und zu auf bernischem Boden, in der Cuisinière anzutreffen sein, um «die lokale Reproduktion der kulinarischen Identität zu geniessen». Das bedeutet hier im Chasseral Rösti, Chämischinken, Hausmetzgete und sporadisch Kutteln nach Neuenburger Art (mit Vinaigrette). Die Würste stellen André und Maryline Bürgi selber her (eigene Metzgerei), dazu gehören im Herbst auch Blutwürste. Eine Schönheit ist das 1148 Meter hoch gelegene Haus zwar nicht, die inneren Qualitäten jedoch überzeugen. *Restaurant La Cuisinière, André und Maryline Bürgi, Les Prés-de-Cortébert, 2608 Courtelary, Ruhetage: So. ab 19 Uhr, Mo., Di., Betriebsferien: im Winter, Tel. 032 489 19 24.*

SPITZE

Restaurant du Cerf, Sonceboz

In Sonceboz, nördlich von Biel, sorgen Jean-Marc Soldati und Christian Albrecht für kulinarische Höhenflüge. Die beiden haben bei Fredy Girardet das Handwerk gelernt. Im Gourmetstübli mit dem mächtigen Cheminée kann man edel tafeln (16 GM) und zwar ohne Menükarte: Das Angebot wird mit den Gästen besprochen und dann massgeschneidert zubereitet. Anders in der rustikalen Brasserie: Hier stehen feste Angebote auf der Karte, wie Käseschnitte mit Pilzen aus den Jurawäldern, Kaninchenterrine mit Pistazien, Rahmschnitzel und weitere, saisonal zusammengestellte Gerichte. Die Wein-Passion der beiden Gastgeber zeigt sich im Keller: Rund 450 Etiketten sind gelagert, darunter Raritäten aus dem Bordeaux, dem Languedoc-Roussillon und der Romandie. *Restaurant Hôtel du Cerf, Jean-Marc Soldati und Christian Albrecht, Rue du Collège 4, 2605 Sonceboz, Ruhetage: Di.-Abend, Mi., Betriebsferien: Mitte Juli bis Mitte Aug., Weihnachten–Neujahr, Tel. 032 488 33 22, www.cerf-sonceboz.ch.*

Einkaufstipps Jura

DIE GEHEIMEN TRESORE

Als der Kanton Jura im Jahr 2007 Gastkanton der «Semaine du Goût» war, stürzten sich die Medien auf das Terroir, als würde ein neuer Kontinent entdeckt. «Das Glück im Jura», titelte die NZZ in einer Hochglanzbeilage. «Die geheimen Tresore», schrieb die *Illustré*. Plötzlich stand der junge Kanton im Rampenlicht. Doch «die Karawane zieht weiter», sagt ein altes Sprichwort. Deshalb haben wir hier in der *Urchuchi* die besten Adressen nochmals fein säuberlich zusammengestellt, damit Sie die besten Produzenten selber entdecken können. Nicht wenige produzieren unter dem Biolabel, das im Jura über 40 Produzenten umfasst, die sich jeweils Mitte September, am grössten Biomarkt der Schweiz, präsentieren (siehe auch: www.biojura.ch).

Bio-Tête-de-Moine von der Ferme Lafleur

Die Ferme Lafleur in Montfaucon gehört zu den Pionieren der Biokäseproduktion. Bernard Froidevaux stellt den Tête de Moine traditionell auf dem Holzfeuer her; zudem produziert er Joghurt, Tomme Lafleur (ein nach alten Rezepten hergestellter Weichkäse), Saint-Jean (halbhart, fett), den Montfaucon (Hartkäse) sowie diverse Wurstwaren und Trockenfleisch, unter anderem von frei lebenden Schweinen und vom Rhätisches Grauvieh. Kaufen kann man die Bioprodukte im Hofladen, der sich «Couleurs du Terroir» nennt, von der Tochter geführt wird und mit weiteren Biospezialitäten aus der Region überrascht (Honig, Konfitüren, Sirup, Apfelessig usw.). *Ferme Lafleur, Bernard und Geneviève Froidevaux, Louvière 15, 2875 Montfaucon, Tel. 032 955 11 77, www.fermelafleur.ch.*

Naturabeef und Ziegenkäse vom Biobauernhof

In den Freibergen unterhalb von Les Enfers gibt es ausgezeichneten Ziegenfrischkäse, Rauchwürste und Naturabeef von Angus-Kälbern – alles bio. Das Frischfleisch muss drei Wochen vorher bestellt werden. Einmal pro Woche backen die Frauen Dinkelbrot im Holzofen, je nach Saison gibt's auch eingelegte Zucchini, hausgemachte Konfitüren und Tee aus Eigenproduktion. Der Tomme de chèvre wurde mehrmals als bester Tomme der Region ausgezeichnet. Begonnen hat dies alles in den 70er-Jahren, als die beiden Biopioniere Lydia und der inzwischen verstorbene Markus Wespi den Hof übernahmen; inzwischen bewirtschaften drei Familien die 80 Hektaren mit Muttertierhaltung, frei laufenden Schweinen und Ziegen. Jedes Familienmitglied hat eine Hofaktie, alle haben Mitspracherecht. «Das funktioniert prächtig», wie Nicolet sagt, die uns für ein paar Tage eine kleine Wohnung auf dem Hof vermietet hat. Auch das gehört zum Angebot des Betriebs, den man entweder von Les Pommerats oder von Les Enfers aus erreicht.

Ferme de Cerniévillers, 2353 Les Pommerats, Tel. 032 952 19 19, www.cernievillers.ch.

Weitere Einkaufstipps Jura

Saucisse d'Ajoie

Die Romandie ist ein Wurstparadies. Nebst dem Waadtländer, Neuenburger oder Freiburger Saucisson, der Genfer Longeole, der Rosette de Lyon, der Saucisse de Morteau, der Diot und der Jésus gibt es auch eine ganz besondere jurassische Wurstkreation: die Saucisse d'Ajoie. Sie besteht aus Schweinefleisch und Speck, wird mit viel Kümmel, Pfeffer und Knoblauch gewürzt und geräuchert. Erhältlich ist die jurassische Hauswurst in zehn Metzgereien, u.a. bei: *Boucherie Henri-Paul Grédy, Grand Rue 32, 2900 Porrentruy, Tel. 032 466 17 85.*

Fleisch (Ajoie)

Erstklassige Metzgerei im Dorf Courgenay mit zahlreichen jurassischen Spezialitäten, darunter sämtliche «Cochonneries» für den Saint-Martin: sehr gute Gelée de maison, Atriaux, Blutwurst & Co. Jacques Neuenschwander beliefert unter anderem auch das Bergrestaurant La Haute-Borne (siehe Seite 76). *Boucherie Jacques Neuenschwander, Route Courtemblin 8, 2950 Courgenay, Tel. 032 471 11 22.*

Fleisch (Freiberge)

Pierre Bilat ist Hauslieferant der besten Restaurants der Juraregion: Bis hinauf nach La Chaux-de-Fonds, ins Restaurant La Ferme des Brandt, gelangen seine edlen Fleischwaren (siehe Seite 96). Kein Wunder: Das Fleisch ist gut abgehangen, die Wurstwaren sind perfekt gewürzt, zudem gibt es einige Raritäten wie gerollten Räucherschinken und von der Blutwurst bis zum Atriau sämtliche Spezialitäten rund um den Saint-Martin (ab November). *Boucherie Bilat, Rue du Doubs 1, 2336 Les Bois, Tel. 032 961 12 85.*

Fumoir de Champoz (Berner Jura)

Zwischen Moutier und Tavannes liegt die uralte Räucherei von Bernhard von Bergen, die aus dem 17. Jahrhundert stammt. Verkauft werden Rauchspeck und Chämiwürste vom Schwein, Rind, Pferd und gemischt. Zur Räucherei gehört ein kleines Restaurant, in dem man auf Voranmeldung kalte Platten, Beinschinken, Braten, Filet mignon und Fleisch vom heissen Stein geniessen kann. *Fumoir de Champoz, Bernhard von Bergen, Clos-Crasson 11, 2735 Champoz, Tel. 032 492 14 27, www.fumoirdechampoz.ch.*

Weine und Winzer

Es gibt nur einige wenige Weingüter im Jura. Das grösste (5 ha) ist die Domaine Clos des Cantons mit Weinbergen an den Ufern der Allaine in Buix, die von Didier Fleury bewirtschaftet werden. Die Produktion beträgt 35 000 Flaschen pro Jahr, vor allem Müller-Thurgau, Pinot noir, Garanoir und etwas Pinot gris.
Der zweite bedeutende Betrieb befindet sich in Soyhières bei Delémont; hier keltern Valentin und Silvia Blattner interspezifische Sorten, unter anderem ihren Muscat de Birse, der mehrmals ausgezeichnet wurde. Dritter Eigenkelterer ist Martin Buser, der bereits 1960 – und damit als Erster - mit dem Anbau von Reben im Jura begonnen hat: In Montsevelier im Val Terbi entstehen Busers Gewürztraminer, Dessertweine und sein Blanc sec Saphira. Von Buser stammt auch die Cuvée de Saint-Martin, von der jeweils nur einige Tausend Flaschen auf den Makt kommen.
Clos des Cantons, Didier Fleury, Rue de l'Eglise 45, 2942 Alle, Tel. 032 471 10 83 und 079 407 71 12.
Valentin und Silvia Blattner Vins, Soyhières, Tel. 032 423 32 66.
Martin Buser, Vins de Montsevelier, Kihlackerweg 3, 4254 Liesberg, 079 358 77 53.
Weitere Informatione auf: www.vin-du-jura.ch

Damassine vom Bauernhof

Eine gute Damassine gibt es unweit vom Cheval Blanc in Asuel bei André Laurent. Die Produktion schwankt allerdings je nach Erntejahr: 2006 gab es nur gerade 40 Liter, 2007 waren es über 200 Liter, die Laurent aus den kleinen Damassine-Pflaumen destillieren liess. Im Juli sind die Pflaumen reif und werden vom Boden aufgelesen. Da der Mann nicht immer zu Hause ist, sollte man vorher telefonieren. *André Laurent, Le Pécal 3b, 2953 Pleujouse, Tel. 032 462 31 74.*

Damassine-Truffes

Die wenigen Confiserien im Jura, die Damassine-Truffes herstellen, sind:
Confiserie Les Sommètres, geführt von Georges Wengers Bruder, Rue de la Rauracie 15, 2340 Le Noirmont, Tel. 032 953 12 31. Und – ein kleiner Geheimtipp auch für andere exzellente Backwaren – die Boulangerie Christine Werth und Roger Veya, Place de la Gare 14, 2800 Delémont, Tel. 032 422 28 23.

Bier, das im Eichenfass reift

Wer genug hat von faden Lagerbieren, sollte sich die Buchstaben BFM merken: Sie stehen für die «Brasserie des Franches-Montagnes» in Saignelégier. Hier braut der 33-jährige Jérôme Rebetez obergärige Biere mit Charakter. Und das mit Erfolg! «La Meule», ein herbes Helles mit Ingwernoten, ist überall im Jura zu finden, genauso wie «La Torpille», ein Dunkles, gewürzt mit Karamel. Aus Jerômes Braustube stammen zudem «La Salamandre», ein helles Blondes, «La Mandragore», ein schwarzes Winterbier, das von November bis Ende März gebraut wird. Wenn Sie noch nie Glühbier getrunken haben, sollten Sie «La Dragonne» probieren, ein süsslich-herbes mit Lebkuchengewürz und Honig, das 50 bis 55 Grad warm getrunken wird.

Experimentieren ist die Spezialität dieses jurassischen Brauers, der ursprünglich Önologe war. So wird bei den meisten seiner Biere der Gärprozess wie beim Champagner in der Flasche fortgesetzt. 2007 kreierte er die «Cuvée Alex le Rouge», ein Imperial Stout mit Vanille, schwarzem Savarkpfeffer und russischem Tee. Zudem braut er jährlich eine obergärige Cuvée, die weder gefiltert noch pasteurisiert wird und in Whiskyfässern reift. Auch das Bier «Abbaye de Saint Bon-Chien», mit 11 Volumprozent eines der stärkeren des Hauses, hat jedes Jahr einen anderen Geschmack. «Ich bin ein Tüftler», sagt Rebetez, «meine Kreationen müssen nicht allen gefallen, aber Charakter müssen sie haben.»

Bierfest. Immer anfangs November wird die letztjährige Cuvée aus dem Eichenfass gezapft. Ein Festtag in der BFM! Dann kocht Mama Rebetez für die Gäste spezielle Biergerichte, zum Beispiel Lammschulter braisée à la Salamandre, Crème chibouste à la Torpille oder Kutteln an einer Biersauce. Wegbeschrieb: Vom Bahnhof 8 Min. zu Fuss (nach dem Hôtel Bellevue links abbiegen). Mit dem Auto: In Saignelégier Richtung Tramelan/Bienne, dann beim Marché-Concours links in die Industriezone. Verkauf über die Gasse jeweils am Samstag oder auf Voranmeldung. Erhältlich sind die Biere auch im *Welschland-Laden an der Zweierstrasse 56 in 8004 Zürich.*

BFM Brasserie des Franches-Montagnes, Jérôme Rebetez, Chemin des Buissons 8, 2350 Saignelégier, Tel. 032 951 26 26, www.brasseriebfm.ch.

Brot mit Bier und Toetché

David Parrat in Saignelégier bäckt ein Brot mit Bier, das mehrfach prämiert wurde – innen feucht, die Kruste wunderbar knusprig. Zudem macht er auch den salzigen Sauerrahmkuchen, den Toétché, der zum kulinarischen Erbe des Jura gehört.

Boulangerie David Parrat, Rue de l'Hôpital 17, 2350 Saignelégier, Tel. 032 951 11 86.

NEUENBURG

Klein und fein

Weniger ist mehr – moins c'est mieux – haben sich die Neuenburger offenbar gesagt und vergleichsweise wenige, dafür profilierte Spezialitäten in ihr kulinarisches Erbe gesetzt. Dazu gehören der Rosé Œil-de-Perdrix und der weltberühmte Absinth, der im Val de Travers entstanden ist. Dann das Neuenburger Fondue, die Saucisse neuchâteloise und der Breusi. Aber auch jüngere Erfindungen wie der Bleuchâtel oder der in Asphalt gekochte Beinschinken gehören dazu. Bei vielen dieser kulinarischen Errungenschaften haben die Hochtäler im Juragebirge eine Schlüsselrolle gespielt.

Die Botanisierbüchse von Jean-Jacques Rousseau

Oben und unten. Es ist, als hätte der Creux du Van den mächtigen Fürsten am See jahrhundertelang den Rücken zugekehrt: Der zweihundert Meter hohe Felsenkessel öffnet sich stolz nach Norden, dahin, wo auch die meisten kulinarischen Genüsse der Region entstanden sind, allen voran die Neuenburger Saucissons, die von den Bauern im Herbst in glühender Holzkohle gekocht werden, berühmt geworden als «Torrée neuchâteloise». Oder die geräucherte und luftgetrocknete Rindskeule «Breusi», die aus La Brévine, dem kältesten Ort der Schweiz, stammt. Und nicht zuletzt der Absinth, der im Val de Travers erfunden und zum Modegetränk in ganz Frankreich wurde. Aus dem nahen Burgund kamen umgekehrt die Escargots in die Neuenburger Bauernküche. Und aus dem Elsass das Sauerkraut. Aus dieser Kombination entstand so etwas wie das Neuenburger Nationalgericht, die «Jacquerie neuchâteloise», die heute allerdings kaum mehr gegessen wird: Schnecken mit Sauerkraut? In der Tat eine gewöhnungsbedürftige Kombination!

Viele berühmte Köpfe haben die Vorzüge der Neuenburger Juraregion gepriesen. Jean-Jacques Rousseau war einer von ihnen. Immer wieder ist der Philosoph und Naturliebhaber, der 1762 in Neuchâtel wohnte, mit seiner Botanisierbüchse durch die Jurawälder gestreift. Vor allem die Region rund um den Creux du Van im Val de Travers hatte es ihm angetan. «Nichts ist schöner, als zu Fuss durch diese imposante Landschaft zu wandern.» Noch heute lässt sich beim Creux du Van, dem ältesten Naturschutzgebiet der Schweiz, eine einzigartige Flora und Fauna entdecken – kaum vorstellbar, was zu Rousseaus Zeiten hier alles noch kreuchte und fleuchte. Als der Philosoph in Paris im Exil lebte, vermisste er die Streifzüge durch den Neuenburger Jura: «Aber ich muss nur mein Herbarium öffnen, dann kommen all die Düfte und Eindrücke wieder zurück», schrieb er in sein Tagebuch.

Unten am See, im Rücken des Creux du Van, geschah dagegen vor allem im önologischen Bereich Spannendes: Der berühmte Rosé Œil-de-Perdrix wurde hier geboren. Und es entstand der Neuenburger «Non filtré», ein leichter, ungefilterter Chasselas, der nur hier, auf den kalkigen, porösen Juraböden im Littoral in dieser Form gekeltert werden konnte. Hier war auch Fisch stets ein grosses Thema, so lange jedenfalls, bis sich der See immer weiter zurückzog und die Besiedelung des Ufers in rasantem Tempo vor sich ging. Am See, in Serrière, entstand auch die erste Schokoladefabrik von Suchard, aus der Milka zu einer Weltmarke wurde.

Unten am See waren es die feineren, die fürstlichen Genüsse, oben in den Bergen die deftigeren Kreationen der Bauernküche, die – wie die zwei Seiten einer Medaille – die Neuenburger Esskultur prägten. Diese charakteristische Zweiteilung gründet in der besonderen historischen Entwicklung Neuenburgs, in einer aus heutiger Sicht geradezu anachronistischen Doppelrolle: Bis 1857 war Neuenburg ein Fürstentum und wäre es vielleicht noch länger geblieben, wenn die demokratischen Montagnards nicht gegen die Preussen eingeschritten wären (siehe Kasten auf der Folgeseite). Thierry Grosjean, Winzer in Auvernier, dessen Familiengeschichte seit dem 16. Jahrhundert mit dem Château d'Auvernier verbunden ist, hat eine einleuchtende Erklärung für diese Doppelrolle, die sich seiner Meinung nach aus dem Terroir herauslesen lässt:

Thierry Grosjean, wie erklären Sie sich diese Doppelrolle?

Wenn ich hier in meinem Büro zum Fenster hinausschaue, sehe ich am Horizont den Himmel über Frankreich. Es sind zweihundert Kilometer bis ins Burgund. Nicht viel weiter weg liegt Basel, und in einer Stunde ist man heute in Bern. Ich will damit sagen: Neuenburg liegt am Rand der Schweiz, war aber stets eine zentrale Drehscheibe zwischen den europäischen Machtzentren. Wir mussten aufgrund dieser geografischen Lage stets versuchen, die Interessen auszubalancieren, vor allem auch gegenüber den Bernern, die ja ständig daran waren, ihr Territorium auszuweiten, bis hinunter ins Waadtland. Also gingen wir früh Bündnisse mit den Eidgenossen ein und haben sie bis zu einem gewissen Grad auch imitiert: Denn die Eidgenossen, das darf man nicht vergessen, waren diplomatisch immer sehr geschickt! Was sie im Grossen machten, machten wir im Kleinen.

Dies stets mit offenen Armen für die Deutschen?

Zunächst für die Franzosen, die lagen uns kulturell und sprachlich näher. Als die Familien von Longueville und Orléans jedoch ausstarben, mussten wir uns neu orientieren. Also haben wir uns 1709 für die Preussen entschieden, und das war einer der cleversten Schachzüge der Neuenburger Geschichte überhaupt: Friedrich I. war ein Kulturmensch, zudem war er ein Bonvivant, er liebte gutes Essen, guten Wein. Also kam es auch zu einem beachtlichen Aufschwung in unserer Region. Die Reben reichten damals bis zur Waldgrenze. Fast alle Bewohner am See lebten direkt oder indirekt vom Weinbau. Auch die Bauern in den Bergen profitierten: Käse und Würste wurden exportiert, gegen Ende des 18. Jahrhunderts der Absinth, eine Neuenburger Erfindung, genau wie der Œil-de-Perdrix, der heute eines der erfolgreichsten Weine unserer Region ist.

Obwohl es die Neuenburger verpasst haben, den Namen zu schützen?
Ich bin nicht so sicher, ob der Schutz des Namens wirklich viel gebracht hätte. Als meine Grosseltern Wein produzierten, nach dem Krieg 1918, da hatten sie andere Probleme. Da ging es darum, ob die Leute den Wein überhaupt bezahlen konnten. Zudem war man damals viel offener als heute. Man freute sich, wenn andere eine Idee gut fanden. Ich denke, der Œil-de-Perdrix wäre nie so berühmt geworden, wenn er nicht imitiert worden wäre. Ich denke, das wird auch in Zukunft unsere Chance sein: Offen sein, zusammenarbeiten! Die Schweiz ist zu klein, als dass sich ein einzelner Weinproduzent gegen die Grossen im internationalen Markt behaupten könnte. Das Château d'Auvernier ist der grösste Weinproduzent im Kanton Neuenburg, doch wir sind winzig verglichen mit den Grossen im Burgund oder den Weinindustriellen in den USA. Wir haben Spezialitäten, und die müssen wir gemeinsam unter dem Label «Schweizer Qualitatswein» vermarkten. Ich spreche hier von Qualitätswein, von originären Produkten mit Charakter.

Wie ist das, wenn man auf einem derart geschichtsträchtigen Boden Wein macht?
Das ist eine Verantwortung. Ich sage immer: Natürlich gehört dieses Schloss meiner Familie. Doch es gehört zumindest gefühlsmässig nicht uns allein, sondern allen hier im Kanton. Viele trinken unseren Wein. Wir keltern ja auch nicht nur unsere eigenen Trauben, sondern auch die von anderen Rebbauern. Mit dem Wein kommt auch etwas zurück, ein Stück dieses kulinarischen Erbes, das letztlich allen gehört.

Was essen Sie am liebsten?
Ich liebe Käse mit einem Pinot gris, Eglifilets mit einem Non filtré, Neuenburger Saucisson mit einem Pinot noir: Ich liebe alles und natürlich immer in Kombination mit einem guten Wein. Am liebsten aber habe ich die Neuenburger Flusskrebse, die ja eigentlich Seekrebse sind. Die sind schlicht hervorragend.

Fürstentum Neuenburg

Lag es am guten Wein, an den reichen Fischgründen oder am Absinth? Der europäische Adel zeigte seit dem Mittelalter grosses Interesse an der kleinen Neuenburger Region. Viel hätte nicht gefehlt und Neuenburg wäre sogar ein Fürstentum geblieben. Die Liste der Herrscher ist lang. Sie beginnt 1125 mit Rudolf I., dessen Familie fast zwei Jahrhunderte in der Region das Sagen hatte. Danach folgten die Zähringer, die Herzöge von Longueville und Orléans und schliesslich die Preussen, die – mit einem kurzen Unterbruch – bis 1848 regierten: Als Napoleon an die Macht kam, setzte er seinen Feldmarschall Louis-Alexandre Berthier als Verwalter ein, der das Fürstentum nach Bonapartes Sturz allerdings sofort wieder an die Hohenzollern zurückverkaufte, für eine «bescheidene» Rente von 34 000 Florins bis an sein Lebensende – das kam allerdings schnell: Am 1. Juni 1815 starb Berthier bei einem Sturz aus dem Fenster, beim sogenannten Bamberger Fenstersturz.

Am Wiener Kongress 1814 wurde Neuenburg zwar als unabhängiger Kanton anerkannt, die Bezeichnung «preussisches Fürstentum» blieb jedoch bestehen. Eine eigenartige Doppelrolle zu einer Zeit, als sich die meisten Kantone in der Schweiz von den feudalen Strukturen längst abgenabelt hatten. Erst als am 1. März 1848 über 1400 bewaffnete Montagnards von La Chaux-de-Fonds über die Vue des Alpes marschierten und das Schloss Valangin im Sturm eroberten, liess der deutsche Kaiser das Fürstentum fallen. Fortan nannte sich Neuenburg stolz «République et Canton de Neuchâtel». Die Royalisten gaben jedoch nicht auf. 1856 eroberten sie das Schloss, der Putsch wurde mit Hilfe der Eidgenossen jedoch blutig niedergeschlagen. Danach ordnete Preussen die Mobilmachung von 150 000 Mann an. Es drohte Krieg über die Schweizer Landesgrenzen hinaus. Die Neuenburger Frage beschäftigte sogar Karl Marx. Er schrieb am 2. Dezember 1856: «Augenblicklich ist Europa nur mit einer grossen Frage beschäftigt: der Neuenburger. Das ist zumindest die Meinung der preussischen Zeitungen. Zwar umfasst das Fürstentum Neuenburg zusammen mit der Grafschaft Valangin bloss den bescheidenen Raum von vierzehn Quadratmeilen. Aber die royalistischen Philosophen in Berlin behaupten, nicht die Quantität, sondern die Qualität entscheide über Grösse oder Kleinheit. Für sie verkörpert Neuenburg die ewige Streitfrage zwischen Revolution und göttlichem Recht, und dieser Gegensatz werde durch geografische Dimensionen ebenso wenig beeinflusst wie das Gravitationsgesetz durch den Unterschied zwischen der Sonne und einem Tennisball.» Sechs europäische Grossmächte waren notwendig, um im Pariser Vertrag 1857 aus Neuenburg keine Sonne und auch keinen Tennisball, sondern einen demokratischen Kanton zu machen: König Friedrich Wilhelm IV. wurde gezwungen, auf all seine Rechte zu verzichten. Den Titel eines Fürsten von Neuenburg durfte er jedoch behalten …

CHÂTEAU D'AUVERNIER

Das Château d'Auvernier lag früher direkt am See. Vor 450 Jahren wurde es von Blaise Junod, dem damaligen Statthalter der Seigneurie von Valangin, gebaut und später erweitert. Heute keltert Thierry Grosjean hier seine Weine, darunter Chasselas (den man im Kanton allerdings lieber «Neuenburger» nennt), aber auch Chardonnay und vor allem Pinot noir, darunter den berühmten Rosé, den Œil-de-Perdrix. Auch der Blanc Non filtré gehört zum Angebot. Jeweils ab Ende Januar kommt der ungefilterte Neuenburger mit seiner charakteristischen Trübung in den Verkauf. Im Sommer gibt es in der Regel eine zweite Abfüllung: «Dann ist der Jungwein mit dem ausgeprägten Hefegeschmack etwas reifer und weniger trüb», erklärt Thierry Grosjean, der persönlich die Sommerabfüllung vorzieht.

Caves du Château d'Auvernier, Thierry Grosjean, 2012 Auvernier, Tel. 032 731 21 15, www.chateau-auvernier.ch.

Monsieur Non filtré

Was bei klassischem Wein streng verboten ist, gehört beim Non filtré dazu: Man muss die Flasche vor dem Öffnen auf den Kopf stellen, sogar leicht schütteln, damit sich die Hefepartikel verteilen können.

«Monsieur Non filtré» nennt man Henri Godet, den heute 73-jährigen Winzer im Dorf Auvernier. Er gilt als der Erfinder des ungefilterten Neuenburger Weissweins, eines im Grunde genommen uralten Terroirprodukts. Bis vor hundert Jahren kam der Weisswein nämlich stets ungefiltert und damit leicht trüb in die Flaschen. Die Weine mussten entsprechend schnell, meist innerhalb eines Jahres getrunken werden. «Ein guter Non filtré», sagt Henri Godet, «kann nur aus den Neuenburger Chasselas-Trauben, dem Chasselas Fendant roux, produziert werden. Sie wachsen hier, in den kalkigen Böden des Jura, anders heran als die Fendant-Trauben im heisseren Wallis. Nur unsere Crus ergeben die für die Neuenburger Weissweine charakteristische Nervigkeit.» Entstanden ist die Idee für den Non filtré 1973, als ein Nachbar Godets einige Flaschen unfiltrierten Weins bei ihm bestellte. Da sich die kleine Stückzahl nicht lohnte, produzierte Godet dreihundert Flaschen, kreierte eine Etikette (mit einer Illustration seiner alten Weinpresse), gab einige Flaschen der Dorfpinte La Golée in Auvernier – und die Leute waren begeistert. Von da an produzierte Godet jedes Jahr Non filtré. Andere Winzer übernahmen die Idee. Das Grandhotel Dolder, das Gotthard in Zürich und andere renommierte Häuser nahmen den Non filtré in ihr Sortiment auf. Heute ist er eines der erfolgreichsten Produkte im kulinarischen Erbe des Kantons. «Der Non filtré ist für mich so etwas wie die Seele des Neuenburger Weins. Nur hier kann man diesen Wein machen, den es sonst nirgends gibt auf der Welt», sagt Godet, der auch ganz genau weiss, worauf es bei der Vinifikation ankommt: «Wichtig ist, dass man nicht bis auf den Trester runtergeht, sondern nur die oberen Teile ins Weinfass füllt, sonst gibt das nichts.»

Henri Alexandre Godet – Au Prieuré Saint-Pierre SA, Rue des Epancheurs 10, 2012 Auvernier

Œil-de-Perdrix

Wer Rosé sagt, meint Œil-de-Perdrix und damit den am Neuenburgersee geborenen Rosé. Das Problem dabei ist nur: Heute dürfen auch andere Regionen ihren Rosé Œil-de-Perdrix nennen. Die Neuenburger haben es nämlich verschlafen, ihr «Rebhuhnauge» schützen zu lassen. Ein grosser Fehler, wie Jean-Denis Perrochet sagt, der in der Maison Carrée in Auvernier unter anderem auch Œil-de-Perdrix keltert. Er ist der einzige Winzer im Kanton Neuenburg, wenn nicht sogar der ganzen Romandie, der seine Weine wie zu Urzeiten produziert: In alten Holzbottichen werden die geernteten Trauben in den Keller transportiert und in grossen Becken eingemaischt, wobei rund drei Viertel des Safts allein durch das Gewicht der Trauben von allein abfliesst. Danach wird auf der alten Presse der restliche Saft aus den Trauben herausgeholt. Der Traubensaft geht danach direkt in die Weinfässer. Ohne jegliche Zugaben, ohne weitere Eingriffe lässt Jean-Denis Perrochet den Gärprozess ablaufen. «Das hat nichts mit Nostalgie zu tun», erklärt Perrochet, «das ergibt einfach bessere, charaktervollere Weissweine, auch wenn die Qualität von Jahr zu Jahr vielleicht etwas schwankt.» Die Maison Carrée produziert Chasselas, Chardonnay, Perdrix blanche, Œil-de-Perdrix sowie Pinots gris und noir. Alle werden nach traditionellen Vinifikationsmethoden hergestellt.

Domaine de La Maison Carrée, Jean-Denis Perrochet, 2012 Auvernier, Grand-Rue 33, Tel. 032 731 21 06, www.lamaisoncarree.ch.

WEINBAUMUSEUM BOUDRY

Unweit von Auvernier befindet sich das Schloss Boudry mit dem berühmten Reben- und Weinmuseum. Ein Besuch lohnt sich allein schon wegen der Etikettensammlung: Rund 10 000 Weinetiketten sind hier archiviert und können bequem am Computer abgerufen werden. Ein Stück Zeitgeschichte, das auch von den gestalterischen Aspekten her interessant ist:

Ganze Heerscharen von Grafikern waren beschäftigt, um immer wieder neue Etiketten zu schaffen, wie die mit dem Teufel für einen Weisswein aus Cortaillod. Die älteste stammt aus dem Jahr 1799.

Weinbaumuseum Château de Boudry, 2017 Boudry, Offen: Mi. bis So., 14 bis 18 Uhr, Tel. 032 842 10 98, www.chateaudeboudry.ch.

Das kulinarische Erbe Neuenburgs

Escargots und Sauerkraut: Die Jacquerie neuchâteloise

Am alljährlichen Winzerfest in Neuchâtel kann man diese alte Neuenburger Spezialität geniessen, sonst hat sie sich so gut wie verabschiedet von den Menükarten; einzig die Pinte de Pierre-à-Bot hoch über Neuenburg bietet die Jacquerie noch an. Kein Wunder: Sie besteht aus Schnecken mit Sauerkraut, eine für den heutigen Geschmack eher ungewohnte Kombination. Ob die Bauernköchinnen damit ein politisches Zeichen auf die Teller bringen wollten? Durchaus möglich. Der Begriff Jacquerie leitet sich nämlich vom Namen ab, den die französischen Fürsten den Bauern gaben, die im grossen Bauernaufstand im 14. Jahrhundert die Burgen rund um Paris in Schutt und Asche legten. Die Fürsten verwüsteten im Gegenzug sämtliche Felder. Also gab es jahrzehntelang nur noch Schnekken und Sauerkraut. Francis Grandjean, Autor eines Neuenburger Kochbuches, ist allerdings der Meinung, dass das Gericht aus dem Elsass nach Neuenburg gekommen sei. Ein Arzt namens Jacques habe das Rezept in einem Kloster entdeckt und publik gemacht. Das Originalrezept findet sich in Grandjeans Buch *Recettes du terroir neuchâtelois,* erhältlich über fr.grandjean@net2000.ch. Essen kann man die Jacquerie in der Pinte de Pierre-à-Bot in Neuenburg (siehe Restaurantipps S. 122; Rezept S. 401).

Neuenburger Saucissons

Am Carnaval in La Chaux-de-Fonds kann man die Absinth-Wurst geniessen; am Winzerfest in Neuenburg gibt es den Saucisson au foie (Leberwurst); die ganz grosse Spezialität ist jedoch die geräucherte Schweinswurst, die es – typisch für Neuenburg – gleich in doppelter Ausführung gibt: als Saucisse und als Saucisson. Hergestellt werden beide aus Schweinefleisch, gewürzt mit Salz, Pfeffer und Knoblauch – allerdings mit einem kleinen Unterschied: Während die Saucisse in Rindskranzdärme abgefüllt wird, sind es beim Saucisson Rindsmitteldärme, was sich optisch bemerkbar macht: Die Saucisse ist gekrümmt, der Saucisson schnurgerade. Beide Würste gehören zur berühmten Torrée, bei der man die Würste in der Glut kocht. Meist machen die Leute ein grosses Feuer im Wald, wickeln die (gehäuteten) Würste in nasses Papier und legen sie unter die Glut. Etwa eine Stunde müssen die Würste so in der Hitze schmoren. Die Metzgerei Montandon in Les Ponts-de-Martel produziert die Saucissons in hervorragender Qualität. Zu den Neuenburger Spezialitäten gehören auch der mehrfach ausgezeichnete Landschinken, der Breusi (geräucherte und getrocknete Rindskeule), sowie Leberwurst und Schweinsbratwurst am Meter.

Olivier Montandon, 2316 Les Ponts-de-Martel, Grand-Rue 13, Ruhetag: Mo., Tel. 032 934 30 10, www.montandon.ch.

Saucisses und Saucissons, die beiden Neuenburger Wurstklassiker, und Schweinsbratwurst am Meter von der Metzgerei Montandon. Saucisson au Pinot noir aus dem Restaurant Von Bergen in La Sagne-Crêt.

In Asphalt gekochter Schinken

Die Wege kulinarischer Schöpfungen sind manchmal verschlungen. Beim Asphaltschinken gehen sie sogar unter Tag. In einer Mine im Val de Travers wurde nämlich von 1873 bis 1986 in über 100 Kilometer langen Stollen Asphalt abgebaut, und das Essen der Mineure – so behauptet es zumindest die Tourismusorganisation – war Schinken, den sie im heissen Asphalt kochten. Ob Marketing oder historische Wirklichkeit: Der Schinken, gekocht in Asphalt, schmeckt hervorragend. Wer ihn nicht an langen Tischen im Minen-Restaurant mit Dutzenden von Besuchern essen möchte, kann den Saftbrocken auch gediegen im Hôtel de l'Aigle in Couvet geniessen (siehe S. 112).

Mines d'Asphalte, La Presta, 2105 Travers, täglich geöffnet vom 1. April bis 20. Oktober, im Winter nur sonntags, Tel. 032 864 90 64. www.gout-region.ch.

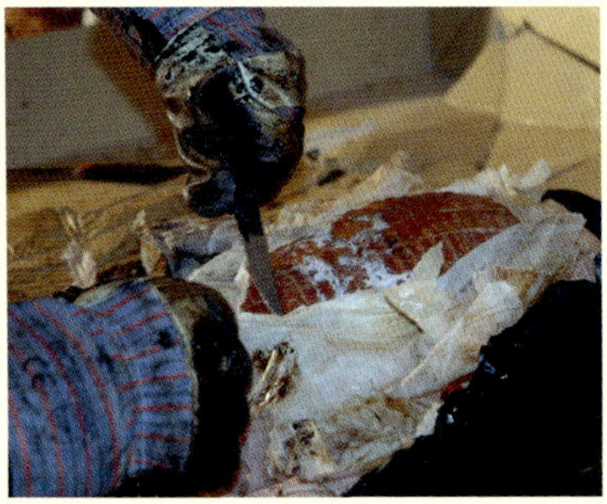

Absinth – die «grüne Fee»

Kaum ein Produkt im kulinarischen Erbe Neuenburgs hatte derart weitreichende Auswirkungen wie der im Val de Travers erfundene Absinth. Ursprünglich diente der Wermutschnaps medizinischen Zwecken. Der Landarzt Pierre Ordinaire, der um 1770 in Couvet praktizierte, soll seinen Patienten bei Magenbeschwerden ein selbst gebrautes «élixir d'absinthe» verschrieben haben. Erfunden hat er es jedoch nicht, wie Helmut Werner in seinem Buch *Absinth* ausführt: «Pierre Ordinaire hat aufgrund seiner medizinischen Erfahrung lediglich ein altes Familienrezept aus dem Val de Travers optimiert. Erfunden hat den Absinth aller Wahrscheinlichkeit nach die mit dem Gastwirt Henry-François Henriod verheiratete Suzanne-Marguerite Motta, auch ‹Mutter Henriod› genannt. Die heilkundige Frau soll schon um 1740 Absinth verkauft und sich dabei auf uralte Traditionen gestützt haben: Schon früher wurde im Val de Travers Wein mit Wermut versetzt, wie ein Dokument aus dem Jahr 1737 belegt.» Gesichert ist, dass die Familie Henriod ihr Rezept im Jahr 1797 einem gewissen Daniel-Henri Dubied verkaufte, der daraufhin mit seinem Schwiegersohn Henri

Wermut, Anis, Fenchel und bis zu zehn weitere Kräuter bilden die Ausgangsprodukte für die Absinthherstellung. Sie werden mazeriert, das heisst in Alkohol eingelegt, und danach destilliert. Eingefärbt wird das Destillat durch Zugabe von Pontischem Wermut, Melisse und Josefskraut. Während des Absinthverbots wurde auf die Einfärbung verzichtet, damit man den illegal hergestellten Absinth heimlich verkaufen konnte. Den klaren, illegalen Absinth nannte man «La Bleue». Heute sind fast alle Absinthe «bleu», nur wenige werden wie in alten Zeiten eingefärbt.

Louis Pernod eine Absinthbrennerei gründete. Der Erfolg war vor allem im nahe gelegene Frankreich derart gross, dass Pernod im Jahre 1805 eine zweite Destillerie in Pontarlier baute. Gleichzeitig schossen die Destillerien im Val de Travers wie Pilze aus dem Boden, Absinth wurde zum wichtigsten Produkt im Tal.

In Frankreich wurde die «grüne Fee» rasch zum Modegetränk: Überall zelebrierte man nach Arbeitsschluss die «grüne Stunde», meist mit einem kunstvoll verzierten Wasserbehälter mit mehreren Hähnen, aus denen das Wasser über einen gelochten Löffel und ein Stück Zucker ins Glas tropfte. Ein Ritual, das auch deshalb so populär war, weil man sich damit vergleichsweise günstig die Berechtigung erkaufte, längere Zeit in einer Bar zu sitzen und zu trinken. Ein Ritual, das auch die Bohème liebte: Charles Baudelaire, Arthur Rimbaud, Paul Verlaine und viele andere waren bekennende Absinthtrinker und verewigten die «grüne Fee» in literarischen Texten. Oscar Wilde schrieb enthusiastisch: «Nichts ist so poetisch wie ein Glas Absinth.» Und nichts so ungesund, wie die immer zahlreicheren Gegner glaubten. Halluzinationen, Wahnvorstellungen, geistiger und körperlicher Zerfall galten als Symptome des Absinthkonsums. Zugeschrieben wurden sie dem im Wermut enthaltenen Nervengift Thujon. Bereits um 1850 begannen die Gegner (darunter nicht zuletzt auch viele Weinproduzenten!) Kampagnen gegen den Absinthismus zu lancieren. 1908 kam es in der Schweiz zur Volksabstimmung, und bereits 1910 wurde der Absinth verboten. In Frankreich liess man sich bis 1914 Zeit und wechselte zum Pastis, der ohne Wermut hergestellt wird. Zwischenzeitlich haben Wissenschaftler die Thujon-These widerlegt: «Es war der hohe Alkoholgehalt von bis zu 90 Prozent sowie der übermässige Konsum, der zu den Symptomen geführt hat, und nicht das Thujon», erklärt der Forscher Dirk Lachenmeier aus Karlsruhe, der über ein Dutzend Schnapsproben aus der alten Absinthzeit untersucht und zum Teil niedrigere Thujon-Werte gemessen hat als in den heutigen Absinthschnäpsen.

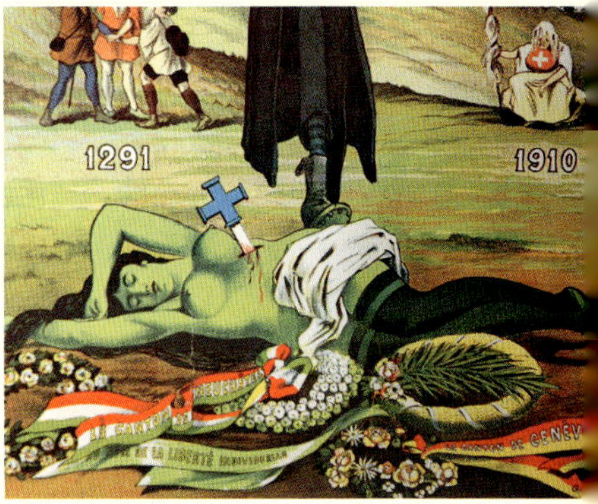

Schwarzbrenner. Nicht alle im Val de Travers hielten sich an das Verbot. Über sechzig Bauern brannten den Schnaps heimlich weiter. Darunter Berthe Zurbuchen aus Les Bayards, die dann allerdings erwischt wurde. In einem Schauprozess wurde sie 1953 zu einer Busse von 3000 Franken verurteilt. «Soll ich gleich bezahlen oder erst, wenn sie vorbeikommen, um sich ihre wöchentliche Flasche zu holen?», fragte sie den Richter und strich danach ihr Haus absinthgrün an. «La Malotte», wie man die rebellische Dame auch nannte, starb 88-jährig am 6. Juni 1969 und wird im Tal noch heute wie eine Heldin verehrt. Für grossen Wirbel sorgte auch ein Absinth-Soufflé, das man dem französischen Präsidenten François Mitterand anlässlich einer Visite in Neuenburg zum Dessert servierte. Der Gastwirt des Restaurants bekam vier Tage Gefängnis, der Vertreter des Kantons, Pierre André Delachaux, der das Dessert angeregt hatte, konnte sich knapp vor einem erzwungenen Rücktritt retten.

ABSINTH-MUSEUM

Seit März 2005 ist die Herstellung von Absinth wieder erlaubt, und zwar mit maximal 35 Milligramm Thujon pro Liter. Über zwei Dutzend Destillerien im Val de Travers stellen gegen 200 000 Liter Absinth pro Jahr her. Und das Getränk hat nichts von seinem Mythos verloren – im Gegenteil: Der Wirbel um die «grüne Fee» hat die Faszination eher noch erhöht, wie der Ansturm auf das Absinth-Museum von François Bezençon zeigt: Alte Destillierkolben, Absinthflaschen, Etiketten, Plakate – alles hat der Absinthbrenner gesammelt, was zur Absinthkultur im Val de Travers gehört. Dazu gehört auch die Geschichte seines eigenen Absinths, des «Elixir du Pays des Fées», der an der Distiswiss 2006 mit einer Goldmedaille ausgezeichnet wurde. Geführt wird das Unternehmen heute von seinen Söhnen Claude und Patrick Bezençon. Degustationen und Museumsbesichtigungen sind nach telefonischer Vereinbarung möglich.

Absintherie du Père François, 2112 Môtiers, Rue de l'Arnel 1, 032 861 23 18, www.absintherie.ch.

BUCHTIPPS:

Helmut Werner, *Absinth,* Ullstein, München 2002.
Matthias Bröckers/Chris Heidrich/Roger Liggenstorfer. *Absinth – die Wiederkehr der Grünen Fee.* Nachtschatten Verlag, Solothurn 2006.
Weiterführende Infos siehe auch: www.diegruenefee.ch.

RESTAURANT **11**

La Ferme des Brandt
La Chaux-de-Fonds

RESTAURANT: **La Ferme des Brandt**

ADRESSE: **2300 La Chaux-de-Fonds, Petites-Crosettes 6**

GASTGEBER: **Cyrille und Heidi Tribut**

TELEFON: **032 968 59 89**

INTERNET: **www.fermedesbrandt.ch**

RUHETAGE: **So.-Abend, Mo., Mi.**

BETRIEBSFERIEN: **Ende Juli bis Mitte Aug., 21. Dez. bis 10. Jan.**

WEGBESCHRIEB: **ausserhalb von La Chaux-de-Fonds Richtung Neuenburg**

SPEZIELL: **Bauernhaus aus dem Jahr 1611**

Die Räume sind hoch, die Mauern dick, ein mächtiges Cheminée dominiert den grossen Essraum, an den sich zwei weitere, getäferte Räume anschliessen. Arme Bauern haben in diesem beeindruckenden Bauernhaus sicher nicht gewohnt! Schon eher kleine Feudalherren, die sich 1611, an der Schwelle vom Mittelalter zur Neuzeit, vor den Toren La Chaux-de-Fonds einen ruralen Prachtsbau erstellen liessen. Heute ist die Ferme des Brandt ein erstklassiges Restaurant. Geführt wird es seit Mai 2004 vom jungen Ehepaar Cyrille und Heidi Tribut (im Bild mit Töchterchen Juliette).

Eine Zeitreise ins 17. Jahrhundert

Die Kreationen, die Cyrille für die *Urchuchi* auf den Tisch zaubert, entsprechen exakt dem, was die Gäste in der Ferme des Brandt am meisten lieben: Die wunderbar urchigen Bauernhofterrinen, begleitet von frischem Gartensalat und knusprigem Holzofenbrot. Oder das Spanferkel, ebenfalls aus dem Holzofen, serviert mit einem Jus aus dunklem Bier. «Der Kanton Jura ist nicht weit, dort braut Jérôme Rebetez das beste obergärige Bier der Welt, also verwende ich das Jurabier aus Saignelégier, im Sommer ist es die ‹Torpille›, gewürzt mit Karamel, im Winter das dunkle ‹Mandragore›, erklärt Cyrill, der im französischen Jura aufgewachsen ist, aber bereits seit zehn Jahren im Neuenburger Jura arbeitet. Heidi hat zur Hälfte Berner Blut, ihr Vater kommt aus dem Oberland. Aufgewachsen ist aber auch sie in Frankreich, im Vallée de la Loue: «Es hat viele Franzosen in der Juraregion, speziell in der Gastronomie», erklärt die junge Frau, die sich um die administrativen Belange kümmert: «So kann sich Cyrille voll auf die Kulinarik konzentrieren», wie sie sagt. Zum Beispiel auf die wohl berühmteste Kreation des Hauses: Kalbsbäggli mit Löwenzahnblüten-Honig und gerösteten Pinienkernen. Hier kommt die Philosophie des jungen Kochs perfekt zum Ausdruck: Erstklassiges Fleisch, gut gewürzt, sauber zubereitet und präsentiert, das ist seine Devise. «Ich liebe das Einfache, Authentische», erklärt Cyrill, der das kocht, was

er auch selber am liebsten mag. Zum Beispiel das Parfait glacé à l'Absinthe, das die «grüne Fee» aus dem Val de Travers auch optisch gut in Szene setzt: Ein Bouquet von frischen Erdbeeren und Waldfrüchten begleitet die Nachspeise. Das alles hat Klasse und wird in einer Bescheidenheit produziert und präsentiert, die Freude macht. Der Werdegang des jungen Familienvaters ist denn auch beachtlich: In Frankreich hat er die Hotelfachschule absolviert, in den besten Häusern seine Sporen verdient und ist schliesslich bei Jean-Paul Genêt in Arbois gelandet, dem «Poeten der französisch-jurassischen Küche». Lauter Orte, an denen Profis am Werk waren (und zum Teil noch sind), die ungekünstelt und direkt zur Sache gehen.

Holzofenküche. «Deshalb liebe ich diesen Holzofen», sagt Cyrill, «der war für mich sogar der entscheidende Punkt, als ich das Restaurant übernommen habe: Ich freute mich darauf, Gerichte für diesen Holzofen zu konzipieren, so viel wie möglich auf dem Feuer zu machen. Das entspricht auch der Geschichte des Hauses. Hier, in diesem Ofen, sind früher alle Gerichte entstanden, hier wurde das Brot gebacken, brodelten Suppen auf dem Feuer, wurden Fleisch, Würste, Wild gegrillt. Ist das nicht wunderbar?» Ist es! Denn aus diesem Holzofen kommen saisonal immer wieder neue Meisterwerke: knusprige Kaninchenschlegel, saftige Lammrücken, im Herbst Wild. Natürlich wird nicht alles im Holzofen zubereitet, das Brot jedoch schon: «Das ist mein Morgenritual», sagt Cyrill, der sich am Schluss auch noch als profunder Kenner der Weinszene entpuppt: Im Gewölbekeller der Ferme lagern nämlich einige äusserst spannende Tropfen, etwa der wie in Urzeiten gekelterte Chasselas der Maison Carrée aus Auvernier. Oder der nicht minder «wilde» Pinot noir von Laurent Pierrehumbert aus Saint-Aubin.

Cyrills liebster Arbeitsplatz ist der Holzofen, in dem er das hauseigene Brot bäckt. Auch zahlreiche Gerichte werden in diesem mächtigen Cheminée zubereitet, darunter Spanferkel, Hasen- und Lammkeulen und Wild.

Es geht wahrscheinlich vielen Gästen wie mir: Man betritt diese geschichtsträchtigen Räume, setzt sich an den Holztisch, geniesst die erstklassige Küche und ist Lichtjahre entfernt, auf einer Zeitreise zurück ins Jahr 1611, als Galileo Galilei gerade sein Fernrohr auf die Sterne richtete und zwei neue Planeten entdeckte.

– Kalbsbäggli mit Löwenzahnblüten-Honig und gerösteten Pinienkernen.
– Bauernhofterrine mit Brot aus dem Holzofen.
– Spanferkel an einem Jus aus dunklem Bier.
– Parfait glacé à l'Absinthe.

Rezepte von **Cyrille Tribut** im Anhang.

— **Kalbsbäggli «Ferme des Brandt»,** S. 400
— **Parfait glacé à l'Absinthe,** S. 419

RESTAURANT **12**

Auberge de Mont-Cornu
Mont-Cornu

RESTAURANT: **Auberge de Mont-Cornu**
ADRESSE: **2300 La Chaux-de-Fonds, Mont-Cornu 116**
GASTGEBER: **Verena und Jean-Pierre Luthi**
TELEFON: **032 968 76 00**
INTERNET: **keines**
RUHETAGE: **Mo., Di.**
BETRIEBSFERIEN: **Dez. bis März**
WEGBESCHRIEB: **zwischen La Chaux-de-Fonds und Neuenburg (Region Col de la Vue des Alpes) Bus von La Chaux-de-Fonds bis Piscine des Arètes, von dort ca. 40 Min. Wanderzeit**
SPEZIELL: **Bauernhof aus dem Jahr 1608, im Herbst Wildgerichte**

Schöner kann man ein Restaurant kaum platzieren: Am Fusse der Vue des Alpes, auf einem idyllischen Hügel mitten in den Juraweiden liegt die Auberge de Mont-Cornu, die für ihr Fondue berühmt ist. Doch das alte Bauernhaus, in dem Jean-Pierre Luthi aufgewachsen ist und das von den beiden in ein Restaurant umgewandelt wurde, hat noch sehr viel mehr an kulinarischen Highlights zu bieten. Die Erfahrungen der Bauerntochter verbinden sich hier nämlich mit dem Können von Christoph «Le Vif», und der kommt ursprünglich aus Strasbourg im Elsass und versteht sein Handwerk.

Fondue mit Schlagrahm und flambierter Rehrücken

1608 wurde das Bauernhaus gebaut, das eines der ältesten der Region sein dürfte. Vier Generationen lang hat die Familie Luthi, die ursprünglich aus dem Bernbiet stammt, hier Landwirtschaft und eine Pferdezucht betrieben. Dieser bäuerliche Esprit war erhalten, als Verena 1989 den Hof der Eltern ihres Mannes in ein Restaurant umgewandelt hat. «Zu Beginn durften wir nur Fondue und kalte Plättli servieren, da stand noch ein Misthaufen vor der Türe, mit zwei, drei Tischen», erinnert sich die Frau, die stets in einer bäuerlichen Tracht serviert, allerdings in eleganten Stiefeletten.

Fondue mit Schlagrahm. Das Hausfondue ist noch heute die Pièce de résistance. Die Mischung aus rässem und halbfettem Gruyère ist hervorragend, zumal noch eine gehörige Portion geschlagener Rahm obendrauf schwimmt. «So wurde das früher immer gemacht», sagt Verena, «natürlich mit Doppelrahm.» Prächtig und mächtig sind aber auch der Jura-Schinken mit Rösti, das Rindsfilet mit Eschalotten oder die saftigen Lammentrecôtes, die rosa gebraten in Olivenöl, begleitet von Bratkartoffen, auf den Tisch kommen. Nicht zu vergessen die Tournedos aus Entenbrust, die mit gartenfrischen Gemüsen, Gratin und Kirschen serviert werden – eine Kreation, die einem Gourmetrestaurant gut anstehen würde. Der Koch Christoph Resch, genannt «Le Vif», wird auch bei den Desserts seinem Namen gerecht: Die Leistungspalette

ist hier besonders breit, weil das Mont-Cornu auch eine beliebte Ausflugsbeiz ist. Der dessertale Reigen reicht von Schlagrahm-Cornets, produziert auf einer alten Briceletmaschine, bis zur Himbeermousse mit Rosengelée. Auch die Kinder werden nicht vergessen: Die Himbeerglace mit einem Pferdeköpfchen aus Marizapan ist Verenas jüngste Kreation. Sie ist die grosse Dekorationsspezialistin des Hauses, zuständig für die Blumen, die Kräuter, den Bauerngarten. Es gibt wenige Restaurants, die mit einer vergleichbaren Pracht aufwarten können. Dies auch im Innern und sogar beim «Häuschen»: Dort gibt es für die Damen einen Schminktisch, der einem kleinen Garten gleicht, sodass viele für einen Augenschein dorthin schreiten, obwohl sie gar nicht müssen…

Wild aus eigener Jagd. Zu Hochform läuft die Landbeiz im Herbst auf. Jean-Pierre Luthi geht nämlich selber im Neuenburger Jura und im benachbarten Elsass auf die Jagd. Die «wilden» Spezialitäten werden vom flambierten Rehrücken angeführt, serviert à la Mont-Cornu mit saftigen Birnen, Äpfeln und Rotkraut aus dem eigenen Garten. Das Angebot an Wildgerichten umfasst in den ersten Wochen auch Gämsen, dann Rehmedaillons, Rehpfeffer und sogar Wildschwein. Jean-Pierre ist nicht nur Jäger, sondern auch ein begnadeter Brenner: Ab Januar brennt er im Kupferkessel seinen Enzian, den man auf dem Mont-Cornu geniessen kann. Natürlich darf auch der Absinth nicht fehlen, der hier aus einer Flasche mit einem «teuflischen Beamten» auf der Etikette serviert wird, wahrscheinlich demjenigen, der 1910 das Absinthverbot erliess. Unnötig zu sagen, dass auch der Weinkeller gut dotiert ist – das dritte von Jean-Pierres Steckenpferden, nebst seinem ganz grossen: die Zucht von Concours-Pferden, denn der Mann war früher Dragoner und Zureiter.

Verena Luthi in ihrem prächtigen Rosengarten.

Melonen-Gaspacho mit Nektarinen, präsentiert in einem Einmachglas.

Absinth, serviert aus einer Flasche mit einem «teuflischen Beamten» auf der Etikette. Typisch ist die Fontaine, aus der das Wasser über Zuckerstücke in die Gläser fliesst.

PINOT NOIR

– Direkt aus dem Heu: rosa gebratene Lammentrecôtes mit hausgemachten Bärlauch-Gnocchi.
– Panierter Tomme mit Linsen und Salat.
– Tournedos von Entenbrust, mit gartenfrischen Gemüsen, Gratin und Kirschen.
– Hausfondue «Mont-Cornu» mit Schlagrahm.
– Himbeermousse mit Rosengelée.

Rezepte von **Christoph Resch** im Anhang.

— **Entenleber im Torchon,** S.397
— **Himbeermousse mit Rosengelée,** S. 415

RESTAURANT **13**

Von Bergen
La Sagne-Crêt

RESTAURANT: **Von Bergen**

ADRESSE: **2314 La Sagne-Crêt**

GASTGEBER: **Evelyne und Pierre Bühler**

TELEFON: **032 931 03 18**

INTERNET: **keines**

RUHETAGE: **Mo.-Abend, Do. ganzer Tag**

BETRIEBSFERIEN: **2 Wochen im März**

WEGBESCHRIEB: **von La Chaux-de-Fonds Richtung Vue des Alpes, Abzweigung ins Vallée de la Sagne, mit Zug bis Bahnhof La Sagne-Crêt**

SPEZIELL: **schöne Gartenterrasse, heimelige Gaststube**

1959 packte Melchior von Bergen in Meiringen seine sieben Sachen und wanderte in den Neuenburger Jura aus. Zehn Jahre später eröffnete er das Kurhotel Von Bergen im Dörfchen La Sagne – mit Erfolg: Sogar aus England reisten die Kurgäste an, um jurassische Höhenluft zu schnuppern. Seit einem Jahrzehnt ist das Haus im Besitz von Evelyne und Pierre Bühler, die daraus eine kulinarische Perle gemacht haben. Man isst überragend gute Bauernküche, entweder in der gemütlichen Gaststube oder bei schönem Wetter auf der hübschen Gartenterrasse. Wer länger bleiben möchte, kann in stilvoll-rustikalen Zimmern übernachten, die Namen wie «Lucienne» oder «Colin» tragen. Es sind die Namen der Enkelinen und Enkel, Madame ist nämlich sechsfache Grossmutter.

Grossmutterküche vom Holzherd

Die Küche des Hauses spiegelt die Philosophie dieser begnadeten Köchin, die «aus Prinzip nur das Beste aus der Region auf den Tisch bringt», wie sie sagt. Das fällt der sechsfachen Grossmutter nicht schwer: Die Jurahochtäler sind reich an kulinarischen Köstlichkeiten. Hier wirken berühmte Produzenten wie die Gebrüder Montandon in Les Ponts-de-Martel, die einen saftigen Landschinken machen oder Schweinsbratwurst am Meter. Anders als die eher entschlackten Wurstkreationen aus der Deutschschweiz zeigen die jurassischen, dass da viel dran und drin ist. Reichhaltig präsentiert sich auch Madames Küche, angefangen mit der Soupe aux choux, die sie in zwei Gängen serviert: Zuerst kommt die Kohlsuppe mit grossen Kohlstücken und goldglänzenden Brotstücken auf den Tisch, dann folgt eine stattliche Fleisch- und Gemüseplatte, was alles unter den Begriff «soupe» fällt. Die Portionen des Hauses sind auch deshalb gut bemessen, weil über Mittag viele Arbeiter und Handwerker hier essen – da muss «Material» auf den Tisch. Natürlich gehört auch die Saucisse neuchâteloise zum Menüangebot des Hauses, zubereitet à la neuchâteloise, also an einer sämigen Pinot-noir-Sauce. In den Wintermonaten gibt es die Tripes à la neuchâteloise, eine weitere berühmte Ikone im kulinarischen Erbe. Dabei werden die Kutteln in gross geschnittenen Stücken in einem Caquelon serviert, mit Zwiebeln, hausgemachter Mayonnaise, Vinaigrette und Salzkartoffeln – eine der besten Zubereitungsarten von Kutteln, die ich kenne. Nur bei den Desserts hat die rüstige Grossmutter etwas abgespeckt: Ihre Minicrèpes mit frischen Apfelschnitzen sind nämlich so gut, dass alle nur diese köstlichen Crèpes bestellen. «Was soll ich da noch Kuchen oder Crèmes machen? Die Leute wollen die Minicrèpes, also gibt es die Minicrèpes», lacht Madame – und macht dann trotzdem sporadisch ihre legendären Früchtekuchen.

Kochen am Holzherd. Sämtliche Gerichte bereitet Evelyne Bühler an einem uralten Holzherd zu. Früh am Morgen muss sie jeweils den Ofen einfeuern und beginnt auch früh mit dem Kochen: «Die Kochzeiten an einem Holzherd sind deutlich länger als an einem gewöhnlichen Elektro- oder Gasherd», erklärt die Frau, die fünf Kinder auf die Welt gebracht hat und eigentlich längst pensioniert wäre. Das Kochen hat sie bei ihrer Mutter gelernt, die während Jahren eine Fabrikkantine in der Ajoie führte, und da hat die kleine Eveline offensichtlich gut zugeschaut. Nur wenn sie ihre Gerichte rezeptieren muss, hat sie Probleme: «Die Gerichte sind für den Holzherd konzipiert, die kann man nicht einfach auf moderne Küchen umschreiben. Die Minicrèpes zum Beispiel konnte ich bis heute nie richtig rezeptieren, doch die mache ich ohnehin spontan aus dem Bauch heraus.»

Non filtré. Natürlich kann man zu den Gerichten klassischen Neuenburger trinken, im Keller des Hauses liegen auch einige hervorragende Tropfen aus der Region. Ich empfehle jedoch probeweise und am besten zum Aperitif einen Non filtré. Der ungefilterte, leicht trübe Chasselas wird im Winter während weniger Wochen ausgeschenkt: «Der Wein muss jung getrunken werden», sagt Pierre Bühler, der sich um die önologischen Belange des Hauses kümmert. Bleibt zu hoffen, dass die beiden sympathischen Oldies noch lange weitermachen oder dass jemand aus der grossen Enkelschar irgendwann dem Holzherd einheizt. Da soll demnächst nämlich eine Poule de Bresse ins Rohr, das hat mir Madame hoch und heilig versprochen. Bei schönem Wetter, damit «Monsieur le journaliste» gediegen im Garten speisen kann …

Evelyne Bühler an ihrem Kochherd, der noch immer mit Holz angefeuert wird.

Auswahl aus dem Weinsortiment des Hauses, das vor allem Neuenburger Etiketten enthält, darunter einen erstklassigen Œil-de-Perdrix.

HÔTEL VON BERGEN
LA SAGNE

- Tripes à la neuchâteloise (Kutteln nach Neuenburger Art) mit Zwiebeln, Mayonnaise und Vinaigrette.
- Saucisse neuchâteloise au Pinot noir, mit Kartoffeln und Gemüse.
- Soupe aux choux mit Fleisch- und Gemüseplatte.
- Minicrêpe mit Apfelschnitzen.

Rezepte von **Evelyne Bühler** im Anhang.

— **Kutteln nach Neuenburger Art,** S. 401

RESTAURANT **14**

Au Loup Blanc
La Brévine

RESTAURANT: **Au Loup Blanc**

ADRESSE: **2406 La Brévine, Village 168**

GASTGEBER: **Jean-Daniel Oppliger**

TELEFON: **032 938 20 00**

INTERNET: **www.loup-blanc.ch**

RUHETAGE: **Mo.**

BETRIEBSFERIEN: **keine**

WEGBESCHRIEB: **in der Dorfmitte von La Brévine**

SPEZIELL: **Übernachtungsmöglichkeit**

Nirgends in der Schweiz wird es im Winter so kalt wie in La Brévine. Doch die Landschaft in diesem abgelegenen Hochtal ist so märchenhaft, dass man die Minusgrade schnell vergisst. Vor allem, wenn man vor dem Cheminée im Weissen Wolf sitzt. Das gemütliche Gasthaus gilt als heimliches Schlemmerparadies. Dies nicht zuletzt deshalb, weil die alte Bauernküche innovativ, aber ohne Schnickschnack interpretiert wird.

Der mit den weissen Wölfen tanzt

Weisser Wolf heisst die gemütliche Auberge im Dorfkern von La Brévine, und man kann sich gut vorstellen, dass in diesem abgelegenen Hochtal früher Wölfe heimisch waren. «Doch das war lange vor meiner Zeit», lacht Jean-Daniel Oppliger. Der stets äusserst gesprächige Wirt stellte früher Uhrenteile her, heute kreiert er Urchuchi-Gerichte in vergleichbarer Präzision: «Das war mein ganz grosser Traum», sagt Oppliger, «ein kleines, feines Restaurant, in dem ich eine innovative Terroirküche machen kann. Also habe ich meinen Uhrmacherjob vor sechs Jahren an den Nagel gehängt und hier in La Brévine zu wirten begonnen.» Wenig, das Wenige aber gut, ist Oppligers Devise, der sein Angebot auf wenige, aber profilierte Terroirspezialitäten stützt, ergänzt durch Tagesmenüs und saisonale Gerichte, im Sommer zum Beispiel Mozzarella aus dem Val de Travers, im Herbst Steinpilze, im Frühling Bergkräuter.

Feuerküche. Viel wird im Weissen Wolf am offenen Feuer zubereitet: Legendär sind die Grilladen, die Oppliger am offenen Feuer in einem mächtigen Cheminée zubereitet: Es gibt Schweinsbraten, Poulet vom Bauernhof oder die Rindskeule «Le Breusi», eine Spezialität, die von den Bauern im den Jurahochtälern entwickelt wurde: Das Fleisch wird dabei geräuchert, dann lufgetrocknet und so gebraten, dass es noch leicht rosa auf den Tisch kommt. Ähnlich, jedoch nur geräuchert,

wird auch das Rindsfilet zubereitet, nach Wahl auch im Heu – eine hervorragende Sache! Kochtechnisch spannend ist das Röti de porc, das in einer Danbière zubereitet wird: Bei diesem Kochtopf, der ursprünglich aus dem französischen Jura stammt, wird Wasser in den Deckel gefüllt, sodass eine Art Dampfkochtopf-Effekt entsteht. Auch im Winter wird im Wolf kräftig eingefeuert: Ab Oktober gibt es Vacherin Mont d'Or, der am Feuer erhitzt und mit dem Löffel gegessen wird – ein Minifondue mit Natur-Caquelon aus Tannenholz. Oder es gibt die «Cassolette de brochet du lac», einen Fischeintopf mit Hecht aus dem Neuenburgersee, der ebenfalls auf dem offenen Feuer köchelt. Serviert werden die Hechtstücke an einer Crèmesauce mit Schalotten und Tomaten, wobei man diese Gaumenfreude auch nur als Vorspeise geniessen kann. Wer Wild liebt, muss im Herbst in den Wolf, dann gibt es Rehterrine, rosa gebratenes Wildhasenfilet, Hirschmedaillons an Pfeffersauce sowie erstklassigen Rehrücken mit glacierten Kastanien, Rosenkohl und Spätzli. Einzig hier weicht Oppliger vom Terroir ab: Das Wild stammt aus Österreich. Dafür sind die Desserts wieder strikt regional. Allen voran das «Soufflé interdit» (verbotenes Soufflé), das die grüne Fee aus dem benachbarten Val de Travers raffiniert zur Geltung bringt.

Wein. Viel Terroir zeigt Oppligers Weinauswahl, die sich auf Rosinen aus der Romandie konzentriert, etwa die Walliser Edeltropfen von Marie-Thérèse Chappaz. Eine Entdeckung sind die Weine der Domaine Chambleau von Louis Philippe Burgat aus Colombier. Zum Beispiel der Blanche Loye, der aus weissen Trauben in Nostrano-Technik gekeltert wird. Oder die Assemblage «Métissage Barrique», gekeltert aus Gamaret, Garanoir und Pinot noir. Mehr Informationen zum Weinproduzenten in Colombier finden Sie auf S. 121.

La Brévine eignet sich gut als Ausgangspunkt für Wanderungen durch die Wälder des Doubs und rund um den Lac des Taillères. Der schmale, langgestreckte Jurasee ist der zweitgrösste des Kantons. Eine Besonderheit ist, dass er keine Zuflüsse hat; gespiesen wird er durch Quellen und kleine Rinnsale. Da er nur eine geringe Tiefe hat, gefriert er im Winter schnell und wird dann zum Schlittschuhparadies für Jung und Alt.

– Rôti de porc à la neuchâteloise.
– Salat mit Büffelmozarella.
– Côte de bœuf vom Grill mit Gratin.
– Fischeintopf mit Hecht, Frischgemüse und Kartoffeln.
– Duo de Mousses aux chocolats.

Rezepte von **Jean-Daniel Oppliger** im Anhang.

— **Soufflé interdit** (Soufflé mit Absinth), S.418

RESTAURANT **15**

De l'Aigle
Couvet

RESTAURANT: **De l'Aigle**

ADRESSE: **2108 Couvet, Grand-Rue 27**

GASTGEBER: **Matthias von Wyss**

TELEFON: **032 864 90 64**

INTERNET: **www.gout-region.ch**

RUHETAGE: **So. Abend**

BETRIEBSFERIEN: **keine**

WEGBESCHRIEB: **im Val de Travers in der Dorfmitte von Couvet**

SPEZIELL: **Neuenburger Traditionsgerichte**

Das stattliche Gasthaus stammt aus dem 18. Jahrhundert und war früher eine Pferdewechselstelle. Heute ist das Hôtel de l'Aigle eine beliebte Anlaufstelle für Familien, jüngere Leute und Wanderer. Die Küche ist strikt saisonal und legt den Fokus auf Neuenburger Spezialitäten. Ein schöner Garten, ein aufmerksamer Service sowie preiswerte Hotelzimmer runden das sympathische Angebot ab.

Schinken aus dem Asphalt und Büffelwurst

Wer alte Neuenburger Gerichte entdecken möchte, kommt im Aigle in Couvet ganz auf seine Rechnung. So ziemlich alle Traditionsgerichte der Region erscheinen hier auf der Menükarte – im Takt der Jahreszeiten. Dazu gehört etwa die Neuenburger Wurst an einer Pinot-noir-Sauce, die vor allem im Herbst prominent auf der Karte steht. Küchenchef Tony Muller, der ursprünglich aus dem Waadtland stammt, macht sie mit erstklassigem Pinot noir aus der Domaine du Château d'Auvernier. Deren Weine sind im Weinangebot ohnehin gut vertreten. Im reich dotierten Keller steht unter anderem auch das Flaggschiff «Mosaique», gekeltert aus Gamaret, Pinot noir und Garanoir.

Büffelfleisch und Asphaltschinken. Nach Wahl ist der Saucisson Pinot noir auch mit Büffelfleisch erhältlich. Die Wasserbüffelwurst ist etwas würziger und enthält weniger Fett als der Neuenburger Saucisson. Produziert wird sie von den Gebrüdern Georges und Daniel Stähli, die in Travers die grösste Wasserbüffelzucht der Schweiz betreiben. 220 Tiere weiden auf den Wiesen an den Ufern der Areuse. Auch der Mozzarella, den man begleitet von einem knackigen Salat geniessen kann, stammt von den Wasserbüffeln. Die ganz grosse Spezialität des Hauses ist jedoch der Schinken aus dem Asphalt, eine der jüngeren Erfindungen im Absinth-Tal. In der Asphaltmine in Travers werden die bis zu zwei Kilogramm schweren Brocken

in hitzerestistente Folien verpackt und dann im brodelnden, 160 Grad heissen Asphalt gegart. Die hohen Temperaturen und die lange Schmorzeit (über drei Stunden) machen den Schinken besonders zart und saftig. Jean-Paul Martinet, der in den Minen den im wahrsten Sinne heissen Job macht, stellt alljährlich mehrere Tonnen her. Die besten Brocken landen im Hôtel de l'Aigle in Couvet: «Wir haben die Spezialität seit zehn Jahren auf der Karte», sagt Matthias von Wyss, der Chef des Hauses, der immer wieder auch saisonale Schwerpunkte ins kulinarische Angebot setzt. So gibt es in den Wintermonaten auch die Saucisse au foie sur chicorée britchonne», was auf Deutsch «Neuenburger Leberwurst mit gratiniertem Endiviengemüse» heisst. Dabei ist vor allem der Britchonne eine nähere Betrachtung wert: Der Käse wird mit Kräutern und einer Pinot-noir-Vinaigrette mariniert und gehört zu den jüngeren Kreationen der Käser in den Hochtälern. Ebenfalls erst seit wenigen Jahren gibt es den Bleuchâtel, einen Blauschimmelkäse à la Roquefort, der aus der Käserei Les Ponts-de-Martel stammt (siehe Einkaufstipps). Ganz aus der Ideenküche des Restaurants selber stammt dagegen das Honigparfait mit Absinth. Es wird aus einem Honig-Absinth-Likör zubereitet, der auch gut zum Kaffee passt. Im Aigle gibt es den besten weit und breit! Vier erstklassige Kaffeesorten stehen zur Wahl, darunter Blue Mountain, die teuerste der Welt: Nur gerade sieben Pflanzer kultivieren in Jamaica diese exklusive Kaffeebohne. Die Produktion ist jeweils schon Jahre im Voraus ausverkauft. Auch das ist ein Stück Terroirphilosophie, das zwar weit über die Jurahöhen hinausgeht, jedoch die gleiche entscheidende Qualität ins Angebot bringt wie die Terroirprodukte aus der unmittelbaren Umgebung: Geschmack!

Das Aigle-Team mit Tony Muller (Koch), Regis Dupuy (Chef de service) und Valérie Pellaton (Lehrling).

Der Esssaal gleicht einem Tanzraum.

Blick auf die Gartenterasse.

Die Weinauswahl konzentriert sich zu einem grossen Teil auf Neuenburger Etiketten.

Der Koch Tony Muller im Kräutergarten.

– Saucisson «Buffle» aus dem Val de Travers.
– Mit Kräutern und Vinaigrette marinierter Tomme mit Champignos.
– Jambon des Mines (Asphaltschinken).
– Miellée des Fées.

Rezepte von **Tony Muller** im Anhang.

— **Saucisson neuchâtelois an Pinot-noir-Sauce,** S. 400
— **Neuenburger Leberwurst auf Chicorée britchonne** (Winterendivien), S. 400

RESTAURANT **16**

Brasserie Le Cardinal Neuchâtel

RESTAURANT: **Brasserie Le Cardinal**

ADRESSE: **2000 Neuchâtel, Seyon 9**

GASTGEBER: **Jean-Luc und Myriam Geyer**

TELEFON: **032 725 12 86**

INTERNET: **www.lecardinal-brasserie.ch**

RUHETAGE: **So., sämtliche Feiertage**

BETRIEBSFERIEN: **1 Woche Ende Juni , 1 Woche Anfang Aug.**

WEGBESCHRIEB: **in der Altstadt von Neuchâtel**

SPEZIELL: **Jugendstildekor**

Brasserie heisst Brauhaus, was ursprünglich der Zweck dieser Gaststätten war: Hier wurde Bier gebraut, frisch gezapft und von den Gästen, meist in stattlichen Mengen, getrunken. Erst später entstanden daraus Restaurants, in denen kein Bier mehr gebraut, dafür deftige Menüs gekocht wurden. Vor allem in den Kantonen Genf, Waadt und Neuenburg gibt es viele Brasserien, die wenigsten sind allerdings ehemalige Brauereien. Auch das Cardinal in Neuenburg nicht. Dafür ist es heute eine der schönsten Brasserien in der ganzen Romandie.

Die wiedergefundene Brasserie

Die einen nannten sie «Cardoche», andere «Les Catelles»: Gemeint ist die Brasserie Cardinal, die Jugendstilbeiz in der Altstadt von Neuchâtel, das zwar nie ein Brauhaus war, aber ein Esslokal mit Bierausschank. Und was für eines! Hier kamen prachtvolle Schweinshaxen auf den Tisch, hier gab es ein Pot-au-feu «du tonnerre», durften die ärmeren Leute auch mal eine Gratissuppe löffeln, wurde politisiert, philosophiert und bisweilen auch ein veritabler Rausch ausgeschlafen, bis das Cardinal zum Umschlagplatz für Drogen wurde und 1995 schliessen musste. «Doch das war die grosse Chance», schrieb damals Stéphane Herzog im *Nouveau Quotidien*. Denn Michèle Merlotti und Philippe Girardier, zwei junge Neuenburger, nahmen sich des sterbenden Schwans an, renovierten die Räume stilgerecht, und die Wiedergeburt gelang: 1997 öffnete das Cardinal seine Türen – in neuem Glanz und mit einem nicht minder glanzvollen kulinarischen Angebot.

Bei Bocuse gelernt. Jean-Luc Geyer, der heutige Gerant, macht seinen Job nicht ohne Grund perfekt. Er hat bei Bocuse gearbeitet, stand in grossen Zunfthäusern in Zürich am Herd, war in Oberiberg bei Franz Keller vorn dabei. Entsprechend hochklassig ist das kulinarische Angebot, das weit entfernt ist von deftiger Brasserieküche. Es gibt hausgemachte Cannelloni, gefüllt mit würzigem Schinken aus dem Jura. Oder ein erstklassiges Biorindstatar mit Wachtelei oder

Schweinsrippchen mit Lavendelhonig, begleitet von Fenchel und einem Kräuter-Taboulé. Dazu kommt ein täglich wechselndes Menü, heute ist es Rindsentrecôte an einem Rosmarinjus mit Dauphine-Kartoffeln. Traditionsgemäss geht die Brasserieküche auch über die Landesgrenzen hinaus. Etwa beim Muscheltopf mit Meeresfrüchten à la bretonne. Oder bei der Fischplatte, die verschiedene Meerfische, Gambas und St-Jacques-Muscheln enthält. Der grosse Teil der Ausgangsprodukte stammt jedoch aus dem Terroir, etwa die frischen Früchte, die das Tiramisu begleiten. Oder die Tomaten, die gefüllt mit Hackfleisch und Kräutern serviert werden. Alles stammt vom Biobauernhof L'Aubier in Montezillon im Neuenburger Jura. So wie fast alle Produkte von diesem Biohof kommen – von den Eiern bis zum Brot, vom Kotelett bis zum Käse. Denn Philippe Girardier, einer der beiden Initianten des neuen Cardinal, ist auch der Gründer des Biobauernbetriebs L'Aubier. Das erhöht den Spass am Gebotenen gleich nochmals: Da weiss man, dass die Ausgangsprodukte mit Respekt vor der Natur und den Tieren produziert wurden. Und man weiss, dass ein solch intelligentes Konzept garantiert Bestand haben wird. «Vive la Brasserie retrouvée!», schrieb der bereits zitierte Stéphane Herzog kurz nach der Wiedereröffnung. Da kann ich mich nur anschliessen.

Natürlich ist der Horizont in einer Brasserie bei manchen Gerichten etwas ozeanisch. Doch gerade dieser offene Blick hat die Brasserien zu einem wichtigen Teil der Gastrokultur in der Romandie gemacht.
Die Fayencen stammen aus dem Jahr 1905 und stehen – wie die Fassade – unter Heimatschutz. Zu Recht: Der grosse, lichtdurchflutete Raum strahlt eine besondere Atmosphäre aus. «Typisch Brasserie», sagen die einen, «comme à Paris», meinen andere. Kunsthistoriker sprechen von Jugendstil. Und alles zusammen trifft die wunderbar verspielte Ambiance des Cardinal sehr genau.

Muscheltopf mit Meeresfrüchten aus der Bretagne.

– Rohschinken und Frühlingssalat.
– Rindstatar mit Wachtelei.
– Mit Honig lackierte Schweinsrippchen, Fenchel und Kräuter-Taboulé.
– Fischgrillade mit Coquilles St-Jacques und Gambas.
– Tiramisu mit Früchten aus dem Jura.

Rezepte von **Jean-Luc Geyer** im Anhang.

— **Mit Honig lackierte Schweinsrippchen im Ahornsirup,** S. 401
— **La Taillaule** (Neuenburger Brioche), S. 423

Einkaufstipps Kanton Neuenburg

BLEUCHÂTEL UND GRUYÈRE

Fromagerie Les Martel, Les Ponts-de-Martel

Hier wird gereifter Gruyère hergestellt und der berühmte Bleuchâtel. Die Käserei ist 363 Tage im Jahr offen (ausser am 25. Dezember und 1. Januar) und bietet auch Besichtigungen an. *Fromagerie Les Martel, Didier Germain, Major Benoit 25, 2316 Les Ponts-de-Martel, Tel. 032 937 16 66, www.fromagerie-les-martel.ch.*

BRITCHON

Fromagerie de Bémont, La Brévine

Der Halbhartkäse, der drei Monate lang in Œil-de-Perdrix «baden» darf, wird in der Fromagerie de Bémont von Philippe Geinoz produziert. Entstanden ist er 1998, zum 150. Geburtstag des Eintritts Neuenburgs in die Eidgenossenschaft. Britchon kommt aus dem Neuenburger Dialekt und heisst «neuenburgisch». *Fromagerie de Bémont, Philippe Geinoz, 2406 Le Brouillet, Ruhetage/Betriebsferien: keine, Tel. 032 935 12 21.*

GRUYÈRE

Fromagerie de La Brévine

Die kleine Dorfkäserei von La Brévine gilt als eine der besten für würzigen und rässen Gruyère. Sara Vuille schmeisst den Laden, Cédric macht den Käse – und den sollte man sich nicht entgehen lassen. Die Käserei befindet sich am Dorfrand im Norden und ist auch für ihre schönen Käseplättli bekannt. Das Verkaufsgeschäft ist täglich von 8 bis 11 Uhr geöffnet (am Sonntag bis 10 Uhr), sowie am Abend (ausser am Mittwoch). *Fromagerie de La Brévine, 2406 La Brévine, Tel. 032 935 12 92 und 079 487 23 17, www.fromagerie-brevine.ch.*

BIOPRODUKTE VOM BAUERNHOF

Biobauernhof L'Aubier

Der Biohof erstreckt sich über eine Fläche von über 35 Hektaren von Montezillon bis auf La Tourne auf 1200 Meter Höhe. Weizen, Roggen, Kartoffeln und Mais werden hier angebaut. Eine Besonderheit sind die Karotten, die aus alten Samensorten gezüchtet werden. Kernstück ist jedoch der Freilaufstall mit einer Kuhherde von gegen hundert Tieren, wobei der Stier frei in der Herde mitläuft. Die Milch wird traditionell in der eigenen Molkerei verarbeitet. Mit zum Hof gehören ein Hotel und ein Restaurant, das nur hofeigene und damit ausschliesslich biologische, zum Teil sogar biodynamische Produkte verwendet. All das kann man vor der einzigartigen Kulisse mit Blick auf den See und die Alpen geniessen. *L'Aubier, 2037 Montezillon, Les Muraillles 5, Tel. 032 732 22 14, www.aubier.ch.*

SAUCISSONS

Metzgerei Montandon, Les Ponts-de-Martel

Die Metzgerei Montandon produziert Saucissons, einen mehrfach ausgezeichnete Landschinken, die geräucherte und getrocknete Rindskeule «Breusi», sowie Leberwurst und Schweinsbratwurst am Meter. *Olivier Montandon, 2316 Les Ponts-de-Martel, Grand-Rue 13. Ruhetag: Mo., Tel. 032 934 30 10, www.montandon.ch.*

BÜFFELFLEISCH UND MOZZARELLA

Stähli, Produits fermiers, Travers

Joghurt aus Büffelmilch, Mozzarella, Wasserbüffelwurst und Fleisch: Georges und Daniel Stähli haben im Val de Travers mit ihren Wasserbüffeln eine höchst lukrative Nische gefunden. Über 220 Wasserbüffel werden in freier Natur gehalten, es ist die grösste Wasserbüffelzucht der Schweiz. Die Produkte sind ab Hof erhältlich. *Stähli, Le Bois-de-Croix, 2105 Travers, Tel. 032 863 17 67.*

ABSINTH

Destillerie Artemisia

Nur wenn die in Alkohol mazerierten Kräuter richtig destilliert werden, ist der Absinth angenehm bitter. Die Färbung muss leuchtend hellgrün sein, sonst kann es sein, dass Lebensmittelfarben verwendet wurden. Es lohnt sich deshalb, den Absinth bei einem anerkannten Qualitätsproduzenten einzukaufen. Zum Beispiel bei Claude-Alain Bugnon, der seine «La Clandestine» in einer blauen Flasche verkauft. *Destillerie Artemisia, 2108 Couvet, Tel. 032 863 36 46, www.absinthe-suisse.com.*

ABSINTH-STENGELI UND SCHOKOLADE

Jacot Chocolatier, Noiraigue

1949 hat Marcel Jacot als Bäcker und Konditor begonnen, danach Biscuits für die Maison Grand'Mère hergestellt und schliesslich ab 1970 eine kleine Schokoladefabrik gegründet. 1970 stieg Sohn Francis ins Unternehmen ein und übernahm 1988 den Betrieb. Seine Kreationen sind so gut, dass zum Beispiel die Schweizer Uhrenindustrie sich alljährlich eine Schokoladekollektion vom Schokolademeister in Noiraigue herstellen lässt. Bekannt sind seine Gourmandises Clémentine, die Absinth-Stängeli und La Fantaisie noire. «Un métier, une passion», heisst der Leitspruch des Hauses, das seine süssen Produkte auch per Post verschickt. *Jacot Chocolatier, Le bijoutier du chocolat, Rue du Pont 5, 2103 Noiraigue, Tel. 032 863 31 10, www.jacot-chocolatier.ch.*

ABSINTH-PRALINÉS

Jacques Perrenoud, Fleurier

Seit 1987 produziert Jacques Perrenoud in einem kleinen Schokoladeatelier nach handwerklichen Methoden seine Pralinés, genannt «Douceur des fées». Wie der Name vermuten lässt, ist da ziemlich viel Absinth drin, eingepackt in schwarze Grand-cru-Schokolade, Pistache und marmoriert mit weisser Schokolade. Kleine Kunstwerke, die man per E-Mail bestellen kann. *Jacques Perrenoud, Le maître chocolatier, Rue de l'Hôpital 12, 2114 Fleurier, Tel. 032 861 10 31, www.choco-feeverte.com.*

SCHAUMWEIN

Mauler, Môtiers

Er darf sich aus namensrechtlichen Gründen nicht Champagner nennen, ist es aber von der Herstellungsmethode: Der Schaumwein von Mauler aus Môtiers. In den Gewölbekellern der Prieuré Saint-Pierre, einem ehemaligen Benediktinerkloster, werden die Vins mousseux seit 1829 produziert. Mehrere Traubensorten werden dafür verwendet: Nebst Pinot noir und Chardonnay auch Chenin, Colombard, Cabernet Sauvignon und Cabernet franc. Nach traditioneller Methode werden sie im Fass zur Reifung gebracht, danach kommt es zu einer zweiten, langsamen Gärung in der Flasche, die durch den «liqueur de tirage», einen Zuckerzusatz, ausgelöst wird. Diese Zweitgärung muss äusserst langsam erfolgen, damit sich die feinen Schaumperlen und ein schöner «Cordon»bilden können. Erst nach drei Jahren und aufwendigen Rüttel- und Schüttelverfahren, die dazu dienen, den Hefesatz zu entfernen, werden die Schaumweine definitiv abgefüllt und mit den typischen Korken mit Eisendrahtkörbchen verschlossen. Degustation: *Prieuré in Môtiers von Di. bis So., 10 bis 12 und 15 bis 18 Uhr. Mauler & Cie, Le Prieuré Saint-Pierre, 2112 Môtiers/Neuchâtel, Tel +41 (0) 32 862 03 03 - E-shop www.mauler.ch.*

NEUENBURGER WEIN

Laurent Pierrehumbert, Saint-Aubin/Sauge

Laurent Pierrehumbert gilt als Pinot-noir-Künstler, wobei niemand genau weiss, nach welchen Produktionsmethoden er auf seinen 3,5 Hektaren arbeitet. Sicher ist: Seine Weine haben Charakter, sind «Pinot pur» und keine kommerziellen Standardprodukte. «Hier findet die Pinot-Traube ideale Bedingungen, wenig Humus, viel kalkiger Fels, die Traube muss lange Wurzeln machen; das gibt ihr Kraft.», sagt Laurent Pierrehumbert. Neben Pinot noir macht er auch Chasselas, Œil-de-Perdrix und Gamaret. *Les Peleuses, Laurent Pierrehumbert, 2024 Saint-Aubin/Sauge, Tel. 032 835 15 79 und 079 740 95 90.*

La Maison Carrée, Auvernier

Weine, vinifiziert wie in alten Zeiten, ohne Zusatzstoffe, ohne jegliche Eingriffe – Wein pur. *La Maison Carrée, Jean-Denis Perrochet, 2012 Auvernier, Grand-Rue 33, Tel. 032 731 21 06, www.lamaisoncarree.ch.*

Domaine de Chambleau, Colombier

Louis-Philippe Burgat ist ein Winzer, der sich intensiv mit seinem Terroir auseinandergesetzt, der geforscht und ausprobiert hat, bis er schliesslich da gelandet ist, wo er heute steht: Seine Assemblage «Le Métissage», gekeltert aus Gamaret und Garanoir, gehört zu den Spitzenweinen der Region. «La Quintessence», gekeltert aus Gewürztraminer- und RieslingxSylvaner-Trauben ganz am Schluss der Ernte, steht ihm in nichts nach: Aromen von Ananas, Aprikosen und Waldbeeren verleihen diesem edlen Weisswein seine unverwechselbaren Geschmacksnoten. Der Chardonnay Barrique und «La Quintessence» haben an der Sélection d'Or im Kanton Neuenburg Gold geholt.

Louis-Philippe Burgat, Domaine de Chambleau, 2013 Colombier, Tel. 032 731 16 66, www.chambleau.ch.

Weitere Restaurants im Kanton Neuenburg

TRADITIONELL

Brasserie Le Jura, Neuchâtel

Traditionelle Neuenburger Brasserie im Herzen der Stadt. Es gibt viel vom Meer, aber auch viel aus dem Terroir. Zum Beispiel Kutteln à la neuchâteloise, verschiedene Fondues, Käseschnitten, Bleuchâtel und, besonders bemerkenswert, ein Saint-Martin-Essen im November. *Brasserie Le Jura, 2000 Neuchâtel, Rue de la Treille 7, Ruhetag: So., Betriebsferien: keine, Tel. 032 725 14 10.*

Pinte de Pierre-à-Bot, Neuchâtel

Lust auf Schnecken mit Sauerkraut? In der Pinte de Pierre-à-Bot hoch über Neuenburg kann man diese Kombination, genannt Jacquerie neuchâteloise, geniessen; eine Rarität, die es sonst kaum mehr gibt. Da das Restaurant an der Kampagne für mehr Terroirküche mitmacht, stehen auch weitere typische Neuenburger Spezialitäten auf der Karte, darunter das Fondue Britchonne mit im Œil-de-Perdrix mariniertem Käse oder die Bondelles fumées (geräucherte Albeli) aus dem Neuenburgersee. Eine sympathische Landbeiz, geführt von Marc Lenggenhager, mit einer hübschen Terrasse.

Pinte de Pierre-à-Bot, Pierre-à-Bot 106, 2000 Neuchâtel, Ruhetage/Betriebsferien: keine, Tel. 032 725 33 80.

BIO

Café L'Aubier, Neuchâtel

Hinter dem Namen L'Aubier verbirgt sich ein erfolgreiches Biounternehmen. Dazu gehört das Altstadtrestaurant L'Aubier, in dem man viele vegetarische Gerichte, aber auch Fleisch in erstklassiger Qualität und alles strikt aus biologischer Eigenproduktion geniessen kann. Diese stammt vom Biobauernbetrieb am Weg von Neuchâtel ins Val de Travers (siehe Einkaufstipps). Essen kann man im L'Aubier in Neuchâtel bei schönem Wetter auch auf der kleinen Altstadtterasse – ein herrliches Plätzchen, jedoch mit beschränkter Platzzahl und entsprechend immer gut besetzt. *L'Aubier, 2000 Neuchâtel, Rue du Château 1, Ruhetag: So., Betriebsferien: auf Anfrage, Tel. 032 710 18 58.*

MÉTAIRIES

La Ferme Robert, Noiraigue

Ähnlich wie im Berner Chasseral bilden auch im Neuenburger Jura die Métairies einen wichtigen Teil des kulinarischen Angebots. Die kleinen Alpwirtschaften bieten meist einfache Älplerküche wie Käse- und Fleischplättli, aber auch verschiedene Fondues. Manche sind jedoch auch veritable Restaurants wie etwa die Ferme Robert. Sie liegt im ältesten Naturschutzgebiet der Schweiz, nicht weit vom spektakulären Felsenkessel Creux-du-Van. Man erreicht die Bergbeiz von Noirmont aus Richtung Le Creux-du-Van; ab dem Bahnhof Noiraigue sind es ca. 50 Minuten Wanderzeit. Bis Ende Saison 2008 hat hier Doryane Schick das Haus geführt. Die Nachfolge war bei Redaktionsschluss leider noch unklar. Wie bis anhin dürfte das Restaurant jedoch jeweils von Mitte Mai bis Ende Oktober geöffnet sein. *La Ferme Robert, 2103 Noiraigue, Le Creux-du-Van, Tel. 032 863 31 40.*

Le Soliat, Couvet

Zu den schönsten Métairies gehört Le Soliat auf dem Plateau des Creux-du-Van. Die Bergbeiz ist nur gerade 200 Meter vom Creux-du-Van entfernt. Wer Lust hat, kann hier auf einer nicht ganz schwindelfreien Route dem Felsplateau entlang wandern. Der Blick ist atemberaubend: Es geht 200 Meter senkrecht in die Tiefe. Die Karte im Soliat ist klein, umfasst Fondues, Jambon à l'os, Wurst- und Käseplättli mit hausgemachtem Brot aus dem Holzofen, Meringues, Cornets à la crème, Früchtekuchen sowie den Hauskaffee. Grosse Sonnenterrasse. Man erreicht Le Soliat mit dem Auto von Couvet aus in 20 Minuten oder in in ca. 1,5 Stunden. Wanderzeit von Noiraigue aus. Von der Seeseite her ist das Restaurant entweder von Concise-Provence oder von Saint-Aubin aus erreichbar.

Métairie Le Soliat, 2108 Couvet, Madame Inetta, Ruhetage: keine, Betriebsferien: Mitte Nov. bis Ende März, Tel. 032 863 31 36.

SCHÖNE AUSSICHT

Le Chapeau de Napoléon, St-Sulpice

Hier kann man eine gute Terroirküche oder auch nur einen Absinth geniessen – mit einem herrlichen Blick ins Val de Travers. Es gibt Jambon à l'os (mit oder ohne Morcheln), Rinds- oder Pferdeentrecôte, drei thematische Menüs, darunter das Menu campagnard. Spannend ist der Blick ins Spirituosengestell über der Theke: Über ein Dutzend Absinth-Produzenten sind hier mit ihren Absinths vertreten, darunter François Bezençon, Kübler und Artemisia. Nicht zu vergessen «La Valote» mit sage und schreibe 72 Volumenprozent. *Restaurant du Chapeau de Napoléon, 2123 St-Sulpice, Ruhetag: Mo., Betriebsferien: ab Weihnachten bis 1. März, Tel. 032 861 16 62, www.chapeaudenapoleon.ch.*

TERROIRKÜCHE

Croix-Blanche, Cressier

Ein Verfechter der Terroirküche, situiert zwischen Bieler- und Neuenburgersee in der Nähe von Neuchâtel. Es gibt so ziemlich alles, was das kulinarische Erbe Neuenburgs zu bieten hat, zum Beispiel geräucherte Albeli an einer Sauce Vinaigrette, aber auch Klassiker wie Forelle blau, Entenbrust oder Chateaubriand. Zudem gibt es hier die Jacquerie neuchâteloise (Schnecken mit Sauerkraut) auf Vorbestellung. *Croix-Blanche, 2088 Cressier, Ruhetag: Mi., Betriebsferien: zwei Wochen Juli, Tel. 032 757 11 66, www.croix-blanche.ch.*

FORELLENBEIZ

La Truite, Champ-du-Moulin

Hierhin geht man für Forelle blau, meunière oder mit Gartenkräutern. Das ist auch mehr oder weniger alles, was die Speisekarte zu bieten hat. Die Qualität ist allerdings gut und der Ort eine Oase, vor allem unter der Woche. Erreichbar mit dem Zug bis Bahnstation Champ-du-Moulin, von dort ca. 300 Meter zu Fuss. *La Truite, 2149 Champ-du-Moulin, Ruhetag: Mo.-Abend, Winter: Mo., Betriebsferien: Jan. bis ca. 20. Febr., Tel. 032 855 11 34.*

STILVOLL

Café du Petit Paris, La Chaux-de-Fonds

Das schönste Lokal der Region. Die Küche ist klassisch Bistro, also eher französisch-mediterran, aber mit traditionellen regionalen Schweizer Gerichten. Es gibt Klassiker wie Entrecôte Café de Paris (mit der Genfer Originalkräuterbutter!), eine reiche Auswahl an Salaten, von Tomme bis Meeresfrüchte, Moules in fünf Varianten, Fischfriture mit Fischen aus dem Neuenburgersee, dazu mehrmals jährlich Jazzkonzerte im Keller. Kurz: Im Petit Paris weht ein junger, frischer Wind in einem aussergewöhnlich stilvollen Ambiente! *Café du Petit Paris, José Lopez, Rue du Progrès 4, 2300 La Chaux-de-Fonds, Ruhetag: So., Betriebsferien: keine, Tel. 032 968 68 68, www.petit-paris.ch.*

BAUERNHOFKÜCHE

Restaurant du Sapin, La Cibourg

Das Restaurant du Sapin liegt im Niemandsland zwischen La Chaux-de-Fonds und Saignelégier. Seit 45 Jahren wirtet hier Malou Zaugg, eine rüstige ältere Dame, die ihren Job mit derart viel Charme macht, dass viele nur wegen der Grand Old Lady kommen. Berühmt ist sie für ihre Kartoffelstäbchen, den Schweinsbraten, den Beinschinken, das Rindsfilet, das Entrecôte, das Fondue und nicht zuletzt den Rehrücken (ab Oktober). Das ist gute alte Bauernküche, wie man sie nur noch selten findet. Die Familie Zaugg stammt ursprünglich aus dem Bernbiet. Malou ist eine von sechs Geschwistern, die alle in der Gastronomie tätig sind. «Ich habe noch viel Spöiz», sagt sie. Also macht sie munter weiter. Einziges Problem: Die «Tanne» ist nicht ganz einfach zu finden. Hier der Versuch eines Wegbeschriebs: Von La Chaux-de-Fonds Richtung Saignelégier; kurz vor dem Bahnübergang bei La Cibourg scharf links zu den allein stehenden Bauernhäusern, ca. 500 Meter von der Hauptstrasse entfernt liegt das Wirtshaus. In La Cibourg gibt es einen Minibahnhof. Man kann also auch mit dem Zug anreisen.

Restaurant du Sapin, Malou Zaugg, 2300 La Chaux-de-Fonds, La Cibourg, Ruhetage: Di., Mi., Betriebsferien: Jan., Febr., Tel. 032 968 33 14.

FREIBURG

Im Land der Käsemeister

Wenn es um den Käse geht, zeigen die Fribourger ihre Muskeln. Und die können sie auch brauchen: Bis zu 40 Kilogramm bringt ein ausgereifter Laib Gruyère auf die Waage. Deutlich leichter und kleiner ist der cremige Vacherin fribourgois, der dazugehört, wenn die Fribourger ihr berühmtes Fondue moitié-moitié machen. Sie behaupten sogar, sie hätten das Fondue erfunden. Doch da sind die Savoyer gar nicht einverstanden. Auch die Piemonteser nicht. Sogar die Zürcher melden Patenrechte an. Denn das älteste Fonduerezept der Schweiz liegt in den Zürcher Archiven. Zeit also für eine Spurensuche im Land der Fonduemeister …

Von der Kappeler Milchsuppe zum Fondue

Nichts scheint uns Schweizer im kulinarischen Bereich so sehr zu beschäftigen wie die Frage, wer das Fondue erfunden hat. Das ist weiter nicht erstaunlich. Denn bei der Fondue-Debatte geht es nicht um irgendein Gericht, sondern um so etwas wie unser Nationalgericht! In dieser heissen, wie manche auch sagen, etwas stinkenden Käsesuppe hat sich die Identität unseres Landes offenbar am überzeugendsten manifestiert. Verschiedene (Käse-)Teile verschmelzen zu einem grossen Ganzen, gemeinsam wird es aus einem Topf gegessen, bis man – nach dem «Coup du milieu» (einem Gläschen Kirsch in der Halbzeit) – der Sache auf den Grund geht und beim Croûton landet, bei der knusprigen Quintessenz. Das ist – meist begleitet von einem spritzigen Weisswein – auch ein feuchtfröhliches Essvergnügen, das sich stundenlang hinziehen kann. Es ist in der Tat schwierig, ein anderes Gericht zu finden, das so viele Qualitäten und nicht zuletzt auch eine derartige Symbolkraft in sich vereint. Nicht umsonst hat sich auch die katholische Kirche des Fondues angenommen, wie ein Chronist ironisch kolportiert:

Das erfolgreichste Fondue der Schweiz ist das Fribourger Fondue moitié-moitié. Daneben gibt es noch eine weitere Fribourger Variante. Sie besteht nur aus Vacherin und wird ohne Wein zubereitet. Optisch ist das Vacherin-Fondue eine Spur heller, die Konsistenz flüssiger und es ist besser verdaulich. Geniessen kann man beide Versionen in praktisch allen in diesem Kapitel vorgestellten Restaurants, unter anderem im Le Tsalé in Les Paccots. Von hier stammt die Rezeptur für die in der Deutschschweiz noch nicht so bekannte Vacherin-Version (siehe S. 158).

Das Fondue als Spiegel der göttlichen Weltordnung. 1825, so berichtet der Walliser Chronist, hätten Kirchenvertreter an einem Konzil im Val d'Anniviers darüber debattiert, ob das Fondue neben dem Raclette eine Berechtigung habe. Wichtig waren dabei die Fragen, in welche Richtung beim Fondue gerührt werden darf und ob es dem göttlichen Willen entspricht, verschiedene Käsesorten zu mischen. Bei der ersten Frage entschied man sich für rechts, weil die Planetenbahnen, Gottes Uhrwerk, auch rechtsherum laufen. Auch eine Acht wurde akzeptiert, weil sie in liegender Form das Zeichen für das Unendliche ist. Bei der Frage «moitié-moitié» entschied man sich gegen die Vermischung: Ein Käse, so das Konzil, ist in sich perfekt und damit philosophisch betrachtet unteilbar, er muss also nicht noch mit einem anderen aufgepeppt werden. Der philosophische Fondue-Streit, der möglicherweise auch den handfesten Hintergrund hatte, den Walliser Raclette-Absatz zu sichern, zeigte allerdings keine Auswirkungen. Zumindest bei den Fribourgern nicht. Die mischten ihr moitié-moitié munter weiter. Es wurde sogar zum erfolgreichsten Fondue der Schweiz. Weder die Neuenburger Variante (zwei Sorten Gruyère und etwas Emmentaler) noch die Appenzeller (nur mit Appenzeller) noch die Genfer (zwei Drittel Gruyère und ein Drittel Raclettekäse) konnten sich in grossem Stil etablieren. Auch die Konkurrenten aus dem Nachbarland nicht: Die Savoyer, mit ihrer Mischung aus Emmentaler, Comté und Beaufort, hatten bei den Schweizern keine Chance. Nicht einmal die Piemonteser, die ihr Fondue mit Fontina, Butter, Eigelb und Milch zubereiten – in der Edelversion mit weissen Trüffeln. Fazit: Beim Fondue tickt die Schweizer Volksseele moitié-moitié und damit ganz klar fribourgeois!

Wer hat's erfunden? Erfunden haben die Fribourger das Fondue nicht. Schon die alten Griechen haben so etwas wie ein Fondue zubereitet. Zumindest beschreibt Homer in seiner *Ilias* ein Gericht, bei dem Schafskäse auf einer Raffel gerieben und auf offenem Feuer geschmolzen wurde – unter Zugabe von Wein und Weissmehl (schliesslich gab es ja damals noch kein Natron). Auch die Restenverwertungstheorie leuchtet ein: Um den alten Käse aufzupeppen, brachten ihn die Bauern zum Schmelzen, tunkten das alte Brot in die Suppe – klassische Restenverwerwertung, wie so vieles in der alten Bauernküche. In der Praxis dürfte es ähnlich gelaufen sein wie beim Raclette: Die Hirten und Sennen auf den Alpen wollten ganz einfach eine warme Mahlzeit. Also haben sie den Käse in kleine Stücke geschnitten und zum Schmelzen gebracht. Auf die Idee, diese Technik zu rezeptieren, wäre keiner gekommen. Das war so normal wie die Milchsuppe, die auch nicht von den Eidgenossen allein erfunden wurde. Als Kappeler Milchsuppe ging sie allerdings in die Geschichte ein – interessanterweise aus religiösen Gründen (siehe Kästchen rechts).

KAPPELER MILCHSUPPE

Ende Juni 1529 marschierten die reformierten Zürcher Richtung Zug, um die katholischen Kantone zu bestrafen, die mit Österreich ein Bündnis eingegangen waren. Es kam jedoch zu keinen Kampfhandlungen, ganz im Gegenteil: Während die beiden Heerführer mit knurrendem Magen verhandelten, nutzte das Fussvolk die Zeit, um genau auf der Glaubenslinie – bei Kappel am Albis – einen grossen Kochtopf auf das Feuer zu stellen. Die Innerschweizer brachten die Milch, die Zürcher das Brot. Dann wurde gemeinsam die Kappeler Milchsuppe gegessen. Für die Identitätsfindung der damals jungen Eidgenossenschaft hatte dieses Milchfondue einen hohen Symbolgehalt, auch wenn kein Käse dabei war.

Oder doch die Zürcher? Das erste erhaltene Fonduerezept in Deutscher Sprache wurde 1699 von einer Zürcherin namens Anna Margaretha Gessnerin verfasst. Es trägt den Titel «Käß mit Wein kochen» und liegt heute in der Zentralbibliothek Zürich. Die Rezeptur lautet:

Thu ein halb gläßlin voll wein in ein blaten und die glutpfann und thu gschabnen oder zerribnen feißen alten käß darein. Laß ihn im wein kochen, biß er gantz zergangen und man den wein im kusten nit mehr gespürt. Aber du mußt allzeit ein wenig glüht darunter laßen, sonst wird es bald wider hert.

Erst ab 1825 sind Rezepte in französischer Sprache erhalten, darunter eines für ein «Greyerzerfondue» und eines für ein «Freiburgerfondue mit Vacherin». Im *Schweizer Kochbuch* von 1920 wird nur ein einziges Fonduerezept aufgeführt. Tatsächlich wurde das Fondue erst in den Fünfzigerjahren so richtig populär. Um den Käseabsatz zu fördern, startete die damalige Käseunion eine grosse Werbekampagne und sorgte dafür, dass das Fondue auch in die Armee-Kochbücher aufgenommen wurde. Damit kamen viele Deutschschweizer mit dem Fondue in Kontakt und trugen die Rezeptur stolz nach Hause. Noch heute ist die Fonduezubereitung in den meisten Familien Männersache.

BRILLAT-SAVARIN

Oder doch die Franzosen? Dass auch die Franzosen die Urheberschaft beanspruchen, liegt an ihrem berühmten Koch und Gastrosophen Brillat-Savarin. Er soll bereits 1794 in seinem Kochbuch ein Fondue rezeptiert haben – mit geschmolzenem Käse, Eiern und Butter. Von Wein sprach der Meister allerdings nicht. Und genau hier setzen die Romands an, die als traditionell grosse Weinproduzenten sagen: Der Wein ist ein wichtiger Teil des Fondues, also muss die klassische Rezeptur mit dem Weisswein in der Romandie entstanden sein. Zudem heisse das Gericht Fondue, abgeleitet von französisch «fondre» (schmelzen), was ganz klar auf eine romanische Erfindung hindeute.

Gruyère

Dass die Käseherstellung im Kanton Fribourg Tradition hat, beweist eine Urkunde aus dem Jahr 1115. Darin wird vermerkt, der Graf von Greyerz habe dem Kloster Rougemont Abgaben in Form von Käse geleistet. Ob es sich dabei um Hartkäse handelte, ähnlich dem heutigen Gruyère, wird nicht erwähnt. Erst 1602 taucht der Name erstmals auf, als in der Stadt Freiburg die Delegierten der französischen Botschaft empfangen wurden: Die Herren Botschafter bekamen 14 Käselaibe aus dem Greyerzerland als Geschenk. Nicht schlecht, wenn man bedenkt, dass ein Laib nach heutiger AOC-Norm satte 25 bis 40 Kilogramm wiegt, bei einem Durchmesser von einem halben Meter und mehr. Heute ist der Gruyère der am meisten hergestellte Käse der Schweiz. In den Kantonen Freiburg, Waadt, Neuenburg und Jura sowie in einigen Gemeinden im Kanton Bern wird dieser würzige Käse hergestellt.
Optimal für die Reifung ist ein höhlenartiges Klima mit möglichst hoher Luftfeuchtigkeit, damit der Käse nicht austrocknet. Höher als 98 Prozent darf die Luftfeuchtigkeit jedoch nicht sein, sonst wird die Rinde schmierig und klebrig. Für viele ist der Alp-Gruyère der beste. Im Sommer, wenn die Kühe auf den saftigen Bergwiesen weiden, wird dieser Käse auf dem offenen Feuer hergestellt. Andere schwören auf den Höhlengereiften, der in Steinhöhlen reift. Wie beim Wein spielt die Reifezeit eine wichtige Rolle. Die ist beim Gruyère Premier Cru besonders lang: Er darf mindestens 14 Monate reifen bei einer Temperatur von exakt 13,5 Grad und einer Luftfeuchtigkeit von 95 Prozent. Anders als der normale Gruyère darf er nur im Kanton Fribourg hergestellt werden.

Vacherin fribourgeois

Ganz anders ist der halbharte Vacherin fribourgeois. Er ist deutlich leichter (5 bis 9 Kilogramm), kleiner und hat einen zartschmelzenden, cremigen Teig. Er wird deshalb mit Vorliebe für das Fondue verwendet, in der klassischen Rezeptur zu gleichen Teilen mit Gruyère. Deshalb die Bezeichnung «moitié-moitié».

Die Bénichon – das kulinarische Gesamtkunstwerk

Wenn es Herbst wird und die Bauern so langsam alles unter Dach und Fach haben, kommt im Greyerzerland die Zeit der Bénichon. Der Name leitet sich aus dem französischen «bénir» (segnen) ab: Die Bénichon ist also ein Erntedankfest, das in den Bauernfamilien jeweils nach dem Kirchgang mit einem grossen Essen gefeiert wurde. Im Laufe der Jahrhunderte haben sich aus dem religiös motivierten Ritual grosse Dorffeste entwickelt. So in Charmey, wo die Bénichon zeitgleich mit dem Alpabzug stattfindet und sich das Dorf in einen Festplatz mit Chilbi, Tanz und einem Heuwagenrennen verwandelt. Schon 1443 wurde in einem kirchlichen Pamphlet kritisiert, dass die Bénichon zu sehr dem Vergnügen statt dem Beten diene. 1747 wurde das Tanzen verboten, hundert Jahre später versuchten zwei Dutzend Gendarmen, die Festivitäten in Estavayer mit Gewalt zu stoppen. Nur knapp konnte ein Blutbad verhindert werden!

Sonntagsfreuden. Beim Bénichon-Essen kommt alles auf den Tisch, was in den Bauerngärten, auf den Feldern und Alpwiesen im Laufe des Jahres entstanden ist. Die Bénichon ist damit so etwas wie die Quintessenz des kulinarischen Erbes der Region. Noch vor wenigen Jahren wurde die Tradition in vielen Fribourger Restaurants gepflegt. Heute ist das Mahl, da es ausgesprochen aufwendig ist und die Produkte zum Teil nur noch schwer zu finden sind, immer mehr am Verschwinden. «Suchen Sie mal einen richtig guten Bauernschinken, der noch wie früher im Rauch gehangen hat. Oder saftige Büschelibirnen! Das ist kaum mehr zu finden», sagte mir Judith Baumann, die Köchin der berühmten Pinte Les Mossettes in Valsainte. Zusammen mit Jean-Bernard Fasel hat sie zwölf Jahre lang eine Bénichon zubereitet, zu der die Fans sogar aus dem Ausland anreisten. Auch Fernsehleute und Zeitungsjournalisten stürmten regelmässig das Gasthaus, um dieses kulinarische Relikt aus alten Zeiten festzuhalten. Das ist vorbei. Im Oktober 2008 haben Judith Baumann und Jean-Bernard Fasel die Türen ihres Restaurants geschlossen. «Auf der Suche nach neuen Horizonten», wie sie sagten. Nachfolger waren noch keine in Sicht. Und damit auch niemand, der die «Königin der Langsamkeit», wie Jean-Bernard die Bénichon in seinem Büchlein bezeichnet hat, in diesem schönen Restaurant fortführen könnte. So ist meine Bénichon-Reportage ungewollt zu einem Dokument mit historischem Wert geworden. Doch vielleicht spornen die Bilder junge Gastwirte an, diese grossartige kulinarische Tradition fortzuführen. Nicht zuletzt auch deshalb, weil die gute alte Bénichon ganz hervorragend schmeckt!

Einer der acht Bénichon-Gänge: Lammragout mit Kartoffelstock und Poires à Botzi.

Ein Festessen mit acht Gängen

Acht Gänge, über dreissig Kreationen und insgesamt rund hundert Zutaten enthält eine ausgewachsene Bénichon. Dabei ist die Reihenfolge genau festgelegt, wie bei einem Theaterstück – inklusive Pausenvorhang, dem «Coup du milieu». Zu diesem Zeitpunkt haben die Gäste bereits vier Gerichte hinter sich. Danach geht es genauso üppig weiter, zunächst mit einem Lammgigot, dann mit einer Käseplatte, gefolgt von Meringues, Doppelrahm, Früchten und Patisserie. Das Essen beginnt morgens um elf Uhr und endet in der Regel in den späten Abendstunden.

1

Cuchaule und Moutarde de Bénichon

Auftakt des «Grand menu» bildet die Cuchaule, ein Safranbrot, das mit Butter und einer dicken Schicht Moutarde de Bénichon bestrichen wird. Die Moutarde gleicht einer Erdbeermarmelade, enthält jedoch Senfmehl, Weisswein, Zimt, Zucker sowie Birnendicksaft, den sogenannten Vin-cuit, hergestellt aus Fribourger Büschelibirnen. Die süss-saure Marmelade passt gut zum Safranbrot und ist eine Kombination, die es so nur im Kanton Fribourg gibt.

2

Le Bouilli et le Bouillon

Die Bouillon und das dazugehörende Siedfleisch mit Gemüse, Kartoffeln und Markbeinen bilden das zweite Gericht. Dazu gibt es Salz und hausgemachten Senf. Das Gericht wird auch ausserhalb der Bénichon als bäuerliche Sonntagsmahlzeit zubereitet.

3

Lammragout und Poires à Botzi

Der dritte Gang ist das Ragoût d'agneau, begleitet von Kartoffelstock und karamellisierten Birnen. Die Poires à Botzi oder Büschelibirnen sind die heimlichen Königinnen des Gerichts. Die kleinen Birnen, die fast nur im Kanton Fribourg wachsen, werden in einem karamellisierten Sirup gekocht. Zusammen mit dem Lammragout mit Rosinen und Traubenbeeren bringen sie eine orientalische Note in die Bénichon.

4

Le Fumé

Beinschinken, Zunge, Speck, Saucissons, Kabis und Bohnen: Das Gericht, das der Bernerplatte gleicht, wird im Bénichon-Menü als «Le Fumé» (das Geräucherte) bezeichnet. Früher verfügten fast alle Bauernhöfe im Kanton Fribourg über eine Räucherkammer oder benutzten das Cheminée, um das Fleisch zu räuchern.

Coup du milieu – der Pausenvorhang

Jetzt ist es Zeit für einen Birnenschnaps. Der «Coup du milieu» steht exakt in der Mitte des Menüs und bildet die Ouvertüre für vier weitere Prunkstücke des Schlemmermahls.

5

Gigot d'agneau

Der zweite Teil der Bénichon beginnt mit dem Gigot d'agneau, knusprig gebraten, gespickt mit Knoblauch. Üblicherweise wird zum Gigot Kartoffelstock serviert. Um für Abwechslung zu sorgen, hat Judith Baumann jeweils Kartoffelchips gemacht. Klassisch ist der Randensalat als Beilage.

6

Käseplatte

Milder und rassiger Gruyère, Vacherin und Ziegenkäse: Die besten Käse der Fribourger Region leiten das Finale ein. So langsam zeichnet sich bereits der (süsse) Silberstreif am Esshorizont ab …

7

Meringues mit Double crème

Meringues, dicke Nidle im Melchterli und Früchte: Diese kulinarische Trias ist zum Markenzeichen der Region Fribourg geworden.

8

La Pâtisserie

Wer immer noch nicht genug hat, auf den warten zum Schluss noch die Beignets, Bricelets, Cuquettes (Chräbeli) und weiteres Gebäck.

1

2

3

4

5

6

7

8

Die Königin der Langsamkeit

Die Bénichon ist Slow Food im besten Sinn: Nichts geht bei diesem Festessen schnell, alles braucht seine Zeit und folgt ganz bestimmten Abläufen: «Die Bénichon war die Visitenkarte der bäuerlichen Küche; die Rezepte wurden seit Generationen von den Müttern an die Töchter weitergegeben», schreibt Jean-Bernard Fasel in seinem Büchlein *Histoires de bénichon*. Fasel ist in Estavayer aufgewachsen und war als Kind oft dabei, wenn die Frauen «Le Grand Menu» zubereiteten. «Das begann schon Wochen vorher mit der Moutarde de Bénichon, die untrennbar mit dem Vin-cuit, dem eingedickten Birnensaft, verbunden ist. Den sollen schon die Kelten in grossen Töpfen eingekocht haben, stets in einer mondlosen Nacht. Die Römer brachten später das Senfmehl, die Gewürze und den Wein dazu. Die Zubereitung war und ist noch immer aufwendig und dauert zwei Tage. Das ultimative Geheimnis besteht darin, dass man mehrere verschiedene Moutardes macht und sie am Schluss zusammenmischt.»

Für sechzig Gäste ein Bénichon-Essen zuzubereiten, bedeutet Arbeit, die schon Wochen vorher beginnt. Nicht selten stehen die Köchinnen in der Nacht vor dem Festessen bis Mitternacht in der Küche. Judith Baumann, die Köchin der Pinte Les Mossettes, war deshalb nicht gerade begeistert, als ich eine Reportage machen wollte. «Das kann schwierig werden», meinte sie, «wir sind fünf Leute in der Küche, um die acht Menüs zuzubereiten. Wenn noch ein Fotograf kommt und besonders schön arrangierte Teller haben möchte, kann es eng werden.» Wurde es auch: Ich entschied mich deshalb, die Gerichte an einem Tisch im Garten aufzunehmen, trotz eisigem Wind und zwei Grad unter Null. Zugesagt hat Judith Baumann aus Respekt gegenüber der Bénichon: «Dieses Festessen ist so grossartig, dass es unbedingt in die *Urchuchi* muss: Wir machen das zu Ehren der Bénichon.»

Familienrezepte. Solche Geheimrezepturen gibt es viele im Bénichon-Menü. Jede Familie hatte ihre eigenen Rezepturen. «In meiner Familie mussten die Zutaten für das Safranbrot stets einige Stunden in der Küche liegen, damit sie die gleiche Temperatur hatten», erinnert sich Jean-Bernard. «Das war ein wichtiges Detail, denn die Cuchaule musste gelingen, sonst hätte das ganze Dorf meine Mutter ausgelacht. Also hat sie die Cuchaule-Zubereitung ritualisiert, sozusagen magisch aufgeladen.» Für ihn war La Bénichon auch die Zeit der Düfte. Dabei hat es ihm der Duft des Knoblauchs in der Bouillon besonders angetan: «Beim Bouilli erinnere ich mich an das zarte Siedfleisch, das nach Gras und Knoblauch duftete. Als Kinder freuten wir uns besonders an den Fettaugen in der Bouillon, in denen wir imaginäre Fische sahen, die in einem goldenen Meer herumschwammen.» Zubereitet wurde der Bouilli vom Vater. «Der brauchte kein Rezept, der machte das Siedfleisch aus dem Bauch heraus: Schon am Vorabend hat er auf kleinem Feuer die Fleischstücke mit dem Gemüse gekocht und gleichzeitig die Markknochen in gesalzenes Wasser eingelegt. Früh am Sonntagmorgen legte er dann noch ein Stück Ingwer in die Suppe, für die letzte, die entscheidende Geschmacksnote. Das zeigt, wie raffiniert diese überlieferten Rezepturen waren. Das hatte nichts mit ärmlicher Bauernküche zu tun, das war eine höchst geschmackvolle Gourmetküche.»

Der Lammragout-Palast. Die prachtvollste Darreichung der ganzen Bénichon ist das Lammragout (siehe Seite 131), das Jean-Bernard als «kulinarischen Palast» beschreibt: «Dampfend heiss kam das Ragout auf den Tisch, mit goldgelbem Kartoffelstock und den kleinen Prinzessinnen, den Poires à Botzi, die so herrlich süss waren. Da hatte ich stets Bilder aus Tausendundeiner Nacht vor mir: Sultane in ihren reich geschmückten Palästen, fliegende Teppiche, Märkte, Kamele.» Exotisch ist tatsächlich einiges in diesem «Palast». Das Ragout enthält Rosinen und Traubenbeeren, die beide schon Wochen vorher in Cognac eingelegt wurden. Ebenfalls weit im Voraus wurden die Poires à Botzi zubereitet, die man in deutschprachigen Gebieten Büschelibirnen nennt, weil sie wie Trauben in Büscheln (franz.: à botzi) wachsen. Zuerst werden sie gekocht, dann in karamellisiertem Sirup mit einem Zimtstengel und zwei Blättern Lorbeer eingelegt. «Für uns Kinder war dieses Gericht das Beste an der ganzen Bénichon – diese süssen Birnen, dazu das Ragout mit den Trauben, die nach Cognac dufteten, und der goldgelbe Kartoffelstock, der wie eine ägyptische Pyramide auf dem Tisch stand: Das ergab das Triptychon der Bénichon, eine heilige Trias – und das war früher auch die Absicht: Man wollte eine biblische Landschaft, ein Stück Morgenland auf die Tische zaubern.»

Sie sind klein, wachsen fast ausschliesslich im Kanton Fribourg und werden nur gekocht gegessen: die Poires à Botzi, auf Deutsch Büschelibirnen.

Coup du milieu. Nach diesem Triptychon, das Uneingeweihte oft schon als Finale interpretieren, folgt der Coup du milieu in Form eines Gläschens Birnenschnaps. Er markiert die Mitte des Gesamtkunstwerks und wurde in Jean-Bernards Familie jeweils draussen unter dem Marronibaum getrunken: «Wir sahen hinaus in die ockerfarbene Herbstlandschaft, hinten am Horizont die immergrünen Tannen und die Berge. Alles schien gesagt zu sein. Doch in unseren Mägen meldete sich bereits wieder ein Hungergefühl, denn aus der Küche duftete es nach Gigot. Das war für uns das Signal, um wieder an den Tisch zurückzukehren.»

Meringues und Doppelrahm. Wir überspringen das Gigot, desgleichen die Käseplatte und schreiten direkt zur wohl bekanntesten Ikone des Freiburgerlandes: zu den Meringues mit Doppelrahm. Die Double crème, die im «baquet» mit einem geschnitzten Holzlöffel serviert wird, hatte ebenfalls eine besondere Bedeutung: «Die Eltern sagten uns immer: Der grosse Sternenhaufen am Himmel, das ist die Milchstrasse, und die ist – wie oben so unten – auch im Doppelrahm, in den Molekülen dieser Crème drin. Am Himmel leuchteten ja auch schon die ersten Sterne, wenn die Double crème und die Meringues auf den Tisch kamen, von denen gesagt wurde, dass sie schon Napoleon begeistert genossen habe – in Meiringen, wo sie erfunden wurden. Heute kommen unsere Meringues aus Botterens, aus einer kleinen, wundervollen Bäckerei. Ja, und dann, als es bereits einzunachten begann, kam noch der Epilog in Form der bäuerlichen Patisserie», erzählt Fasel. «Das Briceleteisen mit den vier verschiedenen Prägemustern war ein Heiligtum, und die Anisgebäcke wurden stets kreuzförmig gebacken – auch das war ein religiöses Zeichen, das heute natürlich kaum mehr jemand so wahrnimmt. Doch bei der Bénichon hatte alles einen tieferen Sinn, alles hatte eine Bedeutung, und das macht diese Gerichte auch im wahrsten Sinne des Wortes so wundervoll.»

RESTAURANTS MIT BÉNICHON-ESSEN

Ganz verschwunden ist «Le Grand Menu de la Bénichon» nicht. Es gibt einige wenige Restaurants, die das Festmahl zelebrieren. Dazu gehört die Auberge de la Couronne in Lessoc, (siehe S. 154): Hier gibt es eine erstklassige Bénichon mit allem, was dazugehört. Einzelne Gerichte der Bénichon kann man auch an den Dorffesten geniessen. In Estavayer-le-Lac findet die Bénichon Ende August statt, in Granges Anfang September, in Grangettes Anfang Oktober, am grossen Fest des Vin-cuit: In riesigen Kochtöpfen wird der Birnensaft jeweils unter freiem Himmel eingekocht.

Semiotik der Kulinarik.

Es gibt wenige Gerichte, die mit einem vergleichbarem, nachgerade dramaturgischem Gespür komponiert wurden wie die Bénichon. Wenige, die auch so viel Symbolik beinhalten: acht Gerichte; das Ragout als biblisches Morgenland; der Geist in Form eines Eau de vie in der Mitte; die kreuzförmigen Chräbeli – eine Zeichensprache, die heute esoterisch wirkt, für die Bauern früher jedoch ein selbstverständlicher Teil des Umgangs mit der Natur war. Mit dem Design der Gerichte brachten sie den Respekt vor der Natur, aber auch die Lebensfreude zum Ausdruck, mit einem Tiefgang, der das Convenience- und Fastfood unserer Tage nur noch blasser erscheinen lässt. Essen ist, ganz im Sinne Umberto Ecos, auch Zeichensprache, ist Semiotik: Im Essen drückt sich unser Verhältnis zur Welt aus. Die Bénichon zeigt dies auf respektvolle, aber auch lustvolle Art.

BUCHTIPPS:

Histoire de Bénichon à la Pinte des Mossettes, Jean-Bernard Fasel (Text), Judith Baumann (Rezepte); das Buch ist leider vergriffen und nur noch antiquarisch erhältlich. Erhältlich dagegen ist das Heft Nr. 2 «La Bénichon» von *Sontagsfreuden*, www.sonntagsfreuden.ch.

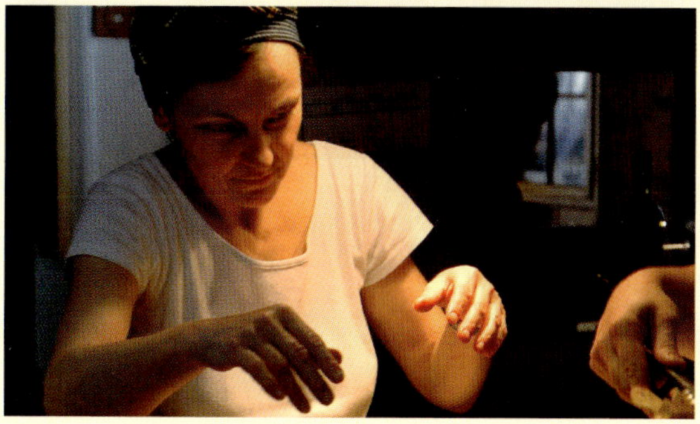

RESTAURANT **17**

Auberge des Clefs Lugnorre

RESTAURANT: **Auberge des Clefs**

ADRESSE: **1789 Lugnorre, Route de Chenaux 4**

GASTGEBER: **Werner und Therese Rätz**

TELEFON: **026 673 31 06**

INTERNET: **www.aubergedesclefs.ch**

RUHETAGE: **Mi., Do.**

BETRIEBSFERIEN: **3 Wochen Okt., 2 Wochen Febr./März**

WEGBESCHRIEB: **in Môtier vor der Kirche rechts Richtung Lugnorre, dann Richtung Mont Vully**

SPEZIELL: **schöner Garten mit Blick bis nach Murten.**

Seit 2001 führen Werner und Therese Rätz die Auberge des Clefs am Sonnenhang des Mont Vully – ein Haus mit Geschichte. Während Jahrhunderten diente das Gebäude als Abtei, was man im Gewölbekeller sehen kann: «Da gibt es Überreste von unterirdischen Gängen, die früher als Fluchtwege dienten und bis zum Château in Mur geführt haben», erklärt Werner Rätz. Heute nutzt er die Räume mit den alten Sandsteinmauern als Weinkeller. Auch im kulinarischen Bereich hat er sich von der Tradition des Hauses inspirieren lassen: Er kocht bodennah. «Ich denke, das ist die Küche, die in Zukunft überleben wird: nicht eine künstliche, akrobatische Haute Cuisine, bei der die Leute nicht mehr wissen, was sie essen, sondern eine ehrliche Küche, frisch, saisonal, mit Geschmack.»

Lugnorre liegt in den Tropen

Eigentlich könnte Werner Rätz problemlos gebratene Bananen, flambierte Ananas und Feigen auf die Menükarte setzen. Das Klima am Mont Vully ist nämlich ausgesprochen mediterran, fast schon tropisch. All die genannten Exoten wachsen tatsächlich im Vully-Gebiet. Sogar der Merlot hat im Weinbau Einzug gehalten: «Das wäre vor zehn Jahren noch undenkbar gewesen», sagt Rätz, der dem tropischen Klima der Region zumindest bei den Desserts Rechnung trägt: Seine Panna cotta kommt mit Mangosalat auf den Tisch. Die Vanillemousse mit Passionsfruchtsauce. Und ab und zu schwimmt – dann allerdings als Hauptgang – auch eine Languste in die Küche.

Curcubita. Doch zunächst ist Kürbis angesagt. Die farbenfrohe Curcubita, wie sie auf Spanisch heisst, hat sich in den letzten Jahren in vielen Küchen breitgemacht, allerdings nicht immer so überzeugend verflüssigt wie bei Werner Rätz: Goldgelb, mit frischen Gartenkräutern und begleitet von edlen Flusskrebsschwänzen aus dem Murtensee kommt sie auf den Tisch. Obenauf schwimmen diese kleinen vegetabilen Fettaugen, die das Markenzeichen einer frisch gemachten Kürbissuppe sind. Der Spruch, «das ist die beste, die ich je gegessen habe», verfängt hier durchaus – es ist die beste, nicht zuletzt wegen der Flusskrebse, die eine wahre Delikatesse sind. Klasse zeigt auch der Zander, der fein filetiert in einer Kartoffelkru-

ste auf den Teller kommt, mit knackigem Gemüse. Das Gemüse stammt aus dem hauseigenen Garten, der schon fast einer kleinen Biofarm gleicht: Obstbäume, Beerensträucher, grosse Gemüse- und Kräuterbeete liegen auf dem Hügel hinter dem Haus. Von hier stammen auch die Auberginen, die mit Parmesan gratiniert das Kalbsfilet im Speckmantel begleiten. Dazu gibt es Sommertrüffeln, die in den Wäldern des Mont Vully vorkommen. Ein guter Pinot noir aus dem Gewölbekeller – zum Beispiel der Cru de l'Hôpital von Eric Simonet aus Môtier –, und der Sommerabend auf der festlich gedeckten Terrasse kann beginnen. Der Blick schweift über die Felder zum Dorf Mur, das bereits im Waadtland liegt. Am Horizont sieht man Murten, das bereits wieder zum Kanton Fribourg gehört. «Die Vully-Region ist ein verwinkeltes Gebiet, mit zahlreichen Enklaven», erklärt Rätz, «sogar die Einheimischen wissen manchmal nicht mehr genau, auf welcher Kantonsseite sie nun ihr Gläschen Chasselas trinken.»

Wetterloch. Eindeutig Fribourg sind die Feigen, die ich zum Dessert geniesse, pochiert in Rotwein. Dass die Feigen hier so prächtig gedeihen, liegt auch am Wetterloch: «Wenn es schneit und hagelt ringsum, strahlt bei uns oft die Sonne – wenn es aber regnet, dann regnet es besonders heftig hier, fast wie in den Tropen.» Natürlich darf auch im Wetterloch der berühmte Gâteau de Vully nicht fehlen: Traditionell wird der Kuchen nur mit Rahm zubereitet; Rätz legt jedoch noch Zwetschgen oder Rhabarber in den Guss, was die Sache etwas fruchtiger macht. Nicht verschwiegen sei, dass ich einen anderen Dessertfavoriten habe: das Orangensorbet mit Champagner, das ich nach einem kleinen Stück Gruyère geniesse. In Lugnorre gibt es nämlich auch einen der besten Gruyères der Region, produziert von einem Käser, der sich bereits eifrig auf die Tropen vorbereitet: Er lernt seit Kurzem Spanisch.

Werner Rätz in seinem Gemüse- und Kräutergarten.

Kürbisse, eines der variationsreichsten Gemüse überhaupt.

Auch die Quitten gedeihen hier prächtig.

In Rotwein eingelegte Feigen, serviert mit weisser Schokoldade-Mohn-Glace.

– Kalbsfilet im Speckmantel mit Gemüse und Sommertrüffel.
– Kürbiscrèmesuppe mit Flusskrebsen aus dem Murtensee.
– Zanderfilet in Kartoffelkruste.
– Gâteau de Vully mit Zwetschgen.

Rezepte von **Werner Rätz** im Anhang.

— **Süsskartoffelsuppe mit Champagner und marinierter Entenleber,** S. 394
— **Zander nach Vully-Art,** S. 406
— **Gâteau de Vully mit Rhabarber,** S. 423

RESTAURANT **18**

Des Bains
Murten

RESTAURANT: **Des Bains**

ADRESSE: **3280 Murten, Ryf 35**

GASTGEBER: **Ambros und Stefanie Notz**

TELEFON: **026 670 23 38**

INTERNET: **www.desbains-murten.ch**

RUHETAGE: **Mo., Di., im Juni/Juli/Aug. nur Mo.**

BETRIEBSFERIEN: **Dez./Jan., 2 Wochen Okt.**

WEGBESCHRIEB: **in Murten unterhalb der Altstadt am See**

SPEZIELL: **Seeterrasse, grosser Garten**

Seit dem 1. Februar 2001 sind Stefanie und Ambros Notz (im Bild mit Domenica und Livio) Besitzer dieses traumhaften Hauses am See von Murten, das vor allem bei schönem Wetter nicht nur kulinarischen Genuss verspricht: Es gibt eine schöne Sonnenterrasse, im Garten stehen Liegestühle, und wer will, kann sogar mit dem Boot anlegen. Trotz einigen Anstürmen an sonnigen Tagen wird hier eine höchst kreative Küche mit hoher Eigenleistung geboten: Vom Brot bis zur Patisserie, von den Teigwaren bis zu den Fonds ist alles hausgemacht.

Genuss mit Seesicht

Fischsuppe nach Murten-Art, im Honig marinierte Wachteln, Halbgefrorenes von der Quitte: Bereits einige wenige Ausschnitte aus der Menükarte zeigen, in welche Richtung die Philosophie der jungen Gastgeber geht. Nie würde es ihnen einfallen, ihren Gästen Spaghetti oder gar Fastfood aus dem Beutel vorzusetzen. Auch wenn an Wochenenden die Versuchung gross ist: Das traumhaft gelegene Restaurant wird von Ausflüglern und Touristen oft buchstäblich gestürmt. An Spitzentagen gehen gut und gern hundert Menüs über die Tische. Doch das ändert nichts am Anspruch: «Bei uns wird stets frisch und à la minute gekocht», sagt Ambros Notz und ergänzt mit einem Lachen: «Sogar dann, wenn der Journalist von der *Urchuchi* einen Tag zu früh auftaucht.» Das tat ich tatsächlich. Das Wetter war an diesem Tag nämlich so schön, dass ich einen Sonnenuntergang wie im Bilderbuch vor mir sah. Und den wollte ich unbedingt einfangen. Der junge Koch sagte zu, nur wenige Stunden später begann unser gemeinsamer Wettlauf mit der Sonne.

Kochen bis zum Sonnenuntergang. Als Erstes – noch im Nachmittagslicht – trägt Ambros die Forellenterrine mit Apfelstücken und Sauerrahm-Dill-Mousse zum Tisch am See. Immerhin über eine Strecke von gut fünfzig Metern, was einem kleinen Balanceakt gleichkommt. Die Dekoration schwankt gefährlich hin und her. Natürlich habe ich das filigrane Kunstwerk ge-

nossen – es war ein perfekter Appetitanreger. Als Nächstes folgt der Oberländer Lammcarpaccio mit Basilikum, der bereits von den goldgelben Strahlen der langsam untergehenden Sonne profitieren kann. Erneut eine Delikatesse, zumal auch noch einige Artischocken den Genuss steigern.

Die Sonne nähert sich der magischen Linie, wird grösser und grösser – Zeit für den Star der ganzen Fotosession: die fangfrischen Eglifilets aus dem Murtensee: «Das ist heutzutage eine Rarität, erklärt Notz, der enge Kontakte zu den Fischern pflegt: «Es gibt viel zu wenig Egli heute, die Seen sind zu sauber für diese Raubfische, deshalb werden in den meisten Restaurants Eglifilets aus dem Ausland serviert.» Nicht so bei Ambros Notz, der auch bei den Beilagen zeigt, dass es nicht die immer gleichen Pommes oder Kartoffelstäbchen sein müssen: Ein kleiner Röstipuffer mit Pfifferlingen begleitet die Eglifilets in den Sonnenuntergang.

Erstklassige Desserts. Ambros Notz, nicht nur Koch, sondern auch gelernter Patissier, kreiert nicht zuletzt auch herausragende Desserts, zum Beispiel Halbgefrorenes von der Quitte mit einem Schokoladen-Brunsli. Das ist so perfekt, dass ich beides von ihm für die Urchuchi rezeptieren liess. Sympathisch an all diesen Darreichungen: Sie bringen den Geschmack der Ausgangsprodukte zur Geltung, bauen auf Saucen und Fonds auf, die der Koch von A bis Z selber macht (ein grosser Topf mit Fond köchelt ständig auf der Herdplatte). Dazu kommt, dass ich selten ein Restaurant erlebt habe, das derart effizient, sozusagen in letzter Minute noch so viel Präzision und Qualität fertigbringt. Der kleine Wettlauf mit der Sonne war dafür der Beweis. Es kann sich ohnehin lohnen, als Gast einmal in einer solchen Küche dabei zu sein, wenn sozusagen «auf dem letzten Zacken» à la minute gekocht wird. Ein eindrückliches Schauspiel.

Das Dorf Murten, im Mittelalter im Besitz der Zähringer, liegt auf der Sprachgrenze.

Am See lässt sich der Aperitif besonders schön geniessen.

Ambros Notz, ein junger Koch mit Ambitionen.

Halbgefrorenes von der Quitte mit Sonnenuntergang.

– Quittenparfait mit Brunsli.
– Sauerrahm-Dill-Mousse und Forellenterrine mit Apfelstücken.
– Oberländer Lammcarpaccio mit Basilikum.
– Eglifilets mit Röstipuffer und Pfifferlingen.

Rezepte von **Ambros Notz** im Anhang.

— **Kartoffelpuffer,** S. 409
— **Schokoladen-Brunsli,** S. 415
— **Quittenparfait,** S. 418

RESTAURANT **19**

Zum Bauernhof
Ulmiz

RESTAURANT: **Zum Bauernhof**

ADRESSE: **3214 Ulmiz, Dorfstrasse 59**

GASTGEBER: **Familie Trachsel**

TELEFON: **031 751 10 09**

INTERNET: **www.bauernhof-ulmiz.ch**

RUHETAGE: **Mo., Di.**

BETRIEBSFERIEN: **Febr.**

WEGBESCHRIEB: **5 Min. ab Autobahnausfahrt Murten; Zugverbindung bis Gümmenen, von dort mit Bus bis Ulmiz Bauernhof**

SPEZIELL: **die grossartige Bauernhofküche.**

Ein Walmdach, das bis fast zum Boden reicht, darunter ein prächtiger Riegelbau und davor der Bauerngarten mit einem kleinen Stöckli: Das ist ein kaum mehr zu übertreffendes Dekor für eine erstklassige Terroirküche. Und genau die bietet die Familie Trachsel mit Erfolg seit Jahrzehnten an. «Tradition mit Innovation», heisst das Motto, das sich auch im Familienbetrieb spiegelt: Nebst den Eltern ist ein grosser Teil der Jungmannschaft im Betrieb. Nur einer ist ausgeflogen: Jan, der zur Zeit bei Ravet in Vufflens im Service steht, in einigen Jahren aber wieder zurückkommt: «Wir sind kein Gourmetrestaurant und werden auch nie eines werden», sagt Heidi Trachsel, «aber ein bisschen Gourmet im Sinne von gut, geschmackvoll und schön präsentiert – das ist ganz klar unser Ziel.»

Erstklassige Bauernküche wie zu Grosis Zeiten

Das Restaurant Zum Bauernhof liegt mitten in einer der fruchtbarsten Landwirtschaftszonen der Schweiz. Entsprechend bodennah ist die Küche. Im April bilden Spargeln aus dem Seeland den Schwerpunkt auf der Menükarte. Im Sommer knackige Salate. Stets gibt es hausgemachte Früchtewähen. Und so geht es weiter im Takt mit den Jahreszeiten. Im Herbst mit Wild, zum grossen Teil aus einheimischer Jagd, oder mit frischen Blut- und Leberwürsten. Und wenn die ersten Schneeflocken fallen, zeigt sich der «Suure Mocke» von seiner schönsten Seite. Sogar die Freiburger Platte mit weissem Chabis ist in den kalten Monaten zu haben – eine Spezialität, die man nur noch selten findet. Das ist Bauernhofküche wie in alten Zeiten. Gesund, währschaft, aber leicht zubereitet.

Alles aus der Region. Bei vielen Ausgangsprodukten geht der Blick nicht weit über das Dorf hinaus: Rosenkohl, Lauch, Kabis, Kartoffeln und sämtliche Kräuter kommen aus dem eigenen Garten, alles andere von Bauernhöfen aus den umliegenden Dörfern; das Fleisch liefert seit Jahren die Metzgerei Schmid aus dem Nachbardorf Biberen. Sogar die Schoggi kommt aus dem Dorf: Zwei junge Frauen produzieren sie in einer kleinen Chocolaterie gleich um die Ecke. Direkt aus dem Garten kommen die Schwarzwurzeln, die in Form einer herrlich duftenden, «erdigen» Suppe serviert wird, schön dekoriert mit drei knusprig frittierten

Randenscheiben. Eine Reminiszenz an die alte Bauernküche, die schon fast nostalgisch ist: Wann habe ich zum letzten Mal eine Schwarzwurzelsuppe gegessen? Schön urchig ist auch die Entenbrust, die Vater Trachsel auf Heu geräuchert hat. Heidis Bruder – er ist Bauer im Dorf – liefert das frische Bioheu, das der Entenbrust einen besonders würzigen Geschmack verleiht. Erstklassig ist auch das T-Bone-Steak vom Grill, ein butterzarter Saftbrocken, dem man anmerkt, dass der Herr des Hauses gerne am Grill steht. Natürlich sind auch die Desserts wie zu Grosis Zeiten: Im Einmachglas, begleitet von frischen Früchten und einem Bricelet, kommt das Zwetschgenkompott mit Zimtglace auf den Tisch. Auch das Apfelsorbet, der Vacherin glacé, die saisonal wechselnden Früchtemousses – alles ist hausgemacht, selbst der Zopf wird täglich frisch gebacken. Der «Züpfe», wie ihn Heidi nennt, merkt man an, dass erstklassige Eier den Teig bereichern. «Nur den Käse machen wir nicht selber», lacht Heidi, die souverän und charmant den Familienbetrieb schmeisst, während ihr Mann Urs in der Küche das Zepter schwingt.

Schokolade aus Ulmiz. Es sind oft kleine Details, welche die hohe Kunst der Gastronomie ausmachen. Dazu gehört im Bauernhof das Interieur, in dem stets frische Blumen auf den Tischen stehen. Überall findet man liebevoll platzierte Reminiszenzen an die gute alte Bauernzeit. Im Lädeli gibt es Eingemachtes aus eigener Produktion, aber auch regionale Spezialitäten. Dazu gehören die exquisiten Schokoladen, die auch zum Kaffee serviert werden. Es sind kleine Meisterwerke der Schokoladenkunst (siehe Einkaufstipp S. 162). Allein schon diese kleinen süssen Dinger sind ein Grund, sich vor dem Bauernhof mit Heidi auf die Terrasse zu setzen und über Gott und die Welt zu plaudern.

Der Stolz des Hauses ist der grosse Blumen- und Gemüsegarten.

Artischockenblume.

Im kleinen Restaurant-Lädeli werden eigene und Produkte der Region verkauft.

Täglich bäckt Urs frische Bauernhofzüpfe (siehe Rezept Seite 421).

– Rosa gebratenes T-Bone-Steak.
– Schwarzwurzelsuppe mit Randenchips.
– Auf Heu geräucherte Entenbrust mit Salatbouquet.
– Zwetschgenkompott mit Zimtglace und Pfefferminze.

Rezepte von **Urs Trachsel** im Anhang.

— **Schwarzwurzelsuppe mit Randenchips,** S. 394
— **Auf Heu geräucherte Entenbrust,** S. 402
— **Zwetschgenkompott,** S. 414
— **Bauernhofzüpfe,** S. 421

RESTAURANT **20**

La Cabriolle
Bulle

RESTAURANT: **La Cabriolle**

ADRESSE: **1630 Bulle, Rue de Gruyères 5**

GASTGEBER: **Manon und Daniel Minnig**

TELEFON: **026 912 22 37**

INTERNET: **www.lacabriolle.ch**

RUHETAGE: **Mo.**

BETRIEBSFERIEN: **keine**

WEGBESCHRIEB: **im Zentrum (hinter dem Schloss) in Bulle.**

SPEZIELL: **schöne Terrasse; Hotelzimmer, darunter eines, in dem man im«Rahm-Baquet» schläft.**

Elf Jahre lang haben Manon und Daniel Minnig auf den grossen Märkten im Fribourgerland Käse und ihre Fonduemischung verkauft. «Die Leute sind Schlange gestanden, um unsere Fonduemischung mit zwei Sorten Gruyère und einem erstklassigen Vacherin zu kaufen», erinnert sich Daniel Minnig, der in jungen Jahren Dekorateur gelernt hat. «Wir beschlossen deshalb, eine Fonduebeiz zu machen, und sind in Bulle fündig geworden.» Ein Glücksfall für die Freunde erstklassiger Käsefreuden. Denn in der «fröhlichen Ziege» in der Altstadt von Bulle gibt es nicht nur das beste Fribourger Fondue moitié-moitié, sondern seit 2003 auch das beste aus Ziegenkäse. «Mähhh» nennen die Einheimischen diese vergleichsweise noch junge Fribourger Fonduevariante.

Das Fondue, das Mähhh macht

Das «Fondue, das Mähhh macht», ist im Kanton Fribourg zu einem populären Slogan geworden. Jeder macht «Määh», wenn er über das Ziegenkäsefondue spricht, manche sagen sogar einfach «Mähhh», wenn sie im Restaurant diese leichte und nicht zuletzt junge Fonduevariante bestellen. Denn entstanden ist das Ziegenkäsefondue erst vor rund zehn Jahren. 1998 haben Daniel Minnig und François Jaquet von der Ziegenzucht Lévanchy in Grandvillard begonnen, verschiedene Fonduemischungen mit Ziegenkäse auszuprobieren. «Das war nicht einfach», erinnert sich Minnig, «weil der Ziegenkäse etwas saurer ist als Kuhkäse, weniger cremig. Er reagiert auch anders, wenn man ihn mit Wein kocht. Wir haben deshalb Dutzende von Versuchen gemacht, mit verschiedenen Käsesorten, Weinen und Rezepturen, insbesondere auch mit etwas Wasser, bis es schliesslich gelang: Der Geschmack, die Konsistenz, die Farbe – alles war nach fünf Jahren Tüftelei endlich perfekt!» Dafür bekamen die beiden den Innovationspreis der Stadt Bulle, was sie – natürlich mit einem Fondue «La Cabriolle» – ausgiebig feierten. Und dabei auch das «Design» des Gerichts festlegten: Es wird mit Trauben, Gschwellti, drei Brotsorten und einem Gläschen Kirsch serviert.

Nicht nur Mähhh. Natürlich kann man in der Cabriolle nicht nur Fondue essen. Es gibt Tartelettes, Pilzsuppe, Schweinsfilet, Älplermagronen oder fangfrische Fo-

rellen aus Neirivue, einer Forellenzucht im Pays-d'Enhaut. Nicht zu vergessen die Fribourger Dessertspezialitäten, angefangen beim Vully-Kuchen über die Meringues aus Botterens bis hin zum Meisterwerk des Hauses: die Coupe mit Vanille-Glace, Vin-cuit, Doppelrahm und kleinen Meringuestücken. «Nur eines haben wir nicht – ein Dessert, das Mähhh macht», lacht Manon, die im Service für gute Stimmung sorgt. Ein weiterer Grund, dieses Chalet mit seinem unvergleichlichen Dekor zu besuchen.

Eine Stadt für Ziegen. Die Fribourger sind stolz auf ihre jüngste Fonduekreation. Stolz aber auch auf die unverhoffte Renaissance der Ziegenkultur: «Die Ziegen haben in der Romandie einen hohen Stellenwert», erklärt Minnig, «jeder kennt die Erzählung von Alphonse Daudet, ‹Die Ziege von Monsieur Seguin›, in der eine besonders clevere Ziege für ihre Freiheit kämpft. Oder die Fabeln von La Fontaine, in denen Ziegen oft vorkommen.» Die Stadt Bulle, die sich auch ‹Weltstadt der Genüsse› nennt, hat den Ziegen sogar einen eigenen Anlass gewidmet: ‹Ziegen in der Stadt› hiess er, fand 2006 während drei Tagen zur Feier des hundertjährigen Bestehens des Schweizerischen Ziegenzuchtverbandes statt und war nicht nur optisch und von den Gerüchen her ein Spektakel: Hunderte von Ziegen bevölkerten die Strassen und Plätze und machten nur noch eines: Mähhh.

Die übermütige Ziege ist das Markenzeichen des Hauses.

Der Essraum im hinteren Teil. Man beachte die Fondue-Caquelons, die als Lampenschirme dienen.

Leicht kitschig, aber gekonnt inszeniert: Das Interieur der Cabriolle, das einem Museum zum Thema Alpenkultur alle Ehre machen würde.

Albert Bossy von der Pisciculture de la Gruyère, der die fangfrischen Forellen liefert.

– Dessertvariationen, unter anderem heisses Schokoladeküchlein, Crème brulée, Coupe Amarilli mit Meringues-Bröseln, Vin-cuit und Früchten, serviert mit Double crème.
– Tartines mit warmem Ziegenfrischkäse, Salat und Traubenbeeren.
– Das Fondue «La Cabriolle» wird aus einem besonders cremigen, zartschmelzenden Ziegenkäse gemacht, der zwischenzeitlich auch im Fachhandel erhältlich ist. Begleitet wird es von Kartoffeln, drei Sorten Brot und einem Mini-Caquelon mit Kirsch.
– Geräucherte Forelle mit Gemüse und Kartoffeln.

Rezepte von **Daniel Minnig** im Anhang.

— **Ziegenkäsefondue «La Cabriolle»,** S. 412

RESTAURANT **21**

De la Couronne
Lessoc

Hier kocht ein Metzger

RESTAURANT: **Auberge de la Couronne**

ADRESSE: **1669 Lessoc**

GASTGEBER: **Philippe und Marielaure Milleret**

TELEFON: **026 928 23 98**

INTERNET: **keines**

RUHETAGE: **Di., Mi.**

BETRIEBSFERIEN: **1. Woche Jan., 1 Woche Juli**

WEGBESCHRIEB: **im Pays-d'Enhaut, von Bulle über Neirivue, nach Albeuve links; Zug ab Bulle**

SPEZIELL: **im Herbst Wild und Bénichon-Chilbiessen**

Lessoc ist ein malerisches Bauerndorf, das unter Heimatschutz steht. Viele Häuser stammen aus dem 17. Jahrhundert und wurden aufwendig renoviert. Ein bauliches Kunstwerk ist der achteckige Dorfbrunnen mit einem Zwiebeldach und einem Becken aus Marmor – eine Reminiszenz an die Zeit, als hinter Lessoc noch Marmor abgebaut wurde. Auch die Pfarrkirche Saint-Martin, 1627 erbaut, lohnt einen Besuch. Vor allem aber die Auberge de la Couronne, in der Philippe und Marielaure Milleret mit kulinarischer Extraklasse aufwarten: Hier steht im Herbst sogar das grosse Chilbiessen, die Bénichon, auf der Menükarte!

Jahrelang dümpelte die kleine Pinte in Lessoc vor sich hin, mehrere Wirte gaben sich die Klinke in die Hand, bis im Juni 2005 Philippe und Marielaure Milleret das Gasthaus übernahmen. Mit viel Fingerspitzengefühl haben die beiden Franzosen, die aus dem Val d'Isère stammen, ein kleines Schlemmerparadies geschaffen: Es gibt frische Forellen, Chämischinken, Fondue und weitere Fribourger Spezialitäten. Ab Ende Oktober ist sogar «Le Grand Menu» zu haben. Alle acht Gänge des Chilbiessens, genannt «La Bénichon», werden nach traditionellen Rezepturen zubereitet, vom Safranbrot bis zu den Bricelets. «Das ist eine grossartige Tradition», erklärt Philippe, «die hat uns sofort begeistert. Wir haben auch rasch gemerkt, dass die Bewohner im Greyerzerland mit der Bénichon ein Stück ihrer Identität verbinden. Deshalb wollen wir die gute alte Bénichon, aber auch andere Traditionen pflegen. Das ist das Konzept der Couronne.» Ein oft zu beobachtendes Phänomen: Nicht selten sind es Menschen, die aus anderen Kulturräumen kommen, welche die Werte des kulinarischen Erbes der Schweiz erkennen und weiterführen. Bis hin zum alten Kochgeschirr. Die geräucherten Fleischstücke des Gerichts «Le Fumé» – mit Zunge, Speck, Saucisson – bereitet Philippe nämlich ganz traditionell in der Cocotte, im alten Schmortopf zu. «Es war nicht einfach, eine schöne, alte Cocotte zu finden – aber jetzt haben wir sie», sagt der Franzose.

Gelernter Metzger. Spätestens bei den Würsten und anderen Fleischspezialitäten kommt Philippe seine Ausbildung als Metzger zugute. Sein Vater betrieb während Jahrzehnten eine der besten Metzgereien in Fréjus. Bei ihm hat er all die Handgriffe, die Würzmischungen und überlieferten Formen der Wurstmacherkunst gelernt. Das spürt man den kalten Plättli an: Da kommen Rauchwürste, saftiger Speck, Hirschsalsiz und andere Charcuterie-Produkte aufs Brett, die einem Delikatessengeschäft alle Ehre machen würden. Nicht zu vergessen die Terrinen, die man auch «über die Gasse» kaufen kann. Das gilt auch für die Gämsen und Rehe, die von den Jägern jeweils direkt von der Jagd ins Gasthaus geliefert und von Philippe und seinem Vater verarbeitet werden. Gut abgehangen kommt das Wild als Gämspfeffer, Rehrücken oder Hirschfilet auf den Tisch. Es sind Wildspezialitäten, wie man sie in dieser Qualität nur noch selten findet. Auch bei den scheinbar einfachen Gerichten achten die Gastgeber auf Qualität und Frische. Etwa bei der berühmten Tarte au Vin-cuit – dem Kuchen «aus gekochtem Wein», womit allerdings nicht Wein gemeint ist, sondern eingekochter, karamellisierter Birnensaft aus den Büschelibirnen, den berühmten Poires à Botzi. Zusammen mit dem Mürbeteig entsteht daraus eine einmalige Dessertspeise.

Würde einem Delikatessengeschäft alle Ehre machen: die Charcuterie des Hauses.

Das Dorf Lessoc.

Blick ins Pays-d'Enhaut.

Philippe und sein Vater, beide gelernte Metzger, mit einer Gämse aus einheimischer Jagd.

– Millefeuille mit Waldpilzen.
– Hausgemachte Wurstwaren.
– Forelle blau.
– Rehmedaillons an Rotweinsauce.
– Tarte au Vin-cuit (Mürbeteigkuchen mit eingedickten Birnensaft).

Rezepte von **Philippe Milleret** im Anhang.

— **Millefeuille mit Pilzen,** S. 397
— **Fromage-blanc-Mousse mit Beerencoulis,** S. 415
— **Crèmetöpfchen mit Génépi nach Grossmutterart,** S. 415
— **Tarte au Vin-cuit** (Mürbeteigkuchen mit eingedickten Birnensaft), S. 421
— **Cuchaule** (Safranbrot für die Bénichon), S. 424
— **Moutarde de Bénichon,** S. 424

RESTAURANT **22**

Le Tsalé
Les Paccots

RESTAURANT: **Le Tsalé**

ADRESSE: **1619 Les Paccots, Route des Dailles 15**

GASTGEBER: **Marielle und Raoul Colliard**

TELEFON: **021 948 07 00**

INTERNET: **www.tsale.ch**

RUHETAGE: **Mo.**

BETRIEBSFERIEN: **1 Monat nach Ostern**

WEGBESCHRIEB: **von Châtel-St-Denis Richtung Les Paccots, in der Dorfmitte; Bus vom Bahnhof Châtel-St-Denis**

SPEZIELL: **Fribourger Spezialitäten**

Würziger Gruyère, cremiger Vacherin, Meringues mit Doppelrahm: Der Kanton Fribourg gehört kulinarisch zu den reichsten, vor allem auch milchigsten Regionen der Romandie. In den Fribourger Voralpen, wo noch heute der Käse in Kupferkesseln auf dem offenen Feuer zubereitet wird, kann man auch entsprechend urchige Beizen entdecken. Eine davon ist das Le Tsalé im Paccots-Gebiet in der Region von Châtel-St-Denis. Hier gibt es auch schön gemachte Gourmetwanderwege, auf denen man die Region kulinarisch erkunden kann, mit Imbissen in Bergrestaurants, Alphütten und Besuchen von Käsereien. Siehe auch: www.les-paccots.ch.

Le Ranz des vaches

Beim Eingang steht ein grosser Kupferkessel, an der Decke hängen Kuhglocken, die Wände, die Tische, das gesamte Dekor ist aus Holz: Im Le Tsalé, was im Dialekt «das Chalet» heisst, ist urchige Alphüttenstimmung Programm. Fast glaubt man den Ranz des vaches zu hören, diesen uralten Hirtengesang, mit dem die Sennen früher die Kühe in den Stall riefen. «Mein Urgrossvater, Jacques Colliard, hat ihn noch gesungen», sagt Marielle, selber eine Colliard. Doch das war nicht ungefährlich! Dies behauptete zumindest Johannes Hofer, der 1688 eine Dissertation über den Kuhreihen verfasste. In seinem umfangreichen Werk mit dem Titel *De Nostalgia vulgo Heimwehe oder Heimsehnsucht* warnte er eindringlich davor, dass man beim Singen des Kuhreihens unweigerlich dem «delirium melancholicum» verfalle. Es sei deshalb gefährlich, wenn die Schweizer Söldner in fremden Diensten diesen Gesang erklingen liessen – sie würden unweigerlich desertieren. Heute wirken solche ethnologische Erkenntnisse amüsant, der Ranz des vaches ist längst nur noch Folklore und höchstens noch an Älplerfesten zu hören – doch «tief drinnen ist er noch immer in unserer Seele», sagt Marielle, «wenn man gut hinhört, kann man ihn hören, wenn man die Gabel ins Fondue taucht», ergänzt sie lachend.

Chaletsuppe. Am besten, dies ist meine Meinung, hört man ihn jedoch, wenn man den schön verzierten

Holzlöffel in die Chaletsuppe taucht! Die Soupe de Chalet – eine Minestrone nach Fribourger Art – ist ein uraltes Berglergericht, das möglicherweise zur gleichen Zeit entstanden ist wie das Fondue. Kartoffeln, Zwiebeln und wilder Spinat bilden die Hauptzutaten. Dazu kommen Hörnli, Gruyère und Doppelrahm (über ein halber Liter!), und wer will, kann auch noch ein Stück Speck mitkochen. «So haben die Alphirten und Sennen früher ihr Znacht zubereitet», sagt Marielle Colliard, die für ihre reichhaltige Chaletsuppe bekannt ist. Aber auch für das Fondue, das man hier «moitié-moitié» oder als Vacherin-Fondue geniessen kann. Schön serviert mit Brot und Gschwellti im Körbchen.

Wo gibt es das beste Fondue? Die Frage dürfte fast so alt sein wie das Fondue selber. Dass dabei die Käsemischung entscheidend ist und beim berühmten Moitié-moitié mindestens zwei Gruyèresorten und etwas Vacherin fribourgeois dazugehören, ist bekannt. Warum das Fondue an manchen Orten dann doch einfach besser schmeckt, sämiger ist, luftiger – das bleibt das grosse Geheimnis. Das gilt auch für das Fondue fribourgeois, das nur mit Vacherin zubereitet wird: «Da ist nur Wasser drin, kein Wein», erklärt Marielle. «Dafür gibt man manchmal noch etwas Doppelrahm dazu. Vom Grundsatz her ist das Vacherin-Fondue jedoch eher leichter und auch besser verdaulich als das Moitié-moitié.» Ergänzt sei: Wenn man die Fonduegabel nicht mit Brot, sondern mit einem Kartoffelstück ins Fondue taucht, dann kann man den Ranz des vaches ganz besonders gut hören. Vor allem, wenn man einen spritzigen St-Saphorin dazu trinkt, der in den Rebhängen am Lac Léman entsteht, jedoch ein echter Fribourger ist. Warum, das erzählen wir ein andermal.

Der «Ranz des vaches» wurde früher oft mit einem Hohltrichter gesungen und bestand nur aus einem einzigen Wort: «Loba» (auch Lyoba, Lioba oder Liobeli, was Kuh bedeutet). Viel Komponisten haben diese pastoralen Klänge in ihre Werke eingebaut, darunter Mozart, Beethoven und Wagner. Der Ranz des Vaches wurde unter dem Begriff «Schweizerkrankheit» berühmt, weil beim Anhören des Kuhreihens automatisch Heimweh aufkomme, wie manche Ärzte behaupteten. Diese Krankheit soll sogar Schweizer Kühe im Ausland befallen haben: «Sie werfen augenblicklich den Schwanz krumm in die Höhe, zerbrechen alle Zäune und sind wild und rasend», berichtet der Arzt Johann Scheuchzer 1798.

– Fondue moitié-moitié.
– Alpenfrischkäse mit Gschwellti und Hirtensalat.
– Soupe de Chalet.
– Meringues à la Crème double (Meringues mit Dopplerahm).

Rezepte von **Marielle Colliard** im Anhang.

— **Soupe de Chalet** (Chaletsuppe), S. 394
— **Fondue moitié-moitié,** S. 412
— **Fondue Vacherin fribourgeois,** S. 412

Einkaufstipps Kanton Fribourg

Meringues de Botterens

Die «wundervolle Bäckerei», von der Jean-Bernard Fasel gesprochen hat (siehe « Die Bénichon – das kulinarische Gesamtkunstwerk», Seite 130), ist im ganzen Greyerzerland berühmt: Sie heisst Bäckerei Rime und liegt in Botterens. Wer die im Holzofen gebackenen Meringues gegessen hat, wird kaum mehr ein gummiges Industrieprodukt kaufen können. Eiweiss und Zucker ist alles, was es für gute Meringues braucht. Wichtig ist, dass die Zutaten erstklassig sind. Das Eiweiss muss natürliches Eiweiss sein (und nicht Eiweisspulver). Zudem darf kein Quentchen Eigelb in die Eiweissmasse gelangen, sonst gelingen die Meringues nicht. Das haben schon viele versucht, doch nie sind daraus so gute Meringues wie die von Botterens geworden. *Boulangerie Angelo Rime, Route de Botterens 147, 1652 Botterens. Tel. 026 921 15 64.*

Double crème und Vacherin fribourgeois

Schön dick, schön konsistent und schön kalorienreich – genau so, wie sie sein muss, bekommt man sie bei Marc-Henri Horner in der Laiterie Marsens-Vuippens. Gemeint ist natürlich die Double crème. Doch bei diesem Erstklasskäser gibt es auch hervorragenden Gruyère und, so wird behauptet, den besten Vacherin fribourgeois. *Fromagerie de Marsens-Vuippens, Marc-Henri Horner, 1633 Marsens, Tel. 026 915 28 42.*

Gruyère und Vacherin fribourgeois

Die Alpkäsereien im Greyerzerland erkennt man von Weitem an ihren typischen grauen Schindeldächern. Gekäst wird noch auf dem offenen Feuer. Wer die Käsereien besuchen möchte, kann dies in der Region Moléson-sur-Gruyères mit einer Wanderung verbinden. Die «Sentiers des fromageries» beginnen in der Sennhütte Moléson-Village, wo Alpkäse traditionell hergestellt wird. Von hier aus führt eine Route zur Käserei Provéta (ca. 2 Stunden Wanderzeit), eine zweite zur Käserei Les Reybes (ca. 1 Stunde). In beiden wird Gruyère und Vacherin fribourgeois produziert.

Weitere Informationen zu den Alpkäsereien im Moléson-Gebiet: *Fromagerie d'Alpage, 1663 Moléson-sur Gruyères, Tel. 026 921 10 44.*

La Maison du Gruyère, Pringy

Zwischen dem Städtchen Gruyère und den Ausläufern der Greyerzer Alpen befindet sich die Schaukäserei La Maison du Gruyère. Zweimal täglich liefern die Bauern die Milch ab, danach kann man zusehen, wie die Käser daraus bis zu 48 Gruyère-Laibe pro Tag herstellen. Das Ganze ist etwas touristisch aufgezogen, aber informativ. Zudem gibt es ein Restaurant im Haus mit hervorragenden Fondues. *La Maison du Gruyère, 1663 Pringy, Tel. 026 921 84 00 www.lamaisondugruyere.ch.*

Ziegenfrischkäse

Ziegenfrischkäse ab Hof, nicht weit von der Meringues-Bäckerei in Botterens. Es ist ein sympathischer Familien- und Biobetrieb, der die Tiere vorbildlich hält. Die Käse, aber auch alle anderen Hofprodukte sind erstklassig. *Jean-Pierre Gremaud, Ziegenbauernhof, 1652 Botterens, Tel. 026 921 14 22.*

Chocolaterie Hot-Xocolatl, Ulmiz

Sonja Hänni und Ruth Friedrich, zwei initiative junge Frauen, betreiben unter dem Namen Hot-Xocolatl eine kleine, höchst sympathische Chocolaterie im Bauerndorf Ulmiz (nicht weit vom Restaurant). Zum Produktionsprogramm gehören Truffes, Tafelschokoladen aus verschiedenen Schokoladesorten (von Milchschokolade bis Zartbitter mit 80 Prozent Kakaoanteil), es gibt die berühmten Vallia-Mohrenköpfe mit Rosenblüten aus Marzipan oder die Prinzessbox mit einer Auswahl hausgemachter Pralinés. Die Prinzessbox und die Tafelschokoladen kann man sich auch nach Hause schicken lassen. *Sonja Hänni und Ruth Friedrich, Bäsegässli 1, 3214 Ulmiz, Ruhetage: Sa., So., Betriebsferien: auf Anfrage, Tel. 077 409 08 14, www.hot-xocolatl.com.*

Gâteau de Vully

Die Region von Murten und Vully sind berühmt für ihre Kuchenspezialitäten. Die bekannteste ist der süsse Gâteau du Vully, der in Murten Nidelkuchen heisst. Er wurde früher auch Waadländer Zuckerkuchen genannt, weil er auf beiden Kantonsseiten gebacken wird. Mit etwas Glück kann man in den Dörfern auch auf den Salzkuchen stossen, der –

meist mit etwas Speck - in den traditionellen Ofenhäusern gebacken und mit einem Glas Wein zum Aperitif genossen wird. All diese Kuchenspezialitäten sind erhältlich auf dem grossen Markt in Murten (jeweils am Samstagmorgen) oder bei:

Bäckerei Hans-Ulrich Hauser, Hauptstrasse 5, 3286 Muntelier, 026 670 12 51, www.baeckerei-hauser.ch

Vin-cuit

Der eingedickte Saft aus den Büschelibirnen, genannt «Vin-cuit«, war in früheren Zeiten ein Zuckerersatz. Er ist die wichtigste Zutat, wenn man die Moutarde de Bénichon oder die berühmte «Tarte au Vin-cuit» zubereiten möchte. Stundenlang wird der Birnensaft in einem Kupferkessel gekocht, bis eine dunkelbraune Marmelade entsteht. Sie schmeckt süss-sauer und hat eine leichte Caramelnote. Wie in alten Zeiten wird der Vin-cuit in grossen Kupferkesseln jeweils am letzten Freitag im Oktober im Dörfchen Cully (Kanton Waadt) eingekocht: Dann findet die Nacht des Vin-cuit statt. Erhältlich ist der Vin-cuit bei: *Distillerie Paul Morard, 1645 Le Bry, Ruhetage: Sa. ab 16 Uhr, So. und Mo., Tel. 026 411 17 29.*

Wein vom Mont Vully

Nur 150 Hektaren gross ist die einzige Weinfläche des Kantons Fribourg, die am Hang des Mont Vully liegt. In den Gemeinden Môtier, Praz und Sugiez sind jedoch erstklassige Weinbauproduzenten am Werk, darunter Eric Simonet, ein besonders innovativer Winzer, der einen erstklassigen Chardonnay macht, und die Familie Derron, die vor allem für ihren Pinot noir bekannt ist. *Eric Simonet, Cave du Petit Château, Route de la Crausa 12, 1787 Môtier, Tel. 026 673 14 93.* Und: *A. Derron & Fils, Le Vieux Moulin, 1787 Môtier. Tel. 026 673 18 41, www.derronvins.ch.*

Forellen aus Neirivue

Albert Bossy ist der Mann für guten Fisch im Pays-d'Enhaut. In seiner Pisciculture züchtet er seit 1981 Regenbogenforellen. Die grossen Wasserbecken werden mit Frischwasser aus der eigenen Quelle gespiesen. Bossy verkauft die Forellen fangfrisch, entweder lebend, tiefgefroren, filetiert, geräuchert oder in Terrinenform. Wer will, kann im Teich die Forellen auch selber fischen; die Geräte können gemietet werden. Die Fischzucht ist von Ostern bis Ende Oktober von Montag bis Samstag geöffnet (ausser an Feiertagen).

Pisciculture de la Gruyère, Albert Bossy, 1669 Neirivue, Tel. 026 928 18 10.

Spargeln und Gemüse vom Grossen Moos

Mehr als sechzig verschiedene Gemüsesorten spriessen in der schwarzen Erde des Grossen Mooses, darunter Kürbisse, Gurken, Kohl – und nicht zuletzt Spargeln. Im Frühling schiessen sie aus der schwarzen, torfhaltigen Erde und erscheinen von April bis Ende Juni auf den Menükarten der Restaurants in der Region. Unter kundiger Anleitung kann man sie im Grossen Moos auch selber stechen und sie bei einem gemütlichen Essen geniessen – der Bären in Kerzers organisiert solche «Spargelstechereien» jeweils ab Mitte Mai bis Ende Juni. Anmeldung und Informationen: *Restaurant Bären, 3210 Kerzers, Tel. 031 755 51 18, www.baerenkerzers.ch*

Weitere Restaurants im Kanton Fribourg

FONDUESPEZIALITÄTEN

Die Zahl guter Fonduerestaurants im Kanton Fribourg tendiert fast Richtung unendlich. Schliesslich wurde hier das alte Sennengericht wenn nicht erfunden, so immerhin zur Perfektion gebracht. Hier eine kleine, von uns getestete Auswahl guter Fondue-Adressen. Weitere findet man auf den Websites: *www.fribourgregion.ch (auch sonst ein gutes Portal mit zahlreichen Rezepten) und www.freiburgerland.ch.*

Du Gothard, Fribourg
Die traditionsreichste Fonduebeiz in Fribourg! Ein richtig schöner Stadtspunten im Burg-Quartier, in dem es ausschliesslich Fribourger Spezialitäten gibt, darunter natürlich das Fondue. Hier, bei der sympathischen Marie-Rose, sind auch Künstler und Bohémiens gerne zu Gast, früher hat man Jean Tinguely oft beim Fonduessen angetroffen. *Restaurant du Gothard, Marie-Rose Osère, Rue du Pont-Muré 16, 1700 Fribourg, Ruhetag: Mi, Betriebsferien: 14 Tage Anfang Aug., Tel. 026 322 32 85.*

Le Chalet, Gruyères
Typisches Chalet-Restaurant mit alpinbarockem Einschlag; alles ist auf Nostalgie getrimmt – von den hölzernen Gänterli bis zu den rot-weiss karierten Vorhängen. Beim Essen gibt es nichts zu meckern: Das Fondue «Château de Gruyères» ist perfekt, das Raclette mit Trockenfleisch ebenso, und bei den Meringues mit Double crème heisst es aufpassen, dass man nicht zuviel Kalorien verspeist. *Restaurant Le Chalet, 1663 Gruyères, Ruhetage: keine, Betriebsferien: keine, Tel. 026 921 34 34, www.chalet-gruyeres.ch.*

Restaurant La Clef, Fribourg
Traditionelle Fribourger Beiz mit rustikalem Ambiente. Die Küche ist terroirnah und preiswert. Natürlich gibt es hier das klassische Fondue moitié-moitié, aber auch Saucisson fribourgeois mit Linsen und Senf, Kaninchen vom Bauernhof, Kalbsleber, Rindssteak, Tatar und viel Fisch (Forelle, Egli, Dorade, Saibling). Schön ist die Terrasse mit Blick auf die Kathedrale. *Restaurant La Clef, Laurent Papaux, Planche Supérieure 2, 1700 Fribourg, Ruhetage: So.-Abend und Mo., Betriebsferien: keine, Tel. 026 322 11 92, www.laclef-fribourg.ch.*

JUNG UND FRISCH

Auberge aux 4 Vents, Fribourg

Eine Gruppe von Lebenskünstlern hat sich mit der Auberge aux 4 Vents ihren Traum verwirklicht. Alles ist lustvoll eingerichtet, besonders der Speisesaal mit grosser Fensterfront und Glaskuppel. Die Küche ist kreativ-innovativ. Man lässt sich vom jeweiligen Marktangebot inspirieren. Bekannt sind die opulenten Salate und die Wildkräuterkreationen, etwa die Desserts mit Waldmeister. *Auberge aux 4 Vents, Route de Grandfey 124, 1700 Freiburg, Ruhetage: Mi. sowie Mo. bis Fr. mittags, Betriebsferien: 3 Wochen im Jan., Tel. 026 347 36 00, www.aux4vents.ch.*

Brasserie de L'Epée, Fribourg

Schön gelegen, auf dem grossen, gepflästerten Platz im unteren Teil Fribourgs. Obwohl die Küche bunt mischt, hat es immer wieder Klassiker à la fribourgeoise auf der Karte wie Kalbsmilken, Gottéron-Forellen, Tarte au Vin-cuit und vieles mehr. *Brasserie de l'Epée, Maximiliam Teufel, Planche-Superieure 39, Ruhetage: So, Mo.-Abend, Betriebsferien: Juli, Tel. 026 322 34 07.*

HISTORISCH

La Gerbe d'Or, Estavayer-le-Lac

Hübsches Restaurant mit kleiner Terrasse in der Altstadt. Auch im Innern ist es urgemütlich. Kulinarisch ist das Angebot auf Friboruger Spezialitäten fokussiert. Es gibt täglich ein Mittagsmenü. *Café de la Gerbe d'or, Claude Maillard, Rue du Camus 5, 1470 Estavayer-le-Lac, Tel. 026 663 11 81.*

SICHERER WERT

Bären, Kerzers

Kerzers klingt zwar nicht gerade französisch, tatsächlich spricht man hier mehrheitlich Berndeutsch – die kulinarische Ausrichtung ist jedoch klar Fribourg. Da Kerzers in einer grossen Spargelregion liegt, spielt dieses Terroirprodukt ab April in allen nur denkbaren Darreichungsformen die Hauptrolle. Im Herbst ist Wild das grosse Thema, denn Ruedi Notz geht selber auf die Jagd. Dazwischen ist immer wieder Terroir angesagt, von Eglifilets über Buurehamme bis Meringues mit Double crème. Geführt wird der stattliche Gasthof in der neunten Generation von der Familie Notz, deren Sohn Ambros das Restaurant des Bains in Murten führt. *Restaurant Bären, Ruedi Notz, Burgstatt 7, 3210 Kerzers, Ruhetage: Mo., Di., Betriebsferien: im Jan. und Juli je 3 Wochen, Tel. 031 755 51 18, www.baerenkerzers.ch.*

ROMANTISCH

Hôtel de l'Ours, Sugiez

Im Vully-Gebiet, mitten in der Weinregion. Kreativ-innovative Küche mit viel Bodenhaftung. Es gibt Wachteln mit Vully-Salat, Lamm mit Oliven und Pfefferminz (im Winter mit Datteln und Orangen), dazu viel aus dem See (Zanderfilet, Egli), Gemüse aus dem Seeland – ein Haus, in dem auch die Vegetarier erstklassige Gerichte geniessen können. *Hôtel de l'Ours, Catherine und Martin Angst Mao, 1786 Sugiez, Route de l'Ancien Pont 5, Ruhetage: Mo., Di., Betriebsferien: 3 Wochen ab Ende Okt. und 3 Wochen im Febr., Tel. 026 673 93 93, www.hotel-ours.ch.*

SEESICHT

Pinte de Meyriez

Den Charme eines Bauernhofrestaurants und viel Seeluft kann man in der Pinte de Meyriez bei Murten geniessen. Immer am ersten Donnerstag im Monat gibt es Spanferkel à discrétion; auch sonst bildet Fleisch den Schwerpunkt. Vom Grill kommen Schweinswurst, Pouletschenkel, Entenbrust, Rindsspiess sowie Crevetten. Auch ganze Forellen sind zu haben. Daneben gibt es eine Tageskarte, die von Hörnli bis zur ganz gebratenen Rotbarbe an Zitronensauce allen etwas bietet. Ein hübsches Plätzchen. Gleich daneben liegt das Edelrestaurant Château de Meyriez, das ebenfalls ein kleinen Abstecher lohnt. *Pinte de Meyriez, 3280 Murten-Meyriez, Rue de Lausanne 18, Ruhetag: Di., Betriebsferien: keine, Tel. 026 678 61 80, www.vieuxmanoir.ch.*

TOP

Auberge de la Croix Blanche, Villarepos

Timbale mit Felchen aus dem Neuenburgersee, gefüllte Lammschulter, saftiges Gigot, Bison-Gulasch, saisonale Desserts, im Sommer Grilladen vom Gartenceminée: Die Auberge de la Croix Blanche im Bauerndorf Villarepos (zwischen Murten und Avenches) gehört zu den Perlen im Kanton. Arno Abächerli macht bei den Jeunes Réstaurateurs d'Europe mit, kocht geschmackvoll, präzise und im Takt mit der Natur. In der Auberge kann man auch übernachten. Tipp: Die Auberge verfügt über eine Website, auf der man die kreativen Kreationen der Küche im Grossformat ansehen kann – vorbildlich!
Auberge de la Croix Blanche, Arno und Christa Abächerli, 1583 Villarepos, Ruhetage: Di., Mi., Betriebsferien: auf Anfrage, Tel. 026 675 30 75, www.croixblanche.ch.

TOP

Trois Tours, Bourguillon (17 GM)

Topshot der Region ist Alain Bächler im Restaurant Des Trois Tours in Bourguillon (oberhalb von Fribourg). Der «Aufsteiger des Jahres 2005» kocht asketisch diszipliniert und kreativ. Eindrücklich ist auch der Ort des Geschehens: Es ist ein mächtiges Patrizierhaus, das im 19. Jahrhundert eine wichtige Pilgerstation war. Man isst entweder im gemütlichen Bistro, im Empiresalon oder auf der lauschigen Gartenterrasse. Unbedingt einen Blick in den Palmsaal werfen, der für grösser Anlässe zu haben ist: ein Prunkstück! Kulinarisch bewegt man sich in der Spitzenklasse, jedoch zu moderaten Preisen. Exzellent ist die Pasta «mit tausend Aromen», das Morchelcrèmesüppchen mit Foie gras, Zanderpavé auf Spargelgratin, Königstaube an Rhabarber-Chutney – und die reiche Käse- und Dessertauswahl. *Restaurant Des Trois Tours, Alain Bächler, 1722 Bourguillon, Route de Bourguillon 15, Ruhetage: So., Mo., Betriebsferien: 2 Wochen Juli/Aug., 21. Dez. bis 12. Jan., Tel. 026 322 30 69, www.troistours.ch.*

GENF

Essen wie Gott in Genf

Der kleinste Kanton der Westschweiz legt ein ausgeprägtes kulinarisches Flair an den Tag: Keine Spur mehr von der einst religiös motivierten Diät, die der protestantische Reformator Johannes Calvin den Bürgern verordnet hat. Schon eher ein starkes rousseausches «Zurück zur Natur», das sich im Genfer Hinterland auf lustvolle Art erleben lässt: Sogar die Genfer kennen die versteckten Perlen in der Campagne kaum …

Zurück zur Natur

Genf, einer der kleinsten Kantone der Schweiz, überrascht nicht nur mit viel Weltstadtflair, sondern auch mit einer kaum bekannten Landidylle. In wenigen Minuten ist man vom pulsierenden Stadtzentrum in der Campagne. Alte Bauerndörfer, Rebberge und romantische Landrestaurants sind hier zu entdecken. Während in der Stadt eher die französische Küche den Ton angibt, wird in der Campagne die Genfer Traditionsküche gepflegt. Hier kommen sie auf den Tisch, die grossen Ikonen des kulinarischen Erbes der Region. Allen voran der Cardons-Gratin, ein Gericht, das die Hugenotten in die Stadt brachten, zubereitet mit einem mangoldähnlichen Kraut mit stacheligen Blättern. Dann natürlich die mit Fenchel gewürzte Longeole – eine der deftigsten Wurstkreationen unseres Landes; oder die nicht minder deftige Fricassée, ein Schweinsragout, das mit Schweineblut zubereitet wird. Eine tragende Rolle in der Genfer Kulinarik spielt auch der See, mit dem zwei weitere Genfer Spezialitäten verbunden sind: Der Omble chevalier (Saibling) an einer Weissweinsauce und der Gratin aux écrevisses à la genèvoise (Gratin mit Süsswasserkrebsen). Nicht zu vergessen die Soupe de la Mère Royaume, die berühmte Genfer Gemüsesuppe, die an der Escalade, dem grossen Genfer Stadtfest, zubereitet wird und um die sich eine witzige Legende rankt:

Suppenköchin vertreibt Savoyer. In der Nacht vom 11. auf den 12. Dezember 1602 überfielen die Savoyer Genf. Weit kamen die Franzosen allerdings nicht. In einer der engen Gassen in der Altstadt schüttete ihnen eine beherzte Köchin namens Mère Royaume einen riesigen Topf heisser Suppe über die Köpfe. Die Marmite und mit ihr die Gemüsesuppe sind in die Genfer Geschichte eingegangen und werden alljährlich am 11. Dezember in der Calvin-Stadt gefeiert. Zur Erinnerung an den kulinarischen Kraftakt gibt es in den Konditoreien kleine Kochtöpfe aus Schokolade, gefüllt mit Gemüse aus Marzipan. Feierlich werden diese Marmites zerschlagen, während man laut ausruft: «C'est ainsi que périssent les ennemis de la République! So sollen sie sterben, die Feinde der Republik.»

Carouge. Die Escalade war nicht die einzige Auseinandersetzung zwischen den katholischen Savoyarden und den protestantischen Genfern. Während Jahrzehnten tobten Machtkämpfe bis weit ins damals bernische Waadtland hinein. Die Verfolgung der Hugenotten war Teil dieser blutigen Religionskriege. Auch städtebaulich wurde der Kampf ausgetragen. So liess Viktor Amadeus, ein Sprössling aus dem Hause Savoyen und damals König von Sardinien, im Jahr 1772 das Städtchen Carouge bauen – direkt vor den Toren Genfs und im Stil der piemontesischen Urbanistik. Damit wollte er seine Macht demonstrieren, aber auch ein Zeichen setzen: dass man mitten in der von Religionskriegen gebeutelten Region eine Stadt der Toleranz schaffen konnte. Die Idee funktionierte. Savoyarden, Piemonteser, Deutsche und Schweizer bevölkerten das Städtchen. Dies hatte auch gastronomische Auswirkungen: Bereits 1780 gab es in Carouge mehr Bars und Restaurants pro Quadratmeter als in irgendeiner Stadt in Europa. Mit über hundert Restaurants ist die gastronomische Dichte auch heute hoch. Dabei sind die Restaurants in den Gassen nur der sichtbare Teil des Universums: In den Hinterhöfen kann man versteckte Gartencafés und Bars entdecken. Etwa die Brasserie Le Lunik an der Place de l'Octroi 6 oder das Restaurant des Halles an der Rue Vautier 43. Ein Geheimtipp ist das Au Petit Collège, geführt von Gérard Bouilloux, einem Altstar der Genfer Gastroszene (siehe Restaurantipps S. 200).

GEMÜSESUPPE MIT REIS

Auch wenn Madame Royaumes Suppentopf möglicherweise nur eine Legende ist – die Köchin existierte tatsächlich: Sie hiess Catherine Cheynel, wurde um 1545 in Lyon (heute Kanton Waadt) geboren, heiratete 1563 den Schmied Pierre Royaume und floh mit ihrem Mann zur Zeit der Hugenottenverfolgungen nach Genf. Dort, in ihrem Wohnhaus an der Porte de la Monnaie, vollbrachte sie dann in der Nacht vom 11. auf den 12. Dezember 1602 den legendären kulinarischen Kraftakt. Dabei soll die Marmite sogar einen Savoyarden getötet haben. Was genau im Topf war, ist nicht gesichert. Überliefert wird die Version einer Gemüsesuppe mit Reis. Historiker vermuten jedoch, dass der Topf (schon aus wurftechnischen Gründen) leer war. Madame Royaume war zudem nicht die Einzige, die den Savoyarden Hausrat auf die Köpfe warf. Tische, Stühle, Kochgeräte und andere Gegenstände wurden von den Bewohnern auf die Angreifer geworfen. Darunter war auch der eiserne Hausschlüssel von Madame Jeanne Piaget, einer weiteren Heroin, die in der Geschichte auftaucht. In einer Staatsakte aus dem Jahr 1606 wird dies alles schriftlich festgehalten, allerdings tauchen keine Namen auf und auch keine Rezeptur der Gemüsesuppe. Die kulinarische Konkretisierung dürfte später erfolgt sein. Wie immer liegt in solchen Legenden ein Körnchen Wahrheit, diesmal könnte es sogar ein veritables Korn sein, so gross wie ein Suppentopf. Ein klassisches Rezept für die Soupe de la Mère Royaume finden Sie auf S. 395.

Das kulinarische Erbe Genfs

Der Cardon (lat. Cynara cardunculus), auch Cardy, Karde, Kardone oder Spanische Artischocke genannt, ist ein südeuropäischer Korbblütler, dessen fleischige Blattrippen als Gemüse verwendet werden. In Genf und Umgebung sind Cardons auf den Wochenmärkten ab Ende November erhältlich, man kann sie aber auch das ganze Jahr als Konserven kaufen.

Cardon

Was für die Waadtländer der Papet vaudois, ist für die Genfer das Cardon-Gemüse, das als Gratin oder Suppe serviert wird. Zusammen mit dem Genfer Schweinsbraten und der Suppe «Mère Royaume» gehören die Cardons (Karden) zur kulinarischen Trias, die am Genfer Stadtfest, an der Escalade, die Genfer «Nationalspeisen» bildet. Dass ausgerechnet das stachelige Cardon-Gemüse, ein Distelgewächs, eine derart wichtige Rolle im kulinarischen Erbe innehat, liegt an den Hugenotten. Sie brachten zur Zeit der Religionskriege die Pflanze in die Genfer Region. Ab November werden die Cardons samt den Wurzeln aus der Erde gezogen und in den Kellern gelagert, wo sie bleichen. Da die Cardons über stachelige Blätter verfügen, ist das Rüsten mühsam und nur mit Handschuhen möglich. So mancher Koch weicht deshalb auf Mangoldstiele aus, die geschmacklich ähnlich sind. Eine besondere Cardon-Variante gibt es bei Gérard Le Bouhec in der Auberge Les Curiades: Er macht eine Cardon-Suppe an einem Rotweinfond mit Mark (siehe Seite 182).

Omble chevalier

Der Saibling wird zu Recht als Ritter (chevalier) unter den Fischen bezeichnet, insbesondere, wenn er so zubereitet wird, wie es die Genfer machen: Sie servieren die edle Seeforelle an einer Weisswein-Butter-Rahmsauce, gewürzt mit Thymian, Rosmarin und Estragon, oder auch ganz klassisch auf der Haut gebraten, wie hier im Bild, aufgenommen im Restaurant Chez Babel in Bardonnex (siehe S. 178). Der Saibling braucht sauerstoffreiches, sauberes und tiefes Wasser und ist damit auch ein guter Indikator für den ökologischen Zustand eines Sees. Im Lac Léman ist der Bestand sehr gut, der Fang jedoch aufwendig, da sich die Fische mit Vorliebe im kalten Wasser zwischen 30 und 70 Meter Tiefe aufhalten.

Flusskrebse aus dem Genfersee

«Genf kommt mir vor wie das Tor zum Paradies», schrieb George Eliot 1859 im *Gelüfteten Schleier*. Immer wieder hat die englische Dichterin die Genfer Region besucht und hier nicht nur die landschaftlichen Reize beschrieben, sondern auch mit Freuden getafelt. Die hohe kulinarische Qualität Genfs ist bis heute erhalten geblieben, zum Beispiel in Form der berühmten Ecrevisses à la genèvoise (Süsswasserkrebse auf Genfer Art), die gratiniert oder mit Gemüse serviert werden. Die in der Genfer Küche verwendeten Krebse sind wilde Flusskrebse aus den Uferbereichen des Lac Léman. Da ihr Bestand bedroht ist, sind die Fangmengen geregelt und klein. Dies gilt auch für den französischen Teil des Sees, wo Raphael Jordan, Berufsfischer in Séchex (auf der französischen Seite), die Ecrevisses von April bis November fängt. Von ihm stammen die Krebse, die in der Genfer Auberge d'Hermance saisonal fast immer auf der Karte stehen (siehe S. 194).

CALVIN UND ROUSSEAU

Zwei berühmte Namen sind mit Genf verbunden, die beide nicht auf eine opulente Kulinarik hindeuten: Zum einen Johannes Calvin, der gestrenge Reformator und religiöse Zuchtmeister, der das Leben in der Stadt zwischen 1541 und 1564 prägte. Immer wieder rief er die Bürger auf, den Freuden des Gaumens zu entsagen.
Auch Jean-Jacques Rousseau, der 1712 in Genf geborene Philosoph, Naturforscher und Pädagoge, war eher der Diät zugetan: «Zurück zur Natur» lautete eine seiner Devisen; ihm ging es um eine möglichst naturnahe Lebensweise und die letztlich höchst moderne These, dass der Mensch seine Bedürfnisse nicht auf Kosten der Umwelt befriedigen solle. Im Laufe der Zeit, nicht zuletzt unter dem Einfluss des benachbarten Frankreichs, hat sich die Genfer Küche von diesem strengen moralischen Erbe befreit, ist jedoch bis heute eher einfach und bodennah geblieben.

Longeole – die Genfer Hauswurst

Es ist sieben Uhr morgens, bei André Vidonne, dem stadtbekannten Metzger und Traiteur in Carouge, herrscht Hochbetrieb. Zwei Dutzend seiner Mitarbeiter schneiden in den gekühlten Räumen Entrecôtes, Hasenrücken, Truthähne und andere Delikatessen zu. Alle paar Minuten fährt ein Lieferwagen von der Rampe weg. In Genf wird auch an diesem Tag wieder tonnenweise Fleisch gegessen – darunter auch Longeoles. Sie sind nicht jedermanns Sache, die dicken, fetten Genfer Hauswürste, gefüllt mit den gallertigen Teilen des Schweins. Da helfen auch die Fenchelsamen und die Würze nicht über die ausgesprochen deftige Machart hinweg. Drei Stunden muss das Wurst-Monument im heissen Wasser gebrüht werden, damit sich die Fettteile auflösen und das Ganze bekömmlich wird. Bereits um fünf Uhr morgens hat André Vidonne eines dieser Wurstwunder ins heisse Wasser gelegt, jetzt, drei Stunden später, schneidet er sie auf. «Am besten trinkt man ein Glas Rotwein dazu», meint er spitzbübisch, allerdings im Ernst. So komme ich – um acht Uhr morgens – zu einem höchst ungewöhnlichen Frühstück, zu dem auch eine Longeole-Hotdog-Version gehört: In Blätterteig eingepackt schmeckt sie noch ganz akzeptabel. Die Genfer allerdings lieben ihre Hauswurst klassisch, nämlich gebrüht: «Vor allem in der kalten Jahreszeit und insbesondere an der Escalade produzieren wir praktisch rund um die Uhr Longeoles», erklärt André Vidonne.

André Vidonne (rechts), der Genfer Longeole-Guru mit einem seiner Mitarbeiter.

Die Longeole wird in Genf auch als Hotdog, eingepackt im Blätterteig, zubereitet.

Entrecôte «Café de Paris»

Nicht das Entrecôte, aber die Kräutersauce «Café de Paris» wurde in Genf erfunden. Madame Boubier, eine kleine, etwas rundliche Genfer Wirtin soll es gewesen sein, die in den Dreissigerjahren im Restaurant Coq d'Or mit viel Butter, Rahm und Gartenkräutern so ziemlich alles, was ihr gerade in die Finger kam, zusammenmischte – von Knoblauch über Kapern, Curry bis zum Cognac – und so die berühmte Kräuterbutter «Café de Paris» erfand. Noch heute kann man im Restaurant Café de Paris an der Rue du Mont-Blanc die Kräuterbutter nach Originalrezeptur geniessen. Begleitet von einem saftigen Entrecôte. «Toujours imité, jamais égalé», oft kopiert, nie erreicht, heisst der Slogan des Hauses (siehe Seite 190).

François Vuillamoz, Geschäftsführer des Café de Paris, mit der gleichnamigen Kräuterbutter, die in Genf erfunden wurde.

Birnen in Verjus

Dass man Birnen in den Saft noch nicht ganz ausgereifter Trauben (franz. verjus) einlegen kann, haben die Genfer zwar nicht erfunden. Die süss-saure Nachspeise bildet jedoch einen wichtigen Bestandteil des kulinarischen Erbes der Region, wie überall in der Westschweiz, wo Rebbau betrieben wird. Die Darreichungsformen variieren, abhängig davon, welche Früchte in welchen Saft einlegt werden. Beliebt ist auch das Marinieren von Zwetschgen in Rotwein oder von Kirschen in Lie (Hefebrand).

Genfer Wein

«Als Gott die Schweizer strafen wollte, gab er ihnen den Schweizer Wein», spottete einst Friedrich Dürrenmatt. Der Schriftsteller und grosse Weinliebhaber, bei dem nur die besten Tropfen in die Gläser kamen, würde heute wohl anders denken: In wenigen landwirtschaftlichen Produktionsbereichen wurde in den letzten Jahrzehnten derart rigoros an der Qualitätsverbesserung gearbeitet wie beim Schweizer Wein. Das gilt ausgeprägt für die Genfer Region. Der Rhone entlang, aber auch am linken Seeufer bis nach Hermance werden heute erstklassige Weine gekeltert, vor allem Chasselas, Viognier, Chardonnay, aber auch Gamay, der in der Genfer Region seine ersten Gehversuche machte. Genau wie der Cabernet Sauvignon, den zwei Genfer Winzer 1985 heimlich über die Grenze schmuggelten, als der Anbau in der Schweiz noch verboten war.

Aligoté. Dazu kommt der Alligoté, ebenfalls ein vergleichsweise junger, aber höchst erfolgreicher Repräsentant im önologischen Erbe der Genfer. Die Aligoté-Traube (auch Alligoté, Aligotay oder Melon du Jura genannt) ist aus einer natürlichen Kreuzung zwischen Pinot und Gouais blanc entstanden. Der Weisswein ist etwas leichter und strukturierter als der Chasselas. Um 1900 wurden die ersten Aligoté-Rebstöcke vom Genfer Winzer Jules Dupraz aus dem Burgund nach Lully geholt. Seither hat sich dieser Wein mit seinen Aromen, die an Mandarinen, Mandeln und Haselnüsse erinnern, zu einem beliebten Aperitifwein, ja nachgerade zu einem önologischen Markenzeichen entwickelt.

Genf liefert rund zehn Prozent der gesamten Schweizer Weinproduktion. Die meisten Weingüter erstrecken sich im Genfer Hinterland den Rhoneufern entlang, zum Teil über die französische Grenze hinaus.
Das Bild unten zeigt einen Rebberg der Domaine des Balisiers mit den dreieckförmigen Konstruktionen zur Befestigung der Rebstöcke, den sogenannten Lyras. Damit bekommen die Trauben mehr Sonne.

Das Mandement, bis ins späte 18. Jahrhundert bischöfliches Territorium, liegt im äussersten Zipfel des Kantons Genf. Es ist eine malerische Region, die vor allem vom Rebbau bestimmt wird. Dazu gehört das Weindorf Dardagny mit dem imposanten Schloss aus dem 13. Jahrhundert. Etwas weiter südlich liegt das Dorf Satigny, das mit fast 500 Hektaren Rebfläche die grösste Rebbaugemeinde der Schweiz darstellt. Im Mandement, das ein ähnlich trockenes und heisses Klima aufweist wie das Wallis, wachsen einige der ausdrucksstärksten Weine des Genfer Terroirs.

Einer der «jungen Wilden» in der Genfer Weinbauregion rund um Satigny ist Stéphane Gros. In Changins hat er Weinbau studiert und kann sich auf ein solides Wissen stützen. Er geht jedoch betont frisch und mit neuen Ideen an die Kreation seiner Weine heran: Seine Weine sind fruchtig, haben Boden, bleiben in Erinnerung. So zum Beispiel sein Sauvignon viognier, eine Assemblage aus Sauvignon, Viognier und Chardonnay, die er auch «mi-gros» verkauft: in kleinen Papp-kartons mit Ausguss, «für die jüngeren Leute, die sonst nur Bier trrinken», wie er sagt. Daneben hat Stéphane Gros den Weinlehrpfad von Dardagny organisiert, eine Son-et-Lumière-Veranstaltung in den Weinbergen ins Leben gerufen und gilt als eines der grossen Talente im önologischen Sektor. Muss man im Auge behalten!
Kontakt siehe Einkaufstipps S. 199.

Zurück zu Lyra und Amphoren

In Satigny, am rechten Ufer der Rhone, ist die Domaine des Balisiers zu Hause, in der Jean-Daniel Schlaepfer und Gérard Pillon ihre Weine keltern. Beide sind Quereinsteiger. Schlaepfer war früher ein bekannter Anwalt mit Kunden in New York und Singapur, doch dann hatte er genug von «diesem archaischen Talarjob», wie er heute sagt, und wollte sich ganz seiner Passion, dem Wein, widmen. «Seit viertausend Jahren versucht der Mensch die Rebe, ursprünglich eine lianenähnliche Wildpflanze, zu kultivieren. Das wird nie aufhören und ist eine der faszinierendsten Kulturleistungen überhaupt», sagt Schlaepfer. Ähnlich empfand einer seiner Klienten, der Metallbauschlosser Gérard Pillon, auch er ein grosser Bewunderer der alten Weinkultur. Also kauften die beiden 1980 kurzerhand ein Weingut im Mandement. «Unser Traum war eine kleine Weinfirma mit ein paar Hektaren und einer Garage, um zu experimentieren», erinnert sich Schlaepfer. «Dann trafen wir den Lyra-Erfinder im Burgund und begannen die Reben auf diesen dreieckigen Metallkonstruktionen zu ziehen, was den Trauben viel mehr Sonne gibt. Gleichzeitig forschten wir und entschieden uns für biodynamische Methoden, was damals viele als Teufelswerk ansahen. Doch dann bekamen wir 1992 – für uns völlig überraschend – den Preis «Unternehmer des Jahres» von Branco Weiss, und die ganze Sache explodierte: Innert weniger Jahre mussten wir das Weingut auf 26 Hektaren erweitern, verteilt über mehrere Rebberge», sagt Schlaepfer, der sich vor allem um die önologischen Fragen kümmerte, während Pillon die technischen übernahm. Gleichzeitig forschten sie weiter und stiessen auf die römischen Amphoren, inspiriert durch Ausgrabungen in der Dordogne, bei der antike Weinamphoren aus dem 1. Jahrhundert v. u. Z. aus dem Boden geholt wurden: «Das war sozusagen die Erleuchtung, denn diese uralten Amphoren, hergestellt aus Tonerde und Sand, sind luftdurchlässig und erlauben es dem Wein zu atmen, ähnlich wie in den Eichenfässern. Eine geniale Erfindung der Römer! Und genau das haben wir dann versucht nachzumachen, was nach einigen Versuchen gelang.» Der nächste Traum der beiden, die auch zu den ersten gehörten, die den Gamay grossflächig in der Schweiz anbauten und 1985 verbotenerweise die ersten Cabernet-Sauvignon-Rebstöcke ins Genfer Terroir schmuggelten, ist, dieses Wissen weiterzugeben. Dies erfolgte bereits in Buchform: Die beiden Winzer schrieben das Standardwerk *Les vins de Genève*, das zu einem Bestseller wurde (Editions Zoé, Carouge). Jedes Jahr kommt zudem ein Lehrling für ein Jahr ins Weingut, um sich bei den beiden Weinkreativen weiterzubilden. Dabei gibt es nicht zuletzt auch erlesene Tropfen zu entdecken. Etwa den Pinot blanc mit seinem Duft nach grünen Äpfeln, der im Genfer Weinbau als Traube der Zukunft gilt. Oder den Gris-de-Gris, ein «gebluteter» Rosé aus Gamay und Blauburgunder. Und natürlich das Flaggschiff des Hauses, den Comte de Peney, den ersten Cabernet Sauvignon der Schweiz.

Der Weinkeller der Domaine des Balisiers mit den «Dollias», die nach dem Vorbild der römischen Weinamphoren hergestellt wurden und den Wein atmen lassen wie eine Barrique. Die Dollias sind aus Naturmaterialien (Tonerde, Sand) gefertigt, nach den Massen des Goldenen Schnitts.
Domaine des Balisiers, Gérard Pillon & Jean-Daniel Schlaepfer, Route de Peney-Dessus 12, 1242 Satigny, Tel. 022 753 19 58, www.balisiers.ch.

RESTAURANT **23**

Chez Babel
Bardonnex

RESTAURANT: **Chez Babel**

ADRESSE: **1257 Bardonnex, Place de Brunes 17**

GASTGEBER: **Hannelies Thomas**

TELEFON: **022 771 04 03**

INTERNET: **keines**

RUHETAGE: **Mo., Di.**

BETRIEBSFERIEN: **1 Woche nach Ostern; 2 Wochen im Sept.; zwischen Weihnachten/ Neujahr.**

WEGBESCHRIEB: **Tram 12 oder 13 bis Endstation, von dort Autobus Nr. 46 bis Endstation**

SPEZIELL: **schöner Garten hinter dem Haus**

Seit 1997 führt Hannelies, gebürtige Appenzellerin, das urgemütliche Landrestaurant in Bardonnex. «Jahrelang habe ich so etwas gesucht», erklärt sie, «ich wollte schon immer ein kleines Lädeli oder ein Restaurant, weil ich den Kontakt mit den Menschen liebe.» Dass dies eine ihrer Stärken ist, beweist die charmante Gastgeberin nicht nur im Umgang mit den Gästen, sondern auch mit den Mitarbeitern. Christian Bize hat deshalb als Chef de cuisine hier Wurzeln geschlagen. Im Du Port in Pully im Kanton Waadt hat er seine Lehre gemacht, jetzt steht er hochmotiviert im Babel am Herd: Was sich Madame an kulinarischen Spezialitäten ausgedacht hat, bringt er perfekt auf den Tisch. Ein junger Mann, den man im Auge behalten sollte …

Linsenterrine, Fricassée und Zwetschgen in Rotwein

Sie war sichtlich nervös, die gute Hannelies, als ich am Vortag mit den beiden Winzern von der Domaine des Balisiers unangemeldet bei ihr speiste. Wir wählten die hausgemachte Linsenterrine mit Vinaigrette, dann Kalbsmilken und Nierchen mit Pilzen, stilvoll serviert im Kupferpfännli; und schliesslich in Rotwein gekochte Zwetschgen mit Zimtglace. Excellent, Madame!, konnten wir alle da nur sagen, denn das war perfekt. Doch das schien die sonst stets so fröhliche Gastgeberin nicht wirklich zu beruhigen. «Die Fotos für die *Urchuchi,* das ist für mich wie ein Staatsexamen», erklärte sie mir am nächsten Tag. Noch nie hatte jemand über ihr Restaurant eine derart umfangreiche Reportage gemacht. Noch nie musste sie sich selber ins Rampenlicht stellen. Doch Hannelies, die schon als junges Mädchen von einem kleinen Laden, einem Kiosk oder eben einem Restaurant träumte, «weil ich den Kontakt mit den Menschen liebe», diese Hannelies wäre nicht Hannelies, wenn sie das «Examen» nicht mit Bravour gemeistert hätte. Ein Gericht nach dem anderen kam auf die Minute getaktet auf den Fototisch. Zuerst die Pièce de résistance, die Terrine, begleitet von schön aufgefächerten Gurken- und Tomatenscheiben und einem Salatbouquet. Dann der Saibling, den Christian Bize am Stück und auf der Haut gebraten servierte. Ein wunderschöner, schlanker Fisch, wie ich einmal mehr feststellen konnte – und ein Fang in letzter Minute: Die

Saiblinge gehen im Sommer eher selten in die Netze. Nur gerade drei Exemplare konnte der Fischer am Fototag abliefern, die wir übrigens dann auch gemeinsam und mit Genuss verspeisten. Doch zuvor kamen noch die dessertalen Meisterwerke auf den Tisch: die hausgemachten Früchtekuchen, die in der Romandie ohne Guss gemacht werden und deshalb buchstäblich tropfend auf die Teller kommen, was den Genuss, vor allem im Sommer, entscheidend erhöht.

Urchige Landküche à la genèvoise. Nicht verschwiegen sei: Dazwischen hüpfte auch noch eine Longeole ins Rampenlicht. Als der Koch einige dieser noch ungekochten Exemplare für die Dekoration aus dem Kühlschrank nehmen musste, schüttelte er den Kopf: Schliesslich kommt er aus dem Waadtland und ist sich weniger glitschige Brocken gewohnt. Auch nicht ganz nach seinem Waadtländer Gusto war die Fricassée, ein Ragout mit Rinds- oder Schweinefleisch, das mit etwas frischem, ungekochtem (!) Schweineblut zubereitet wird. Doch auch das gehört zur Genfer Landküche, die ausgesprochen rural ist, aber ein grosses Genusspotenzial aufweist: «Wir haben hier fantastische, in der Deutschschweiz kaum bekannte Gerichte, und die will ich pflegen», sagt die Gastgeberin, die im Herbst auch Kutteln, Kalbskopf, Wild und eine Metzgete auf die Karte setzt. Urchige Landküche à la genèvoise ist zu ihrem Markenzeichen geworden. Das war allerdings nicht immer so. «Als ich das Restaurant übernahm, setzte ich stolz Deutschschweizer Gerichte auf die Karte. Es gab St. Galler Bratwurst, Rösti, Biberfladen und Appenzellerkäse – doch das kam bei den Genfern überhaupt nicht an. Also habe ich ziemlich rassig auf die hiesige Küche umgestellt, nur mit den besten Ausgangsprodukten und nur mit Produzenten aus der Genfer Region – und jetzt habe ich den Laden täglich voll.» Ein Greenhorn war Hannelies in Sachen Romandie freilich nie: Vor drei Jahrzehnten arbeitete sie als junge Maschinenzeichnerin in Genf, lernte hier ihren Mann kennen, «die übliche Geschichte, l'amour, l'amour …», wie sie heute sagt, bevor sie dann zu ihrer wahren Berufung fand, dem Job als Beizerin. Ein Glücksfall.

Das Weinsortiment des Hauses zeigt die ganze Bandbreite der Genfer Weinkultur.

Omble chevalier aus dem Lac Léman, eine der Spezialitäten im Restaurant Babel.

Die hausgemachten Kuchen, ausnahmsweise mit Guss.

– Kalbsmilken und Nierchen mit Pilzen im Kupferpfännli serviert.
– Linsenterrine mit Salatbouquet.
– Fricassée nach Genfer Art.
– Zwetschgen in Rotwein mit Zimtglace und Feigen in Weisswein mit Vanilleglace.

Rezepte von **Christian Bize** im Anhang.

— **Linsenterrine,** S. 396
— **Fricassée nach Genfer Art,** S. 402
— **Omble chevalier (Saibling),** S. 406
— **Feigen in Weisswein,** S. 414
— **Zwetschgen in Rotwein,** S. 414

RESTAURANT **24**

Les Curiades
Lully-Bernex

RESTAURANT: **Les Curiades**

ADRESSE: **1233 Lully, Vieux-Lully 10**

GASTGEBER: **Gérard Le Bouhec**

TELEFON: **022 757 40 40**

INTERNET: **keines**

RUHETAGE: **So.-Abend und Mo.**

BETRIEBSFERIEN: **keine**

WEGBESCHRIEB: **Autobahnausfahrt Perly**

SPEZIELL: **der gesellige Patron**

Das Restaurant Les Curiades gehört der alteingessesenen Winzerfamilie Dupraz und wird seit 2005 von einem der Altstars der Genfer Gastroszene geführt: Gérard Le Bouhec, gebürtiger Bretone, ein Koch, der Talent, Charakter und Herz verbindet, wie es im goldenen Gästebuch ein Gast vermerkt hat. Schön an diesem typischen Genfer Landrestaurant: Es liegt nur wenige Auto- oder Zugminuten von der Genfer Innenstadt entfernt und eignet sich deshalb besonders gut für einen Abstecher in die idyllische Campagne.

Die Grande Cuisine des Grandseigneurs

In den Achtzigerjahren war Gérard Le Bouhec einer der grossen Stars der Genfer Gastroszene. Bob Azzam, Alain Delon, Phil Collins, Charles Aznavour und andere Showgrössen gingen beim gebürtigen Bretonen ein und aus. «Sogar Bocuse kam eines Tages unangemeldet in meinen Gourmettempel, doch da war ich ausgerechnet nicht da», lacht Bouhec, der danach einige Abstürze und Neuanfänge hinter sich bringen musste, bis er vor einigen Jahren im kleinen Landgasthof Les Curiades in Lully wieder auftauchte. Und da steht er nun und kocht und kann nicht anders: «Die Küche ist mein Leben», sagt er, «mit dem kleinen Unterschied, dass ich heute ein Restaurant betreibe, in dem auch jemand eine simple Omelette bestellen kann, und dann mache ich das.»

Einfach, aber extrem gut. So isst man heute bei Bouhec, der sein Handwerk wie kein Zweiter versteht. Da sind zum Beispiel seine Felchenfilets, die er mit einer kochend heissen Bouillon übergiesst und an einer Vinaigrette mit Karotten und Zwiebeln serviert. «Das ist ein französisches Rezept, ähnlich wie man Sardinen macht», erklärt Bouhec. Eine Delikatesse ist auch sein Cardon argenté, eine Suppe aus Kardengemüse, die er jeweils im Dezember entweder à la moelle – mit frischem Rindermark – oder gratiniert an einer Béchamelsauce zubereitet. Da wir die Fotoaufnahmen im Juli machten, nahm Bouhec statt Cardons die stachellosen Côtes de blettes (die weissen Stiele vom Mangold), die ganz ähnlich schmecken – eine kleine, vertretbare Abweichung vom Genfer Originalrezept. Ganz in die Fülle des kulinarischen Erbes der Region tauchen wir mit der Longeole ab. Die monumentale Wurstkreation, gemacht aus den gallertigen Teilen des Schweins, hat Gérard drei Stunden im heissen Wasser ziehen lassen, damit sich die fettigen Ingredienzen auflösen. Gewürzt ist die Longeole mit Fenchel, was zumindest ein klein wenig zur Verdaulichkeit beiträgt. Ich sag es ganz ehrlich: Bouhec hat die Longeole erstklassig, ja geradezu perfekt zubereitet, trotzdem ziehe ich die geschmacklich feinere und deutlich weniger fettige Saucisse aux choux aus dem Waadtland oder einen Saucisson d'Ajoie aus dem Jura vor. Wunderbar leicht ist dann das kulinarische Schlussbouquet: die in Verjus mit einem Vanillestengel gekochten Williamsbirnen, ein typisches Dessert à la Bouhec – einfach und einfach gut.

Suppenschüsseln auf den Tischen. Da Bouhec streng saisonal kocht, sind dies alles nur Momentaufnahmen. Es gibt täglich ein neues Menü, am Mittag auch kleinere Gerichte, die man je nach Wetter und Jahreszeit auf der Terrasse oder in der Gaststube geniessen kann. Auf den Tischen drinnen stehen stets grosse Suppenschüsseln aus Grossmutters Zeiten – ein untrügliches Signal, dass hier Essen als Kultur mit einem traditionellen Hintergrund verstanden wird. Der grosse Qualitätsfaktor des Hauses ist nebst der exzellenten Kulinarik der Patron selber, der eine familiäre Haltung zu allen Gästen pflegt. Man hat schnell den Eindruck, man sei hier schon immer ein und aus gegangen. Das hat auch einiges mit seiner Geschichte zu tun: Der einst gefeierte Star war stets auch ein Lebemann, der mit seinen Gästen oft ganze Nächte lang philosophierte und feierte. Nach dem grossen Sprung an die Spitze kam dann folgerichtig der grosse Kickdown und eine Odyssee, die über mehrere Restaurants führte, bis er 2005 das Restaurant im Dorf Lully übernahm. Hier zeigt der «alte Löwe», dass er sein Handwerk noch immer versteht. Viele seiner Stammkunden sind ihm deshalb treu geblieben. «Das ist das Kriterium», sagt Bouhec, «wenn die Leute wieder kommen, dann weiss man, dass man auf dem richtigen Weg ist.»

Gérard Le Bouhec, das Enfant terrible der Gastronomie, wie er sich selber bezeichnet, wirtet in unmittelbarer Nähe der Domaine des Curiades, die auch einen bedeutenden Teil des Weinangebots bestreitet. Gemeinsam mit Jacques, einem der beiden Dupraz-Brüder, degustiert Le Bouhec einen der jüngsten Tropfen aus dem biodynamischen Anbau (siehe auch Einkaufstipps S. 199).

– Kardenpfännchen mit Rindermark (Soupe de Cardons argentés à la moelle).
– Mit heisser Bouillon übergossene Felchenfilets an Vinaigrette mit Frühlingszwiebeln und Karotten.
– Longeoles de la République mit Lauch.
– Im Verjus eingelegte Williamsbirnen.

Rezepte von **Gérard Le Bouhec** im Anhang.

— **Longeoles de la République mit Lauch,** S. 402
— **Kardenpfännchen mit Mark,** S. 403

RESTAURANT **25**

Café des Négociants
Carouge

RESTAURANT: **Café des Négociants**

ADRESSE: **1227 Carouge, Rue de la Filature 29**

GASTGEBER: **Pierre-Alain und Monique Brodard**

TELEFON: **022 300 31 30**

INTERNET: **www.negociants.ch**

RUHETAGE: **Sa., So.**

BETRIEBSFERIEN: **2 Wochen Weihnachten/Neujahr; Ostern**

WEGBESCHRIEB: **im alten Stadtkern von Carouge**

SPEZIELL: **13 GM**

Das Café des Négociants, geführt von Monique und ihrem Sohn Pierre-Alain Brodard, ist das älteste Bistro in Carouge. In der Küche sorgt Thierry Minguez für kulinarische Hochgenüsse, die zum Teil französisch angehaucht sind, denn der Mann kommt ursprünglich aus Südfrankreich. Die Ausgangsprodukte sind jedoch strikt regional, die Zubereitung höchst innovativ, auch das Ambiente stimmt: Vor acht Jahren hat Bernard Brodard, der Bruder des Chefs und von Beruf Architekt, das Bistro gekonnt zwischen Tradition und Moderne neu gestylt – inklusive Weinkeller, ein Bijou für sich.

Der Stern von Carouge

Beim Namen Etoile Carouge beginnen Fussballfans zu strahlen: Zwölf Jahre lang spielte der kleine Verein in der höchsten Spielklasse der Schweiz. Johan Djourou schoss hier als Junior seine ersten Tore, Stéphane Chapuisat trainierte die Mannschaft einige Jahre lang. Heute spielt der Club zwar nur noch in der drittbesten Liga, doch der Stern soll bald wieder leuchten, meint Pierre-Alain Brodard, Präsident des Clubs. Unbestritten ist die Leuchtkraft seines Bistros, das Brodard zusammen mit seiner Mutter führt. 13 Gault-Millau-Punkte konnte das Lokal 2008 einstreichen, einen Punkt mehr als im Vorjahr, was noch immer stark unterbewertet ist, wie ich meine. Denn was der Küchenchef Thierry Minguez auf die Teller zaubert, ist nicht nur gut, sondern auch optisch brillant: Etwa der Fischspiess, serviert auf einem schwarzen Teller mit zwei kraftvoll hingeworfenen Streifen rotem Curry – ein kulinarisches Gemälde, das an die Werke des katalanischen Künstlers Tàpies erinnert. Oder die drei kugelrunden Hackbraten, die – auch sie aufgespiesst – in einer Blechwanne auf den Tisch kommen: Das ist witzig und das satt gewürzte Fleisch eine wahre Gaumenfreude.

Überhaupt die Spiesse! Die liebt der Chefkoch offensichtlich besonders, denn auch beim Dessert darf man eine frische Erdbeere «entspiessen», in der Panna-cotta-Scheibe steckt ein kunstvoll gedrechselter Schokoladesplitter, und selbst die gefüllten Tomaten, die garten-

frisch, nämlich mit einigen Wassertröpfchen auf den Teller kommen, sind durch einen Schnittlauchstengel miteinander verbunden. Das ist wohl unterschwellig auch die Botschaft: Spiessig ist hier gar nichts bei dieser höchst lustvoll inszenierten Kulinarik. Es macht schlicht Spass, sich hier verwöhnen zu lassen, zumal auch der Service höchst effizient abläuft. Wie ein gutes Fussballspiel halt, bei dem die Teamarbeit entscheidend ist.

Weinauswahl mit Sommelier. Teamwork bestimmt auch die Weinauswahl, die nicht am Tisch, sondern im Keller erfolgt: Die Gäste dürfen selber auswählen, was sie trinken möchten. Begleitet werden sie dabei von Sam Sebti, dem Sommelier des Hauses und einem der Grossen seines Fachs. Entsprechend spannend ist das Weinsortiment, das nicht zuletzt auch die besten Genfer Winzer berücksichtigt, etwa Nicolas Bonnet in Peissy, Stéphane Gros in Dardagny (siehe Einkaufstipps), die Domaine des Curiades (siehe Einkaufstipps), Le Clos des Pins mit Marc Ramu in Dardagny, Luc und Liliane Mermoud in Lully, die Domaine des Hutins in Dardagny und natürlich die Domaine des Balisiers in Peney, deren Flaggschiff in den Regalen steht – der Comte de Peney. Dem gestylten Ambiente des Hauses entsprechend gibt es auch eine Smoking-Lounge, schön abgetrennt vom Essbereich, bestückt mit schweren Ledersesseln. Da kann man so tief drin versinken, dass man mitunter auch länger als geplant in diesem Bistro hängen bleibt. Vor allem, wenn man's epikureisch angeht: «Wichtig ist nicht nur, was man isst, sondern vor allem auch, mit wem man isst.» (Epikur)

Der stattliche Weinkeller des Hauses, in dem man auch essen kann.

Die Brasserie-Terrasse ist vor allem im Sommer bei den Gästen gefragt.

Impression aus Carouge. Die nur zwei Stockwerke hohen Häuser und die geometrisch angelegten Gassen verleihen der Architektur einen süditalienischen Charakter. 1792 wurde Carouge zu Frankreich geschlagen, bereits 1816 teilte der Turiner Vertrag die Stadt jedoch dem Kanton Genf und damit der Schweizerischen Eidgenossenschaft zu. Noch heute ist Carouge ein multikulturelles Städtchen: In den Strassen hängen die Fahnen zahlreicher Nationen. Auch kulinarisch ist das Spektrum weltoffen: Vom nordafrikanischen Couscous bis zu frittierten Heuschrecken ist so gut wie alles zu haben.

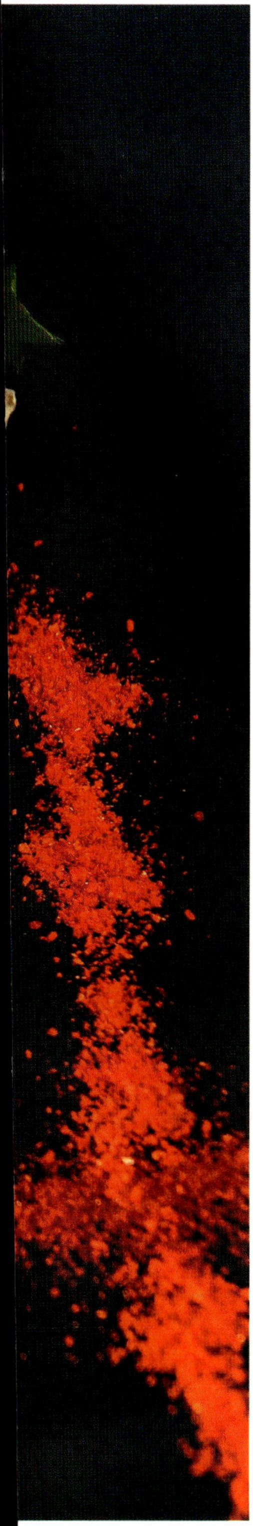

– Fischspiess mit Scampi.
– Mit Ziegenkäse und Königskrabbenfleisch gefüllte Tomaten.
– Rindshackbraten am Spiess.
– Rosa gebratener Lachs mit Frischgemüse.
– Dessertkreationen «Thierry Minguez».

Rezepte von **Thierry Minguez** im Anhang.

— **Tomaten gefüllt mit Krabbenfleisch, Ziegenkäse und Kokosmilch,** S. 397

RESTAURANT **26**

Café de Paris
Genf

RESTAURANT: **Café de Paris**

ADRESSE: **1201 Genf, Rue du Mont-Blanc 26**

GASTGEBER: **François Vouillamoz**

TELEFON: **022 732 84 50**

INTERNET: **www.cafe-de-paris.ch**

RUHETAGE: **keine**

BETRIEBSFERIEN: **keine**

WEGBESCHRIEB: **im Zentrum von Genf, bei der Altstadt unterhalb des Bahnhofes**

SPEZIELL: **nur ein Menü: Entrecôte «Café de Paris»**

Betriebsferien oder Ruhetage gibt es keine im Restaurant Café de Paris in Genf. Das Bistro liegt direkt an der grossen Promenade, die vom Bahnhof in die Innenstadt führt. Und weil die Entrecôtes hier besonders zart sind, die Kräuterbutter besonders berühmt und das Sehen-und-Gesehen-werden besonders spannend, wird der Genfer Kräuterbuttertempel stets auch besonders gut besucht. Schon ab 11.30 Uhr kann man hier ein saftiges Entrecôte «Café de Paris» geniessen, und das durchgehend bis Mitternacht.

Hier wurde die Kräuterbutter «Café de Paris» erfunden

Hier, im Café de Paris in Genf, wurde die berühmte Kräuterbutter erfunden – und dreimal dürfen Sie raten, was es dazu gibt: Entrecôte, saftiges, erstklassiges Entrecôte, das mit so viel Kräuterbutter auf der Silberplatte serviert wird, dass die Fleischstücke buchstäblich darin schwimmen. Ausnahmsweise ist bei dieser kulinarischen Erfindung der historische Ursprung gesichert: Eine gewisse Madame Boubier soll es gewesen sein, eine kleine, rundliche Genferin, die 1930 die famose Kräuterbutter kreierte. Sie hatte sofort einen derartigen Erfolg damit, dass sie in ihrem Restaurant fortan nur noch ein einziges Gericht servierte: Entrecôte mit der besten Kräuterbutter der Welt! Andere Quellen behaupten zwar, es sei nicht Madame, sondern Monsieur Boubier gewesen, ein kleiner, schnurrbärtiger Genfer, der rund zwanzig Ingredienzen zur berühmten Butter aufmischte. Die dritte Version stammt von mir: Ich behaupte, dass es beide brauchte, die rundliche Madame und den schnurrbärtigen Monsieur, damit alles in Butter war. Gesichert ist dagegen, dass die Erfindung über mehrere familiäre Etappen schliesslich bei Freddy Dumont, dem heutigen Besitzer des Restaurants Café de Paris, landete und dass die Rezeptur seit jeher besser gehütet wird als das Bankgeheimnis. «Da sind so viele Zutaten drin, die ganz genau aufeinander abgestimmt werden müssen, dass wir sie nicht verraten», erklärt François Vouillamoz, der Geschäftsführer, stolz. «Unsere Kräuterbutter wurde zwar oft kopiert, konnte aber nie exakt gleich nachgemacht werden. Dafür wurde die Rezeptur in Lizenz an andere Restaurants weitergegeben, natürlich mit der Auflage, die Geheimkomposition gut im Tresor aufzubewahren.»

Bio. Nachprüfbar ist die exzellente Darreichungsform der kulinarischen Ikone. Satte 180 Gramm Biofleisch kommen auf den Tisch, butterzart, begleitet von einem grünen Salat und Pommes. Es ist notabene das einzige Menü des Hauses: Es gibt nur das. Entsprechend klein ist die Menükarte, die nur noch ein paar Hausdesserts aufführt, darunter Crème brulée, Flan caramel, Coupe Cerises au Cognac Maison und Tarte aux Poires Bardalou. Wenig, aber gut. Dafür ist dann bei den Liquiditäten einiges los: Vom Genfer «Coteau de Chalamont» bis zur Assemblage «Florilège» sind einige schöne Schweizer Weine zu entdecken. Dazu kommen – die Grenze ist ja nicht weit – einige edle Franzosen von der Côte de Beaune oder Pommard. Die Kräuterbutter kann man übrigens auch als Supplément bestellen, das hat allerdings seinen Preis: 250 Gramm der Edelbutter kosten zartschmelzende Fr. 16.50. Aber sie ist tatsächlich so gut, dass sich fast jeder Gast noch ein paar Gramm dieses «grünen Kaviars» zusätzlich gönnt.

Der «unendliche Spiegel», ein Charakteristikum der oft beidseitig verspiegelten Brasserien in der Romandie.

Sehen und Gesehenwerden – auch hier reflektieren sich mehrere Ebenen in den Fenstern und Spiegeln, was zu philosophischen Betrachtungen geradezu einlädt: Was ist Schein, was Wirklichkeit? Spätestens beim Genuss des saftigen Entrecôte wird jedoch klar: Das ist real und schmeckt!

DAS GEHEIMREZEPT

Es gibt zahlreiche Versuche, die Original-Käuterbutter nachzumachen. Die am häufigsten genannten Zutaten sind neben Butter, Mehl, Wasser und Rahm: Knoblauchzehen, Schalotten, Sardellenfilets, Kapern, Senf, abgeriebene Zitronenschale, Zitronensaft, Petersilie, Schnittlauch, Paprika, Curry, gemahlener Pfeffer, Salz und Cognac. Manche geben noch etwas Ketchup oder Worcestersauce dazu (was im Originalrezept sicher nicht der Fall war). Andere schwören auf die Zugabe von Rotwein. So oder so sind die Kräuter entscheidend. Erst wenn man mehrere Kräuter kombiniert, wird die Kräuterbutter ihrem Namen gerecht. Zum Beispiel Bohnenkraut, Liebstöckel und Oregano. Oder Estragon, Dill und Petersilie. Aber auch Rosmarin, Oregano und Salbei gehen gut zusammen. Dreissig Kräuter in solchen Dreierkombinationen ergeben allein schon über hundert mögliche Rezepturen. Und schliesslich kann man auch mit der Form der Kräuterbutter spielen. Mit dem Spritzsack lassen sich Rosetten oder kleine Kunstwerke in Mäanderform formen.

LES FAU
Gam
Appellation d'Origine
Elevé en Fût

– Entrecôte «Café de Paris» mit Pommes, dazu gibt es einen grünen Salat.
– So brutzelt das Entrecôte in der geschmolzenen, heissen Kräuterbutter.
– Hausgemachte Kuchen, eine Spezialität des Hauses.
– Coupe de Cerises au Cognac Maison mit Mangoscheiben.

Rezepte von **François Vuillamoz** im Anhang.

— **Entrecôte «Café de Paris»,** S. 401
— **Kräuterbutter «Café de Paris»,** S. 424
— **Genfer Birnentorte «Escalade»,** S. 421

RESTAURANT **27**

Auberge d'Hermance
Hermance

RESTAURANT: **Auberge d'Hermance**

ADRESSE: **1248 Hermance, Rue du Midi 12**

GASTGEBER: **Franz R. Wehren**

TELEFON: **022 751 13 68**

INTERNET: **www.hotel-hermance.ch**

RUHETAGE: **keine**

BETRIEBSFERIEN: **23. Dez. bis 10. Jan.**

WEGBESCHRIEB: **Erreichbar mit Schiff, Bus oder Zug ab Genf. Das Restaurant verfügt zudem über einen eigenen Bootsservice (ab Coppet, auf der anderen Seeseite).**

SPEZIELL: **romantisches Ambiente**

Vorne lacht der See, dahinter liegt das Dörfchen Hermance, und in einer der engen Gassen befindet sich eine Perle der Gastlichkeit. Das Haus ist Mitglied der Schweizer Romantik-Hotels, lebt aber im Restaurantbereich vor allem von den Tagesgästen: An den Abenden und Wochenenden ist jeweils «tout Genève» hier am Geniessen. Franz R. Wehren, Besitzer der Auberge, ist kein Unbekannter: Mit Erfolg hat er in den Siebzigerjahren das Familienhotel seiner Eltern in Saanenmöser komplett neu gebaut. Zur gleichen Zeit suchte er einen weiteren Betrieb in der Romandie und ist im Seedörfchen Hermance fündig geworden. Heute ist die Auberge eine der besten Adressen auf der linken Seite des Lac Léman.

Süsswasserkrebse, Grilladen und Poulet im Salzmantel

Wenn das Essen aussergewöhnlich ist, dann reisen die Feinschmecker auch ans Ende der Welt. Diese alte Erfolgsregel bestätigt sich in der Auberge d'Hermance exemplarisch: Das Restaurant mit dem mächtigen Holzofen im gedeckten Terrassenbereich liegt zwar gut fünfzehn Kilometer von Genf entfernt, direkt an der Grenze zum französischen Savoyen. Doch was hier an gastronomischer Qualität geboten wird, führt in der Hochsaison stets zu vollem Haus. «Im Winter ist es etwas ruhiger», erklärt Franz Wehren, der die Auberge 1981 von einer Pizzeria in ein Restaurant mit Hotel umgebaut hat und auf eine hochstehende Terroirküche setzt: Das Beste aus der Region wird innovativ zubereitet – und das ist angesichts der Seenähe vor allem Fisch. Aber auch erstklassige Grilladen werden auf dem offenen Feuer zubereitet.

Fisch aus dem See. Mit Fisch meint man in der Auberge d'Hermance frischen, und zwar fangfrischen Fisch aus dem Lac Léman. Jeden Morgen fährt Raphael Jordan, der Berufsfischer der Region, hinaus und holt Felchen, Egli und Saiblinge aus den Netzen. Heute – an einem heissen Sommertag – sind es zwei Kilogramm Egli, zehn Saiblinge und etwa zwanzig Felchen. Und genau so viel kommt am Abend auch auf den Tisch, nichts wird dazu gekauft, nichts tiefgefroren. Auch Seekrebse bringt der Fischer von April bis September in die Auberge. Gratiniert oder gekocht kommen die

Krebse auf den Tisch – eine Delikatesse, die in der Deutschschweiz kaum mehr zu finden ist. «Das liegt an der Grösse unseres Sees», erklärt Wehren, «aber auch an den vielen Zuflüssen mit Frischwasser vom Mont-Blanc-Gebiet, das für die Seekrebse ideal ist.» Auch dem Saibling sagt der gesunde See offensichtlich zu: Höchst geschmackvoll kommt der Edelfisch meunière oder pochiert auf den Teller, begleitet von Salicorne und Hartweizen.

Poulet im Salzmantel. Berühmt ist die Auberge nicht zuletzt für das Poulet im Salzmantel – eine schon optisch überraschende Gaumenfreude. «In Spanien wird Fisch seit Urzeiten im Salzmantel gegart, bei Escoffier taucht das Rezept in den Zwanzigerjahren auch für die Zubereitung von Poules de Bresse auf», erklärt Wehren. «Mit Güggeli hat es jedoch noch niemand versucht, also haben wir es ausprobiert, mit erstklassigen Poulets von einem Genfer Bauernhof – und das Resultat war überzeugend.» Wer die Delikatesse kostet, wird zustimmen: Der Salzmantel verleiht dem Poulet einen feinen, leicht salzigen Geschmack und macht es gleichzeitig schön saftig.

Grenzüberschreitungen. Nicht nur beim Poulet gehen die Rezepturen oft über die Region hinaus: Die hausgemachten Nudeln werden mit Muscheln aus der Bretagne serviert, der Thunfisch kommt im japanischen Stil mit einer Wasabi-Sauce auf den Tisch. Auch die Käseauswahl enthält einige Grenzüberschreitungen: «Savoyen ist für uns gleich um die Ecke, und da gibt es ganz hervorragende Käse und Wurstwaren, die man in der Schweiz kaum kennt», sagt Wehren, der im Nachbarland auch das dunkle Bauernmehl für sich mahlen lässt: Täglich wird daraus das Brot der Auberge im Holzofen selber gebacken. Auch die Konfitüren, die man zum Frühstück geniessen kann, sind hausgemacht. Und selbstverständlich setzt die Terroirküche des Hauses auch bei den Desserts auf traditionelle Kreationen: Es gibt zum Beispiel Apfel im Schlafrock oder gratinierte Crèpes. Dass wir uns mitten in einem der drei grossen Genfer Weingebiete befinden, zeigt sich im Keller: Nebst edlen Tropfen aus Frankreich sind auch zahlreiche Gewächse der einheimischen Weinproduzenten zu entdecken. Darunter ein fruchtiger Kerner von Jacques Naef aus Hermance oder ein erstklassiger Chardonnay von Laurent Villard aus Anières.

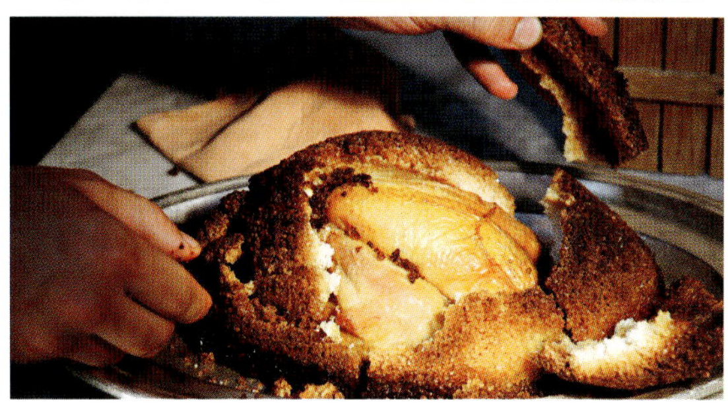

Das Dorf Hermance, im Mittelalter ein wichtiger Grenzübergang zu Savoyen.

Der Küchenchef holt das Poulet in der braun gebrannten Salzkruste aus dem Ofen: Wichtig ist eine hohe Temperatur des Ofens, damit die Salzkruste schön hart wird und sich danach gut von der Haut lösen lässt. Mit einem Holzhammer wird die Salzkruste aufgebrochen.

- Poulet «Perly» im Salzmantel nach Art der Auberge d'Hermance.
- Entenleber- und Gemüseterrine mit getrockneten Tomaten.
- Ecrevisses (Süsswasserkrebse) im Kupferpfännli mit Gemüse.
- Crème brulèe mit Zitronenglace.
- Ausschnitt aus dem reichhaltigen Wurst- und Käseangebot des Hauses.

Rezepte von **Franz R. Wehren** im Anhang.

— **Poulet «Perly» im Salzmantel,** S. 403

Einkaufstipps Kanton Genf

DAS BESTE UNTER EINEM DACH

Halle de Rive, Genève

Einen guten Überblick über die Genfer Spezialitäten gibt es in der Innenstadt. Über zwanzig Produzenten sind in der Halle de Rive in einer historischen Lagerhalle unter einem Dach vereint – vom Bäcker bis zum Fischer, vom Gemüsehändler bis zum Floristen. Hier hat auch Jacques Bulliard seinen Laden mit exzellenten Atriaux, Blutwürsten und Crépinettes de la mort.

Am Mittwoch- und Samstagmorgen findet jeweils zusätzlich ein Markt vor den Toren der Lagerhalle statt.

Halle de Rive, Boulevard Helvétique 29, 1207 Genève, Tel. 022 736 48 76, www.halle-de-rive.ch.

PRODUKTE VOM BAUERNHOF

Les Jardins de Cocagne, Sézegnin

Die Felder und Treibhäuser dieser kleinen Gemüseplantage, die als Kooperative geführt wird, befinden sich etwas ausserhalb von Sézegnin, gehören jedoch zur Gemeinde von Bernex. Es gibt saisonal alles ab Hof, wobei es sich empfiehlt, vorher die am Tag geernteten Produkte abzuklären und gleich eine bestimmte Menge vorzubestellen. *Les Jardins de Cocagne, 1233 Bernex, Tel. 022 756 34 45, www.cocagne.ch.*

Pierre Gallay, Cartigny

Den «Papst des Cardon-Gemüses», nennen die Genfer Pierre Gallay, der in Cartigny eine grössere Gemüse- und Früchteplantage betreibt. Ab November holt er die Cardons aus dem Boden. Die Nachfrage ist jeweils gross, es lohnt sich deshalb, sich vorgängig telefonisch einige dieser Gewächse zu sichern. *Pierre Gallay, Route de Chancy 36, 1236 Cartigny, Tel. 022 756 16 76.*

La ferme de Merlinge, Gy

Immer am Samstagmorgen von 9 bis 12 Uhr tischt die Ferme de Merlinge ihr reichhaltiges Brunch-Buffet auf, bei dem vom Brot über die Konfitüren bis zu den Eiern alles vom eigenen Hof stammt. Im Hofladen kann man die Hofprodukte, darunter auch Honig, Trockenwürste und Poulets, kaufen. Die Ferme de Merlinge soll einer Wohnüberbauung weichen und hat einen Verein gegründet, um den Spekulationsbau zu verhindern. *Ferme de Merlinge, Familie Cholet, 1251 Gy, Route de Gy 85, Ruhetag: So., Tel. 022 759 15 92, www.fermedemerlinge.ch.*

WÜRSTE, FLEISCH

Boucherie du Palais, Carouge

André Vidonne ist der grosse Guru, der Weise, der Che Guevara der Genfer Wurstmacherkunst. In seiner Boucherie du Palais in Carouge macht er die Longeole und andere Fleischspezialitäten (siehe Reportage S. 172). Zwei seiner Mitarbeiter betreiben das Verkaufsgeschäft, das auch dem Publikum offensteht. *Boucherie du Palais, Rue Blavignac 5, 1227 Carouge, Tel. 022 309 43 60, www.vidonne.ch.*

Boucherie Fontaine, Grand-Lancy

«Ich bin sicher, die Longeole ist vom Fontaine» gilt schon fast als geflügeltes Wort in Genf, wenn die Hauswurst sehr gut ist. Hannelies Thomas vom Restaurant Chez Babel kauft die Longeole jedenfalls vornehmlich in der Metzgerei Fontaine ein – auch sonst eine gute Adresse für erstklassiges Fleisch. *Boucherie Charcuterie Fontaine, Avenue Communes-Réunies 6, 1212 Grand-Lancy, Tel. 022 794 32 38.*

La Ferme d'Autrefois, Bernex

Eine rustikale Metzgerei mit eigener Schweinehaltung mitten in der Campagne. Hier gibt es so ziemlich alles in Sachen Fleisch, von der Longeole bis zum Kotelett in erstklassiger Qualität. *Marc Graf, Chemin de la Chapelle 7, 1233 Bernex, Tel. 022 757 18 11, Öffnungszeiten: Mi. 15 bis 18 Uhr, Do. bis Sa., 09 bis 12 Uhr. www.bernex.ch.*

WEIN

Stéphane Gros, Dardagny

Stéphane Gros macht fruchtige Weine mit Charakter, die man als Weinliebhaber kennen sollte. Für Degustationen und persönliche Führungen durch die Rebberge am besten vorher telefonieren. *Stéphane Gros, Chemin de Bertholier 10, 1283 Dardagny, Tel. 022 754 00 18 und 079 516 26 42, www.stephane-gros.ch.*

Familie Pittet, Russin

Rund 25 Prozent des Genfer Weins stammt von hundert Winzerfamilien, die bei der Kooperative Cave de Genève dabei sind. Hier lässt auch Philippe Chevrier seine Assemblage «Magali» keltern, benannt nach dem Namen seiner Frau. Degustieren kann man die Weine bei den Winzerfamilien, zum Beispiel bei der Familie Fernand Pittet in Russin, bei der man auch günstig übernachten kann. Der Bauernhof liegt im Dörfchen Russin auf einem Hügel im Naturschutzgebiet des Allondon. Zugverbindung bis Russin, im Sommer verkehren Schiffe bis zum Staudamm von Verbois. *Familie Fernand Pittet, Chemin Croix de Plomb 34, 1281 Russin. Tel. 022 757 28 36.*

Domaine des Curiades, Lully

Die Domaine des Curiades gehört zu den besten Produzenten des Kantons – und zu den innovativsten: Jules Dupraz, der Begründer des Familienunternehmens, brachte um 1900 die ersten Alligoté-Rebstöcke in die Region, als die Traube in Genf noch völlig unbekannt war. Seither hat sich der spritzige, leichte Weisswein zu einem Markenzeichen des Kantons entwickelt. Heute führen Christophe und Jacques Dupraz das Traditionsunternehmen, das erstklassigen Alligoté, aber auch Chasselas, Chardonnay, Sauvignon sowie bei den Rotweinen Gamay, Pinot noir und Gamaret keltert. Ein bedeutender Teil der Produktion erfolgt nach biodynamischen Methoden. «Damit geben wir dem Boden und den Trauben die Chance, ihre volle Kraft zu entwickeln», sagt Jacques Dupraz. Unbedingt probieren sollte man den Alligoté «Les Curiades» und «L'Authentique», gekeltert aus Gamay und in der Barrique ausgebaut. Eines der Flaggschiffe des Hauses ist «L'Absolu», gekeltet aus den besten Trauben des Hauses, vinifiziert ohne jegliche Zusatzstoffe und ungefiltert abgefüllt – ein herrlicher, etwas wilder Rotwein, der gut zu Fleisch, Wild und Käse passt. Schön auch der «L'Esprit de Genève», der von mehreren Winzern der Region unter dem gleichen Namen als Assemblage hergestellt wird, aber in der Zusammensetzung individuell ist und somit seine Handschrift trägt. Kellerbesichtigungen und Degustationen sind täglich (ausser am Mittwoch) möglich. Am besten vorher telefonieren.

Domaine des Curiades, Chemin des Curiades 49, 1233 Lully, Tel. 022 757 28 15, www.curiades.ch

SÜSSIGKEITEN

Marmites

Die Marmite aus Schokolade wurde am 8. Dezember 1882 erfunden: Dann erschien im *Journal de Genève* erstmals ein Inserat, das eine Marmite aus Schokolade und Nougat zeigte, angelehnt an einen alten Stich mit der Mère Royaume und ihrem Suppentopf. Das Inserat stammte von der Confiserie Finaz an der Grand'Rue, die damit als Erfinderin der süssen Köstlichkeit gelten darf. Leider existiert die Confiserie heute nicht mehr, dafür gibt es andere gute Confiserien, zum Beispiel die seit 1820 in Genf beheimatete Confiserie der Familie Auer. *Chocolaterie Auer, Rue de Rive 4, 1204 Genève, Tel. 022 311 42 86, www.chocolat-auer.ch.*

BIER

Brasserie des Murailles, Meinier

Philippe Margand von der Brasserie des Murailles braut besondere Biere und ist gleichzeitig auch der einzige Kleinbrauer der Stadt. Es gibt weisses, blondes, rotes, braunes, schwarzes Bier, jedes mit einer eigenen Geschmacksnote, jedes eine originäre Kreation. Dabei arbeitet Philippe Margand ausschliesslich mit natürlichen Ausgangsmaterialien und ohne Zusatzstoffe. *Brasserie des Murailles, Route de Corsinge 48, 1252 Meinier, Tel. 079 348 10 78, http://bmurailles.ch.*

Weitere Restaurants im Kanton Genf

BISTRO AUS DEM BILDERBUCH

Café du Soleil, Genève-Saconnex

Ein Bistro wie aus dem Bilderbuch, erbaut vor 400 Jahren und damit eines der ältesten der Stadt. Es gibt ein lauschiges Gärtchen, umrankt von wilden Trauben, mit einem alten Lindenbaum. Im Inneren sitzt man an Holztischen und auf Bistro-Stühlen. Kulinarische Schwerpunkte sind saisonal wechselnde Salate, zum Beispiel Linsensalat mit Roquefort oder Geflügelleber an Himbeer-Vinaigrette, dazu kommen Omeletten, Grilladen, Malakoffs und das Fondue, das manche Gäste als «das beste der Welt» bezeichnen. Gastgeberin ist Dominique Berthet, durch und durch Genèvoise und stolz auf ihr Plätzchen, das sich wie eine Insel im Sturm der Zeit behauptet hat. In der Nähe der Place Grand-Pré (erreichbar mit der Buslinie 3). *Café du Soleil, Place du Petit-Saconnex 6, 1209 Genève, Tel. 022 733 34 17, www.cafedusoleil.ch.*

WIEDER AM HERD

Restaurant Au Petit Collège, Carouge

Ende der 80er-Jahre war Gérard Bouilloux einer der Stars der Genfer Gastronomie, bekannt für seine «belle gueule» und seine exzellente Küche im Vieux Moulin de Drize. Damals zählte Genf 14 Sterne-Restaurants. Ähnlich wie Le Bouhec, heute im Les Curiades, hatte auch Bouilloux einige Hochs und Tiefs zu überstehen – jetzt ist er wieder am Herd, in einem hübschen kleinen Lokal mitten im alten Carouge, mit einer exzellenten französisch-mediterranen Küche. Restaurant *Au Petit Collège, Gérard et Eliane Bouilloux, Rue du Collège 8, 1227 Carouge, Ruhetage: So., Mo., Betriebsferien: Ende Aug. bis Mitte Sept., Tel. 022 300 20 98.*

KLASSISCHE BRASSERIE

Café du Centre, Genfer Altstadt

In der Stadt Genf weht der Wind weltoffener Urbanität, mit einer frischen Brise vom Mittelmeer und Atlantik. Eine dieser wundervollen Brasserien mit Jugendstilmalereien, verschnörkelten Lampen, Kellnern mit weissen Schürzen und einer grossen Terrasse liegt im Quartier Molard. Das Haus stammt aus dem Jahr 1724. Auf dem Eis liegt alles, was Mittelmeer und Atlantik zu bieten haben. Die Karte ist jedoch breit gefächert und beinhaltet auch Felchenfilet, Sauerkraut, Schweinskotelett vom Bauernhof Graf in Bernex, Lammfilet à l'ail Caviar d'aubergines oder Entrecôte Simmental mit hausgemachter Kräuterbutter.

Café du Centre, 1204 Genf, Place du Molard 5, Tel. 022 311 85 86, www.cafeducentre.ch.

GESCHICHTSTRÄCHTIG

Hôtel-Restaurant Les Armures, Genève

In diesem Prachtsbau aus dem 17. Jahrhundert wird in vorbildlicher (allerdings nicht ganz billiger) Weise die Schweizer Terroirküche gepflegt. Hier kommt im Dezember die Genfer Soupe de la Mère Royaume auf den Tisch, auch Rindsfilet mit Sauce Béarnaise, Kalbsgeschnetzeltes, St. Galler Schüblig, Fondue, Raclette und andere Schweizer Klassiker zieren die Menükarte. Das stilvolle Dekor hindert die Gastgeber allerdings nicht, auch Spaghetti und Pizza anzubieten. *Hôtel Les Armures, Rue du Puits-Saint-Pierre 1, 1204 Genève, Tel. 022 310 91 72, www.hotel-les-armures.ch.*

SCHÖNE LANDBEIZEN

Auberge du Vignoble doré, Russin

Lidia Ferreira kommt ursprünglich aus Portugal, schreibt Gedichte, hat Power für zwei und ist eine konsequente Verfechterin der Terroirküche. Das Tatar aus erstklassigem Rindfleisch ist im ganzen Kanton berühmt und wird am Tisch zubereitet. Die Terrinen sind hausgemacht, im Sommer zum Beispiel mit Sommertrüffel à l'Armagnac. *Auberge du Vignoble doré, Lidia Ferreira, Ruhetage: So.-Abend, Mo., Betriebsferien: keine, Tel. 022 754 11 13, www.vignobledore.com.*

Auberge de Landecy

In Landecy findet man überall herrliche Bauern- und Blumengärten; ein Traum für die Freunde ländlicher Romantik, in die sich der Landgasthof in der Dorfmitte bestens einfügt. Das Restaurant versucht sich zwar in gehobener Gourmetküche, zeigt jedoch viel aus dem Terroir, zum Beispiel Rindsentrecôte, Lammrücken, viele hausgemachte Desserts und einen opulenten Käsewagen. *Auberge de Landecy, Route du Prieur 37, 1257 Landecy, Ruhetage: So., Mo.-Mittag, Sa.-Mittag, Betriebsferien: auf Anfrage, Tel. 022 771 41 41, www.auberge-de-landecy.ch.*

TOP

Châteauvieux, Peney-Dessus

Mit 19 Gault-Millau-Punkten gehört das Châteauvieux zu den fünf höchstbewerteten Restaurants der Schweiz. Das Gasthaus, das schon eher ein schlossähnliches Anwesen ist, liegt in den Weinbergen von Satigny und gehört Philippe Chevrier, einem der grossen und engagierten Vordenker der Genfer Terroirküche. Wie es sich in der Königsklasse gehört, bilden zwar Hummer, Langusten, Entenleber & Co. einen Schwerpunkt im kulinarischen Angebot. Trotzdem zeigt das Haus sympathisch viel Schweizer Bodenhaftung: Es gibt zum Beispiel Kalbsbäggli mit Kartoffelstock, Simmentaler Rindsfilet, Kaninchen vom Bauernhof oder Lammrücken mit Gemüse. Auch bei den Desserts wird im Châteauvieux auf die Region gesetzt; saisonal stehen Erdbeeren aus dem Mandement, flambiert mit Cassis, Meringue mit Double Crème

oder pochierte Birnen auf der Karte; dazu kommt eine erlesenen Käseauswahl. Dass die Weinkarte die edelsten Tropfen der Region enthält, unterstreicht die Terroirphilosophie; dazu gehören etwa auch die alljährlich von Philippe Chevrier persönlich und immer wieder neu zusammengestellte Assemblage, gewidmet seiner Frau Magali und gekeltert von der Cave de Genève. Schön am Châteauviex: Die Preise sind vergleichsweise moderat, das gilt speziell für das Mittagsmenü mit fünf Gängen.

Châteauvieux, Philippe Chevrier, Chemin de Châteauvieux 16, 1242 Satigny-Genève, Ruhetage: So. und Mo., Betriebsferien: 23. Dez. bis. 3. Jan., 3 Wochen Juli/Aug. Tel. 022 753 15 11, www.chateauvieux.ch.

DAS KLEINE CHÂTEAU

Café de Peney, Peney-Dessous

Das Café de Peney (14 GM) wird von den Einheimischen liebevoll auch das «kleine Château» genannt. Es befindet sich unterhalb des Châteauvieux und gehört ebenfalls Philippe Chevrier. Vieles, was es oben gibt, gibt es auch unten, zum Beispiel Simmentaler Rindsfilet, Schweinshaxe in Rotweinfond mit Walliser Speck, aber auch kleinere Gerichte wie Lachstatare mit Weichkäse und Früchtecoulis. Dazu kommen täglich wechselnde Mittagsmenüs. Stimmungsvoller Innenraum im Bistrostil, schöne Gartenterrasse. Hafen der Rhoneschifffahrt gleich vis-à-vis! *Café de Peney, Route d'Aire-la-Ville 130, Peney-Dessous, 1242 Satigny-Genève, Ruhetage: keine, Betriebsferien: 23. Dez. bis 3. Jan., Tel. 022 753 17 55, www.chateauvieux.ch.*

WAADT

Savoir vivre

Nirgends gibt es so viele Gourmettempel, nirgends so viele Wurstpezialitäten, spritzige Weine und Chocolatiers wie im Kanton Waadt. Allein in der Region des Lac Léman tummeln sich Dutzende von Schokoladekünstlern, deren Kreationen bei den Vaudois äusserst beliebt sind. Das Savoir-vivre, die Lebenskunst, ist im viertgrössten Kanton der Schweiz ganz ausgeprägt mit kulinarischen Genüssen verbunden: Die Waadtländer sitzen länger zu Tisch als andere Schweizer. Sie bewerten das Essen als wichtigsten Lebensinhalt. Und wer es sich leisten kann, geht mindestens einmal im Jahr zu Philippe Rochat in Crissier oder zu Gérard Rabaey ins Le Pont de Brent – koste es, was es wolle. Höchste Zeit also, um bei den Lebenskünstlern einige lustvolle Nachhilfestunden zu nehmen!

Entschleunigte Zeit

Wenn Deutschschweizer von der Romandie sprechen, meinen sie in erster Linie das Waadtland und können sofort einige berühmte Spezialitäten nennen: allen voran den Waadtländer Saucisson; oder klingende Weinnamen wie Féchy, Dézaley oder Saint-Saphorin. Und natürlich das Lauchgericht mit Kartoffeln, den Papet vaudois, zu dem eine andere berühmte Wurstspezialität gehört: der Saucisson d'Orbe, gefüllt mit Schweinefleisch und Weisskohl. All das gehört zum Waadtland wie der Eiffelturm zu Paris. Doch auch weniger bekannte Spezialitäten sind eine Reise zu den Lebenskünstlern wert: zum Beispiel die knusprigen Käsebomben namens Malakoff, die in der Region La Côte am Lac Léman geboren wurden. Oder die stengelförmigen Varianten, die Beignets, ebenfalls mit heissem Käse gefüllt, aus Vinzel. Dann natürlich der Vacherin Mont d'Or, der

im Winter im Waadtländer Jura hergestellt wird – von Kennern auch heiss gegessen: Die runden Schachteln aus Tannenholz bilden dabei das Natur-Caquelon, aus dem man das Mini-Fondue löffelt. Wer noch tiefer im kulinarischen Erbe des Waadtlandes gräbt, entdeckt kulinarische Werte, die auch noch in hundert Jahren existieren werden: Originale, die ein uraltes Wissen enthalten, das dem Prinzip der entschleunigten Zeit folgt: Eine Woche lang darf das Wurst-Monument namens Boutefas im Rauch hängen, mehrere Wochen ein Vacherin Mont d'Ort im Naturkeller reifen, bis er zartschmelzend wird. Und fast unnötig zu sagen: Eine Chasselas-Traube braucht ein ganzes Jahr, um zu reifen, und dann nochmals mehrere Monate, bis man ihren Saft als spritzigen Weisswein geniessen kann. Erst die Verlangsamung schafft die wahren Gaumenfreuden.

DIE TIEFEN WASSER DES LAC LÉMAN

Die Deutschschweizer bezeichnen den Lac Léman oft als Genfersee, was die Vaudois nicht gerne hören – immerhin befinden sich über 100 Kilometer der Küstenlinie des grössten und tiefsten Sees der Schweiz auf Waadtländer Gebiet. Es sind auch die Vaudois, die das Rhonewasser von den Wallisern entgegennehmen und den Genfern bei Nyon überlassen, die es dann ihrerseits auf die lange Reise in die Provence schicken. Über elf Jahre braucht das Wasser, um den See von Le Bouveret bis nach Genf zu durchfliessen. Das liegt an der Tiefe und Grösse des Sees, der mit 89 Kubikkilometer das grösste Volumen aller Gewässer Mitteleuropas aufweist. Diese grosse, ruhende Wassermasse, die «in tausend Splittern glitzert», wie es der Dichter Ramuz beschreibt, scheint sich auch auf das Lebenstempo der Region ausgewirkt zu haben: In keinem anderen Kanton der Schweiz nimmt man sich so viel Zeit für das Essen. Nirgends bewertet man das Essen auch wegen seines sozialen und kommunikativen Werts so hoch wie im Waadtland. Und nirgends setzt man auch die Mittagspause so früh an: «On prend un petit apéritif», heisst es spätestens um elf Uhr in den Restaurants, und rasch finden sich genügend Gäste, um eine Flasche Weissen zu entkorken. «Wenn du hier aufgewachsen bist, fällt es dir schwer, in der Deutschschweiz zu leben», sagte mir Gérard Cavuscens von der Auberge de l'Onde in Saint-Saphorin. Er muss es wissen: Nach einem Jahr als Leiter eines Restaurants in Zürich kehrte er freudestrahlend an die Gestade des Genfersees – pardon: des Lac Léman zurück und führt seither mit Erfolg und einem stets breiten Lachen die gemütliche Auberge im Lavauxgebiet (siehe S. 236).

Seepromenade in Lutry.

Blick auf das Schloss Glérolles in der Nähe von Saint-Saphorin.

Das kulinarische Erbe des Waadtlandes

Die Riviera des Weins am Lac Léman

Einen herausragenden Wert im kulinarischen Erbe des Waadtlandes stellt der Wein dar, der im fünftgrössten Kanton unseres Landes vor allem da anzutreffen ist, wo sich Seen befinden. Die Symbiose mit dem Wasser scheint den Waadtländer Tropfen besonders gut zu bekommen. Winzer wie Raymond Paccot, Pierre Monachon oder die Familie Cruchon belegen die markant gestiegene Qualität der Weine, die mit internationalen Spitzenweinen längst mithalten können. Das gilt nicht zuletzt für den Chasselas, der lange Zeit das Sorgenkind der Region war. Erst als die Winzer begannen, die Trauben zu reduzieren und auf das Prinzip «Weniger ist mehr» zu setzen, kamen die Qualitäten der Chasselas-Traube zum Vorschein. Es brauchte eben auch hier seine Zeit, um unter dem Schleier die Schönheit dieser «Ägypterin» zu entdecken. Denn ursprünglich stammt die Chasselas-Traube aus dem Land am Nil und wurde mit Sicherheit auch schon von Kleopatra genossen.

Praktisch an der gesamten Küste des Lac Léman, aber auch am Neuenburgersee und in der kleinen Exklave beim Mont Vully am Murtensee werden Weine produziert.

LA CÔTE

Das grösste Weingebiet (über 2000 Hektaren) befindet sich zwischen Lausanne und Nyon und heisst La Côte. Über die Hälfte des Waadtländer Weissweins wird hier produziert, vor allem Chasselas, aber auch Chardonnay, Pinot gris, Muscat. Aus der Region stammt auch über die Hälfte des Waadtländer Rotweins, hauptsächlich Pinot noir und Gamay. Die bekanntesten Appellationen sind Féchy, Mont-sur-Rolle, Luins und Vinzel. Wie in vielen anderen Weingebieten führt eine schön angelegte Weinwanderroute (Route des vignobles) auch durch die Côte, auf der man die Weinberge und Caves erkunden kann.

LAVAUX

Das Lavaux ist das grösste zusammenhängende Weingebiet der Romandie. 2007 wurde es in das Weltkulturerbe der UNESCO aufgenommen – zu Recht: Die kunstvoll angelegten Terrassen zwischen Lausanne und Vevey bilden eine einzigartige Kulturlandschaft. Malerische Dörfer wechseln ab mit verwinkelten Rebbergwegen; überall lassen sich kleine Pinten und Caves entdecken. Renommierte Weine wie Saint-Saphorin, Epesses, oder Villette werden hier gekeltert. Nicht zu vergessen der Dézaley, der in der steilsten und ältesten Weinbauzone des Lavaux gedeiht: Bereits im 12. Jahrhundert wurden die Terrassen von Zisterziensermönchen angelegt. Im Herbst, wenn die Trauben reif sind, ist der Besuch in dieser einzigartigen Weinregion am interessantesten; dann herrscht in den Rebbergen Hochbetrieb. Innert weniger Wochen werden die Trauben gelesen und gekeltert, und danach finden (feucht-)fröhliche Winzerfeste statt, in traditionellen Kostümen, wie zum Beispiel in Saint-Saphorin.

CHABLAIS

Das Chablais mit dem Hauptort Aigle ist mit 600 Hektaren das drittgrösste Waadtländer Weingebiet. Es erstreckt sich von der Nordostseite der Rhone bis zur Kantonsgrenze zum Wallis. Die Weinberge von Aigle bringen mit ihren Böden aus Kies, Schlamm, Kalk und Magnesium elegante Weine der Sorten Chasselas und Pinot noir hervor. Die kalkigen Böden rund um Bex eignen sich besonders gut für Pinot noir, Gamay und Chasselas. Bekanntester Wein der Region ist der Yvorne, der unter anderem von den Gebrüdern Deladoey in der Domaine de l'Ovaille gekeltert wird.

CÔTES DE L'ORBE, BONVILLARS UND VULLY

Drei kleinere Weingebiete befindet sich in der Region des Mont Vully am Murtensee, in Bonvillars am Neuenburgersee sowie in der Region Orbe, genannt Les Côtes de l'Orbe (das einzige Waadtländer Weinbaugebiet ohne Seelage). Auch in diesen Terroirs ist Chasselas die mit Abstand am meisten verbreitete Rebsorte, gefolgt von Pinot noir.
Weitere Informationen zu den Waadtländer Weingebieten und den Produzenten findet man auf: *www.vins-vaudois.com.*

Der Chasselas – die Seele der Vaudois

Es ist Ende Juli, noch sind die Chasselas-Trauben fahlgrün und hart. Doch das wird sich ändern bis Ende September. Dann beginnt die Ernte an den Sonnenhängen von Féchy – auch bei Raymond Paccot, dem führenden Winzer der Region, den ich an einem strahlenden Sommertag besuche. Wie kein Zweiter hat er dem einstigen Massenwein zu neuem Renommee verholfen. Fein ziselierte, mineralische Weine entstehen heute in seinem Terroir. Etwa der Chasselas Le Brez, der zu einem der besten Chasselas der Welt gekürt wurde. Oder sein Féchy en Bayel, ein lebhafter, finessenreicher Weisswein, der als erster Waadtländer den Chasselas-Cup gewinnen konnte. «Beim Bayel lesen wir die Trauben früh, pressen sie auch bewusst ganz langsam aus, sodass sie all ihre Aromen, die ganze Frische und Lebhaftigkeit an den Most abgeben können», sagt Paccot, der seit mehr als dreissig Jahren in der Domaine La Colombe «auf der Suche nach dem Ausdruck des Terroirs» ist, wie er seine Philosophie beschreibt. In der Praxis bedeutet dies langsame, geduldige Arbeit, um Boden und Traube harmonisch zu ver-

Der Chasselas – im Wallis als Fendant und in Deutschland als Gutedel bekannt – ist mit rund 70 Prozent der gesamten Anbaufläche die wichtigste Rebsorte im Waadtland. Die Traube stammt ursprünglich aus Ägypten und gelangte via Konstantinopel 1523 nach Frankreich. Dort, in der Nähe von Mâcon, im Winzerdorf Chasselas, wurde die Rebe erstmals in Europa angepflanzt. In der Romandie ist der Chasselas seit 400 Jahren heimisch, dies dank den Klöstern, die Chasselas-Rebstöcke aus dem Burgund an den Lac Léman brachten und im Lavaux-Gebiet auch die Terrassen für den Weinbau anlegten.

Raymond Paccot in seinem Weinberg in Féchy.

Viele seiner Rotweine baut Paccot in Eichenfässern aus.

Im Bild rechts ein Ausschnitt aus dem Weinsortiment: «La Colombe Noir» (Pinot noir aus 35-jährigen Rebstöcken), «La Colombe Rouge» (Assemblage aus Garanoir, Gamaret, Gamay und Pinot noir) und die drei Chasselas aus den Terroirs Féchy, Petit Clos und En Bayel.

binden. «Das ist das Wichtigste im Weinbau», sagt Paccot. «Das Zweite sind die Rhythmen der Natur. Nicht wir sagen der Natur, was sie zu tun hat, die Natur sagt uns, was sie braucht. Ein guter Winzer ist im Endeffekt nur ein Beförderer der biodynamischen Prozesse.» Die Trauben im Rhythmus der Natur machen lassen, keine Herbizide, keine synthetischen Spritzmittel, kleinere Trauben, kleinere Mengen: Mit dieser uralten Technik entstehen heute bei Paccot Chasselas der Spitzenklasse. Das hat auch Frédy Girardet festgestellt: «Man darf den Chasselas nicht unterschätzen, vor allem nicht, wenn er so vinifiziert wird, wie es Paccot macht.» Jahrelang hat der ehemalige Spitzenkoch für sein Restaurant in Crissier eigene Assemblages von Paccot keltern lassen und zu jeder eine «Betriebsanleitung» samt passendem Gericht verfasst. Noch heute wählt Frédy Girardet alljährlich seine persönliche Sélection bei Paccot aus, der ihm jeweils mehrere Vorschläge zum Degustieren gibt: «Natürlich sind das keine reinen Terroirweine, sondern Assemblages, die spezifisch für die Kombination mit bestimmten Speisen geschaffen werden», erklärt Girardet, der früher jeweils als Erstes den Wein verköstigte und erst danach das passende Gericht kreierte, zum Beispiel grillierte Jakobsmuscheln zu einem Sauvignon blanc Réserve.
Die Keller der Domaine La Colombe sind geöffnet am Freitag von 16.30 bis 19 Uhr, am Samstag von 9.30 bis 12 Uhr oder nach telefonischer Vereinbarung.

Violaine und Raymond Paccot, 1173 Féchy, Tel. 021 808 66 48, www.lacolombe.ch.

Weniger ist mehr

Die Chasselas-Rebe ist wie ein Spitzensportler: Gibt man ihr viel Dünger, steigert sie die Leistung; die Beeren werden grösser, verlieren aber schnell an Süsse und Finesse. Das ergibt zwar grössere Ernten, qualitativ aber keine herausragenden Weine. «Und genau das war bis in die Achtzigerjahre hinein das Grundproblem beim Chasselas im Waadtland, aber auch beim Fendant im Wallis», erklärt Raymond Paccot, einer der bekanntesten Chasselas-Künstler der Schweiz. «Es wurde auf Menge gearbeitet, und das ist bei dieser Traube grundfalsch: Sie zeigt ihre wahren Qualitäten erst, wenn man das Gegenteil macht: Man muss sie machen lassen, darf keinen Dünger geben, muss rigoros herausschneiden, bis sich die Rebe an die neuen Bedingungen gewöhnt hat. Das ergibt dann kleinere Trauben, aber mit wesentlich mehr Kraft im Saft.» Paccots Augen leuchten, wenn er von der Chasselas-Traube spricht. Für ihn ist sie die Seele des Waadtlandes: «Diese mediterrane Leichtigkeit, die sanften Hügel, die sie so liebt, die luftigen, fruchtigen Weine, die daraus entstehen: Sie hat den Charakter der Vaudois geprägt, ist Teil unserer Identität geworden. Und sie bietet wie keine andere Traube die Chance, elegante, subtile Weine zu machen mit vergleichsweise wenig Alkohol – genau das, was die Leute heute suchen. Man offeriert ein Glas Chasselas zu einem Stück Gruyère und bekommt so nicht nur zwei, sondern drei Geschmacksnoten. Der Chasselas befördert den Geschmacksprozess besonders gut auch bei Fischgerichten.»
Um den Charakter der Chasselas-Traube voll zu entfalten, hat Raymond Paccot als einer der ersten Winzer in der Schweiz auf biodynamische Methoden umgestellt, was der Traube offensichtlich behagt: «Ich sage nicht, das sei der beste Wein der Welt – wenn Sie mehrere Kinder haben: Welches ist das Beste? Es ist einfach ein sehr eleganter, nuancierter Wein, der auch viel zur Varietät beitragen kann.»

Waadtländer Extrawürste

Das Waadtland gilt als Wurstparadies. Gleich mehrere berühmte Saucissons haben hier ihren Ursprungsort. Der berühmteste ist der Saucisson vaudois, eine geräucherte Rohwurst mit unterbrochener Reifung, die gekocht gegessen wird. Nicht minder beliebt ist der geräucherte Saucisson d'Orbe, gefüllt mit Fleisch und Kabis. Der Dritte im Bund ist der dicke, fette Boutefas, ein geradezu archaisch anmutendes Fossil des Wursthandwerks. Aus dem Waadtländer Dialekt «boute la faim» (verjagt den Hunger) leitet sich ihr Name ab, was angesichts der monumentalen Darreichungsform nicht erstaunt: Ein Boutefas kann gut und gern bis zwei Kilogramm auf die Waage bringen. Dabei ist genau festgelegt, was in den Schweinedarm gefüllt werden darf: Nur grob gehacktes Schweinefleisch, Speck, Pfeffer, Salz, manchmal auch etwas Wein oder Schnaps dürfen zwischen die mit Schnüren abgebundenen Därme gepackt werden. Dann geht es ab in die Räucherei, wo einmal mehr die Zeit die einzigartige Geschmacksintensität hervorbringt. Eine Woche lang hängt der Boutefas im Rauch. Mindestens eineinhalb Stunden muss man ihn bei der Zubereitung im heissen Wasser ziehen lassen. Je nach Fettanteil braucht das «Monster» auch seine Zeit bei der Verdauung.

Mit dem Boutefas, dem Saucisson vaudois und der Saucisse aux choux ist die Waadtländer «Wurstologie» keineswegs zu Ende: Rund ein Dutzend regionale Wurstkreationen, mit ausgesprochen originärer Füllung, umfasst das kulinarische Erbe des Kantons. Dazu gehören die Waadtländer Leberwurst (Saucisse au foie) und die Hauswurst (Saucisse ménage). Obwohl diese Köstlichkeiten eigentlich Winterspezialitäten sind, werden sie heute zum Teil während des ganzen Jahres produziert und in allen Landesteilen genossen – und zwar in Mengen: Rund zwei Millionen Kilogramm Waadtländer Brühwürste werden alljährlich hergestellt und verzehrt.

Drall und prall

Was eine gute Wurst ausmacht, hat Jacques Chessex in seinem Buch *Leben und Sterben im Waadtland* beschrieben: «Der Saucisson muss herb und drall und fleischig sein.» Das trifft auch auf den Boutefas zu. Er ist der drallste und prallste von allen. Und der gefährlichste: Versieht man die Wurstenden vor dem Sieden nicht mit Zahnstochern, spritzt das Innenleben beim Anschneiden auf dem Teller unweigerlich im hohen Bogen heraus. Die Garzeit des bis zu zwei Kilogramm schweren Brockens beträgt bis 90 Minuten, bei der Saucisse aux choux 30 Minuten und bei einem Saucisson vaudois rund eine Stunde. Nur die Genfer Longeole, eine Wurst mit viel gehackter Speckschwarte, muss noch länger im Wasser bleiben – bis zu drei Stunden beträgt bei ihr die Garzeit, damit das Fleisch den gallertartigen Saft der Speckschwarte aufsaugen kann.

Kleine Wurstologie der Romandie:
Oben links die hufeisenförmige Saucisse aux choux, rechts davon ein Boutefas, der bis zu zwei Kilogramm schwer werden kann (der im Bild ist 960 Gramm schwer), darunter zwei ganze und ein aufgeschnittener Saucisson vaudois, rechts aussen eine Saucisse aux choux.
Kleine Bilder unten: Boutefas und Saucisse aux choux.

DER TRICK MIT DEM KABIS

Dass Nahrungsmittel nicht selten auch eine symbolische Bedeutung haben, zeigt der Blick in die Geschichte der Kabiswurst von Orbe. Entstanden ist sie aus einem ebenso schlitzohrigen wie rebellischen Akt. Die Legende erzählt, dass der karolingische Kaiser 879 durch die Lande zog und in Orbe zu nächtigen gedachte. Ein Gefolge von hundert Menschen mussten die Bürger des kleinen Dorfes verköstigen – keine einfache Sache, wenn zu wenig Fleisch da ist! Also griffen die Bewohner zu einem Trick: Sie streckten das Schweinefleisch mit Weisskohl, denn davon hatten sie genug. Seit diesem Tag ziert die Kabiswurst das kulinarische Erbe der Stadt und ist – begleitet von einem Laucheintopf – sogar zum Waadtländer Nationalgericht aufgestiegen.

Wie immer ranken sich natürlich noch andere, nicht minder amüsante Legenden um den Entstehungsakt der Kabiswurst, zum Beispiel die folgende: Da die Waadtländer der bernischen Herrschaft (1536 –1798) immer per Ende Jahr einige Tausend Würste als Zins abliefern mussten, gleichzeitig aber nicht genau definiert war, was diese Würste enthalten sollten, packten die Vaudois einfach noch billigen Kabis in die Därme. Damit konnten sie den Bernern eins auswischen und hatten erst noch eine der ältesten Wustspezialitäten der Schweiz erfunden. Wenn's nicht wahr ist, dann ist es zumindest gut erfunden …

Nicht erfunden ist eine andere Schmach, welche die Vaudois den Bernern im Januar 1798 zufügten. Als die alte Eidgenossenschaft zu bröckeln begann und die französischen Truppen immer näher kamen, nutzten die Vaudois ihre Chance: Sie schickten «Leurs Excellences de Berne» kurzerhand nach Hause und riefen die République lémanique aus. Noch heute wird die Revolution am 24. Januar gefeiert – mit Bernerplatte und Sauerkraut …

Papet vaudois

Berühmteste Waadtländer Speise ist der Papet vaudois, bestehend aus einem Gemisch von Lauch und Kartoffeln, zu dem man traditionellerweise eine Saucisse aux choux serviert. Optisch ist das Gericht zwar keine Schönheit, geschmacklich jedoch ist es höchst raffiniert: Der bittere Lauch, die süssliche Kartoffel und die saftige Kabiswurst mit ihrem charakteristischen Räuchergeschmack ergänzen sich blendend. Serviert wird der Papet vaudois vor allem in den Wintermonaten.

Malakoffs und Käse-Beignets aus la Côte

In der Region La Côte am Genfersee gehört das kunstvolle Verpacken von heissem Käse zu den historisch gewachsenen Spezialitäten. Dazu gehören allen voran die Malakoffs – frittierte Käsekugeln, in deren Innern sich der geschmolzene, heisse Gruyère verbirgt, der beim Aufschneiden der Kugeln wunderbar cremig herausläuft. Doch nicht alles, was sich Malakoff nennt, ist auch ein echter Malakoff. Die Käsestengel, die in den Restaurants in Vinzel hergestellt werden, sind genau genommen Beignets. Sie gehören ebenfalls zum kulinarischen Erbe der Region, aber es sind keine Malakoffs. Denn die echten Malakoffs – so Jean-Claude Daglia – sind kugelförmig und werden an der Route du Vignoble nur bei ihm im Hotel de l'Union sowie in zwei weiteren Restaurants zubereitet: im Restaurant Au Cœur de la Côte in Vinzel und in der Auberge de Luins. Wo immer Malakoffs zubereitet werden, behaupten die Gastgeber, das einzig wahre Originalrezept von anno 1844 zu haben. Auch wenn die Rezepturen leicht variieren, ist das Grundprinzip stets das Gleiche, wie mir Jean-Claude in seiner Küche zeigt: Auf eine dünne, runde Scheibe Toastbrot legt er etwas Käse-Eier-Mehl-Masse, formt sie zu einer Halbkugel und bäckt das Ganze vier Minuten kopfüber im Öl aus. 190 Grad heiss muss das Öl sein, damit sich die Käsemasse zu einer Halbkugel aufplustert und die Kruste hellbraun wird. Dann dreht er die Kugeln um, damit auch der Brotboden knusprig braun wird. Hat man alles richtig gemacht, fliesst der heisse Käse beim Anschneiden der Kugel wunderbar cremig aus. Gegessen werden die Malakoffs mit Cornichons, Silberzwiebeln und Senf.

Der Papet vaudois ist nicht gerade eine Schönheit, aber er schmeckt! Serviert wird der Lauch-Kartoffel-Eintopf mit einer Saucisse aux choux.

Malakoffs, die im Weingebiet La Côte erfunden wurden, wahrscheinlich als kulinarische Hommage für den Krimfeldzug. Beide Gerichte gehören zu den Ikonen im kulinarischen Erbe des Waadtlandes. Es wird vom Verein Patrimoine culinaire suisse zurzeit wissenschaftlich aufgearbeitet (siehe Kästchen auf der rechten Seite).

Taillés aux greubons

Wenn man Schweinespeck stundenlang auf kleiner Flamme kocht, schmilzt ein grosser Teil, stets bleiben jedoch auch kleine Stücke zurück, die nicht schmelzen und in der Pfanne automatisch goldbraun werden. Das sind die Greubons, auf Deutsch Grieben oder Greubi. Sie bilden das Kernstück eines Gebäcks, das die Waadtländer Taillés aux greubons nennen. Die salzigen Teigstengel wirken zwar etwas unscheinbar, doch die

Romands lieben sie, auch wenn – oder gerade weil – sie mangels Schweineschmalz kaum mehr produziert werden.

Die Grundzutaten sind immer die Gleichen: «Auf ein Kilogramm Teig kommen 330 Gramm Greubons», verrät Marcel Charles, Bäcker in Vevey. Bei der Zubereitung streut er die Greubons auf den Brötchenteig und lässt das Ganze durch die Teigrollmaschine, sodass sich die Grieben in den Teig einpressen. Dann faltet er den gewalzten Teig zusammen und zieht ihn erneut durch die Maschine. Nach einer Ruhezeit von ein bis zwei Stunden wallt er die Masse zu einem etwa zwei Zentimeter dicken Rechteck aus, das er in lange Streifen schneidet. Im Ofen brauchen die Taillés dann nur 15 Minuten, bis sie goldbraun und knusprig sind. Leider ist der Nachschub an Grieben nicht mehr gesichert: «Früher wurde in den Bauernküchen viel mit Schweineschmalz gearbeitet. Die Rösti wurde mit Schmalz gebraten, auch für Pasteten- und Kuchenteig nahmen die Bauernfrauen Schweineschmalz. Heute werden lieber Margarine oder Butter verwendet. Zudem werden die Schweine auf Diät gesetzt, sodass das Fleisch weniger Fett enthält. Deshalb ist die Nachfrage nach Schweineschmalz und damit auch nach Grieben gesunken», erklärt der Bäcker. Weil es als Geschmacksverstärker wirkt, erlebt das Schmalz allerdings in manchen Restaurants der Romandie eine Renaissance, so zum Beispiel im Le Port in Rolle bei der Zubereitung der Eglifilets (siehe S. 220).

Saucisson en croûte

Der Saucisson en croûte ist ein fürstlicher Hotdog, bestehend aus einem Waadtländer Saucisson, der mit Teig umwickelt und im Ofen bei 200 Grad gebacken wird. Als Variante kann man die Croûte auch mit einem Briocheteig machen. Eine Croûte de luxe kann man beim Waadtländer Spitzenkoch Rabaey im Pont de Brent geniessen, siehe S. 255.

DAS KULINARISCHE ERBE DER SCHWEIZ

Gibt es die Taillés aux greubons nur im Waadtland? Wer hat die Malakoffs erfunden? Und wer das Fondue? Mit solchen Fragen befasst sich der Verein Kulinarisches Erbe der Schweiz, der 2004 gegründet wurde, unter anderem mit Slow Food als Partnerorganisation. Über 600 Schweizer Spezialitäten werden von den Ethnologen erforscht. Dabei geht es auch darum festzustellen, wo und von wem eine Spezialität erstmals produziert wurde.

«Ziel ist ein Archiv, in dem alle regionalen Spezialitäten gesammelt, bewertet und zur allgemeinen Nutzung veröffentlicht werden», erklärt Stéphane Boisseaux, Projektleiter des Vereins, der im Frühling 2008 bereits sämtliche wichtigen Fleisch- und Wurstspezialitäten erfasst hat. Das Rezept für die Taillés aux greubons, so Boisseaux, dürfte dem bisherigen Stand der Forschung nach tatsächlich eine Waadtländer Erfindung sein, entstanden im 19. Jahrhundert.

Siehe auch: www.patrimoineculinaire.ch.

L’Etivaz

Der Etivaz wiegt zwischen 10 und 38 Kilogramm, hat einen halben Meter Durchmesser und ist eigentlich ein Gruyère d'alpage. Doch die vor sechzig Jahren gegründete Genossenschaft der Alpkäseproduzenten von L’Etivaz hat sich bereits 1945 von der damaligen Schweizer Käseunion getrennt, um ihren Käse selber zu vermarkten. Das sind pro Jahr immerhin 400 Tonnen. Der Etivaz wird ausschliesslich während der Sömmerungszeit fabriziert. Sein Name stammt vom Dorf L‘Etivaz in den Waadtländer Alpen. Rund hundert Käser produzieren den Gruyère-Konkurrenten auf den Waadtländer Alpen. Philippe «Pipo» Rosat ist einer von ihnen. Hoch über La Rossinière, nicht weit von Château-d’Oex, heizt er sechs Mal pro Woche um sechs Uhr morgens dem Kupferkessel ein. Um acht Uhr beginnt er mit dem Käsen. Der 36-Jährige ist viel gereist, spricht mehrere Sprachen, weil er im Winter jeweils ausländischen Gästen das Skifahren beibringt. Für die Besucher gibt es auf Wunsch ein Frühstück inklusive hausgemachtem Zopf und Kaffee mit Doublecrème. Auch Fondue ist zu haben, natürlich alles nicht gratis, aber zum moderaten Älplerpreis.

Philippe «Pipo» Rosat (rechts) und sein Hilfskäser Emile Hämmerli auf der Alp Les Combarins. Der Käselaib, den Pipo in den Händen hält, wiegt 35 Kilogramm.

Kuhglockengalerie bei der Alphütte: Seit vierzehn Jahren käst die Familie Rosat auf der Alp und liefert den Grossteil der Produktion jeweils zum Weiterverkauf an die Genossenschaft in L’Etivaz ab. Die optimale Reife erreicht der Etivaz nach acht bis zehn Monaten.

Als erster Schweizer Käse erhielt der Etivaz im Jahr 2000 die geschützte Ursprungsbezeichnung AOC. Da die Kühe während der Zeit auf der Alp kein Zusatzfutter erhalten, sind eigentlich alle Etivaz-Käse «bio». Weil aber nicht alle Tiere im Winter knospengerecht gehalten werden, erhalten nur jene Käse das Bio-Suisse-Label, deren Produzenten sich auch in den übrigen Monaten an die geltenden Vorgaben halten.

Kontakt: Alp Les Combarins, Philippe Pipo Rosat, bei La Rossinière, dem Nachbardorf von Château-d'Oex. Tel. 026 924 40 48 oder 079 658 06 44.

Seit über hundert Jahren wird der Weichkäse mit dem Namen Vacherin Mont d'Or im Vallée de Joux hergestellt, und zwar jeweils in den Wintermonaten. Die Schachteln aus Tannenholz verleihen ihm den typischen tannigen Geschmack, der sich jedoch erst nach einigen Monaten Reifezeit in den Affinage-Kellern zu entfalten beginnt. Der Vacherin Mont d'Or schmeckt am besten, wenn er bei Zimmertemperatur mit einem Löffel gegessen wird. Kenner lieben ihn aber auch heiss, im Ofen gebacken. Dazu packt man die Schachtel in Alufolie, sticht mit der Gabel in den Käse (wie beim Kuchenteig), übergiesst ihn mit einem Deziliter Weisswein und bäckt ihn im vorgeheizten Ofen bei 200 Grad während 25 Minuten. Dazu passen Brot, Gschwellti, Baumnüsse und Birnen (siehe auch Café du Cercle in Aubonne, S. 224).

RESTAURANT **28**

Hotel de l'Union
Bursins

RESTAURANT: **Hotel de l'Union**

ADRESSE: **1183 Bursins, Route de St-Vincent 2**

GASTGEBER: **Jean-Claude Daglia**

TELEFON: **021 824 12 04 und 078 843 41 91**

INTERNET: **www.union-bursins.ch**

RUHETAGE: **Mi., Do.**

BETRIEBSFERIEN: **8. bis 20. Oktober**

WEGBESCHRIEB: **ab Bahnhof Rolle Autobus (Zeiten beachten)**

SPEZIELL: **schöner Garten, gut dotierter Weinkeller**

Das Hotel de l'Union liegt mitten im Weinbaugebiet der Côte. Berühmt sind die Dörfer über dem Genfersee nicht nur für ihre spritzigen Weissweine wie Luins, Vinzel, Mont-sur-Rolle und Féchy. Hier werden auch die famosen Malakoffs zubereitet, Im Hotel de l'Union in Bursin kann man diese kugelförmigen «Käsebomben» geniessen. Jean-Claude Daglia führt den sympathischen Familienbetrieb, der auf eine achtzigjährige Geschichte zurückblicken kann. Das Haus verfügt nebst dem Restaurant auch über komfortable Zimmer und einen schönen Garten mit Lindenbäumen, mit Blick auf das Kloster, das einst zur Benediktinerabtei von Romainmôtier gehörte.

Die berühmten Malakoffs vom Genfersee

Das Weindörfchen Bursins war im Mittelalter eine der Hochburgen der Benediktiner. Die Kirche Saint-Martin, erbaut im 11. Jahrhundert, zeugt noch heute von ihrer einst mächtigen Präsenz. Dass Kirche und Kulinarik oft nicht weit auseinander liegen, zeigt sich auf der anderen Seite des Dorfplatzes: Dort gibt es im Hotel de l'Union die berühmten Malakoffs – goldgelb frittierte Käsekugeln, die so gut sind, dass mancher Gast nach den ersten zwei gleich nochmals zwei bestellt, dann nochmals zwei und nochmals zwei – der Rekord soll bei zwölf Käsekugeln liegen! Die spritzigen Weissweine der Côte passen ideal zu diesen «Käsebomben», was fast automatisch dazu führt, dass es auch hier nicht bei einem Glas bleibt. Wer nach diesen Gaumenfreuden noch Platz hat, sollte unbedingt den Gâteau au vin (Weinkuchen) probieren, den Jean-Claude mit Weiss- oder Rotwein zubereitet und der nicht mit der Tarte au vin cuit zu verwechseln ist. Letztere wird mit einer Birnenmelasse hergestellt, der Weinkuchen dagegen mit Wein, was ihm eine leicht flüssige Konsistenz verleiht. Als Variante bietet sich das Eingemachte an: Höchstpersönlich legt Jean-Claude Daglia Himbeeren, Kirschen und andere Früchte in grosse Einmachgläser, lässt sie monatelang im Kirsch ziehen, bis sie dann im Glas als Dessert auf den Tisch kommen.

Malakoff-Legenden. Rund um die Malakoffs ranken sich zahlreiche Legenden. So soll es ein verliebter Rus-

se gewesen sein, der bei einer schönen Waadtländerin hängen blieb und das Rezept ins Waadtland brachte. Eine andere Legende dreht den Spiess um: Als 1844 am Schwarzen Meer der Krimkrieg gegen die russische Festung Malakow tobte, kämpften auf der Seite der Franzosen, Engländer und Türken auch einige Tausend Söldner aus dem Waadtland. Als Souvenir brachten die siegreichen Romands das Rezept der Käsekugeln mit nach Hause. Ebenfalls denkbar ist die dritte Geschichte: Erst bei ihren alljährlichen Treffen haben die Krimkrieger die Käsekugeln erfunden – als kulinarisches Zeichen der Zusammengehörigkeit. Auch unabhängig von all diesen Legenden ist das Restaurant de l'Union eine erstklassige Anlaufstelle für Gourmets: Es gibt Fondue, Jambon cru, Schnecken, frische Forellen, Entrecôte, Rindsfilet oder den berühmten Waadtländer Lauchgratin mit Saucisson, genannt Papet vaudois. Für dieses typische Wintergericht hat uns Jean-Claude das Rezept verraten – nicht aber für die Malakoffs. Das sei ein streng gehütetes Familienrezept! Trotzdem haben wir natürlich ein Rezept für die Urchuchi zusammengestellt, gestützt auf verschiedene Kochbücher und durch etwas «Werkspionage». Entscheidend ist, so weit unsere Erkenntnis, dass der Masse eine Messerspitzer Natron beigefügt wird, damit die Kugeln so richtig schön aufgehen (siehe Seite 412).

Der Dorfplatz von Bursins mit der Kirche Saint-Martin aus dem 11. Jahrhundert.

Eigemachtes ist eine Spezialität des Hauses.

Jean-Claude Daglia in seinem Weinkeller, in dem auch ein zwanzigjähriger Pétrus auf solvente Geniesser wartet.

Geist in Form von Kirsch, Coing und Lie, gebrannt von Pierre Sauty, Cave du Brantard in Denens (siehe Einkaufstipps S. 252).

– Malakoffs, serviert mit Cornichons und Silberzwiebeln.
– Papet vaudois (Lauchgemüse mit Kartoffeln und Chabiswurst).
– Tarte au vin (Weinkuchen), im Bild mit Weisswein zubereitet.
– im Kirsch eingelegte Früchte.

Rezepte von **Jean-Claude Daglia** im Anhang.

— **Papet vaudois,** S. 402
— **Malakoff** (Waadtländer Käsekugeln), S. 412
— **Weinkuchen «La Côte»,** S. 422

RESTAURANT **29**

Café du Port
Rolle

RESTAURANT: **Café du Port**

ADRESSE: **1180 Rolle, Rue du Port 9**

GASTGEBER: **Guy und Fabienne Schacher**

TELEFON: **021 825 15 20**

INTERNET: **keines**

RUHETAGE: **So., Mo.**

BETRIEBSFERIEN: **Dez. bis Anfang Jan.**

WEGBESCHRIEB: **am Hafen von Rolle**

SPEZIELL: **Eglifilets**

Das Restaurant Du Port liegt beim Hafen von Rolle (hundert Meter vom See entfernt) und gehört zu den beliebtesten Fischrestaurants der Region. Es ist sogar so beliebt, dass man hier ohne Vorreservation kaum eine Chance hat, einen Platz zu bekommen, schon gar nicht im Freien. Schwer fällt die Wahl bei den Gerichten nicht: Es gibt Eglifilets mit Pommes und Salat. Als Vorspeise eine saisonal wechselnde Terrine. Und zum Dessert Schokoladenmousse oder Parfait. Und das war's. Das Problem dabei ist, dass dies alles so exzellent ist, dass sich Guy Schaller und seine Frau nie und nimmer getrauen würden, etwas anderes auf die Karte zu setzen. Es gäbe einen kleinen Aufstand in Rolle …

Eglifilets, Eglifilets und …? Genau.

Kaum ein Restaurant am Lac Léman, das nicht Eglifilets als «Spezialität des Hauses» propagiert. Doch oft ist der Fisch pampig, der Zitronenschnitz nicht gerade der saftigste der Westhemisphäre, und wenn's dann noch «fischelet», ist es mit der Gaumenfreude schnell vorbei. Ich sehe mir die Darreichungen vorher immer genauer an, bevor ich irgendwo Filets de perche bestelle. So einfach die Zubereitung ist (etwas Mehl, Butter, Salz und Pfeffer), so schwierig ist es offenbar, dieses Gericht zur Kunstform zu erheben, was im Du Port in Rolle in grandioser Form gelingt. Doch warum sind die Egli hier so gut? Worin liegt das Geheimnis? Machen wir gemeinsam etwas Küchenspionage!

Die Mise en place des Meisters. Sieht man sich die Mise en place auf dem Herd von Guy Schacher genauer an (siehe Bild auf der gegenüberliegenden Seite), entdeckt man rechts aussen fein gehackten Peterli, ganz hinten einen grossen Topf mit Salz, davor eine Pfeffermühle, ganz vorn eine Flasche mit Zitronensaft, links eine blaue Schüssel mit einer geheimnisvollen, fettähnlichen Substanz und im orangen Pfännli Butter, sehr viel Butter. «Entscheidend sind diese beiden Bratsubstanzen, die schon mein Vater angewendet hat», erklärt Guy: «Das Geheimnis ist, dass er die Egli nicht nur in frischer Butter, sondern auch noch mit etwas Schweineschmalz gebraten hat. Das gibt dem Fisch mehr Geschmack, mehr Substanz.» Dass die Egli dann

auch noch schön goldbraun serviert werden, die heisse Sauce noch brutzelt, ja spritzt im Emailpfännli, die Pommes im Haus aus frischen Kartoffeln zubereitet werden, die Salatsauce sitzt (keine weisse, sondern eine Vinaigrette) und dass bei den Weinen jemand den Keller bestückt hat, der selber gerne guten Weisswein trinkt, sei ergänzend noch gesagt – mit einer Warnung meinerseits: Es kann sein, dass Sie nach den Egli in Rolle süchtig werden. Das ist der Preis des Schweineschmalzes, der Preis eines zwar nicht sooo wahnsinnig gesunden Geschmacksverstärkers aus der alten Bauernküche, der aber schlicht und einfach die besten Eglifilets ergibt. Die beste Rösti übrigens auch …

Noch ein Betriebsgeheimnis. Steigt man einen Stock höher in die Wohnung der Schachers, entdeckt man eine ganz andere Ambition des Kochs. Mindestens einmal im Jahr reist Guy nach Afrika, um zu jagen. Büffel, Gazellen, sogar Löwen und andere Jagdtrophäen zieren die Wände der Wohnung. Durchaus möglich, dass der «Hemingway von Rolle» seine etwas stereotype Fischwelt auf diese Weise kompensiert. Immer nur Egli, Butter und Schmalz kann einem ja nach drei Jahrzehnten ordentlich auf den Wecker gehen. «Stimmt nicht», sagt Guy, «wir essen jede Woche mindestens ein Mal Eglifilets, nur lasse ich sie dann von meinem Kochassistenten zubereiten.» Aus gut informierten Kreisen weiss ich, dass ab und zu auch Spitzenkoch Philippe Rochat aus Crissier auf ein Pfännli mit Egli reinschaut. Wahrscheinlich aus dem gleichen Grund: Immer nur Hummer und Kaviar kann auf die Länge auch ermüdend sein!

Der «Hemingway von Rolle» mit einigen seiner Jagdtrophäen.

Die Mise en place des Eglifilets-Meisters. Entscheidend ist die Ingrendienz im blauen Topf: Es handelt sich um Schweineschmalz, das schon Vater Schacher für die Zubereitung der Egli verwendet hat. In der Bauernküche war dies früher ein beliebtes Bratmittel, das den Gerichten gleichzeitig mehr Geschmack verlieh.

– Eglifilets «Au Port» in heisser Butter.
– Entenleberterrine mit Tomaten, Salzgurken und russischem Salat.
– Die Eglifilets mit Pommes frites; dazu wird ein grüner Salat serviert.
– Mousse au chocolat, hausgemacht.

Rezepte von **Guy Schacher** im Anhang.

— **Eglifilets «Du Port»**, S. 407

RESTAURANT **30**

Café du Cercle
Aubonne

RESTAURANT: **Café du Cercle**

ADRESSE: **1170 Aubonne, Lignolat 8**

GASTGEBER: **Marc und TanjaBoren**

TELEFON: **021 808 51 06 und 079 210 20 71**

INTERNET: **keines**

RUHETAGE: **So., Mo.**

BETRIEBSFERIEN: **3 Wochen ab Ende Juli, 2 Wochen Weihnachten/Neujahr, 1 Woche Ostern**

WEGBESCHRIEB: **in der Dorfmitte; Zugverbindung bis Allaman, von dort Bus bis Aubonne**

SPEZIELL: **kommunikationsfreudige Gastgeber, kreative Küche**

Man kann den Eingang leicht übersehen, derart üppig spriesst der Glyzinienbaum vor dem Café du Cercle in Aubonne. Auch die kleine Terrasse vor der Eingangstüre gleicht einer Mischung aus botanischem Garten und Kunstgalerie. Im Innern setzt sich das kunstvoll inszenierte Setting fort: Alte Filmplakate, Emailschilder und Antiquitäten aller Art bestimmen das Dekor. Man fühlt sich sofort zu Hause in dieser Pinte, die eine einzigartige Geschichte hat: Gegründet wurde sie nämlich von der Vereinigung der Freunde Aubonnes, einem Kreis literarisch interessierter Bürger, der heute 120 Mitglieder umfasst. Der Cercle kaufte das Haus 1850 und richtete im oberen Stock zwei Räume für die Zusammenkünfte ein. Die unteren Räume wurden als öffentliches Café eingerichtet.

Käseschnitte auf Lebkuchenbrot

Nein, ein gewöhnliches Restaurant ist das Café du Cercle nicht. Schon eher eine Pinte, wie man solche urgemütliche Beizen im Waadtland nennt. Ständig kommen Dorfbewohner, Arbeiter, Lieferanten, Antiquare, Künstler… Am Tisch beim Eingang nehmen sie Platz, klatschen und tratschen. Und nach einer halben Stunde kommen bereits die nächsten. Da nie alles wahr ist, was am Stammtisch erzählt wird, nennt man ihn liebevoll auch «Tisch der Lügner» – la table des menteurs –, eine feste Einrichtung in allen Waadtländer Pinten. Wahr ist, dass man im Café du Cercle sehr gut isst, auch wenn sich die Karte auf wenige, saisonal wechselnde Darreichungen, darunter zwei Tagesmenü konzentriert. Das klingt bescheidener als es ist: Das Confit d'Aubrac etwa, bei dem sich gekochtes Rindfleisch von Aubrac-Rindern mit einer frischen Brezel und Ruccolasalat zu einer geschmackvollen Mariage verbinden, ist eine Erfindung des Wirts Marc Boren, die es sonst nirgends gibt. Das Fleisch ist besonders fettarm (ähnlich wie dasjenige der Galloway-Rinder), das Olivenöl kommt aus der Domaine de Souvion aus Südfrankreich und ist ein kaltgepresstes Luxusöl. Und so ist alles bei Marc – scheinbar unspektakulär, bei näherem Hinsehen aber höchst raffiniert. Das gilt auch für die Tartine mit Vacherin Mont d'Or, der aus dem Vallée de Joux kommt und von dem man so viel aus der Tannenholzbox löffeln darf, wie man mag. Es gilt

für die Ziegenkäsemousse, die mit Pistatzienkernen, Löwenzahnblüten-Honig und einer Brioche serviert wird. Oder für die Käseschnitte auf Lebkuchenbrot (!), bestückt mit einer einzigartigen Käsekreation mit Nüssen und Chasselas der Fromagerie von Grandcourt. Kreativität beweist Boren auch bei den grösseren Gerichten, etwa bei der Kaninchenleber, die er an einer Uva-Americana-Sauce serviert. Am Gemüsespiess reihen sich Amandinekartoffeln an Williamsbirnen, eingelegt im Traubenkernöl. Meine Lieblingsspeise im Cercle ist jedoch der Fischeintopf, der von der Seeforelle über Egli bis zum Saibling alles vereint, was im Lac Léman an Edelfischen herumschwimmt. Zur Höchstform läuft Boren bei den Desserts auf, etwa beim Apfel im Schlafrock, der mit verschiedenen Glaces serviert wird – fast unnötig zu sagen: selbstverständlich hausgemacht. Nein, ein gewöhnliches Restaurant ist das Café du Cercle nicht. Schon eher ein Ort, bei dem man eine gehörige Portion Neugier mitbringen muss, um den Wert des Gebotenen wirklich zu verstehen.

Am Abend kann man wählen, ob man vorne im Beizenteil oder lieber hinten im etwas edleren Säli speisen möchte. Für Stimmung ist in beiden Räumen gesorgt. Denn so kunstvoll und chaotisch wie das Dekor ist auch der Beizer, der manchmal so lange bei den Gästen hockt, dass in der Küche auch mal die Kaninchenleber anbrennt.

Die Terrasse des Cafés ist eine Mischung aus botanischem Garten und Kunstgalerie. Hier soll auch Charles-Ferdinand Ramuz oft gesessen haben, als er im Château in Aubonne unterrichtete.

Fischtopf «Lac Léman».

Der Sohn der Borens ist der Künstler des Hauses: Die Tischsets werden von ihm entworfen.

Der Wein des Hauses (Féchy und Pinot noir).

- Confit d'Aubrac im Ruccolabeet.
- Käseschnitte mit Lebkuchenbrot.
- Ziegenkäsemousse mit Pistazienkernen, Löwenzahnblüten-Honig und Brioche.
- Kaninchenleber an Uva-Americana-Sauce, Amandinekartoffeln, Kürbis, Williamsbirne und Rotkraut.
- Apfel im Schlafrock mit Glacevariation und Früchten.

Rezepte von **Marc Boren** im Anhang.

— **Fischeintopf «Lac Léman» mit Koriander,** S. 406
— **Mousseline aus grünen Linsen,** S. 410

RESTAURANT **31**

**Café au Bon Vin
Onnens**

Merci, Michel!

RESTAURANT: **Café au Bon Vin**

ADRESSE: **1425 Onnens**

GASTGEBER: **Michel Kunz**

TELEFON: **024 436 13 76**

INTERNET: **keines**

RUHETAGE: **So.-Abend, Mo, Di.**

BETRIEBSFERIEN: **Weihnachten/Neujahr**

WEGBESCHRIEB: **im alten Dorfkern von Onnens, zwischen Yverdon und Neuchâtel**

SPEZIELL: **Sammlung alter Schallplatten; Galerie und Weinmuseum**

Wenn hier ein grosses Dankeschön die Headline ziert, dann mit gutem Grund: Denn hier, zwischen Yverdon und Neuenburg, bei Michel Kunz und seinen legendären Saucisses à rôtir ist die Idee zur *Urchuchi* entstanden. Und nach sechs Jahren Erkundungstour in der ganzen Schweiz kann ich sagen: Es konnte nur hier sein. Kein Restaurant hat so viel Patina, so viele (echte) Wurmlöcher in den Tischen und eine derart knorrige Persönlichkeit als Beizer.

Die Patina des Hauses, das Pianola in der Ecke, die Ölbilder, die alten Emailschilder – der ganze liebevoll sedimentierte Krimskrams aus alten Zeiten verleiht diesem Urgestein von Beiz einen besonderen Charme. Dass hier die Idee zur *Urchuchi* entstanden ist, liegt jedoch auch an der Kulinarik: Seit über drei Jahrzehnten macht Michel Kunz stur und unbeirrt vor allem eines: Rösti und Saucisses à rôtir. Und zwar beides so gut, dass das Wort perfekt angebracht ist. Wen wundert's, weicht der Beizer, Koch und Kellner in Personalunion keinen Millimeter von seiner Hauspezialität ab. Ein Charaktergrind halt, der, wenn er gut drauf ist, eine Schellackplatte aus seiner riesigen Sammlung holt und auf dem alten Grammofon mit 78 Touren zum Erklingen bringt. Dann wird er ganz weich, der Kunz, der sich gefreut hat, als ich im Aeschbacher-Talk im Schweizer Fernsehen zu Gast war und von meiner «Erleuchtung» sprach. Denn hier ist 2002 die Idee zur *Urchuchi* entstanden. Ich drehte damals für die Expo einen Dokumentarfilm und landete zufällig in diesem Winzerdorf. Und weil die Rostbratwürste so gut waren, die Rösti so knusprig, der Wein so süffig und die Klänge von «Ain't it Sweet» den Raum magisch füllten, verbrachte ich den ganzen Nachmittag im kunzschen Universum. Das kann schnell passieren, denn die Wurmlöcher auf den Holztischen sind echt. Da haben schon einige gesessen und gegessen und über die Vergänglichkeit der Dinge sinniert. Spuren der Zeit. Wie das Bild mit den halbleeren Tellern und den Menschen, die alle in die Kamera blicken. Eat Art nannte Daniel Spoerri solche Tische, die er als Tableaus an die Wand hängte und die eine merkwürdige Art des Oszillierens haben, weil der Betrachter spürt, dass hier ein Moment unwiderbringlich im Strom der Zeit entschwunden ist. Die Menschen sind weg, nur das Chaos auf dem Tisch ist als Lebensspur noch da.

A la recherche du temps perdu. Die Zeit festhalten. Das ist die Botschaft dieser Beiz, die für mich ein Stück Kultur darstellt, das immer mehr zu entschwinden droht. Genau wie die völlig ungekünstelte, archaische Kulinarik, die im Au Bon Vin stets um die Rösti kreist: Aussen knusprig, innen weich, bildet sie das goldgelb leuchtende Zentrum des kunzschen Universums. Gebraten wird sie – wen wundert's – wie früher im Schweineschmalz. Zu diesem Urgericht gibt es die dunklen, fast schon schwarzen Schweinsbratwürste, die an einem wunderbar sämigen Rotwein-Gemüse-Jus mit Rüebli und Sellerie serviert werden. Erstklassiges Fleisch ist in den Würsten drin, grob gehackt, gut gewürzt, saftig. Sporadisch setzt Michel auch Atriaux auf die Karte, und für alle, die nicht gerne Schwinigs haben, zartes Bœuf bourguignon. Aber immer gibt es die Rösti dazu und auf Wunsch die cremige Morchelsauce, für die Michel fast so berühmt ist wie für seine Saucisse à rôtir. Auch bei den Desserts darf man sich auf Urchiges freuen: Die Früchtekuchen sind wie zu Grossmutters Zeiten dick belegt mit Früchten der jeweiligen Jahreszeit und so saftig, dass es buchstäblich vom Brett tropft. Wer Lust auf Käse hat, kriegt einen Mocken Gruyère mit frischem Brot und basta. So ist der Kunz, der bei nichts und niemandem viel Federlesen macht. Es gibt, was es hat, und das ist gut. Und weil Onnens mitten im Weingebiet liegt, sind auch die önologischen Freuden auf völlig unprätenziöse Art gesichert. Viele gute Tropfen gibt es im Offenausschank. Im Keller lagern aber auch edlere Säfte, etwa der fein nuancierte Chardonnay von Robert et Didier Gaille aus Onnens. Mit so einem müssten wir dann mal anstossen, lieber Michel Kunz!

Menütafeln vor dem 1862 erbauten Haus.

Blick auf das Dorf Onnens.

Strohherz mit Rute.

– Saucisse à rôtir mit Sellerie und Karotten, dazu Rösti im Schweineschmalz gebraten.
– Ein Stück Gruyère d'alpage und frisches Brot – was will man mehr?
– Hausgemachter Zwetschgenkuchen.

Rezepte von **Michel Kunz** im Anhang.

— **Saucisse à rôtir** (Waadtländer Schweinsbratwurst), S. 403

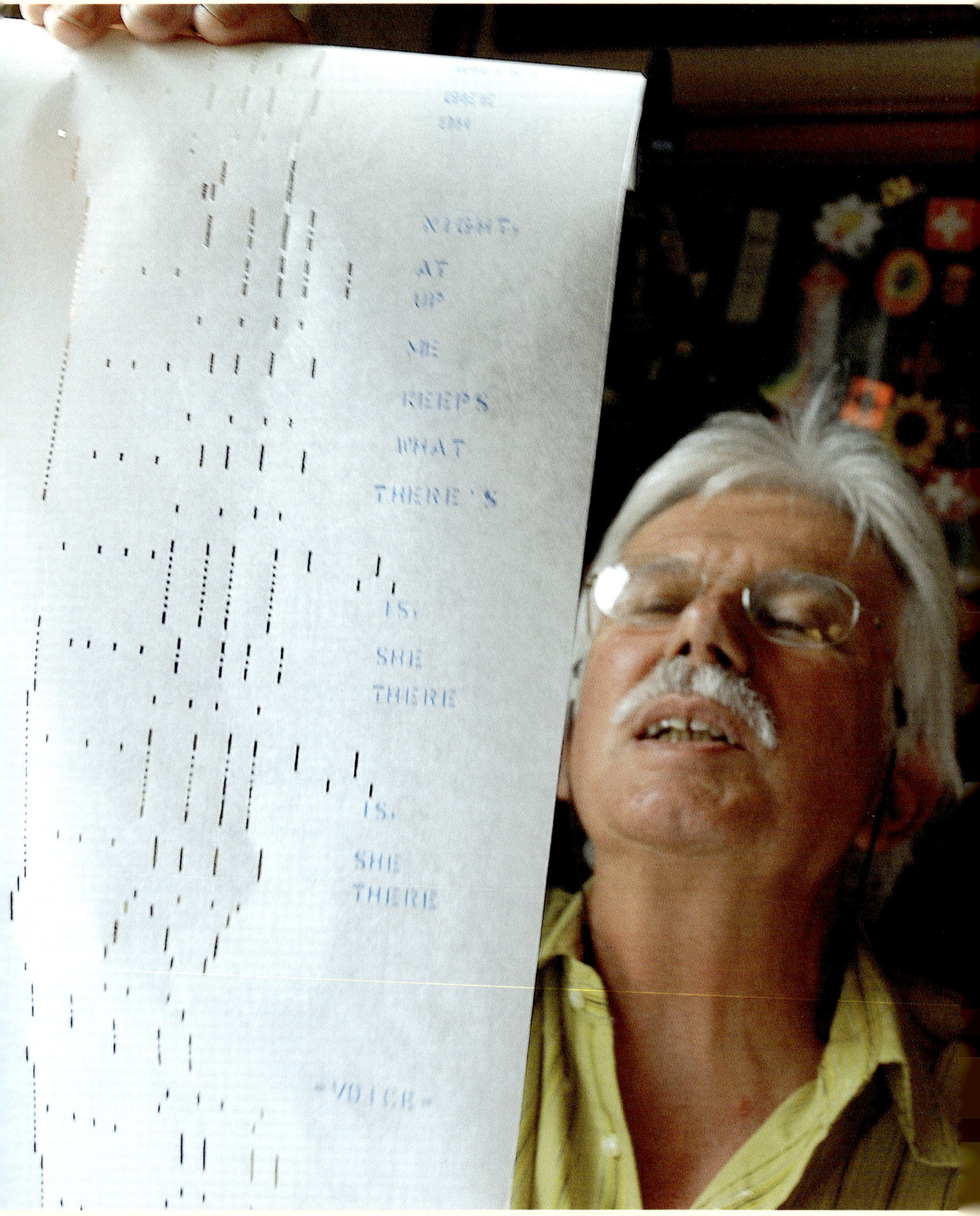
NIGHT,
AT
UP
ME
KEEPS
WHAT
THERE'S
IS,
SHE
THERE
IS,
SHE
THERE
VOICE

Ain't it sweet.

«Kleine Fluchten» lautete der Titel eines Artikels von Martin Jenni, der zur Zeit der Expo.02 erschienen ist. Weil ich damals Kurzfilme über die Expo produzierte und das kulinarische Angebot in den Arteplages ohnehin bereits auswendig kannte, wählte ich die von Jenni vorgeschlagene Flucht ins Au Bon Vin, in Onnens. Ein historischer Entscheid. Denn hier, an einem Nachmittag im Au Bon Vin, ist die Idee zur *Urchuchi* entstanden. Einer der Gründe war der Beizer selber: Michel Kunz ist ein Original, ein Wirt aus Leidenschaft, der am liebsten bei den Gästen sitzt und von den Zeiten erzählt, als er als junger Koch auf Containerschiffen um die Welt fuhr. «Da stand ich in der Kombüse und kochte Fischsuppe, die so fürchterlich stank, dass sie niemand essen wollte», erzählt er lachend. Oder dass er als Concierge in einem Luxushotel in New York arbeitete und, weil er die Greencard hatte, in die Army eingeteilt wurde: «Man muss sich das vorstellen, ein Schweizer als Dschungelkämpfer in Vietnam!» Natürlich sei er abgehauen, bei Nacht und Nebel, wieder auf ein Containerschiff, diesmal Richtung Tokyo. Michel Kunz, der Abenteurer, noch heute am liebsten unterwegs, ist hängen geblieben in dieser kleinen Pinte im Waadtland. Hier hat er sich eine andere Form des Reisens ausgedacht: Er hat ein Pianola installiert, ein elektrisches Klavier mit einer genoppten Kupferwalze, um «magische Momente zu schaffen», wie er sagt. Das geschieht, wenn er zum Beispiel die gelochte Papierrolle «Ain't it sweet» ins Pianola spannt und aus diesen Löchern, diesen «Zeitlöchern», wie von Zauberhand Musik erklingt. Solche Momente, solche Restaurants wollte ich sammeln. Vor allem aber auch solche Gerichte wie die Rostbratwürste mit Rösti, wie sie Michel Kunz seit dreissig Jahren zubereitet. Archaische Kulinarik, die noch in hundert Jahren existieren wird. Ein halbes Leben lang hat er diese Saucisses à rôtir gemacht. Warum? Das wollte ich sechs Jahre nach der Initialzündung zur *Urchuchi* genauer wissen. Einen Nachmittag lang haben wir geplaudert und noch einmal die Lochkarte «Ain't it sweet» ins Pianola gespannt ...

Ein Weltenbummler und Abenteurer, gestrandet in Onnens: Wie kam das?
Man kann nicht immer unterwegs sein, irgendwann muss man ankommen! Dass dies bei mir ausgerechnet in Onnens war, ist Zufall. Ich habe ein Inserat im *Quotidien* gesehen, und weil ich davon träumte, ein eigenes Restaurant zu haben, bin ich hingefahren. Diese verwitterten Mauern, die alten Tische, der ganze Bodensatz des Lebens, der sich hier abgelagert hatte – das hat mich fasziniert. Es hat mich auch an meine Jugendzeit erinnert, an meinen Grossvater, an Engelberg. Da gab es auch solche Häuser, solche Lebensspuren. Jahre später, das werde ich nie vergessen, kam ein Japaner in mein Restaurant und umarmte die Mauern, genau so, wie manche Menschen alte Bäume umarmen. Das ist es, denke ich: Es gibt eine Sehnsucht nach Leben, nach Geschichte. Das macht viel aus, wenn du ein Restaurant hast mit einer solchen Intensität.

Wie viel trägt das Essen zu dieser Intensität bei?
Mit dem Essen sind all unsere Gefühle und Erinnerungen verbunden. «Komm, lass uns Schweinereien essen!», sagte mein Grossvater jeweils zu mir. Und dann nahm er mich mit ins Metzgerbräu in Zürich, und wir assen Schweinshaxen, Läberli und Schweinsbratwürste – und es waren die besten der Welt. Das hat mich geprägt, auch die brachiale Kraft, die in diesen alten Gerichten drin ist. Allen voran in den Schweinsbratwürsten, die man im Waadtland ja auf ganz besondere Art, nämlich am Meter herstellt und dann schneckenförmig aufrollt. Eine wunderbar archaische Form. Wobei ich sagen muss: Meine Mutter war eine hervorragende Köchin und machte Krebsmousse oder Terrinen mit Pistazien. Das hat mich genauso fasziniert: Dass man beim Kochen auch feine, filigrane Dinge machen kann.

Rostbratwürste – und das dreissig Jahre lang?
Mein Wunsch war stets, ein einziges Menü zu haben – das ist der Traum jedes Gastwirts, jedes Künstlers: die Reduktion. Diesbezüglich sind die Rostbratwürste unschlagbar: Die können in der Pfanne brutzeln, ohne dass du dabei am Herd stehen musst. Das ist anders

als zum Beispiel bei den Egli oder beim Fondue, wo du nicht weg kannst vom Herd. Ich aber will bei den Gästen sein, das ist meine Bühne. Dazu kommt etwas ganz Wichtiges: Rostbratwürste sind weich. Leute im dritten Alter wollen etwas Weiches, sage ich immer scherzhaft zu den Gästen – und bei mir sei eben alles weich! Das bringt sie zum Schmunzeln. Die Rostbratwürste haben also auch ein komisches Potenzial, sie bringen Humor in die Sache. Und das Dritte ist, dass sie in der Metzgerei im Dorf nach meiner Rezeptur produziert werden, also etwas Originäres sind, bei dem ich sogar die Schweine kenne, von denen sie stammen.

In meinem Text beschreibe ich dich auch als ziemlich knorrigen Beizer.

Michel, das Wurzelmännchen? Das bin ich vielleicht tatsächlich, sonst wäre ich ja nicht in diesem knorrigen Haus gelandet. Aber es ist auch Show. Wenn die Leute rufen «Garçon, un café!», dann entgegne ich: Wie? Comment?, und zwar so lange, bis sie Bitte sagen. Dann strahle ich und weible. Diejenigen, die diese Show durchschauen, haben Freude daran, merken aber auch: Der Kunz ist ein alter PPVD, ein «petit patron en voie de disparition» – ein kleiner Patron, der schon langsam am Wegdämmern ist. Und der entsprechend viele Streicheleinheiten und Respekt braucht. Aber ich bin jetzt zweiundsiebzig; wenn ich aufhöre, wird diese Beiz niemand übernehmen. Also mache ich weiter und spiele das knorrige Urgestein – und das muss auch sein: Mein ganzes Geld ist hier drin, und die Fensterläden kann ich nicht essen.

Reden wir über Musik. Deine Mutter war Pianistin, spielte Schubert, Bach, Chopin. Und du spielst Grammofon …

Moment, ich habe Schlagzeug gespielt, ich war sogar in einer Jazzband. Das war meine Leidenschaft: Der rauchige Club von Ronny Scott in London, das Africana in Zürich, das war meine Welt. Dies zeigt sich auch in meiner Schallplattensammlung, die Hunderte von Jazzplatten enthält. Jedes ältere Ehepaar, das zu mir in die Beiz kommt, bringt mir ein paar Platten mit. Eine Frau aus Kanada schickt mir jedes Jahr einen Karton voll. Die Menschen schenken mir ihre LPs, weil die Platten so noch weiterleben. «Ain't it sweet» ist eine LP von Erroll Garner, und der Sänger bin ich, sage ich den Leuten, wenn ich sie auflege und dazu singe. Der grosse Moment am Abend aber ist die Piaf. Da mache ich das Licht aus, richte den Scheinwerfer auf das Grammofon und sage: Jetzt kommt Edith Piaf, das ist ihr Auftritt, live hier bei uns heute Abend! Und dann hören sich die Leute das Chanson «Heureuse» an und schluchzen. Auch das Pianola ist etwas Wundervolles: Nichts als Löcher auf einer Rolle Papier, und durch die Noppen auf der Walze entsteht daraus ein Lied.

Und das soll eines Tages alles verschwinden?

Ja. Dann gibt es Appartements hier oder sonst etwas. Die Beiz aber wird verschwinden und mit ihr das ganze Dekor. Das habe ich alles nach und nach aufgeschichtet, wie ein Baum, der jedes Jahr einen neuen Ring ansetzt. Auch die 1.-August-Abzeichen, die ich seit dreissig Jahren an die Wand pinne, sozusagen als Lebensspur. Das Restaurant ist eine Art Gesamtkunstwerk, ein Spiegel meines Lebens. Und trotzdem ist das Wegsein, das Reisen meine Leidenschaft. Ich war letztes Jahr mit der Transsibirischen in Peking. In diesem Jahr gehe ich mit einem Containerschiff nach Oslo. Das habe ich abgeklärt: Die nehmen Passagiere bis zum achtzigsten Altersjahr mit, da kann ich also noch lange mitfahren.

Die Schwarz-Weiss-Fotografie, die eine Gruppe essender Menschen zeigt, wurde 1990 im Au Bon Vin gemacht und hängt prominent an der Wand im Eingangsbereich. Der junge Mann vorne rechts ist Oivier, der Sohn des Wirts und heute Kameramann beim Fernsehen; einige der Personen am Tisch dürften zwischenzeitlich graue Haare haben, andere bereits pensioniert sein. Doch die Emailtafel über der Küchentür, die grosse Menütafel vorn an der Theke, die Weinpreisliste – fast alles hängt noch heute genau so an den Wänden. Nur die Uhr hat inzwischen ein paar Tausend Umdrehungen gemacht. Es ist diese «eingefrorene Zeit», die mich im Au Bon Vin fasziniert hat. Wo findet man noch solche stimmungsvollen Beizen in der Schweiz? Das war die Frage, die ich mir vor sechs Jahren gestellt habe und aus der die *Urchuchi*-Bücher entstanden sind …

RESTAURANT **32**

Auberge de L'Onde Saint-Saphorin

RESTAURANT: **Auberge de L'Onde**
ADRESSE: **1071 Saint-Saphorin**
GASTGEBER: **Gérard Cavuscens**
TELEFON: **021 925 49 00**
INTERNET: **www.aubergedelonde.ch**
RUHETAGE: **Mo., Di.**
BETRIEBSFERIEN: **ab 20. Dez. 3 Wochen**
WEGBESCHRIEB: **im Dorfkern von Saint-Saphorin**
SPEZIELL: **14 GM**

Einst war sie die Stammbeiz von Charlie Chaplin, heute ist die Auberge de l'Onde im Weindörfchen Saint-Saphorin eine der besten Adressen im Lavaux. Auf drei Etagen kann man sich hier kulinarisch verwöhnen lassen: In der Cave, im untersten Stock, bestimmen Fondue und andere Käsegerichte die Menükarte; in der Dorfbeiz, der Pinte, gibt es hochstehende Terroirküche, und im Rôtisseur stehen Grilladen, Fisch und Geflügel im Mittelpunkt.

Hier war Charlie Chaplin Stammgast

Jean Villard, genannt Gilles, Dichter und Liedermacher aus Saint-Saphorin, schrieb in einem seiner Chansons: «Es gibt Orte auf dieser Welt, da fühlt man sich richtig zu Hause; das Leben ist leichter, man ist glücklich wie ein König.» Durchaus möglich, dass der Poet und Lebenskünstler, der auch das berühmte Chanson «Les trois cloches» für Edith Piaf verfasste, seine Inspirationen in der Auberge de l'Onde holte: Hier, im alten Dorfkern von Saint-Saphorin, scheint die Zeit langsamer zu ticken, es gibt guten Wein und eine hochstehende Terroirküche, die ein Verweilen lohnen. In der Dorfbeiz, wie überall im Kanton Waadt Pinte genannt, gehören nebst kalten Plättli und Salaten auch Waadtländer Saucissons, Felchen, grilliertes Poulet und Entrecôte zum kulinarischen Angebot, das man bei schönem Wetter auch draussen auf der Terrasse geniessen kann. Wer es edler mag, steigt einen Stock höher in den imposanten Cheminéesaal, in dem Charlie Chaplin regelmässig tafelte. Hier tauchen Königskrabben, Hummer, Langusten und andere französisch inspirierte Edelgerichte auf, erstklassig zubereitet und stilvoll serviert.

Fleisch vom Grill. Berühmt ist die Auberge für ihre Grillspezialitäten, die auf dem offenen Feuer zubereitet werden. In der Pinte kann man sie zu vergleichsweise volkstümlichen Preisen geniessen. Dazu gehört das Simmentaler Rindskotelett, das auf einem Holz-

brett mit viel Rotweinsauce in einer Saucière serviert wird. Kein müder Peterli und keine unnötigen Balsamicotröpfchen stören das urchige Bild. Und der Saftbrocken hält, was er verspricht. Genau wie die rosa gebratenen Lammfilets, die mit Frühlingsgemüse «comme il faut» serviert werden – knackig und frisch. Eine Brigade von acht Köchen ist in der Küche am Werk, angeführt von Gérard Cavuscens, der vorher über zehn Jahre bei Girardet in Crissier am Herd stand. Das sieht man den Kreationen an: Zum Dessert serviert uns der Meister höchstpersönlich ein Trio, bestehend aus Kastanienmousse mit Pistazien und Erdbeeren, Mascarpone-Zitronen-Crème und einem Früchtesorbet mit Rosenwasser – ganz im Sinne des Dichters und Chansonniers Gilles: Da wird das Leben beschwingt und leicht, auch wenn die Kalorien eine andere Sprache sprechen. Selbstverständlich ist auch der Weinkeller gut dotiert – wir sind schliesslich im Lavaux. Und dass die Trauben hier besonders gute Tropfen hervorbringen, ist für die Winzer der Region sonnenklar: Es liegt an den berühmten drei Sonnen im Lavaux – an der Sonne am Himmel, an der Sonne, die vom Genfersee zurückstrahlt, und an der Sonne, die der Boden als Wärme speichert. So hat es auch der Dichter Charles-Ferdinand Ramuz beschrieben, ebenfalls ein grosser Bewunderer des Lavaux und oft zu Gast in der Auberge de l'Onde: «Oben ist der blaue Himmel, auf der anderen Seeseite sind die blauen Berge und dazwischen der tief blaue See, der in tausend Splittern glitzert.» Als Wetterprognose dürfte Ramuz seinen Text kaum gemeint haben. Am Tag meines Besuchs fegte nämlich ein veritables Gewitter über das Lavaux …

Der imposante Cheminéesaal, der ebenso gut aus einem französischen Château an der Loire stammen könnte.

Blick vom Dorf Lavaux auf den Lac Léman.

Der Saint-Saphorin von der Domaine Bernard Chevalley ist nur einer von mehreren Hundert Tropfen, die im Keller der Auberge de l'Onde auf die Entkorkung warten.

– Lammfilets, rosa gebraten, mit Gemüse.
– Entenleber mit Birnenchutney und Safranfäden.
– Côte de Bœuf «Simmental», auf dem Holzfeuer grilliert, mit Frühlingsgemüse und Sauce vigneronne.
– Dessert-Trio mit Kastanienmousse mit Pistazien und Erdbeeren, Mascarpone-Zitronen-Crème, Früchtesorbet mit Rosenwasser.

RESTAURANT **33**

La Pinte du Paradis Château d'Aigle

RESTAURANT: **La Pinte du Paradis**

ADRESSE: **1860 Aigle, Place du Château**

GASTGEBER: **Ursula Reichenbach**

TELEFON: **024 466 94 22**

INTERNET: **www.reichenbach-paradis-saveurs.ch**

RUHETAGE: **Mo.**

BETRIEBSFERIEN: **Mitte Dez. bis Mitte Jan.**

WEGBESCHRIEB: **in Aigle Richtung Schloss**

SPEZIELL: **Die Familie hat eine eigene Metzgerei im Dorf.**

Dem Lieben Gott würde es hier besonders gut gefallen: Paradiesbeiz nennt sich dieses himmlische Plätzchen, das zum Schloss von Aigle gehört. Draussen wartet eine schöne Sonnenterrasse auf die Gäste, drinnen ist es holzig und gemütlich. Dass die Reichenbachs neben dem Restaurant auch noch eine eigene Metzgerei im Dorf führen, trägt wesentlich zu den kulinarischen Freuden bei: Viele Gerichte sind auf erstklassigem Fleisch aufgebaut, allen voran die «Assiette Liberté et Patrie», die gleich drei Fleischklassiker des Waadtlandes vereint: die Saucisse aux choux, die Saucisse à rôtir de porc und ein Atriau – serviert mit einem patriotischen Augenzwinkern …

Schlossrestaurant mit Metzgerei

Dass Ursula eigentlich aus Sumiswald stammt und der Familienname Reichenbach auch nicht gerade waadtländisch klingt (ihr Mann stammt ursprünglich aus Gsteig), hat den Terroirgedanken in der Paradiespinte eher befördert: Sehr oft sind es die Auswärtigen, welche die kulinarischen Werte einer Region entdecken und besonders liebevoll pflegen, wobei Ursula in kulinarischen Fragen ohnehin äusserst bewandert ist: «Ich habe eine riesige Kochbuchsammlung zu Hause, bin ein richtiger Kochnarr, forsche und probiere alles selber aus», sagt die stets gut gelaunte Gastgeberin, die seit 1996 die Schlossbeiz führt. Entsprechend durchdacht ist ihr Menüangebot. Es beginnt mit gebratenem Ziger von der Alp de la Croix und reicht bis zum Waadtländer Nidelkuchen, was nur eine von vielen hausgemachten Süssspeisen ist. Unbedingt probieren sollte man die Vanilleglace mit Croquant und im Schnaps eingelegten Weinbeeren, oder die im Wein eingelegte Pöschelibirne mit Crème brulée und Himbeersorbet. Dazwischen bietet die Karte eine Fülle von Gerichten mit Fleisch aus der hauseigenen Metzgerei an. Dazu gehört allen voran die «Assiette Liberté et Patrie», die eine Kabiswurst, ein Atriau und eine Schweinsbratwurst umfasst, was bereits einer kleinen Schlachtplatte gleichkommt. Wer gerne viel Sauce mag, dem sei der Saucisson vaudois au Salvagnin empfohlen, der mit Frischgemüse von einem lokalen Bau-

ernhof und Gratin serviert wird. Ebenfalls exzellent ist das kräftige, aber zarte Rôti vaudois (Schweinsnierstück mit Saucisson vaudois), das nebst Gratin und Gemüse zusätzlich von Linsen begleitet wird. Auch die Fischfreunde kommen im Paradies nicht zu kurz: Es gibt Eglifilets in insgesamt sechs Varianten, darunter meine Lieblingsversion: mit Süsswasserkrebsen gratiniert an einem feinen Orangen-Rosmarin-Jus.

Saisonale Frischküche. All diese Spezialitäten sind mehr oder weniger während des ganzen Jahres auf der «Carte tradition». Dazu kommen saisonale Spezialitäten wie Löwenzahnsalat, Spargeln, das Winzer-Fondue mit Bouillon und Rotwein und insgesamt fünf Sorten Fleisch. Im Herbst bestimmen Wildgerichte die Saisonkarte: Hirschpfeffer, Rehrücken und Rehschnitzel sorgen für Gaumenfreuden und volles Haus. Und so paradiesisch wie die Kulinarik ist auch die Weinkarte des Hauses: So ziemlich alle Spitzenweine der Region sind hier aufgeführt, allen voran diejenigen der lokalen Weinproduzenten. Ein guter Ort, um hier önologisch etwas tiefer ins Terroir einzutauchen. Ein Wort noch zum Garten, ihrem «Dada-Garten», wie ihn Ursula nennt: «Ich liebe Blumen, Sträucher, aber nicht zu schön arrangiert, sondern etwas wild, als kreatives Gnuusch», sagt sie. Und genau so sieht es rund um die Terrasse auch aus: als sei der Gärtner noch nicht im Paradies angekommen. Perfekt!

Das Château d'Aigle in den Weinbergen oberhalb des Dorfs Aigle. Erbaut wurde die erste Befestigung im 11. Jahrhundert. Doch erst als sie die Berner 1475 einnahmen, bekam sie das heutige Aussehen. Rechteckige Burgen, wie das Château d'Aigle, sind in der Schweiz eine Rarität.

Blick in den Paradiesgarten, den Ursula ihren «Dadagarten» nennt.

Metzgermeister Jean-Pierre Reichenbach, der Mann der Gastgeberin.

– Assiette «Liberté et Patrie», mit Kabiswurst, Atriau und Schweinsbratwurst.
– Schweinssteak mit Saucisson vaudois.
– Saucisson vaudois au Salvagnin.
– Vanilleglace mit Croquant und im Schnaps eingelegten Weinbeeren.
– Im Wein eingelegte Williamsbirne mit Crème brulée und Himbeersorbet.

Rezepte von **Ursula Reichenbach** im Anhang.

— **Saucisson vaudois au Salvagnin,** S. 403
— **Gratinierte Süsswasserkrebse und Eglifilets an Orangen-Rosmarin-Jus,** S. 407

RESTAURANT **34**

**Auberge de la Poste
Les Diablerets**

RESTAURANT: **Auberge de la Poste**

ADRESSE: **1865 Les Diablerets, Rue de la Gare**

GASTGEBER: **Denise Pichard**

TELEFON: **024 492 31 24**

INTERNET: **www.aubergedelaposte.ch**

RUHETAGE: **in der Saison keine, sonst Mo.**

BETRIEBSFERIEN: **keine**

WEGBESCHRIEB: **im Zentrum des alten Dorfkerns**

SPEZIELL: **schöne Terrasse**

Das imposante Haus im Chaletstil stammt aus dem Jahr 1789 und war früher eine Poststation. Da, wo sich heute die Gaststube befindet, war früher der Lagerraum. Gebaut wurde das Haus von der Familie Pichard, bei der noch immer die ganze Familie im Betrieb aktiv ist: Denise Pichard leitet den Betrieb, Sohn Alexandre ist Chef de service und sein Bruder Frédéric führt ein kleines Restaurant gegenüber vom Mutterhaus. Kulinarisch verfolgt die Post eine strikt traditionelle Linie: Fondue, Raclette und Charbonnade (mit drei Sorten Fleisch!) bilden die heilige Trias der Hausspezialitäten. Dazu gibt es eine kleine, aber gut gebaute Menükarte, die vom Hobelkäse über Fleischplättli bis zu Käseschnitte reicht. Einige Exoten wie Spaghetti, Chicken Nuggets und Eglifilet haben sich auf die Karte verirrt – eine Konzession an die Wanderer und Skifahrer, die öfters Kohlehydrate brauchen.

Charbonnade am Cheminéefeuer

«Kleine Teufelchen» heisst die doppelhörnige Gebirgsgruppe, die hinter dem gleichnamigen Bergdorf Les Diablerets in den Himmel ragt. Auf dem Kamm verläuft die Kantonsgrenze zwischen Bern und Waadt. Doch das war nicht immer so: Von 1476 bis 1798 gehörte die Region bis hinunter nach Aigle zur Herrschaft von Bern und wehrte sich beim Zusammenbruch des Ancien Régime vehement gegen die waadtländischen Truppen, die das Bergtal annektieren wollten. Heute versteht man sich hier jedoch als Vaudois und pflegt die Waadtländer Identität mit Stolz: Wenn es Alpkäse gibt in der Auberge de la Poste, dann natürlich Etivaz (und nicht den bernisch-fribourgischen Gruyère); das Weinangebot konzentriert sich auf Etiketten aus dem Chablais-Gebiet, und wenn im Herbst Wild auf der Karte steht, kommen auch die Rehmedaillons und Hirschentrecôtes vornehmlich aus den Waadtländer Alpen.

Gänseleber und Charbonnade. Die Karte wechselt mit den Jahreszeiten, wobei es einige Klassiker gibt, die ganzjährig auf der Karte stehen. Dazu gehört die hausgemachte Gänseleber. Sie wird in aufwendiger Handarbeit im Haus zubereitet, in Petite Arvine und Cognac mariniert und kommt in zwei dicken Tranchen auf den Teller – kein Vergleich mit irgendwelchen Konservenprodukten! Eine weitere Hauspezialität sind die Eglifilets, die fangfrisch zubereitet werden, denn der

Lac Léman ist trotz der alpinen Lage des Bergdorfes (1163 Meter über Meer) nicht mehr als eine halbe Autostunde entfernt. Stolz des Hauses ist jedoch seit Jahrzehnten die Charbonnade, die man mit etwas Glück am Tisch direkt vor dem Cheminée geniessen kann. Auf dem Tischgrill brutzeln Kalbfleisch, Rindshuft und Specktranchen auf den glühenden Kohlen; dazu gibt es fünf hausgemachte Saucen, Pommes und Salat. Das Grillieren auf der teuflisch heissen Platte ist bei den Gästen offenbar so beliebt, dass in Spitzenzeiten das Fleisch auch mal zur Neige gehen kann. Da auch der Weinkeller gut dotiert ist und sich Alexandre Pichard in Fragen des Weins gut auskennt, findet man zur Charbonnade stets einen guten Tropfen: zum Beispiel einen Cornalin de Montibeux von der gleichnamigen Domaine in Leytron. Durch und durch lokal sind die Süssigkeiten, die buchstäblich auf dem Silbertablett serviert werden: Zwei Dutzend vom Dorfkonditor hergestellte Patisseriekreationen der Extraklasse machen die Wahl zur Qual.

Die Hörner des Teufels. Wenn man schon unter den teuflischen Hörnern speist und das Feuer so schön knistert, bietet sich ein kleiner Abstecher in die Mythen und Legenden geradezu an. In einer dieser uralten Geschichten wird erzählt, der Teufel habe die Blumenfelder unter den Teufelshörnern einfrieren lassen, weil ihm die Bewohner die Seele einer schönen Alphirtin nicht geben wollten. Deshalb heisst die Gletscherregion unter den Hörnern noch heute «Les champs sans fleurs». Darauf kann man mit dem Teufel in der Post anstossen: Mit einem Bitter «Diableret», gebrannt aus Alpenkräutern. Er verleihe Gesundheit und Kraft, heisst es auf einem Werbeplakat, das Frédéric Rouge 1895 gemalt hat und das «Monsieur le Diable» in batmanartiger Pose auf einem glühenden Felsen zeigt…

Charbonnade am Cheminéefeuer.

Drei Sorten Fleisch (Kalb, Rindshuft, Speck), fünf hausgemachte Saucen, Pommes und Salat gehören zur Spezialität des Hauses.

Altes Werbeschild für den Bitter «Diablerets», der aus Alpenkräutern gebrannt wird. Die Illustration stammt vom Maler Frédéric Rouge aus dem 19. Jahrhundert.

– Charbonnade mit drei Sorten Fleisch.
– Hausgemachte Entenleberterrine, mariniert in Petite Arvine und Cognac.
– Eglifilets meunière.
– Rehmedaillons mit Spätzli, Kastanien, Rotkohl.
– Patisserie «Les Diablerets».

Rezept von **Denise Pichard** im Anhang.

— **Enten-/Gänseleberterrine «Les Diablerets»,** S. 397

RESTAURANT **35**

Refuge de Taveyanne
Gryon

RESTAURANT: **Refuge de Taveyanne**

ADRESSE: **1882 Gryon, Alpage**

GASTGEBER: **Sarah de Siebenthal**

TELEFON: **024 498 19 47**

INTERNET: **keines**

RUHETAGE: **Juli und Aug. keine; Mai und Juni, Sept. und Okt. Mo., Di.**

BETRIEBSFERIEN: **Ende Okt. bis Anfang Mai**

WEGBESCHRIEB: **zwischen Les Diablerets und Villars-sur-Ollon**

SPEZIELL: **Alpenbarock mit viel Holz**

Das Bergrestaurant Taveyanne liegt auf einer Sonnenterrasse in der Region von Les Diablerets. Man erreicht die Bergbeiz, die zu den schönsten im Schweizer Alpenraum gehört, vom Col de la Croix aus (ca. 10 km von Villars-sur-Ollon zweigt die Strasse ab). Möglich ist auch ein Aufstieg von Gyron her nach Les Chaux. Hier gibt es auch einen Sessellift. Geführt wird die Alphütte von der höchst umtriebigen Sarah de Siebenthal und ihrem Freund Christophe. Mit zum jungen Paar gehört die vierjährige Romane. In der Sommerzeit sind zehn Personen hier oben am Werk, um die zahlreichen Gäste zu bewirten.

Urchuchi in Sarahs Alphütte

Weit unten, dem Blickfeld längst entschwunden, glitzert der Lac Léman wie «in tausend Splittern», wie es Ramuz poetisch umschrieben hat. Hier oben, auf 1647 Metern, prägt die karge Bergwelt der Diablerets das Bild. Ein bedeutender Teil des Waadtlandes liegt in den Alpen und Voralpen. Milch, Käse, Kräuter und Pilze bilden hier die Ausgangsmaterialien für die kulinarischen Genüsse. Dass die Küche einfach, aber auch ausgesprochen geschmackvoll sein kann, beweist die kleine Bergbeiz Taveyanne: Es gibt hausgemachte Terrinen, Pilzschnitten, Beinschinken, Fondue, Raclette und Charbonnade. Das Raclette wird am offenen Feuer zubereitet; für die Charbonnade gibt es kleine Tischgrills mit glühenden Kohlen. Die Saucen sind hausgemacht. Nicht weniger als sechs verschiedene Salate und Gschwellti werden dazu serviert. Je nach Wetter kann man auf der Sonnenterrasse essen, oder dann im rundum hölzernen Innenraum – nirgends ist auch nur ein einziger Stein zu sehen. «Hier wurden mindestens dreissig Kubikmeter Holz verbaut, sogar auf dem Dach liegen Holzschindeln – das entspricht etwa 25 grossen Tannen», schätzt Christophe. Und er muss es wissen, denn er ist gelernter Zimmermann. An den Wochenenden hilft er jeweils im Restaurant mit, denn dann läuft es von acht Uhr morgens bis Mitternacht auf Hochtouren. «An Spitzentagen machen wir etwa 150 Gerichte», sagt Sarah stolz, die den Betrieb vor fünf Jahren von

ihren Eltern übernommen hat. Gebaut wurde das Haus 1825, nachdem eine grosse Feuersbrunst sämtliche Alphütten zerstört hatte. Damals wurden die Kühe noch hier gesömmert; fast alle Familien in der Umgebung waren auf der Alp. Eine Reminiszenz an diese Zeiten ist das Dekor im Innern: Ein grosses Cheminée prägt den Raum. In einem grossen Kessel wurde hier früher gekocht. Alte Gerätschaften hängen an den Wänden, die eine Vorstellung vermitteln, wie einfach das Leben und wie hart die Arbeit früher auf der Alp war. Nur eines sucht man vergeblich: Hirschgeweihe und ausgestopfte Gämsen: «Das fand ich zu viel», sagt Sarah und lacht. «Ich denke, wir haben schon jetzt genug Alpenbarock hier oben, wichtig ist für mich, dass es vor allem kulinarisch stimmt.» Das tut es, wie ich mich überzeugen konnte. Kurz vor meinem Alpabgang habe ich nämlich noch ein Fondue genossen, und das war schlicht hervorragend.

Auf dem offenen Feuer wird die Charbonnade zubereitet. Für die Gäste stehen Tischgrills zur Verfügung.

Blick in den Essraum der Alphütte, die einem Museum gleicht.

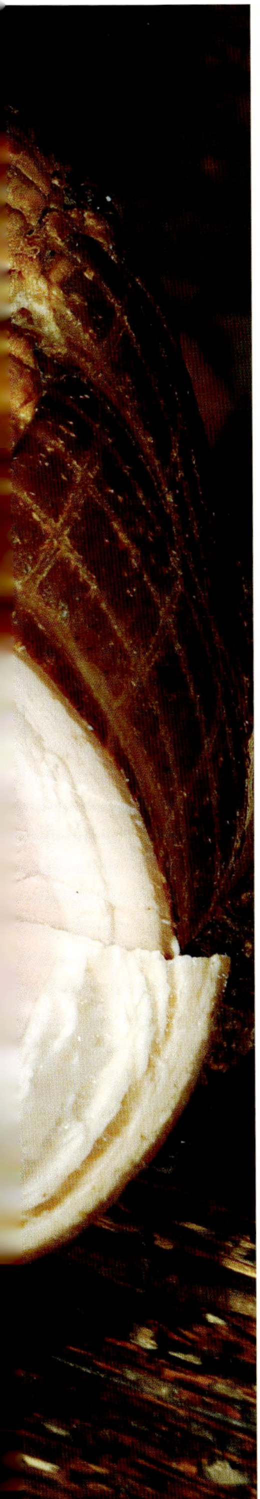

– Beinschinken (wird mit Kartoffelsalat oder Rösti serviert).
– Pilzschnitte mit Eierschwämmen.
– Charbonnade mit hausgemachten Saucen, dazu gibt es sechs verschiedene Salate und Gschwellti.
– Cornets mit Schlagrahm.
– Apfelkuchen.

Rezept von **Sarah de Siebenthal** im Anhang.

— **Pilzschnitte mit Eierschwämmen,** S. 410

Einkaufstipps Waadtland

WEIN

Raymond Paccot, Domaine La Colombe

Rund um Féchy liegen die Rebgüter von Raymond Paccot, der den Chasselas zu einem Spitzenwein gemacht hat. Herausragend sein Féchy en Bayel mit einem Hauch von Zitrusfrüchten und Lindenblütenduft in der Nase; im Gaumen finessenreich, geschmeidig mit Rasse und viel Biss. Paccot stellt seine Weine nach biodynamischen Methoden her, was zu besoners mineralischen, charaktervollen Weinen führt. Zusammen mit Frédy Girardet kreiert Paccot jedes Jahr auch eine spezielle Assemblage. Siehe ausführliche Reportage auf S. 208. *Raymond Paccot, 1173 Féchy, Tel. 021 808 66 48, www.lacolombe.ch.*

ARTE VITIS

Die Freude am Chasselas vereint zwölf ambitionierte Winzer, die sich Arte Vitis nennen und in sämtlichen Weinbaugebieten des Waadtlandes produzieren. Dazu gehören nebst Raymond Paccot unter anderem Henri Cruchon in Echichens (zwischen Morges und Lausanne), der den Clos des Abesses aus Chasselas-Trauben keltert; die Domaine La Pierre Latine in der Gemeinde Yvorne, die nebst Chasselas vor allem Pinot noir, Pinot gris und seit einigen Jahren auch Merlot keltert. Nicht zu vergessen der Familienbetrieb von Pierre Monachon in Rivaz (zwischen Vevey und Cully): In den über tausendjährigen Terrassen mit Natursteinmauern entstehen in dieser prächtigen Domaine vor allem Dézaley, Rivaz, Saint-Saphorin und der am Martinstag gelesene Süsswein «Plant du Rhin». Siehe: www.arte-vitis.com.

Henri Cruchon, Echichens

Der Familienbetrieb Henri Cruchon, mitten in der Appellation Morges gelegen, wird heute von den beiden Brüdern Raoul und Michel Cruchon geführt. Seit einigen Jahren verzichtet der Betrieb auf chemische Zusätze wie Kunstdünger und Herbizide. Das Traubengut, mehrheitlich aus biodynamischem Rebbau, liefert die Grundlage für Weine mit aussergewönlicher Struktur und Finesse. Dazu gehört unter anderem der Pinot noir Raissenaz, der sich mit der Finesse und samtigen Struktur bester Burgunder messen kann. *Domaine Henri Cruchon, 1112 Echichens, Route de Village 32, Tel. 021 801 17 92, www.henricruchon.com.*

Louis Bovard, Cully

Louis Bovard, von der Weinzeitschrift *Vinum* als «Grandseigneur des Dézaley» bezeichnet, verzichtet konsequent auf Dünger, damit die Reben weniger Blätter und kleinere Trauben produzieren. Damit entstehen kräftigere Weine mit höherem Säureanteil. Stolz des Hauses ist der Dézaley Médinette, der schon von seinem Grossvater vor hundert Jahren unter diesem Namen gekeltert wurde. «Le plus fin des vins suisses», wie es auf der Etikette heisst, erreicht seine optimale Trinkreife frühestens nach drei, bei guten Jahrgängen erst nach acht bis zwölf Jahren. Unter dem Etikett «Tradition» bietet das Haus zudem den Epesses Terre à Boire und den Saint-Saphorin L'Archevesque an, beides klassische Chasselasweine, die – ähnlich wie französische Weissweine – auf Weinhefe bei regelmässigem Aufrühren vinifiziert werden. *Domaine Louis Bovard, Place d'Armes 2, 1096 Cully, Tel. 021 799 21 25, www.domainebovard.com.*

BRÄNDE, WEIN, BAUERNHOFPRODUKTE

Pierre Sauty, Denens

Kirsch, Coing, Lie und andere Edelschnäpse brennt Pierre Sauty in Denens in la Côte. Der Mann ist auch ein begnadeter Winzer, führt Degustationen mit Traiteur- und anderen Terroirprodukten durch. Ab Mitte August bis Ende Oktober verkauft die Familie Sauty zudem auch Früchte und Kürbisse ab Hof. *Cave du Brantard, Pierre Sauty, 1135 Denens, Place de la Jalousie, Tel. 021 801 16 53, www.sauty.ch.*

WÜRSTE

Philippe Stuby, Vevey

Philippe Stuby wurde am Wettbewerb der Schweizer Regionalprodukte in Delémont als bester Wurster ausgezeichnet Bei ihm gibt es die drei Waadtländer Klassiker, die Saucisse aux choux, den Saucisson vaudois und den prallen Boutefas comme il faut. *Philippe Stuby, 1800 Vevey, Avenue Général-Guisan 17, Tel. 021 921 66 51.*

Grillierter Speck aus Begnins

Einen besonders knusprigen Speck verkauft die Metzgerei Philippe Grange oberhalb von Bursin: Der marinierte Speck wird in einem Grill knusprig angebraten, was ihm eine besondere Geschmacksnote verleiht. Auch sonst ist die kleine Metzgerei eine gute Anlaufstelle für erstklassige Wurstwaren. *Metzgerei Philippe Grange, 1268 Begnins, Grand'Rue 18, Ruhetage: keine, Betriebsferien: offen, Tel. 022 366 13 14.*

Claude Porchet, Bournens

So etwas wie der Heilige Gral der ganzen Waadtländer Wurstologie: Von der Saucisse à rôtir bis zum zwei Kilogramm schweren Boutefas, vom gut gewürzten Saucisson vaudois bis zur saftigen Kabiswurst aus Orbe werden hier Meisterleistungen geboten. Besonders empfehlenswert die Saucisse mit rosa Pistazienkernen. *Boucherie Claude Porchet, 1035 Bournens, Tel. 021 731 12 74.*

KÄSE

Etivaz von der Alp

Im Sommer käst Philippe Pipo Rosat auf der Alp Les Combarins hoch über La Rossinière seinen Etivaz. Den im Kupferkessel auf dem Fichtenholzfeuer zubereitete Alpkäse, aber auch Ziger und Joghurts kann man ab Alp kaufen. Auf Voranmeldung bereitet der Käser ein ausgiebiges Älplerfrühstück oder Fondue zu. Wanderzeit ab La Rossinière ca. 2 Stunden; auch mit dem Auto erreichbar. Siehe auch Reportage S. 214. *Les Combarins, Philippe Pipo Rosat, Tel. 026 924 40 48 oder 079 658 06 44.*

Etivaz von der Maison de L'Etivaz

Erhältlich ist der Etivaz auch in der Genossenschaftskäserei im Dörfchen L'Etivaz auf dem Pass zum Col des Mosses. 14 000 Käselaibe lagern hier im Natursteinkeller, darunter auch der Etivaz-Hobelkäse. Hier kann man sich auch über die vorbildlich angelegten «Sentiers du Fromage d'Alpage» informieren, die durch unberührte Naturschutzgebiete führen, zum Beispiel auf die Alp Pierreuse. *La Maison de L'Etivaz, 1660 L'Etivaz, Tel. 026 924 70 60, www.etivaz-aoc.ch.*

René Piguet, Le Brassus

Hier kauft Philippe Rochat den Vacherin Mont d'Or ein. Ganz nach traditioneller Art, wird der zartschmelzende Käse aus dem Vallée de Joux von René Piguet nur in den Wintermonaten hergestellt und in Tannenholzschachteln gepackt.
Laiterie du Brassus, René Piguet, 1348 Le Brassus. Le Rocher 4, Tel. 021 845 55.

SÜSS UND SALZIG

Chocolats Tristan

Ungekrönter Meister der Schokoladekunst im Waadtland ist Tristan Carbonatto. Seit einigen Jahren führt er zusammen mit seiner Frau Yvette im Weindörfchen Bougy-Villars in der Côte ein kleines Schokoladeatelier. «Schokolade ist ein einzigartiger Rohstoff, der immer wieder neue Geschmacksnuancen bietet, sinnlichen Genuss», erklärt der Chocolatier mit leuchtenden Augen. Vor allem in den gehobenen Kreisen der Region geniesst der «süsse Verführer» hohes Renommee: Wer etwas auf sich hält, serviert Tristan-Kreationen zum Kaffee. Zur Clientèle gehören auch zahlreiche Spitzenrestaurants, die sich vom Meister auch ganz spezielle Kunstwerke aus Schokolade herstellen lassen. Im Bild Schokoladesegel für ein Festessen der Alinghi-Crew. Wegbeschrieb: Zwischen Rolle und Allaman, westlich von Féchy an der Dorfstrasse von Bougy-Villars. *Tristan Chocolatier, 1172 Bougy-Villars, Ruhetage: So., Mo., Di., Tel. 021 807 21 45, www.chocolatier-tristan.ch.*

Salz und mehr

Erstaunlich, aber wahr: In Bex, nicht weit von Aigle, befindet sich eine alte Waadtländer Salzmine. Der Naturforscher und Dichter Albrecht von Haller war hier jahrelang als Verwalter tätig und hat das weisse Pulver gewonnen, ohne das, cum grano salis, Essen wohl nur ein grosses Fressen oder reine Nahrungsaufnahme wäre. In der Mine werden Führungen angeboten, das Salz wird unter dem Namen «Le Sel des Alpes» zu Speise- und Wellnesszwecken verkauft. *Saline de Bex, Route de Gryon 31, 1880 Bex, Tel. 024 463 03 20. www.selbex.ch*

Senf von Céline Ammann

Céline Amman ist berühmt für ihren Biosenf, den es in verschiedenen Geschmacksnuancen gibt – mit Zitrone und Kräutern, Vinaigre, Bärlauch, Apfel, Honig. Sie ist jeweils am Mittwochnachmittag auf dem Biomarkt in St-Jean (Genf). Mit telefonischer Voranmeldung kann man auch direkt bei ihr in Burtigny (in der Nähe von Rolle) einkaufen. *Moutardes artisanales, Céline Ammann, 1261 Burtigny, Le Saugey, Tel. 022 366 00 28.*

FISCH

Serge Guidoux, Lausanne

Guidoux ist der Star der Fischer am Lac Léman. Die besten Restaurants kaufen bei ihm ein. Nebst Saibling, Egli, Felchen, Hecht & Co. produziert der umtriebige Geschäftsmann auch Fischterrinen, Bisques aus Süsswasserkrebsen und Mousses aus Bachforellen. *Serge Guidoux, Pêcherie d'Ouchy, 1007 Lausanne, Pècheur 9, Öffnungszeiten: Mo. bis Sa. 8.30 bis 12 Uhr, Tel. 021 617 72 06.*

Weitere Restaurants im Waadtland

LÄNDLICHE OASE

Restaurant du Chasseur, Allaman

Wer nach all den Saucissons und Papets wieder mal einen starken Brocken Fleisch vor sich haben möchte, geht nach Allaman ins Restaurant Du Chausseur vis-à-vis vom Château. Das Fleisch kommt aus Argentinien und wird auf dem Holzfeuer grilliert (im Bild ein Beef argentin). Täglich wird auch Fisch aus dem Lac Léman angeliefert. Zu den bekannten Spezialitäten des Hauses gehören Froschschenkel, im Herbst Wild sowie saisonal wechselnde, hausgemachte Desserts. Die Gartenterrasse könnte zu einem Schloss an der Loire gehören – man wähnt sich in einer Oase.

Restaurant du Chasseur, Monica und Marcelo Fernandez, 1165 Allaman, Ruhetage: Di., Mi.-Mittag, Betriebsferien: 2 Wochen Juli/Aug., 3 Wochen nach Weihnachten, Tel. 021 807 30 73, www.restaurantduchasseur.ch.

AM SEE

Restaurant du Lac, Vallamand-Dessous

Eine gute Adresse bei schönem Wetter! Direkt am Murtensee, unter schattigen Bäumen, gut kombinierbar mit einem Schiffsausflug auf den drei Seen. Fisch aus dem Murtensee, Coq an Pinot-noir-Sauce, Käsespezialitäten, Weine aus Vully. *Restaurant du Lac, 1586 Vallamand-Dessous, Norbert und Paula Thoos, Tel. 026 677 13 15, Ruhetage: Di. ab 15 Uhr, Mi., Betriebsferien auf Anfrage, www.restaurantdulac.ch.*

Restaurant La Pêcherie, Allaman

Am Lac Léman, unterhalb von Allaman am See. Es gibt (fast) nur eines: Fisch! Den allerdings in mehreren Varianten und stets perfekt zubereitet, was angesichts der Seelage und der Frequenz an sonnigen Tagen eine Leistung ist. Zum Abschalten und um sich ein wenig wie am Meer zu fühlen, ist die Pêcherie der richtige Ort (unbedingt vorher reservieren).

Restaurant La Pêcherie, Familie Afrim, 1165 Allaman, Route de la Plage, Ruhetage: keine, Betriebsferien: Mitte Dez. bis Mitte Jan., Tel. 021 807 30 37, www.lapecherie-allaman.ch.

Relais de la Truite, Le Pont am Lac de Joux

Das Vallée de Joux ist kulinarisch auf die Tagestouristen ausgerichtet und damit nicht gerade ein Schlemmerparadies. Einziges Highlight ist die Forellenbeiz in Le Pont. Nebst Fischen (aus den Zuchtanlagen der Region), die fangfrisch zubereitet werden, stehen Terrinen, Schnecken und diverse Grilladen auf der Menükarte. *Hôtel Relais de la Truite, Daniel Lehmann, 1342 le Pont, Tel. 021 841 17 71, www.hoteltruite.com.*

TOP

Gourmetrestaurants

Die drei R – Rochat, Ravet und Rabaey – bilden das strahlende Dreigestirn am Gastrohimmel im Kanton Waadt, der am meisten hochdotierte Restaurants der ganzen Schweiz vereint. Die Haute Cuisine brilliert mit insgesamt über 1000 Gault-Millau-Punkten. Zu den drei R kommen erstklassige Hotels wie das Ermitage in Clarens oder das Beau-Rivage Palace in Lausanne-Ouchy. Nicht zu vergessen: Denis Martin und seine Küche in molekularer Kunstform.

Philippe Rochat

Ob Pfirsichsuppe mit roten Früchten, Wildlachs mit Karottenjus oder Kotelett vom Milchlamm mit Bohnenkraut: Für Philippe Rochat, Kochkünstler und Philosoph, muss sich der Geschmack bei jedem Gericht aus sich selber heraus entwickeln, vom Koch extrahiert und sublimiert werden. Essen muss für ihn sinnlich sein, voll von Harmonie und Natürlichkeit In seinem Buch «La Cuisine Sublime» hat er seine Philosophie anhand von 200 Rezepten dokumentiert.

Restaurant de l'Hôtel de Ville, Philippe Rochat, 1023 Crissier, Rue d'Yverdon 1, Ruhetage: So., Mo., Betriebsferien: Ende Juli bis Mitte Aug., 2 Wochen Weihnachten/Neujahr; Tel. 021 634 05 05, www.philippe-rochat.ch.

Bernard Ravet

Das Ermitage, oberhalb von Morges, ist das familiärste der drei Waadtländer Toprestaurants. Vor dem Haus liegt ein Ententeich, am Samstagmittag gibt es Gourmand-Mittagessen für die Familie auf leicht reduziertem Preisniveau. Die Küche ist höchst terroirbezogen, wobei Ravet alte Gerichte wie den Papet vaudois nicht verschmäht (allerdings mit gebratener Taubenbrust statt mit Kabiswurst serviert). Im Keller warten 650 Etiketten und 25 000 Flaschen. *L'Ermitage, Bernard Ravet, 1134 Vufflens-le-Château, Route du Village 26, Ruhetage: So., Mo., Betriebsferien: 3 Wochen Aug., 2 Wochen Weinhachten/Neujahr, Tel. 021 804 68 68, www.ravet.ch.*

Gérard Rabaey

Irgendwo habe ich aufgeschnappt, dass sogar Gérard Rabaey im berühmten Le Pont de Brent als Kind gerne Butterbrote ass – dick bestrichen mit Kakao und Zucker. Und das macht er offenbar noch heute nach seinen morgendlichen Velotouren, allerdings knusprig getoastet und beträufelt mit hausgemachter Konfitüre. Einfach, aber gut und deshalb perfekt: So ist auch seine Küche, in der sich dann allerdings Savarins aus Froschschenkel mit Randen, Kürbiscrème mit Frischkäse, Lammcarré mit Zwetschgen oder ein Feuilleté à l'ananas mit

einer Kokosnusscrèmeglace zum «Butterbrot» gesellen. Von Montreux Richtung Blonay; das Restaurant befindet sich am Ende des Dorfes Brent vor der Brücke. *Le Pont de Brent, Gérard Rabaey, 1817 Brent, Ruhetage: So., Mo., Betriebsferien: Mitte bis Ende Juli, Tel. 021 964 52 30, www.lepontdebrent.com.*

Denis Martin

Unbeschwert geht es bei Denis Martin in Vevey zu, der auf trendige Molekularküche setzt, allerdings witzig, ja geradezu ironisch umgesetzt. So gibt es zum Beispiel Birchermüesli mit Entenleber, Kräuterzigarren, flüssige Ravioli, Wasabi-Schleckstengel oder Mojito-Shampoo. Da Kochen schon immer ein molekularer Vorgang war, kann man hier durchaus von Urchuchi sprechen – allerdings als Kunstform.

Denis Martin, Rue du Château 2, 1800 Vevey, Ruhetage: So., Mo., in der übrigen Zeit nur abends offen, Betriebsferien: Juli, Tel. 021 921 12 10, www.denis-martin.com.

Pinten im Waadtland

Was in der Deutschschweiz die Dorfbeizen, sind im Waadtland die Pinten, in denen sich die Bewohner früher getroffen haben, um zu plaudern, die Welt neu zu erfinden und vor allem, um zu trinken. Denn ins Leben gerufen wurden die Pinten von den lokalen Winzern, um ihren Wein auszuschenken. Damals noch in der französischen Masseinheit «pinte», was 0,931 Liter entsprach, wobei jede Region die Masseinheit selber bestimmte. Heute wird in den Waadtländer Pinten längst nicht mehr nur getrunken, sondern auch eine gute Terroirküche angeboten. Das Ambiente ist rustikal (bis hin zur kunstvollen Assemblage von Antiquitäten, Kunst und Kitsch); die Kulinarik konzentriert sich auf die Pflege der Waadtländer Küche und auf lokale Weine. Wie überall sind diese historischen Dorfbeizen mit ihrem authentischen Ambiente in Gefahr, überrenoviert zu werden oder sogar zu verschwinden. Nachfolgend habe ich für die Urchuchi einige der schönsten Pinten zusammengestellt – eine Auswahl aus einigen Hundert. Weitere finden sich im Buch *Pintes vaudoises,* das eine Hommage für diese alte Beizenkultur darstellt, verfasst von einem Journalisten und einem Architekten: Dominique Gilliard und Gilbert Salem, *Pintes vaudoises – un patrimoine en péril,* Editions d'en bas, Lausanne 2005, (erhältlich nur auf Französisch), www.enbas.ch.

Café de Riex, Riex

Die kommunikationsfreudige Gigi führt diese winzige Urpinte im Weingebiet des Lavaux. Die Karte konzentriert sich nebst Fondue auf Fleischspezialitäten wie Jambon à l'os, Saucisse à rôtir, Atriaux, Boutefas, Fricassée und Saucisse aux choux – alles aus eigener Produktion (die Familie betreibt eine eigene Metzgerei). *Café de Riex, Ghislaine Magnin, 1097 Riex, Route de la Corniche 24, Ruhetage: Mo.-Mittag und Di.-Mittag, Betriebsferien: auf Anfrage. Tel. 021 799 13 06.*

Café du Centre, Lutry

Eine Traumpinte in einem Hintergässchen im Vieux Bourg, der Altstadt von Lutry. Ovale Spiegel, alte Kaffemühlen, Holztische und Stühle im Bistrostil: Kaum etwas wurde vom französischen Wirtepaar verändert. Traditionell ist auch die Küche mit Frischprodukten aus dem Terroir, betont kreativ zubereitet; dazu gibt es die Klassiker wie Fondue, Saucisse aux choux, im Herbst Wild. Erreichbar vom Bahnhof mit dem Bus Nr. 9. *Café du Centre, Michel und Catherine Danner, 1095 Lutry, Rue du Bourg 17, Ruhetage: So. und Mo., Betriebsferien: Anfang Juni bis Ende Aug., Tel. 021 791 17 90.*

Restaurant Le Maître Jaques, Nyon

Eine weitere Traditionspinte, in der unteren Altstadt von Nyon. Hier isst man auf Gault-Millau-Niveau (aufgeführt unter den 200 besten Restaurants in der Romandie), vor allem fangfrischen Fisch aus dem See, Grilladen, Lammcarré oder Kalbsleber an Balsamicosauce. Der Koch heisst Tom Watson und zeigt manchmal etwas «Fusions»-Tendenz. Reservation wird empfohlen! *Restaurant Le Maître Jaques, Nicoline und Francesco Olivero, 1260 Nyon, Rue des Moulins 2, Ruhetage: So.-Abend, Mo., Betriebsferien auf Anfrage, Tel. 022 361 28 34, www.maitrejaques.com.*

Café de la Croix d'Or, Orbe
Eine Hochburg der Terroirküche mit hausgemachtem Raisiné, Metzgete, Kalbskopf maison, Schweinsbratwurst, Atriaux, Blutwurst. Am ersten Oktoberwochenende wird hier das Fest der Orber Kabiswurst gefeiert, dazu gibt es Papet vaudois. *Café de la Croix d'Or, Chez Grivet, Rue des Remparts 21, 1350 Orbe, Tel. 024 441 34 43.*

Le Café National, Suchy
Suchy erreicht man von Orbe Richtung Belmont-sur-Yverdon. Hier waltet «Mimi», die seit über acht Jahrzehnten dem Alter trotzt. Nie wurde dieses archaische Restaurant modernisiert, alles – inklusive Registrierkasse – ist wie in den Zeiten von 1928. Zu essen gibt es nur noch kalte Plättli, dafür ist Madame ein Original und das Ambiente wundervoll. *Le Café National, «Mimi» Buchs, 1433 Suchy, Ruhetage: Di., Tel. 024 441 41 83.*

Café Au Bon Vin, Chardonne (bei Vevey)
Von Vevey mit dem Funiculaire hinauf, und man landet (früher oder später) bei Thierry Sax in Chardonne. «Cochonaille de notre fabrication» steht auf der Menükarte: Der Wirt macht all seine Würste selber und verfügt über eine eigene Räucherkammer hinter der Pinte. Weiter gibt es exzellente Malakoffs und in der kalten Jahreszeit einen Papet vaudois, der sich durch eine wohltuende Leichtigkeit auszeichnet. *Café Au Bon Vin, Thierry Sax, Rue du Village, 1803 Chardonne, Ruhetage: im Sommer Sa., im Herbst/Winter So., Tel. 021 921 27 04.*

Café de l'Ecusson Vaudois, Eysins

Elisabeth Luder führt diese unprätentiös eingerichtete Pinte, die in der «Agglo» von Nyon in einer Seitenstrasse noch ein Plätzchen halten konnte. Auf dem Dach thront eine Kirchenglocke wie in einem mexikanischen Westerndorf; vor der Haustüre türmen sich die Verkehrstafeln, und drinnen herrscht sympathisches Chaos. Dafür gibt es die besten Malakoffs weit und breit – und zwar nicht als Kugeln, sondern als luftig-leichte Kissen. Täglich wird zudem ein Mittagsmenü für die Arbeiter der Region gekocht, saisonal sind Papet vaudois und andere Waadtländer Klassiker auf der Karte.

Café de l'Ecusson Vaudois, Elisabeth Luder, Grand Rue, 1262 Eysins, Tel. 022 361 19 54.

Weitere Adressen von Waadtländer Pinten siehe auch: www.vins-vaudois.com/f/restaurants.

UNTERWALLIS

Im Land des Raclettes und des Weins

Das Wallis ist mit über 5000 Hektaren Rebfläche die grösste Weinbauregion der Schweiz. Über sechzig Rebsorten gedeihen an den Sonnenhängen – mehr als auf irgendeinem Terroir der Welt. Dabei kann sich der frankofone Teil mit einigen der edelsten Etiketten der Region schmücken. Doch nicht nur önologisch gibt es hier viel zu entdecken. Im Herbst wird an den Flanken der Viertausender eifrig gejagt. Entlang der Rhone liegen paradiesische Obst- und Gemüsegärten, in denen eine weitere berühmte Ikone des Wallis wächst: die Aprikose. Das Terroir bestimmt das kulinarische Angebot – und das geht im Unterwallis eindeutig Richtung Schlemmerparadies.

Die glänzenden Eisgebirge des Südens

Am Ursprung der Welt. «Garten Gottes» nannte Matthäus Schiner, der streibare Bischof von Sion, im 16. Jahrhundert das Wallis. Goethe schwärmte von den «glänzenden Eisgebirgen, die das Aug und die Seele an sich ziehen». Auch Carl Zuckmayer erlag den Walliser Kontrasten: In Saas-Fee schrieb er 1936 angesichts des damals noch mächtigen Gletschers: «Man steht am Ende der Welt und zugleich an ihrem Ursprung, ihrem Anfang und der Mitte.» Die poetische, zum Teil fast mythische Verklärung der Landschaft entspringt der Topografie des Wallis. Unten, in den fruchtbaren Ebenen, liegen paradiesische Gärten, in denen Trauben, Aprikosen und andere Früchte in der Sonne baden – und ringsum ragen die mächtigsten Gipfel des Alpenkamms in den Himmel: die Dufourspitze (4634 Meter über Meer), das Weisshorn (4505 Meter), das Täschhorn (4490 Meter), der Dom (4545 Meter), und nicht zuletzt das Matterhorn (4478 Meter), das zum Wahrzeichen des Kantons, sogar der ganzen Schweiz geworden ist.

Masslos und sanft. Als «wilden Süden» beschreiben frühe Reisende das Wallis, als «massloses und sanftes Land» umschreibt es Rainer Maria Rilke, der in Raron seine letzten Lebensjahre verbrachte. Doch aus dieser

schroffen Welt aus Stein strömt das Gletscherwasser in die über 120 Kilometer lange Lebensader, die oben auf der Furka dem Rhonegletscher entspringt, in den Genfersee mündet und von dort bis ins Mittelmeer fliesst. Der Fluss spannt einen weiten Bogen und prägt auch die Kulinarik dieser Gebirgswelt entscheidend mit. «Wie redet diese Landschaft?», fragte Rilke. Was sagt uns das Terroir?, fragen wir von der *Urchuchi* und unternehmen eine kulinarische Spurensuche: Sie führt uns hoch hinauf in die Alpentäler, wo das weltberühmte Raclette entstanden ist; sie führt uns aber auch tief hinab in die Weinkeller, in denen Tropfen reifen, die den «Goût du terroir» wie kein anderes Produkt zum Ausdruck bringen. Ein Heida, gewachsen auf über 1000 Metern in Visperterminen, ein Amigne, gekeltert aus Trauben im mediterranen Klima von Salgesch oder eine Petite Arvine, im Dezember in Fully nach dem ersten Frost gekeltert – da spricht das Terroir jeweils seine eigene, charaktervolle Sprache. Und genau so ist es beim Käse, wie man in Sierre entdecken kann: Fünf verschiedene Raclettekäse kann man im Château de Villa in Sierre geniessen – jeder ist ein Original, geprägt von den Kräutern der jeweiligen Alpweiden (siehe S. 304).

GOETHE ALS GASTROKRITIKER

Zu Goethes Zeiten machte die Gastronomie im Wallis offenbar noch keine grossen Sprünge. Von «aufgewärmtem Fisch» und «saurem Wein» schrieb der damals 30-jährige Dichter in seinen «Briefen aus der Schweiz». 1779 hat er das Wallis von Martigny bis nach Oberwald durchquert – magisch angezogen von der Gebirgswelt und der Furka, die er im November bis über die Hüften im Schnee übersteigt. Risiko, Abenteuer und Grenzerfahrung suchte Goethe. Das Essen hat den sportlichen Geheimrat offensichtlich weniger interessiert.

Einzig der Wein, dem der Dichter stets kräftig zusagte, ist ein Thema: «Wir kamen in ein Dorf bei Martinach und tranken daselbst neuen Wein. Er sieht aus wie Seifenwasser, doch mag ich ihn lieber trinken als ihren sauren jährigen oder zweijährigen.» Die Expeditionsteilnehmer – darunter der Herzog Carl August – verwendeten den Wein deshalb lieber zur Körperpflege: «Merkwürdig in diesem Wirthshause ist die Magd, die bei einer

Der betörende Duft der Aprikosen. Während Goethe, der das Wallis 1779 bereiste, die kulinarischen Qualitäten im Rhonetal eher negativ beurteilte (siehe Kästchen rechts), beschrieb der Basler Kupferstecher Matthäus Merian das Wallis 1642 nachgerade als Paradiesgarten: «Das Land ist fruchtbar an Wein, Obst und Käse, es gibt viel Honig, Fisch, Wildpret, Safran und andere Sachen.» Den Charakter der Walliser beschreibt er allerdings als «stolz und jähzornig» und erklärt: «Das liegt am Backofen, in den sich das Tal jeweils im Sommer verwandelt, und an den Aprikosen, die ihren betörenden Duft verströmen.» Der Backofen zeigte offenbar Wirkung, als sich im 16. Jahrhundert der Volkstribun Jörg Auf der Flüe und der Bischof und Kardinal Matthäus Schiner bis aufs Messer befehdeten. Schiner kämpfte für ein freies Wallis, förderte Wissenschaft und Kunst, beseitigte die französische Herrschaft und pochte auf ein starkes Bündnis mit den Eidgenossen, was sich in zahlreichen Bündnissen niederschlug und 1815 dazu führte, dass das Wallis ein Kanton der Schweiz wurde.

Gourmetparadies. Die besondere Topografie des Wallis machte das Gebirgstal schon früh zu einem klassischen Durchgangsland. Über Furka,

Grimsel und Gemmi kamen die «Üsserschwiizer» und brachten ihre Waren ins Tal; über die Pässe Simplon, Monte Moro und den Grossen Sankt Bernhard wehte der Hauch des Südens ins Land. Über diese Pässe kamen auch die Römer, die im Wallis schon früh im Weinbau aktiv wurden.

Es ist diese Weltoffenheit, welche die Walliser Esskultur prägt. Bereits ab 1900 gilt das Land als Gourmetparadies, wie bei Ernst Hess nachzulesen ist: «In den riesigen Kellereien in Martigny lagern die besten Weine der Schweiz, auch wenn die Konkurrenz vom Genfersee dies gerne bestreitet. Der trockene Fendant, der fruchtige Johannisberg und der dunkle, kraftvolle Dôle stehen selbst in den Restaurants Londons oder New Yorks auf der Karte. Erst recht natürlich in den Restaurants in Verbier, Zermatt oder Saas-Fee, deren Wachtelpasteten und Morchelsaucen, Edelliköre und Dessertkreationen weit über die Grenzen des Wallis hinaus bewundert werden. Aber auch die kleinen Gasthöfe im Rhonetal sind zu empfehlen, wo der Duft von gebratenem Käse, ausgelassenem Speck und Birnenschnaps die holzgetäferten Stuben erfüllt.» Gemeint hat Hess damit wohl das Raclette und die Williamine.

grossen Dummheit alle Manieren eines sich empfindsam zierenden Fräuleins zeigt. Es gab ein grosses Gelächter, als wir uns die müden Füsse mit rothem Wein und in Kleien badeten und sie von dieser annehmlichen Dirne abtrocknen liessen. Am Essen haben wir uns dagegen nicht sehr erholt.» In Leukerbad schildert Goethe die Wan-

zen, die mit ihm das Bett teilten: «Ich lag kaum im Bette, so kam mir vor als wenn ich über und über mit einer Nesselsucht befallen wäre; doch merkte ich bald, dass es ein grosses Heer hüpfender Insecten war, die mich blutdürstig überfielen.» Nicht viel besser beurteilt er die Gastronomie in Sion: «Das Wirthshaus ist abscheulich, und die Stadt hat ein widriges schwarzes Ansehn.» Da ist es ein kleiner Trost, dass es auch auf der anderen Seite der Furka, im urnerischen Realp, zu keinem kulinarischen Höhenflüg kam: «Die Kapuziner, die unsere Reisegruppe aufnahmen, standen mitten in der Fastenzeit. Also machte der Mönch allerlei aus Eiern, Milch und Mehl», schreibt Goethe. Die Walliser Landschaft jedoch hat es dem jungen Dichter angetan. Geradezu begeistert schildert er das «Spiel des Gewölks», das «karge Gestein, das bis zu den tiefsten Orten der Erde hinreicht», oder die Bergketten, die «fast wie die Plejaden leuchten, von einem geheimnisvollen Licht durchzogen».

BUCHTIPP

Johann Wolfgang von Goethe,
Briefe aus der Schweiz, Books on Demand, Norderstedt 2008.

Rosinen aus dem kulinarischen Erbe des Unterwallis

Sii – das Dessert aus Savièse

Sii ist in Rotwein und Holundersaft eingeweichtes Roggenbrot, das früher als Mus gegessen wurde. Dazu verwendete man altes Roggenbrot, das oft schon monatelang im Speicher lag. Heute wird die Dessertspeise mit frisch gekauftem Roggenbrot zubereitet und meist mit flüssigem Rahm, Schlagrahm und Aprikosen serviert. Warum die süsse Nachspeise Sii heisst, weiss niemand genau. Eine Erklärung besagt, der Name leite sich von «sii» (junger Wein) ab. Wahrscheinlicher jedoch ist, dass es sich um eine Ableitung von «siègle» (Roggen) handelt. Einig ist man sich, dass das Rezept aus Savièse im Unterwallis stammt. Die Zubereitung ist einfach: Man zerbröckelt das Roggenbrot und legt es über Nacht in aufgekochtem Rotwein und Holundersaft ein. Am nächsten Tag gibt man eingeweichte Rosinen, getrocknete Aprikosen-, Birnen- oder Apfelstück dazu, püriert die Masse, erhitzt sie in heisser Butter und serviert sie, je nach gewünschter Konsistenz, als Mus oder als warme Crème. Friedrich Zemanek von der Walliser-Kanne in Fiesch hat das Sii eigens für die *Urchuchi* zubereitet – einmal traditionell (Foto oben) und einmal als crèmeschnittenartige Gourmetkreation, bei der die Masse aufgekocht und mit Gelatine ergänzt wird (Foto rechts). Lässt man die Flüssigkeit ganz einkochen, kann man aus dem Teig auch pralinéförmige Kugeln formen – eine höchst verführerische Sii-Version.

Das Sii-Rezept finden Sie auf S. 420. Desgleichen ein Rezept für die Savieser Lauchtorte, eine weitere Spezialtät des Dorfs, das sich auf einer Sonnenterrasse oberhalb von Sion befindet, S. 424.

FLIESSENDE KULINARISCHE GRENZEN

Nicht alle Walliser Spezialitäten lassen sich so genau lokalisieren wie das Dessert Sii, das seinen Usprungsort eindeutig in Savièse hat; oder wie der berühmte Gletscherwein, der nur in Grimentz im Val d'Anniviers in den Kellern reift. Genau wie der Safran aus Mund, der nur in diesem kleinen Bergdorf oberhalb von Brig ideale Produktionsbedingungen findet.

Dagegen lässt sich das Raclette nicht einer einzigen Region zuordnen, genauso wenig wie das Roggenbrot, das vom Lötschental bis zum Simplon, von Saas-Fee bis ins Goms gebacken wird und damit ins kulinarische Erbe des Oberwallis

Brisolée

Im November ist in der Region von Fully Brisolée-Zeit: In Metalltrommeln werden die Kastanien geröstet, dazu gibt es Alpkäse, Trauben, Äpfel, Sauser oder Wein. Die Brisolée ist ein traditionelles Winzergericht, das einige Hundert Jahre alt sein dürfte. In fast allen Restaurants zwischen Martigny und Saillon steht die Brisolée auf der Menükarte. Eine gute Adresse ist die Ancienne Abbaye, die in allen Jahreszeiten traditionsbewusst kocht: Im Herbst gibt es erstklassige Wildgerichte, im Winter alles vom Schwein, im Frühling Walliser Spargeln und im Herbst die «Brisolée royale».

Restaurant de l'Abbaye, Damien Germanier, Route de l'Abbaye 35, 1963 Vétroz, Tel. 027 346 03 03, www.relaisduvalais.ch.

Abricotine

Die Aprikosen sind zu einem Markenzeichen des Wallis geworden. Mit den Römern ist das aus Zentralasien stammende Rosengewächs über die Alpen gekommen. Auf den sandigen Böden im Unterwallis findet die «Prunus armeniaca» ideale Bedingungen. Überliefert ist die Anpflanzung einer besonders aromatischen Sorte durch den Walliser Bauern Luizet im Jahr 1838. Er gab der heute am meisten verbreiteten Sorte den Namen. Die Früchte werden im Juli reif und bilden die Grundlage für zahlreiche Gerichte – vom Walliser Aprikosenkuchen über Sorbets bis zum Aprikosenbisquit. Flaggschiff ist jedoch der Walliser Aprikosen-Brand: die berühmte Abricotine.

gehört. Im frankofonen Unterwallis liegt der Schwerpunkt dagegen klar bei den Aprikosen und vor allem beim Wein, zu dem sich hier interessanterweise die Kastanie gesellt: Daraus entstand die Brisolée, die im Herbst das traditionelle Winzeressen bildet. All diesen Köstlichkeiten gehen wir auf den folgenden Seiten nach, zeigen – so weit dies möglich ist –, wie sie entstanden sind und wo man sie geniessen kann.

Mehrere Produzenten stellen Abricotine her, darunter die Destillerie Morand, die seit 1889 auch den berühmten Williamine-Brand herstellt:
Louis Morand, Rue de Plaisance 2, 1920 Martigny, Tel. 027 722 20 36, www.morand.ch.

Der Gletscherwein aus Grimentz

Grimentz ist ein kleines Dorf am Fusse des Gletschers Moiry im Val d'Anniviers. Berühmt ist das Walliser Dorf nicht nur wegen seines schönen Dorfkerns: Hier lagert auch der legendäre Gletscherwein. Jede Familie hat ein paar Fässer im Keller und hütet die kostbare Ingredienz besser als die Schweiz das Bankgeheimnis. Denn getrunken wird der Wein frühestens nach 25 Jahren, und zwar ausschliesslich vom Fass. Nie wird er in Flaschen abgefüllt, nie erscheint auch nur ein Tropfen in einem Restaurant, und nur selten erhalten Aussenstehende die Möglichkeit, die Rarität zu kosten. Dem Autor der *Urchuchi* wurde diese Ehre zuteil, und sie wurde zu einem Schlüsselerlebnis: Im Gletscherwein konzentriert sich uraltes Wissen in einer höchst philosophischen Dimension.

Im Heiligen Gral. Jean Vouardoux, profunder Kenner der Gletscherwein-Geschichte und Torwächter zum Heiligen Gral, öffnet die schwere Tür zum Burgerhaus in Grimentz. Gemeinsam steigen wir in den Keller, in

Jean Vouardoux entzapft das Bischofsfass: Die ältesten Tropfen des Gletscherweins sind über 140 Jahre alt. Der Weinstein im Innern wird nie entfernt und hat zwischenzeitlich eine Dicke von fünf Zentimetern.

dem die mächtigen Lärchenfässer stehen. Kerzenlicht taucht den Raum in schummriges Licht. Nur knapp kann ich die Jahreszahl 1888 auf dem ältesten Fass, dem Bischofsfass, erkennen. Aus diesem 900-Liter-Fass wurde der Gletscherwein gezapft, wenn der Bischof das Dorf besuchte, erklärt mir Vouardoux. In einem rituellen Akt öffnet er den Zapfhahn und füllt ein kleines Weissweinglas mit Gletscherwein. Die ältesten Tropfen sind über 140 Jahre alt. Homöopathisch verdünnt sind sie auch noch nach Hunderten von Jahren in jedem Glas Gletscherwein enthalten. Das liegt an der «Transvasage», bei der die Fässer reihum mit dem Gletscherwein aus dem nächstjüngeren Fass aufgefüllt werden. Dies geschieht jeweils nach dem Winter, wenn der jüngste, frisch gekelterte Jahrgang in den Keller kommt. Philosophisch betrachtet hat die Transvasage einen tieferen Sinn: Damit ist im Jungen stets auch das Alte enthalten, und das Neue verlängert die Lebenszeit des Alten und kann in Ruhe reifen. Diese Alchemie der Verjüngung bedeutet, dass auch in hundert Jahren noch Tröpfchen des ersten Urgletscherweins in jedem Glas enthalten sind. Und damit das Leben von ganzen Generationen. Wen wundert's, dass die Bewohner den Gletscherwein früher für ihr Begräbnis aufbewahrt haben: Am Todestag wurde der Geburtsjahrgang gezapft, der Wein, in dem das ganze Leben eines Menschen enthalten war.

Wie Sherry oder Portwein. Jedermanns Sache ist der Gletscherwein nicht. Er schmecke nach Terpentin, sagen die einen – andere sprechen von einer beeindruckenden Komplexität mit Haselnuss- und Kräuternoten. Sie vergleichen den Gletscherwein mit dem Vin jaune aus dem französischen Jura, mit dem Sherry, dem Portwein oder Madeira, alles sogenannte oxydative Weine: Sie werden in Holzfässern aufbewahrt, die ein wenig Sauerstoff durchlassen. Deshalb oxydiert der Wein, wechselt mit den Jahren die Farbe von Strohgelb zu sattem Goldbraun, wird mit jedem Jahr runder und entwickelt wegen der Verdunstung einen zunehmend höheren Alkoholgehalt.

Gekeltert aus einer uralten Rebsorte. Ursprünglich wurde der Gletschwerwein aus weissen Resi-Trauben (franz. Rèze) gekeltert, einer alten Rebsorte, die nur im Wallis und zum Teil noch im Aostatal anzutreffen ist. Die Trauben werden spät reif und ergeben Wein mit hoher Säure. Dies war der Grund, warum die Bergbewohner den Wein jahrelang gelagert haben, damit er überhaupt trinkbar wurde. Als im 19. Jahrhundert die Reblaus wütete, verschwanden die Trauben bis auf wenige Stöcke und wurden durch die restistenteren Chasselas-Trauben ersetzt. Zwar wird die autochthone Sorte heute wieder angepflanzt. Die meisten Familien verwenden jedoch Ermitage und Petite Arvine. Die Reben wachsen unten bei Sierre, werden auch dort vinifiziert und gelangen jeweils nach der Schneeschmelze ins Bergdorf.

50-JÄHRIGER KÄSE

Viele Familien in Grimentz haben früher jeweils am Geburtstag ihrer Kinder einen Käselaib auf die Seite gelegt. Bei besonderen Gelegenheiten wurde der Oldie dann aufgetischt. So richtig gut ist dieser Uraltkäse allerdings nicht. Er schmeckt säuerlich und ranzig. «Aber darum geht es auch nicht», erklärt Jean Vouardoux, der für einen seiner Söhne einen 40-jährigen Käse im Keller hat: «Wichtig ist, dass die Jungen verstehen, dass alles seine Zeit braucht und dass man die eigene Lebenszeit gut nutzen sollte.»

Mehr Informationen gibt es bei Grimentz Tourisme, 3961 Grimentz, Tel. 027 475 14 93, www.grimentz.ch.

Weinproduktion wie in den Urzeiten

Wer guten Wein liebt, kennt Marie-Thérèse Chappaz. Innerhalb weniger Jahrzehnte hat die energiegeladene Winzerin aus Fully die Schweizer Weinszene aufgemischt – mit unkonventionellen Produktionsmethoden und mit derart überzeugenden Weinen, dass sie heute als Star der Weinbranche gilt. Was sie von anderen unterscheidet, ist die Art, wie sie den Weinbau angeht. Marie Thérèse arbeitet so, wie dies früher die Bauern gemacht haben, als es noch keinen Kunstdünger und keine synthetischen Pflanzenschutzmittel gab. Die Natur, die Rhythmen der Natur, die Biodynamik bilden die Grundlagen dieser uralten, entsprechend aufwendigen

und riskanten Produktionsmethode. Angefangen hat sie 1970 zwar konventionell. Doch das hat sie schon bald nicht mehr befriedigt. Vor allem der Pestizid-Einsatz hat sie gestört: «Von einigen Spritzmitteln wurde es mir so schlecht, dass ich mich die ganze Nacht übergeben musste», erinnert sie sich. Dann hat sie die Domaine Chapoutier in den Côtes du Rhône besucht, Pioniere des biodynamischen Anbaus, und war begeistert: «Als ich diese Weine degustierte, wusste ich: Das ist mein Weg!», sagt sie und strahlt über das ganze Gesicht. Seit zehn Stunden ist sie in ihrem Rebberg «Les Bains» bei Martigny unterwegs, nimmt da eine Beere,

Der Rebberg «Les Bains» von Marie-Thérèse Chappaz südlich von Martigny. In diesem kalkigen, mineralhaltigen Terroir gedeihen die weissen Chasselas-Trauben besonders gut. Darüber hinaus verfügt die Winzerin über Reben in «La Liaudisaz» (oberhalb von Fully), «Les Claives» (in den Granitfelsen von Fully), in «Les Esserts» auf der linken Rhoneseite und in der «Planche Billon», ihrem höchstgelegenen Rebberg, in dem die wildesten Rebsorten wachsen, darunter der Humagne rouge.

spricht dort mit einer Freundin, die zusammen mit einem Dutzend weiteren Helfern am Traubenlesen ist. Es ist der letzte Tag der Weinlese. Kurz vor Sonnenuntergang gibt es Raclette für alle, am offenen Feuer im Weinberg zubereitet, begleitet von einem spritzigen Fendant des Hauses. «Das ist eine Tradition, die wir am letzen Erntetag pflegen», sagt Marie-Thérèse, für die der Arbeitstag noch lange nicht zu Ende ist. Zwanzig Kilometer entfernt, in einer riesigen Lagerhalle, liegt ihr Pressoir. Bis um Mitternacht sind sie und zwei Mitarbeiter am Verarbeiten der Trauben; es sind weisse der Sorte Petite Arvine, die von allen Trauben am spätesten reif

Was ist biodynamisch?

Im biodynamischen Weinbau erfolgt alles im Takt mit der Natur: Gedüngt wird am späten Nachmittag, wenn die Energie der Sonne abnimmt; geschnitten werden die Reben bei abnehmendem Mond, auch die Ernte erfolgt nach Mondphasen – genau so, wie dies früher die Bauern gemacht haben. Chemie gibt es keine im biodynamischen Weinbau. Mit Kräutertee werden die Reben besprüht. Als Dünger dient Kuhmist, der im Winter in Kuhhörner gefüllt im Boden vergraben wird. Vor dem Düngen wird er im Gegenuhrzeigersinn gerührt und so energetisch aufgeladen. «Das klingt alles furchtbar nach Esoterik», lacht Chappaz. «Man hat mich zu Beginn als Hexe bezeichnet, hat gesagt, ich gehöre zu einer Sekte und bete nachts die Sterne an. Aber biodynamischer Weinbau ist im Grunde genommen nichts anderes als uraltes Wissen, um bessere Weine zu machen. In Frankreich arbeiten berühmte Spitzenwinzer mit diesen Methoden, weil sie in den mit Chemie bombardierten Weinbergen keine guten Weine mehr machen können.» Spätestens seit in der Schweiz auch andere Weinproduzenten, wie Raymond Paccot seinen Waadtländer Féchy, mit biodynamischen Methoden produzieren, haben sich die Vorurteile gelegt. «Mein Ziel ist es, bessere Weine zu machen», sagt Paccot, «Weine mit mehr Charakter. Und das kann ich nur mit einem gesunden, lebendigen Boden.» Auch Michel Cruchon in Echichens bei Morges denkt nicht nur ökologisch, sondern auch ökonomisch: «Ich bin überhaupt kein Esoteriker», sagte er, aber ich kenne den Weinbau gut und weiss, wie Pestizide wirken. Die Biodynamik hat mich das Staunen gelehrt. Da steht der Boden im Mittelpunkt, der Boden mit all seinen Mikroorganismen. Zwar ist nicht alles erklärbar, aber die Resultate sind eindeutig.»

werden. Noch ist der Saft ungegoren und trüb, doch bereits zeichnet sich der charakteristische Geschmack der edlen Petite Arvine ab – leicht salzig, mit Aromen von Ananas, Rhabarber und Zitrusfrüchten. In einem Jahr wird sie den Wein in Flaschen abfüllen, etikettiert mit ihrem Potrait und dem Namen ihrer Petite Arvine, «Grain Blanc».

Die Sprache des Weins. Marie-Thérèse Chappaz hegt und pflegt ihre Trauben, als seien es ihre Kinder. «Wein ist meine Leidenschaft», sagt sie. «Das ist wie ein Gedicht, das sich auch nie ganz erklären lässt, bei dem man aber spürt: Da ist eine tiefe Bedeutung drin, eingepackt in eine wundervolle Sprache.» Dass ihre Weine eine fast schon poetische Sprache sprechen, haben einige der weltweit renommiertesten Weinkritiker festgestellt: So hat der *Wine Spectator* ihre Spätlese «Grain Noble Petite Arvine» 1996 mit dem Maximum von 100 Punkten bewertet. Alljährlich gehen 60 Flaschen ihrer Süssweine in die Keller der «Mémoire des Vins Suisses», wo einige der besten Weine der Schweiz aufbewahrt werden. Ihr Humagne rouge, von dem sie nur gerade 800 Flaschen pro Jahr abfüllt, ist bei den Weinkennern so gefragt, dass es fast unmöglich ist, auch nur eine einzige Flasche zu kaufen. Als Star sieht sie sich trotzdem nicht: «All diese Auszeichnungen haben mir gezeigt, dass ich auf dem richtigen Weg bin. Aber ich habe immer noch Zweifel, ob meine Weine wirklich gut sind, ich bin immer noch daran, sie noch besser zu machen – wahrscheinlich mein Leben lang.» Chappaz, die Perfektionistin? Da ist sie einverstanden: «Beim Wein gibt es keine Kompromisse. Entweder man macht höchste Qualität oder belanglose Massenware.» Sagt es und nimmt eine Traube von einem knorrigen Ermitage-Stock: «Der stammt aus dem Jahr 1920 und gehört meinem Onkel, dem Schriftsteller Maurice Chappaz», sagt sie. «Nach dem ersten Frost werden wir die Trauben lesen und dann wird daraus ein herrlicher Süsswein.»

Wenn die Traubenlese zu Ende ist, gibt es in den Rebbergen von Marie-Thérèse Chappaz jeweils Raclette für alle, zubereitet am offenen Feuer und begleitet von einem Glas Fendant.

Charakteristisch für die Chasselas-Traube sind die pyramidenförmigen Traubenstände mit vergleichsweise grossen Beeren.

Marie-Thérèse in ihrem Pressoir. Die Winzerin packt auf allen Produktionsstufen selber an.

Die Produktpalette umfasst über ein Dutzend Etiketten; das Bild zeigt eine Auswahl ihrer bekanntesten Etiketten, darunter der Grain noir und Humagne rouge.

GRAIN D'OR
GRAIN BLANC
GRAIN NOBLE
fendant
GRAIN PINOT
GRAIN NOIR
HUMAGNE ROUGE
2005
dôle
la liaudisaz

RESTAURANT **36**

Café Berra
Choëx

Là-haut sur la montagne

RESTAURANT: **Café Berra**

ADRESSE: **1871 Choëx**

GASTGEBER: **Jean-Yves André und Josiane Raemy**

TELEFON: **024 471 05 30**

INTERNET: **www.cafeberra.ch**

RUHETAGE: **Mo., Di.**

BETRIEBSFERIEN: **Sept., 3 Wochen Jan.**

WEGBESCHRIEB: **von Monthey (Ausfahrt Bex/Monthey Sud) in 5 Minuten mit dem Auto oder Postauto den Berg hinauf (Wanderzeit ca. 1 Std.)**

SPEZIELL: **14 GM**

Jean-Yves André, der Franzose aus Paris, und Josiane Raemy, die Freiburgerin: Zehn Jahre lang haben die beiden im Nobelkurort Verbier als Küchenchef und Rezeptionistin gearbeitet, dann in Choëx das urgemütliche Chalet entdeckt und innert Kürze zu einer renommierten Gourmetbeiz gemacht. Von der Bezeichnung «Café» sollte man sich nicht beirren lassen: In der Romandie ist mit Café stets ein Restaurant gemeint – beim Café Berra sogar eines der besten im ganzen Wallis.

Kaum ein Lied aus der Romandie ist in der Deutschschweiz so bekannt wie «Là-haut sur la montagne» – und natürlich kennen auch alle die Fortsetzung: «l'était un vieux chalet.» Das Chalet des Café Berra könnte die Vorlage gewesen sein: Äusserlich wirkt das Holzhaus zwar etwas unscheinbar, im Innern versprüht es jedoch so viel Charme und bietet eine derart exzellente Kulinarik, dass die Tische stets voll besetzt sind. Reservieren ist hier unerlässlich.

Weg mit den Caquelons! Eigentlich wollten die beiden Gastgeber eine Fonduebeiz machen (die Caquelons hatten sie bereits gekauft). Doch dann waren die Gäste von Jean-Yves' Kochkünsten so begeistert, dass sie die Caquelons schnell zum Verschwinden brachten. Ein Plebiszit, das sich gelohnt hat: «Endlich ein Restaurant, das die Servietten-Junkies ganz vorne in ihrer Agenda notieren müssen», schrieb der Gourmetführer «Le coup de fourchette» und lobte die Finessen im Dekor und die wohltuende Absenz von Vivaldi & Co. Höchstens ein Hauch Miles Davis erklingt im Chalet, um die wohltemperierte Klaviatur der Kulinarik nicht zu stören. Das Spektrum reicht vom Rindstatar über Schweinsfuss mit grünen Spargeln bis zur Dorade mit grünen Linsen oder Taubenbrüstchen im Tontopf. Dazu kommt ein Weinangebot, das rare Tropfen wie den Syrah «Chamosite» von Didier Joris oder den «Grain noble Petite Arvine» von Marie-Thérèse Chappaz enthält.

Guter Geschmack. Wir starten mit einem Hirschcarpaccio mit Kürbiskern- und Trüffelöl, fein gehobeltem Parmesan und Pinienkernen. Da tunkt man die Sauce heimlich noch mit dem Brot auf, das selbstverständlich auch keine Massenware ist. Und so genussvoll geht der «wilde Reigen» weiter: Es folgen rosa gebratene Hirschfilets mit Farbtupfern von schwarzen Pilzen, einer im Wein marinierten Birne (poire à botzi), einer Kastanie und einem gefüllten kleinen Kürbis. Spätzli und Rotkraut werden in kleinen Schalen auf einer Schiefertafel serviert – soigné! Im Berra kann man auch feststellen, wie gut Innereien schmecken: Die Kalbsnieren kommen knackig vom Grill und werden von einer Pinot-Sauce und einer Pilzmousse begleitet. Auch bei den Desserts läuft die Küche zur Hochform auf: Die saisonal wechselnde «assiette» besteht aus einer Aprikosenmousse mit Croquants, dazu gibt es verschiedene Sorbets und einige Scheiben Mango, getoppt von Passionsfruchtfleisch. Serviert wird die – für die Urchuchi zwar etwas exotische, aber höchst erfrischende – Kreation auf einem schwarzen Lackbrett, was dem Ganzen einen schon fast japanischen Touch verleiht.

Virtuoses Duo. All das entsteht in einer kleinen Küche, auf einem Herd mit vier Platten. Doch auf diesem Piano spielt Jean-Yves André brillante Partituren, unterstützt von zwei Küchenhilfen. Genauso virtuos spielt Josiane ihren Part in der Gaststube. Dabei muss sie vor allem ein Kunststück beherrschen: den enttäuschten Gästen charmant zu erklären, dass leider schon alle Tische reserviert sind – im Café Berra ein Dauerzustand. Die Dekoration im Chalet stammt von ihr: Die Blumensträusse sind echt, überall stehen Früchteschalen, darunter eine mit roten Äpfeln, jeder auf Hochglanz poliert. Das ist meilenweit vom Kitsch entfernt und genau wie die Küche des Hauses: schlicht und einfach guter Geschmack.

Das Weinangebot des Hauses umfasst vornehmlich Walliser Etiketten.

Für die Dekoration ist Josiane Raemy zuständig.

Fruchtige Dessertkreation mit verschiedenen Sorbets, Mango und Passionsfruchtfleisch.

– Kalbsnieren vom Grill an Pinot-Sauce mit Pilzmousse.
– Hirschcarpaccio mit Kürbiskern- und Trüffelöl.
– Hirschfilets mit in Wein marinierter Birne und gefülltem Kürbis.
– Aprikosenmousse mit Croquants und Mango, getoppt mit Passionsfruchtfleisch.

Rezepte von **Jean-Yves André Raemy** im Anhang.

— **Kleine Kürbisse aus Apples,** S. 411
— **Weisse Schokoladenmousse,** S. 414

RESTAURANT **37**

Relais des Chasseurs Chiboz bei Fully

RESTAURANT: **Relais des Chasseurs**

ADRESSE: **1926 Fully, Chiboz**

GASTGEBER: **Michel und Yolande Ançay**

TELEFON: **027 746 29 98 und 079 310 68 74**

INTERNET: **www.chiboz.ch**

RUHETAGE: **Mo. (Juli und Aug.), sonst Mo., Di.**

BETRIEBSFERIEN: **Mitte Nov. bis 1. Mai**

WEGBESCHRIEB: **von Fully oder Ovronnaz aus, ca. 2 Std. Wanderzeit**

SPEZIELL: **Wild**

Von Fully aus erreicht man die Bergbeiz auf einer schmalen Strasse: Die Fahrt ist Adrenalin pur! Entlang der steilen Felsflanke des Chavalard, direkt am Abgrund, führt die Strasse bis auf 1350 Meter zum Relais des Chasseurs. Das 1739 erbaute Bergchalet ist vor allem für seine Wildspezialitäten berühmt. Schon Michels Vater war Jäger und hat die Passion seinem Sohn vererbt. 1969 wurde das Haus renoviert und mit Gästezimmern ausgestattet. Bis zu 12 Personen können übernachten, was empfehlenswerter ist, als mit einigen Gläschen im Kopf den schwindelerregenden Abstieg zu wagen.

Wildspezialitäten im Adlerhorst

Waren Sie schon in Chiboz? Die Frage hat man mir sogar in Genf gestellt – stets mit einem verschmitzten Lächeln. Denn das kleine Dorf hoch oben in den Felsen bei Fully ist wegen seiner Lage in der ganzen Westschweiz berühmt. Nur eine schmale Strasse führt durch den steilen Fels in den Adlerhorst. Wer nicht schwindelfrei ist, sollte besser unten bleiben. Wer jedoch Wild liebt, der muss nach Chiboz: Im Relais des Chasseurs gibt es das beste Wild weit und breit, erlegt vom Hausherrn und Küchenchef persönlich. Michel stammt aus einem alten Walsergeschlecht und ist, wie seine Frau Yolande stolz sagt, «einer der letzten richtigen Bergler, der sogar die steilsten Felswände mit den Händen im Hosensack durchquert». Yolande, der sympathisch plaudernde Wasserfall, hat kanadisch-schweizerische Wurzeln und schmeisst an Michels Seite den Adlerhorst seit 1973 mit Erfolg: Während der Wildzeit ist die Hütte Tag und Nacht voll. Sogar aus dem Tessin und dem Jura reisen die Wildfans an. Vier Rehe und zwei Hirsche, von Michel in den Hauts de Bovière und in Bourg-Saint-Pierre geschossen, kommen in diesen Wochen auf die Teller. Exzellent zubereitet vom Jäger und seiner Küchencrew.

Gelernt ist gelernt. Schon Mama Rachel Ançay war als «bonne cuisinière» bekannt und gehörte zu den Ersten, die den Gästen im Wallis Raclette servierte. Damals noch nicht unter dem Namen Raclette, der erst

1909 an der Weinmesse in Sion kreiert wurde. Die heute 90-Jährige ist noch immer wacker auf den Beinen und hilft oft in der Küche mit.

Schnecken und Kaninchen. Das Chiboz, wie die Walliser das Restaurant liebevoll nennen, ist auch ausserhalb der Wildsaison eine Reise wert. Spezialitäten des Hauses sind Schneckengratins, sautierte Champignons, Fleisch auf dem heissen Stein, Kaninchen mit Safranrisotto (der Safran aus Michels Garten) und nicht zuletzt «le trappeur», kanadischer Wapiti-Hirsch mit Bärlauch – alles Kreationen, die weit über die übliche Alpenhütten-Kulinarik hinaus gehen. Stolz des Hausherrn ist der Gemüsegarten, der in schwindelerregender Lage am Abrund schwebt. Hier wachsen die Bergkräuter, die den Gerichten den würzigen Geschmack verleihen. Zudem züchtet Michel selber Safran, hält Bienen und brennt den Mirabellen-Schnaps selber, der im Relais des Chasseurs zum Abschluss jedes Essens gehört. Auch das Brot wird jeden Morgen selber gebacken. Und weil die Tochter Emilie gelernte Patissière ist, sind auch die Kuchen und Desserts hochstehende Kreationen, zum Beispiel «les Gourmandises d'Emilie», bestehend aus saisonal wechselnden Sorbets, serviert auf einer Schieferplatte.

Ein Geheimtipp sind die Konfitüren von Yolande, die auch über die Gasse verkauft werden.

Michel in einem seiner Gemüsegärten unterhalb des Restaurants. Im Hintergrund der 2899 Meter hohe Chavalard, der Hausberg der Bergemeinde Chiboz.

Michel und sein Jagdhund, mit dem er jeweils im Oktober im Wallis auf die Pirsch geht. Das meiste Wild, das im Relais des Chasseurs auf die Teller kommt, stammt aus eigener Jagd.

Die Terrasse, die an sonnigen Tagen immer sehr gut besetzt ist. Reservieren lohnt sich.

– Kaninchenfilet mit gefüllten Zucchiniblüten und Gemüse aus Michels Garten.
– Thunfischcarpaccio mit frittierter Pasta.
– Hirschrack mit Traubenbeeren, Polenta, Rotkraut und karamellisierter Williamsbirne.
– Dessertkreation «Les Gourmandises d'Emilie».
– Sorbet d'abricot mit Aprikosen und hausgemachten Hüppen.

Rezepte von **Emilie Ançay Galard** im Anhang.

— **Gefüllte Zucchini-Blüten,** S. 396
— **Polentaschnitten mit Raclettekäse und Rohschinken,** S. 413
— **Erdbeersüppchen «Petite Arvine» mit Honigglace,** S. 416

RESTAURANT **38**

Les Alpes
Orsières

RESTAURANT: **Les Alpes**

ADRESSE: **1937 Orsières, La Place**

GASTGEBER: **Jean-Maurice und Véronique Joris**

TELEFON: **027 783 11 01**

INTERNET: **keines**

RUHETAGE: **Mo.-Abend**

BETRIEBSFERIEN: **Ende Aug. bis Ende Sept.**

WEGBESCHRIEB: **von Martigny Richtung Grosser Sankt Bernhard**

SPEZIELL: **17 GM, 1 M**

Mit 17 Gault-Millau-Punkten und einem Michelin-Stern gehört Jean-Maurice Joris zu den Topshots in der Romandie. Doch Starallüren hat er keine: Er betreibt eine Küche mit Bodenhaftung, ganz nahe am Terroir und an den lokalen Produzenten. Und er krönt sie mit einer Alpen-Metzgete, die schlicht genial ist. Dafür verleihen wir ihm von der *Urchuchi* das «Goldene Alphorn». Das ist zwar vorerst nur eine symbolische Geste, denn (noch) verteilen wir keine Alphörner. Doch wir blasen bei solchen Darbietungen gerne mit voller Kraft ins goldene Horn: Hingehen und geniessen!

Pas de cinéma!, sagt der Platzhirsch

Roter Teppich, Luxuskarossen, Kellner mit Fliegen? Keine Spur! Wären da nicht (irgendwo) die Tafeln mit den GM-Punkten und dem Michelin-Stern, kein Mensch würde in dieser keineswegs luxuriösen Dorfbeiz eine der besten Adressen der Romandie vermuten. Seit 1982 führen Jean-Maurice und Véronique das gemütliche Haus ohne Starallüren. Und genau so lange gibt es hier das berühmte Menü Campagnard, das so einmalig ist, dass wir es ganz ins Zentrum stellen.

Schlicht genial. Das Menü Campagnard ist so etwas wie eine alpine Metzgete, die urchiger und edler nicht sein könnte. Doch aufgepasst: Das Schlemmermahl hat nicht weniger als neun Gänge! Es beginnt mit Schwartenmagen, gekrönt von Melanosporum-Trüffeln – ein gekonntes Amuse-Bouche! Dann folgt bereits der erste Star: Le Boudin noir, die welsche Variante der Blutwurst. Das pralle Würstchen wird von eingelegten Äpfeln begleitet und à la minute zubereitet. «Schwarze Blutwurst» heisst sie, weil nur Blut und kein Rahm drin ist, dafür Schalotten, Apfelstücke, Birnen, Rotkraut und etwas «pied de porc», das ihr den unvergleichlichen Geschmack verleiht. «Schlicht schenial!» Das Wort stammt von Martin Jenni, zuverlässiger Vortester der *Urchuchi* in Sachen Metzgete: Jede gute Blutwurst hat er im Schweizerland getestet. Keine ist seinem verwöhnten Gaumen entgangen. Und ich gehe mit ihm einig: Die «kleine Schwarze» von Jean-

Maurice ist der Blutwurst-Champion – eben: schlicht schenial! Dem Schweinsfuss erweist die Küche nochmals die Ehre: Elegant kommt der «pied de porc» auf einer Schieferplatte zum Gast, knusprig gebraten, mit zwei Vinaigrettes, die eine als Sauce Gribiche. Und so geht es munter weiter: Saftiges Atriaux (mit wenig Leber drin), Schweinswurst (mit grünen und gelben Linsen), Schweinsschwänzchen (mit Sauerkraut), dann die geschmorte Schweinshaxe mit Sauce Gribiche, schliesslich eine Sorbetvariation und zum Kaffee die exquisiten Mignardises des Hauspatissiers: Das ist – pardon! – eine edle «Schweinerei», die man garantiert nicht so schnell vergisst, am besten aber mit ein, zwei Gläschen Enzian krönt, um all die Kalorien zu verschränzen.

Liebling der Promis. Es versteht sich, dass die gekonnte Symbiose von Gourmet- und Bauernküche auch weit über das Wallis hinaus von sich reden macht. Caroline von Monaco, Richard Branson und andere Promis haben hier schon getafelt. Doch das soll ich bitte nicht schreiben, sagt Jean-Maurice. «Pas de cinéma! Selbst wenn der Prinz von Truquedetraque bei uns reinspaziert, machen wir ganz normal unseren Küchenjob.» Stars, über die sich Joris dagegen wirklich freut, sind die Leute vom Dorf, die einen Kaffee, ein Bier oder ein Gläschen Weissen bei ihm trinken. Auf der einen Seite ist die alte Dorfbeiz mit Bar, Holztischen und Hirschgeweihen an den Wänden, in der es zu und her geht wie in der guten Stube – auf der andern der Gourmetbereich, der jedoch ebenfalls nur mit verhaltener Eleganz aufwartet. Ein Hirschgeweih hängt allerdings auch hier: Jean-Maurice ist passionierter Jäger. Wann immer er kann, geht er auf die Pirsch. Dies schlägt sich im Herbst in erstklassigen Wildgerichten nieder – und die sind, versteht sich, genauso schenial.

Blick in die Dorfbeiz, in der sich die Bevölkerung trifft.

Auf der andern Seite der Gourmetbereich.

Dessertkreation des Hauspatissiers.

Der Auerhahn wurde vom Hausherr selber erlegt.

– Schweinsfuss auf Schieferplatte mit Sauce Gribiche und Vinaigrette.
– Saucisson mit grünen und gelben Linsen.
– Boudin noir auf eingelegten Birnen.
– Atriaux mit Spiegelei.

Rezepte von **Jean-Maurice Joris** im Anhang.

— **Boudin noir** (schwarze Blutwurst), S. 404

RESTAURANT **39**

La Tsâna
Le Châble bei Verbier

RESTAURANT: **La Tsâna**

ADRESSE: **1934 Le Châble, La Place (in Bruson)**

GASTGEBER: **Charles-Albert Fellay**

TELEFON: **027 776 40 50**

INTERNET: **www.latsana.ch**

RUHETAGE: **Zwischensaison: Mo., Di.**

BETRIEBSFERIEN: **2 Wochen im Juni, 2 Wochen ab Ende Sept.**

WEGBESCHRIEB: **von Martigny Route Grosser Sankt Bernhard, dann Richtung Verbier; in Le Châble über die Brücke nach Bruson (ab Bahnhof Le Châble 5 Min. zu Fuss)**

SPEZIELL: **Gerichte mit Edelweiss; Vinothek in Gewölbekeller**

Edelweiss in der Küche? Das gibt's! Im Restaurant La Tsâna in der Nähe von Verbier ist die weltberühmte Bergpflanze sogar das kulinarische Leitmotiv. Das Restaurant liegt im Dorfkern von Châble im Val de Bagnes. Das idyllische Seitental an der Route zum Grossen Sankt Bernhard hält einen Schweizer Rekord: Es ist die flächenmässig grösste Gemeinde der Schweiz, grösser als die Kantone Genf, Nidwalden, die beiden Appenzell und Basel-Stadt.

Löwenfüsschen-Fondue und Brisolée

Nein, ein Edelweiss trägt er nicht im Knopfloch, doch das Löwenfüsschen (Leontopodium alpinum), wie Biologen die weltberühmte Bergpflanze nennen, ist bei Charles-Albert Fellay ganz klar der Star: Ob Kaninchenterrine mit Edelweissblüte, Fondue mit Edelweiss-Güx, Entrecôte flambée oder Hirschfilet-Medaillons «à la fleur d'edelweiss» – in überraschenden Kreationen beweist das Edelweiss seine kulinarischen Qualitäten. Natürlich stammt das verwendete Edelweiss nicht aus alpinem Wildwuchs, sondern aus Biokulturen im Rhonetal. Dort wird Edelweiss seit einigen Jahren kultiviert (siehe S. 288).
Ganz auf alpine Spezialitäten sind auch die anderen Darbietungen des Hauses ausgerichtet: Hirschfleisch, Trockenspeck, Rohschinken und Alpkäse kommen auf Planchettes (Plättli) auf den Tisch. Es gibt dicke Käseschnitten, Raclette mit drei Walliser Käsesorten und ein halbes Dutzend Fonduevarianten mit Alp- oder Ziegenkäse, darunter natürlich auch eine mit Edelweiss. Stets steht ein Körbchen mit Bauernbrot auf dem Tisch, und das ist so knusprig, dass man aufpassen muss, um nicht schon nach der Vorspeise satt zu sein.
Lammcarré mit Tannenaroma. Dass Terroirküche innovativ sein kann, zeigt sich bei den Hauptgerichten: In den Wintermonaten gibt es Kaninchen mit Zwetschgen, saftiges Zwischenrippenstück vom Rind oder einen urchigen Polentagratin. Im Frühling sind es Spar-

gelschnitten, hausgemachte Terrinen oder das inzwischen weit herum berühmte Lammcarré mit Tannenaroma; einige Tannenzweige verleihen dem Saucenfond den würzig-herben Waldduft. All das konzipiert der Gastgeber mit Blick auf die regionalen Traditionen, die er – mit gutem Gespür für den Zeitgeist und die Wünsche der Wander- und Skitouristen – liebevoll pflegt. Das zeigt sich Ende September bis Mitte November, wenn im Unterwallis die Kastanien reif sind.

Brisolée. Dann ist es Zeit für die Brisolée. Die gerösteten Marroni kommen mit Kartoffeln, Trauben, Äpfeln und Bergkäse auf den Tisch. Dazu gibt's Alpenbutter und natürlich frischen Sauser! Denn die Brisolée ist auch ein Festmenü der Winzer: Die Traubenernte ist vorbei, jetzt können die «raisiniers» am Cheminéefeuer gemütlich zusammensitzen und geniessen. Dass sich die Brisolée im Unterwallis etabliert hat, liegt am Klima: An den Südhängen im Rhonetal finden sowohl Trauben als auch Kastanien ideale Bedingungen. Ähnlich wie im Tessin und im Aostatal: Dort bilden die Kastanien seit Jahrhunderten eine der wichtigsten Nahrungsquellen. Nach der Brisolée sollte man unbedingt eine der hausgemachten Desserts probieren: Apfeltörtchen mit Zimt, knusprige Schokoladenschnitte, Waldbeeren oder der Winzercoupe mit im Lie eingelegten Trauben: Auch wer Süsses liebt, hat in der Tsâna die Qual der Wahl.

Vinothek. Terroir – das bedeutet nicht zuletzt auch Wein. Der Stolz des Hausherrn ist denn auch die stattliche Vinothek im Gewölbekeller: 200 erlesene Etiketten lassen sich hier degustieren, begleitet von kompetenter Information durch den Hausherrn, selber ein grosser Weinliebhaber. Natürlich darf das «Löwenfüsschen» auch hier nicht fehlen: In Form eines Likörs mit dem Namen «Edeleis» kann man es zum Abschluss noch einmal auf höchst spirituelle Art geniessen.

Die alten Zifferblätter der Dorfkirche dienen als Ausstellungsobjekte.

Die Brisolée wird mit verschiedenen Käsen aus der Region, Trauben und Speck serviert.

Zubereitung der Kastanien in einer vom Chef konzipierten Rösttrommel.

– Knuspergebäck warm-kalt mit karamellisierten Apfelschnitzen, Zimt- und Vanilleglace.
– Salat aus warmen Ziegenkäse.
– Pilzschnitte mit Waldpilzen.
– Rindsentrecôte, flambiert mit «fleur d'edelweiss» mit hausgemachter Wacholderbutter, Bratkartoffeln im Schlafrock, Gemüsegarnitur.

Rezepte von **Charles-Albert Fellay** im Anhang.

— **Entrecôte flambiert mit Edelweisslikör,** S. 404
— **Karamellisierte Apfelschnitze mit Vanillecème,** S. 416

Edelweiss – ein Wunder der Natur

Edelweiss ist in der Natur nur noch selten anzutreffen und überall am Alpenkamm geschützt. Oft werden die weissen Strahlen als Blüte angesehen, es sind jedoch Scheinblüten; die eigentlichen Blüten – es sind Hunderte – sitzen in der Mitte des Sterns.

Das Edelweiss liebt die rauhe Bergwelt. Es wächst an kalkigen Felshängen bis auf 3000 Meter Höhe, wo die Temperaturen auch im Sommer oft unter den Nullpunkt sinken. Wie perfekt sich die Pflanze an die geradezu arktischen Bedingungen angepasst hat, wurde erst in jüngster Zeit klar, als man im Wallis begann, Edelweiss anzubauen. In der Forschungsanstalt Agroscope in Conthey hat Charles Rey 1994 mit ersten Versuchen auf 1000 Meter Höhe begonnen. Das Saatgut holte er von Wildpflanzen. In der Zuchtstation entwickelten die Pflanzen zunächst unterschiedliche Blütengrössen, Farben und Blütezeitpunkte. Erst durch eine gezielte Selektion konnte Rey das «Design» der Zuchtpflanzen vereinheitlichen: «Das war eine wichtige Voraussetzung für den Anbau, speziell für die Ernte, die sich ja auf möglichst wenige Tage konzentrieren soll», sagt Rey. Schliesslich konnte er die Kooperative Valplantes in Sembrancher für die Edelweiss-Produktion begeistern. Heute bauen zwanzig Biobetriebe auf über 2000 Quadratmeter Edelweiss an.

Gezüchtete Edelweiss. Der Edelweiss-Anbau erfolgt nach biologischen Richtlinien im Unterwallis. Trotzdem stellt sich die Frage: Soll eine derart perfekt an das alpine Klima angepasste Wildpflanze grossflächig angebaut werden? Geht da nicht viel vom Zauber und vom Wert der edlen Pflanze verloren? Das Original hat verblüffende Antworten. Wenn die Zuchtpflanzen im Juli geerntet werden, zeigen sich nämlich deutliche Unterschiede: Wegen der tiefen Lage sind die Zuchtpflanzen grösser als die hochalpinen Wildpflanzen, ihre Behaarung ist weniger stark, damit verliert die Pflanze an Leuchtkraft und ist eher grünlich als weiss. Es sind Anpassungen ans Unterland, die für das Überleben in der rauhen Bergwelt verhängnisvoll wären: «Auf 3000 Meter Höhe würden unsere Zuchtpflanzen kaum überleben», sagt Rey. «An den Wildstandorten ist es sogar im Sommer oft eisig kalt. Da braucht das Edelweiss seinen dichten Haarpelz, der die Pflanze auch vor UV-Strahlung schützt. Das bedeutet: Für die schädlichen UV-Strahlen gibt es kein Durchkommen, das übrige Licht, das für die Fotosynthese wichtig ist, kommt dagegen problemlos durch. Eine wichtige Funktion erfüllt auch der weisse Schimmer auf den Hochblättern, der durch die Luftblasen zwischen den Härchen entsteht. Tausende von Luftblasen reflektieren das Licht und schützen die Pflanzen so zusätzlich vor Wärmeverlust.» All diese Raffinessen braucht das Unterland-Edelweiss nicht: Es wächst in einem vergleichsweise milden Klima und kann sich ganz auf seine Bestimmung im Markt – als Likör oder als Substanz für Schönheitsprodukte – konzentrieren.

EDELEIS UND EDELWEISS-PRALINÉS

Der Edelweiss-Likör war eine Idee von Stephan Keller, der sie mit Véronique Mermoud von der Firma Abricool in Fully umgesetzt hat. Getrunken wird der Edeleis als Digestif oder als Cocktail mit etwas Tonic.

In der Küche werden die Qualitäten von Edelweiss erst seit wenigen Jahren genutzt – auf überraschende Art, wie das Restaurant Tsâna am Fusse des Grossen Sankt Bernhard zeigt: Charles-Albert Fellay flambiert Fleischgerichte mit Edelweissbrand, macht ein Käsefondue mit Edelweiss und serviert zum Kaffee Edelweiss-Pralinés.

RESTAURANT **40**

Auberge du Barrage Sanetsch Sanetsch

Rindsgulasch on the rocks

RESTAURANT: **Auberge du Barrage Sanetsch**

ADRESSE: **3785 Gsteig/Sanetsch**

GASTGEBER: **Jean-Maurice und Rosette Luyet**

TELEFON: **033 755 12 32 und 079 628 05 79**

INTERNET: **www.sanetsch.ch**

RUHETAGE: **keine**

BETRIEBSFERIEN: **Ende Nov. bis Ende April (je nach Schnee)**

WEGBESCHRIEB: **von Sion über Savièse Richtung Sanetsch (Postauto ab Bahnhof Sion ab 09.05 oder 10.05) oder mit der Luftseilbahn ab Innergsteig bei Gstaad**

SPEZIELL: **ein Original als Beizer, Museum, Kapelle, romantisches Hotel**

Der Col du Sanetsch liegt zwischen Gsteig und Sion auf Walliser Kantonsgebiet; im Osten ist das Wildhorn, im Westen sind die Diablerets. Das Restaurant – schon eher eine Blockhütte – liegt beim Stausee, der durch das Wasser des Tsanfleuron-Gletschers gespiesen wird. Interessant ist die glatt polierte Gesteinsplatte vor dem Gletscher, der Lapis de Tsanfleuron. Eine weitere Kuriosität ist die Kapelle: 1993 transportierte der Gastwirt Jean-Maurice Luyet die Glocke nach Rom und liess sie durch Papst Johannes Paul II. segnen.

Der Col du Sanetsch war jahrhundertelang ein wichtiger Übergang vom Wallis ins bernische Saanental. Nicht immer überquerten die Menschen den Pass mit guten Absichten: Gegenseitig stahlen sich die Berner und Walliser die Herden und entführten die schönsten Frauen, wie der Westschweizer Dichter Charles-Ferdinand Ramuz schreibt. Auch heute ist der Sanetsch eine rauhe Gegend. Nur in der warmen Jahreszeit ist der Pass zugänglich, selbst dann dauert die Fahrt mit dem Postauto von Sion aus fast drei Stunden. Zunächst geht es durch Alpenwälder und über saftige Wiesen; dann dünnt die Vegetation zusehends aus, nur noch Felsen und Geröllfelder sind zu sehen. Die schmale Strasse führt durch Tunnels, die nicht viel mehr sind als aus dem Fels gehauene Löcher, in denen eisiges Wasser runtertropft. Dann endlich erscheinen der Stausee und die Auberge, die aussieht wie eine Blockhütte im Wilden Westen. Auch Jean-Maurice Luyet scheint aus einem Film zu stammen – am ehesten aus *Easy Rider:* Jederzeit, hat man den Eindruck, könnte sich der urchige Beizer auf eine Harley schwingen und losbrausen durch das wilde Alpenland – das Tuch auf dem Kopf, um die Glatze zu schützen, den riesigen Schnauz im Wind. Charme versprüht der Rocker auch nur tröpfchenweise, als wir spät abends noch aufkreuzen. Erst nach einer Stunde taut er auf, dann allerdings gewaltig – ein Kerl wie die Steinbrocken rings-

um, aber innen weich wie Double-crème aus dem Greyerzerland. Zunächst stellte er grinsend eine Flasche Fendant auf den Tisch, dann folgen zwei Suppentöpfe mit Schnecken in einer Kräuterbouillon (für mich ohnehin das Beste bei den Escargots). Schliesslich entkorken wir eine zweite Flasche, diesmal einen Humagne rouge aus Eigenproduktion. Der Mann hat Reben unten in Savièse, keltert Wein, seit er trinken kann, und sammelt nebenbei noch Antiquitäten: Im Stall-Museum kann man seine Fundstücke bewundern, darunter eine uralte Destillerie mit Kupferkesseln.

Rindsgulasch mit Schweizer Fähnchen. Das Menüangebot ist erstaunlich vielfältig: Es gibt Frischkäse mit Wildkräutern, Trockenfleisch, Beinschinken, erstklassige Fondues, Raclette mit Spiegelei (so grosszügig portioniert wie sonst nirgends). Berühmt ist die Auberge zudem für ihre Käseschnitte mit Schinken, Spiegelei und Salat, aber auch für das originell in einem Laib Brot servierte Rindsgulasch und natürlich für die Escargots im Suppentöpfchen. Selbst bei den Desserts – oft der Schwachpunkt in Bergrestaurants – ist Hausgemachtes angesagt. Zum Beispiel eine Enzianmousse mit Schokoladensauce oder der Flon saviésan, ein Apfelkuchen nach Savieser Art, und nicht zuletzt die Glaces, die in fünf Sorten auf dem Glacier-Plat versammelt sind. Im Herbst lassen sich Wildgerichte am Kaminfeuer geniessen – von Wildterrinen über Wildsaufleisch bis zum Filet mignon vom Hirsch, Letzteres mit acht Beilagen. Der Herbst ist ohnehin die gemütlichste Zeit «on the rocks»: Nur wenige Touristen wagen sich dann noch durch den Nebel. Mit dem ersten Schnee kehrt vollends Ruhe ein: Meterhoch türmt sich die weisse Pracht vor der Hütte, eisige Winde ziehen über die Bergrücken. Dann hängt an der Holztüre bis Ende April die Tafel «fermé».

GRAND-HÔTEL

Auch Madame ist ein kreatives Original: Rosette Luyet führt das «Grand-Hôtel», das weiter unten als weisser Kubus aus der Landschaft ragt. Fast wie ein Puppenhaus hat sie die Räume eingerichtet. Eine kleine Karte mit Pot-au-feu und Wildschwein-Steak lädt zu kulinarischen Genüssen ein. Am Morgen gibt es ein Frühstück – bei schönem Wetter auf der Terrasse –, das allein schon die Übernachtung lohnt. Ein Geheimtipp ist die Bibliothek, in der auch *La séparation des races* von Charles-Ferdinand Ramuz zu entdecken ist: Im Bergroman erzählt der Schriftsteller, wie sich die Berner und Walliser im 19. Jahrhundert gegenseitig die Frauen stahlen.

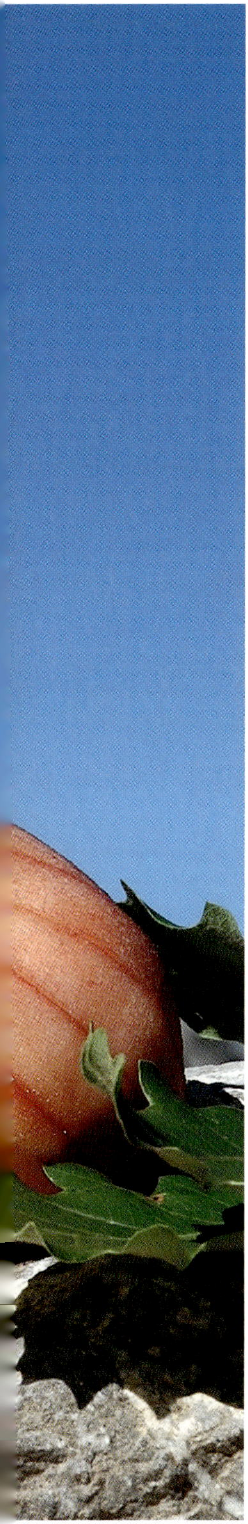

– Rindsgulasch im Brotlaib.
– Escargots in Kräuterbouillon.
– Raclette mit Spiegelei.
– Roggenbrotkuchen mit Zimtglace.
– Dessertplatte «Glacier» mit sechs hausgemachten Glaces.

Rezepte von **Jean-Maurice Luyet** im Anhang.

— **Kräuter-Sérac** (Ziger), S. 396
— **Schnecken nach Sanetscher Art,** S. 403
— **Roggenbrotkuchen «Grand Mère»,** S. 423

RESTAURANT **41**

Au Vieux-Mazot
Evolène

Raclette, Grilladen und Evolener Eintopf

RESTAURANT: **Au Vieux-Mazot – Chez Raymonde**

ADRESSE: **1983 Evolène**

GASTGEBER: **Raymonde Pralong**

TELEFON: **027 283 11 25**

INTERNET: **www.auvieuxmazot.ch**

RUHETAGE: **Mo. (Zwischensaison), sonst durchgehend offen**

BETRIEBSFERIEN: **2 Wochen Nov.**

WEGBESCHRIEB: **mitten im alten Dorfkern von Evolène.**

SPEZIELL: **schöne Terrasse mit Blick in die Berge**

Das Val d'Hérens (Eringertal) geht bei Sion hoch und ist berühmt für die Eringer Kühe, die in den Walliser Kuhkämpfen aufeinander losgehen. Eine zweite Rinderrasse, die hier zu Hause ist, sind die Evolener, die als Species rara gelten: Nur noch einige Hundert Tiere dieser einst von den Römern angesiedelten Bergrasse gibt es noch. Doch das Tal hält noch weitere Entdeckungen bereit, unter anderem die Pyramiden von Euseigne, die nach dem Rückzug des Gletschers entstanden sind, aber auch eine urwüchsige Kulinarik, die man bei der sympathischen Raymonde in Evolène, dem Hauptort des Tals, in ihrem gemütlichen Chalet entdecken kann.

Stets in der farbenfrohen Evolener Sonntagstracht präsentiert sich Raymonde, die sympathische Gastgeberin im «Alten Stadel» im Dorfkern von Evolène. Und genauso traditionsbewusst sind auch die kulinarischen Darbietungen, die sich vor allem auf Grilladen mit saftigem, kräftigem Fleisch von den hiesigen Eringer Rindern sowie auf Raclette konzentriert, beides zubereitet auf dem offenen Holzfeuer, je nach Wetterlage entweder im Cheminée drinnen oder vor dem Haus. Der Raclettekäse stammt aus Les Haudères, von der einzigen Käserei im Tal, und gehört zu den würzigen der Sorte. Mit Kartoffeln in einem Körbchen mit Schweizer Kreuzen wird der grosszügige Doppelabstrich serviert. Auch auf der Sonnenterrasse dominieren die Farben Rot-Weiss, als wäre hier die Schweizer Fussballnati täglich zu Gast. Doch mit Fussball hat die Dame des Hauses wenig am Hut, schon eher mit Film:

Raymonde als Filmstar. In einer der ersten grossen Walliser Filmproduktionen, dem Epos *Derborance* spielte sie 1984 mit. Der Film unter der Regie von Francis Reusser und nach der Vorlage vom Ramuz' Roman thematisiert den Felssturz im 18. Jahrhrundert, als Hunderte von Tonnen Felsmasse auf die Alphütten von Derborance donnerten. Fotos aus den cinéastischen Zeiten des «Jungstars» sind im Vieux Mazot zu bewundern. 1996 spielte Raymonde auch im Film «Reines d'un jour» von Pascal Magnin mit. Überhaupt

liebt sie das Cinéma, spielt auch in einer Theatergruppe mit, tanzt, singt und kocht auch ganz hervorragend alte Gerichte: Spezialität des Tals ist nämlich der Evolener Eintopf. Stundenlang schmoren beste Saucissons, dicke Speckstück, darunter der edle Alpspeck, genannt «Zambeth» oder «Zambetta», im grossen Topf auf dem Feuer – eine geniale Erfindung, die auch äusserst werbewirksam ist: Der Duft des Evolener Hausgerichts zieht die Gäste geradezu magisch an. Für die Kuchen des Hauses sollte man angesichts all dieser Schlemmerangebote unbedingt noch ein Plätzchen offen halten: Madame macht nämlich auch ganz hervorragende Früchtekuchen.

Grosser Renner des Hauses sind in allen Jahreszeiten nicht zuletzt auch die Grilladen aus erstklassigem Evolener Fleisch. Auch diese Prachtsbrocken werden bei schönem Wetter von der Gastgeberin persönlich vor dem Haus grilliert.

Raclettezubereitung am offenen Feuer.

Der Evolener Fleischeintopf, den Raymonde auf der Restaurantterrasse zubereitet.

Gartenterrasse mit Blick in die Evolener Alpen

– La potée évolènarde (Evolener Eintopf) mit Saucisson, Speck und Alpspeck «Zambetta»).
– Raclette.
– Apfelkuchen mit Himbeeren und Erdbeeren.

Rezept von **Raymonde Pralong** im Anhang.

— **Evolener Eintopf mit Saucisson, Speck und Alpspeck «Zambetta»**, S. 405

RESTAURANT **42**

Col d'Hérens
Ferpècle

Der Duft der Bergwelt

RESTAURANT: **Col d'Hérens**

ADRESSE: **1984 Les Haudères, Ferpècle**

GASTGEBER: **Nicole Pahud und Stéphanie Dévaud**

TELEFON: **027 283 11 54**

INTERNET: **www.hotelferpecle.ch**

RUHETAGE: **So. abend, Mo.**

BETRIEBSFERIEN: **Ende Okt. bis Ende Mai**

WEGBESCHRIEB: **von Les Haudères nach Chapelle La Forclaz Richtung Ferpècle, ca. 1 Std. Wanderzeit, Zufahrt mit dem Auto möglich**

SPEZIELL: **schöne Terrasse; 10 Zimmer für Übernachtungen**

Das kleine Berghotel liegt auf 1766 Meter über Meer zuhinterst im Evolenertal. Es ist eine der letzten Bastionen der Zivilisation am Fusse der Dent Blanche und der Gletscher Ferpècle und Mont Miné. Gebaut wurde das Haus Ende des 19. Jahrhunderts, als der Tourismus in den Schweizer Alpen im grossen Stil einsetzte. Vor allem die Engländer stürmten die Bergwelt und die Gipfel rund um das Matterhorn. Auch heute ist Ferpècle ein beliebter Ausgangspunkt für Bergtouren. Über Geröllhalden führt der Weg am verlassenen Hotel Bricola vorbei zur Dent-Blanche-Hütte auf 3507 Meter über Meer. Oberhalb des Gletschers führte zur Römerzeit ein Saumweg ins italienische Valpelline. Reste dieser hochalpinen Route sind noch erhalten.

Massige Felsbrocken, lichte Lärchenwälder und weiter oben nur noch Geröll und Eis: In diesem urzeitlichen Panorama liegt das kleine Berggasthaus Col d'Hérens. Dass die Küche hier keine grossen Sprünge macht, liegt schon an der abgelegenen Lage: Nicole Pahud und Stéphanie Dévaud setzen deshalb auf eine bodennahe Kulinarik, in der die Wildpflanzen, die in grosser Vielfalt buchstäblich vor der Türe wachsen, das Leitmotiv sind. Täglich gibt es eine frische Tagessuppe, die selbstverständlich nicht aus dem Beutel kommt: Am Tag meines Besuchs liefern Wildspinat und Bergkräuter die würzige Suppensubstanz, dazu gibt es selbst gebackenes Brot aus dem Holzofen. Ebenfalls frisch zubereitet ist der knusprige Kräuterkuchen, serviert mit Salat. Wer will, kann eine dicke Käseschnitte geniessen, wobei man an gut frequentierten Wochenenden bei dieser Hausspezialität etwas Wartezeit in Kauf nehmen muss. Doch die Gäste wissen das. Auch dass alles nur in limitierten Editionen zu haben ist: Nimmt man nämlich noch die Tagesdesserts dazu, zum Beispiel die Schokoladencrème oder die eingelegten Walliser Aprikosen, ist man schon fast am Ende der Menükarte angelangt. Und: Es hat immer nur so lange, wie es hat. Sind die warmen Gerichte ausverkauft, geht es nur noch mit kalten Plättli oder einer Portion Alpkäse weiter. Für Gruppen empfiehlt sich deshalb eine vorherige Anmeldung, damit die beiden Gastgeberinnen

genügend Menüs vorbereiten können. In den kühleren Jahreszeiten kann man in der gemütlichen Holzstube tafeln. Dann bereichert das hauseigene Fondue das Menüangebot. Und wer überhockt, dem stehen einfache Zimmer im oberen Stock zur Verfügung, mit wunderschönen Holzbetten und einem herrlichen Blick ins Bergpanorama.

Die Terrasse des Col d'Hérens – ein idyllisches Plätzchen in der Bergwelt.

Ein Paradies für Blumenfreunde. Die Artenvielfalt ist hier besonders gross, gleichzeitig lässt sich die Entwicklung von Pionierpflanzen am Fusse der beiden Gletscher gut beobachten: In den Felsritzen breiten sich Moose, Flechten, Algen und kaktusähnliche Gewächse wie der Himmelsherold aus. Auch seltene Blumen wie die Mont-Cenis-Glockenblume oder Türkenbund sind hier anzutreffen.

Kräuterkuchen mit Salat.

RESTAURANT **43**

Bella Tola
Saint-Luc

Gourmetfreuden auf dem Zauberberg

RESTAURANT: **Bella Tola**

ADRESSE: **3961 Saint-Luc, Val d'Anniviers**

GASTGEBER: **Claude und Anne-Françoise Buchs**

TELEFON: **027 475 14 44**

INTERNET: **www.bellatola.ch**

RUHETAGE: **keine**

BETRIEBSFERIEN: **Mitte Okt. bis 20. Dez., Mitte April bis Mitte Juni**

WEGBESCHRIEB: **mit dem Postauto ab Sierre**

SPEZIELL: **gelebtes Motto «Retour au sources»**

Um 1850 kamen die Engländer in Scharen nach Saint-Luc, um zu wandern und zu klettern. Pierre Pont, damals Bergführer im Dorf, musste die Gäste bei Bauernfamilien und sogar in der Pfarrei unterbringen. Deshalb beantragte er den Bau eines Hotels, das 1859 neben der Kirche den Betrieb aufnahm. 1883 wurde dann am Eingang des Dorfes das heutige Bella Tola gebaut, was «schöner Platz» heisst (abgeleitet vom gleichnamigen Hausberg des Dorfs). 1996 haben Claude und Anne-Françoise Buchs die Aktienmehrheit übernommen. 2001 wurde das Bella Tola zum «Historischen Hotel des Jahres» gekürt.

Ich sehe die Engländer förmlich vor mir, wie sie in ihren Knickerbockern auf den langen Holzskis durch den Pulverschnee flitzen. Am Nachmittag dann Tea-Time im eleganten Salon, später das elegante Diner im Leuchtersaal, vielleicht noch eine gepflegte musikalische Soirée – und dann ab in die Zimmer mit Porzellan-Waschbecken und Himmelbetten mit dicken Daunendecken… Das alles ist hundertfünfzig Jahre her, doch auch wenn heute ein Hallenbad mit Spa und eine elegante Sonnenterrasse zum Bella Tola gehören: Die Noblesse des Fin de Siècle ist auf dem «Zauberberg» im Val d'Anniviers noch immer spürbar. Und sie wird von den Gastgebern auf erfrischende Art gelebt: Seit Claude und Anne-Françoise Buchs den Betrieb übernommen haben, verknüpfen sie gekonnt Nostalgie und Moderne. Die Gastgeberin begrüsst jeden Gast persönlich, führt ihn durch die Räumlichkeiten, informiert über die Aktivitäten des Hauses – Jazz, Klassikkonzerte, literarische Soirées – und zeigt stolz die Gemäldesammlung im ersten Stock mit den Bildern des Malers Eduard Vallet. Der 1876 in Genf geborene Künstler wohnte lange im Bella Tola und malte die Walliser Berge.

Bodenhaftung. Nicht nur Anne-Françoise, die aus dem Dorf selber stammt, auch ihr Mann Claude zeigt sympathisch viel Bodenhaftung: Er kommt vom Jaungebiet im Kanton Fribourg und hat zusammen mit sei-

ner Frau in einem Golfresort im Tessin die Sporen verdient. Das zeigt sich in der Küche, in der eine beeindruckende Brigade wahre Gaumenfreuden auf die Teller zaubert. Das Spektrum reicht von traditioneller Walliser Küche mit Fondue, Raclette oder Käseschnitte bis zur gehobenen saisonalen Küche, die man im Wintergarten «Chez Ida» und im «Tzambron» geniessen kann. Hier gibt es zum Beispiel Lammrippchen mit Kräutern oder Risotto mit Greyerzer Crèmesauce. Am Tag meines Besuches standen zudem hausgemachte Cannelloni mit Frischkäse von der Alp Rouaz auf der Karte, gefolgt von einem Kalbsfilet-Medaillon im Heu mit wildem Bergspinat. Andererseits fehlte auch die Entenleber nicht, die als kunstvoll gebautes Türmchen serviert wurde. Den Abschluss bildete ein Duo von Erdbeer- und Aprikosen-Sorbet an einem Bourrache-Sirup – ebenfalls als Türmchen serviert, allerdings in Form eines kleinen Matterhorns! All das trägt die Handschrift des Küchenchefs Thierry Verdonck. Der Belgier, erklärter Fan der Walliser Bergwelt, ist vor zehn Jahren hier im Wallis hängengeblieben, und «da will ich auch bleiben», wie der inzwischen im ganzen Wallis bekannte Koch sagt. Natürlich ist die herausragende Küche Grund genug, im Bella Tola etwas länger zu verweilen. Die Unterkunftsmöglichkeiten sind traumhaft und reichen bis zu einem kleinen Maiensäss, das man auf der Alp Rèche mieten kann.

Das «Tzambron», das «kleine Zimmer» ist sozusagen die Bauernstube des Hauses – allerdings eine ausgesprochen gepflegte.

Die Sonnenterrasse vor dem hauseigenen Hallenbad mit einem fantastischen Blick in die Berge.

Küchenchef Thierry Verdonck.

Dessertkreation mit Panna cotta und Himbeeren.

- Kalbsfiletmédaillon im Bergheu mit Wildspinat.
- In Zucchini eingerollte Canneloni mit Frischkäse von der Alp Rouaz.
- Entenleber mit Roggenbrot.
- Gemüseschnitte aus vier verschiedenen Gemüsen und Kaninchenrücken mit Kräutern.
- Panna-cotta-Pyramide, Apfelscheiben mit Himbeeren.

Rezepte von **Thierry Verdonck** im Anhang.

— **Cannelloni mit Alpensérac** (Frischkäse), S. 398

RESTAURANT **44**

Château de Villa
Sierre

RESTAURANT: **Château de Villa**

ADRESSE: **3960 Sierre, Rue de Sainte-Catherine 4**

GASTGEBER: **Christian Zufferey (Küche) und Dominique Fornage (Betriebsleitung)**

TELEFON: **027 455 18 96**

INTERNET: **www.chateaudevilla.ch**

RUHETAGE: **keine**

BETRIEBSFERIEN: **23.–25. Dez., 31. Dez. und 1. Jan.**

WEGBESCHRIEB: **im westlichen Teil von Sierre**

SPEZIELL: **grosse Vinothek**

Das Château de Villa ist das Schaufenster des kulinarischen und önologischen Erbes im Kanton: Nirgends kann man so viele Walliser Weine unter einem Dach degustieren, nirgends so viele Raclette-Variationen geniessen. Das Schloss stammt aus dem 16. Jahrhundert und wurde wahrscheinlich (historische Dokumente fehlen) von der Patrizierfamilie Preux erstellt, die aus Vevey stammte und sich mit dem Walliser Geschlecht Platea verheiratete. Seit 1951 wird das Anwesen von einer Stiftung verwaltet. Näheres siehe www.swisscastles.ch.

Raclette à discrétion und 550 Weine

Christian Zufferey in der Küche und Dominique Fornage bei den Gästen: Das ist ein Duo, das besser nicht funktionieren könnte. Christian macht traditionelle Walliser Küche, Dominque hat jahrelang das Cardinal in Sion geführt, «eine richtige Brasserie mit Schweinshaxen & Co.», wie er sagt. Er weiss also, dass die Gäste Authentisches wünschen. Und das sind im Château Raclettes und natürlich Wein. Den gibt es in der Önothek des Hauses in einer einzigartigen Auswahl: 550 Etiketten, von den besten Produzenten zwischen Visperterminen und dem Genfersee, sind hier gelagert. Dazu kommen Dutzende von Bränden und Likören, die zu kosten und zu vergleichen ein lustvolles Unterfangen ist. Was ich als Erstes auch mache: Ich teste die Abricotine von Morand und die Fleur d'abricot von Abricool. Beide verströmen einen feinen Aprikosenduft, die Abricotine etwas feiner, die Fleur schärfer, aggressiver – doch wie heisst es so schön: A chacun son goût!

Raclette-Tour. Die Geschmacksknospen kann man auch beim Raclette oszillieren lassen. Es wird im Château à discretion serviert: Fünf Käsesorten werden nacheinander serviert, jede stammt von einer anderen Käserei im Wallis. Die Unterschiede sind verblüffend. Der erste Raclettekäse stammt von der Alp Tanay oberhalb von Miex: Er ist noch jung, hat einen etwas gummigen Charakter und scheidet viel Fett ab. Der Zweite, ein Bergkäse aus Orsières, ist deutlich cremiger, rassiger und hat einen feinen Schmelz. Dann kommt der Vissoie aus dem Val d'Anniviers – noch cremiger, noch charaktervoller, schon fast so etwas wie der Rolls-Royce unter den drei getesteten Raclette-Varietäten. Doch aufgepasst – jetzt kommt der vierte und berühmteste aller Walliser Raclettekäse: Der «65» aus dem Turtmanntal. Obwohl ihn die Deutschschweizer lieben, weil er sehr neutral ist, empfinde ich ihn als langweiliger als den Vissoie. Langweilig? Das kann man vom Fünften und Letzten in unserer Raclette-Tour nicht sagen: Der «Simplon» ist ausgesprochen rassig, ein geradezu expressiver Käse. Doch das sind alles nur Momentaufnahmen, wie Racletteprofi Dominique erklärt: «Die Geschmacksnuancen ändern jede Woche, abhängig vom Wetter, der Jahreszeit, dem Gras.» Tatsächlich schmeckt der Turtmann drei Wochen später bereits rezenter, auch der Tanay hat zugelegt, dafür ist der Simplon etwas süsser geworden. Da wöchentlich neue Käse hereinkommen und manche noch einige Wochen gelagert werden, kann man stets neue Geschmacksnuancen entdecken. «Das ist wie beim Wein», sagt Dominique, «da gibt es ebenfalls einen Variationsreichtum, der fast unendlich ist.» Er muss es wissen, denn er ist so nebenbei auch Initiator des Labels Nobilis und eine der besten «Weinnasen» der Schweiz.

Was macht einen guten Raclettekäse aus? Alexander Alder, seit sieben Jahren Racleur im Château, hat die Antwort: «Ein guter Raclettekäse muss streichfähig sein, er darf keine Fäden ziehen, nicht zu viel Käsefett absondern, er sollte nicht zu salzig sein, nicht zu jung, aber auch nicht zu alt … Es ist einfacher zu sagen, wie der Käse nicht sein darf, als umgekehrt. Sicher aber ist: Guter Raclettekäse ist eine Kunst.»

Aprikosen-Sorbet. Auch ein kleines Kunstwerk ist das Sorbet d'abricot, das ich zum Abschluss meiner Wein- und Raclette-Tour geniesse. Es ist eines dieser «P'tits plus», die der Koch Christian Zufferey saisonal kreiert, damit die Gäste möglichst viele Walliser Terroirprodukte entdecken können. Dazu gehören etwa das Alpschweintatar mit grünen Linsen, im Herbst die Brisolée (ein traditionelles Kastaniengericht), im Frühling Spargeln, saisonal auch Sauerkraut nach Walliser Art sowie – immer auf der Karte – das Entrecôte aus Eringer-Fleisch und natürlich das Fondue.

Der Specksteinofen aus dem Jahr 1678 im ersten Stock.

Blick in die Vinothek, in der über 550 Etiketten zu entdecken sind.

Alexander Alder, der Racleur des Hauses.

ANNIVIERS
23.04.

– Raclette.
– La poire aux miel de safran (Williamsbirne an Safranhonig).
– Sorbet d'abricot.

Rezept von **Christian Zufferey** im Anhang.

— **Williamsbirne im Safranhonig,** S. 416

Wer hat das Raclette erfunden?

Wilhelm Tell und der Bratchäs. Wir haben das Raclette erfunden, sagen die Innerschweizer und halten die Armbrust in die Höhe: Schon zur Zeit Wilhelm Tells habe man Bratchäs gegessen, wie man in Klosterschriften aus Ob- und Nidwalden nachlesen könne. Von «brötletem Chäs» sei da die Rede, der im Mittelalter ein beliebtes Gericht auf den Innerschweizer Alpen war. Ein kleines Raclette nach dem Rütlischwur? Durchaus möglich, sagen die Walliser mit einem Glas Fendant in der Hand: Sie verweisen darauf, dass die Technik, den Käse ans offene Feuer zu halten, so simpel sei, dass es dazu kaum das Genie der Innerschweizer gebraucht habe. Der erste Raclette-Abstrich habe wahrscheinlich schon vor einigen Tausend Jahren stattgefunden, und das könne durchaus im Rhonetal gewesen sein. Hier mussten die Bergbauern fast ausschliesslich von der Käseproduktion leben und immer wieder neue Zubereitungsarten ausprobieren. Seit 450 Jahren werde im Wallis Bratchäs zubereitet – und die historischen Schriftstücke sind einsehbar: Das berühmteste ist die Beschreibung des «fromage rôti» durch den Walliser Arzt Gaspard Ambüel, genannt Collinus, erschienen 1574 in der *Vallesiae Descriptio* des Theologen Josias Simler. Ein weiteres ist das Dokument des Departements Simplon aus dem Jahr 1812: Darin wird ein Hochzeitsessen im Val d'Anniviers beschrieben, an dem Bratkäse serviert wurde – und zwar vor und nach dem Festmahl! 1888 beschreibt Victor Tissot im Buch *La Suisse inconnue,* wie die Hirten – ebenfalls im Val d'Anniviers – vor dem Alpabgang um ein Feuer herumsitzen, viertelgrosse Käselaibe erhitzen und den Käse mit einem Messer auf ein Stück Brot schaben. Und schliesslich ist zweifelsfrei verbürgt, dass der Name Raclette im Wallis geboren wurde.

Man nehme ein Stück Käse, halte es ans offene Feuer und schabe den geschmolzenen Käse auf einen Teller: So einfach ist die Zubereitung von Raclette und so naheliegend, dass man die Erfindung kaum einer einzelnen Talschaft zuordnen kann. Das Problem bei fast jeder kulinarischen Innovation ist ohnehin nicht die Frage, wer sie gemacht hat, sondern wo sie sich im kulinarischen Erbe etablieren konnte und wann dies erstmals schriftlich festgehalten wurde. Und da haben die Walliser beim Raclette gute Karten.

Raclette. 1909 wurde an der kantonalen Weinmesse in Sion den Journalisten geschmolzener Käse serviert und dabei erstmals der Begriff Raclette verwendet. Die Aktion war so erfolgreich, dass sich der Name schnell in der Schweiz etablierte. Obwohl die Wortschöpfung eindeutig aus dem Wallis stammt, dürfen die Walliser ihren Raclettekäse nicht als Einzige so nennen. Ob aus dem Wallis oder aus Wisconsin: Jeder kann seinen Raclettekäse als Raclettekäse bezeichnen, entschied das Bundesgericht am 15. Oktober 2007 und beendete damit den langjährigen, heftig geführten Raclette-Streit. Das freut den Walliser Milchverband natürlich nicht. Er hätte gerne einen globalen Markenschutz gehabt, wie dies beim Sbrinz oder dem Gruyère der Fall ist. Damit habe man wie beim Emmentaler die Chance verpasst, ein Schweizer Original vor ausländischen Imitaten zu schützen, sagt der Präsident des

Milchverbandes Wallis. Er freut sich, dass wenigstens die lokale Herkunftsbezeichnung «Raclette du Valais» vor Kurzem das AOC-Label bekam: «So weiss der Konsument, dass er einen im Wallis nach alten Rezepten hergestellten Original-Raclettekäse kauft und keine billige Imitation.»

Der Raclette-Streit. Entstanden war der Streit, weil die AOC-Vereinigung die Raclettekäse-Marke ausschliesslich den Wallisern zusprechen wollte. Das Wort «raclàs», argumentierte die AOC-Vereinigung, stamme aus dem Unterwalliser Dialekt. Zudem würden historische Dokumente belegen, dass der Ursprung der Raclette-Käseherstellung im Wallis liege. Das sahen die Migros, verschiedene Käseproduzenten in der Deutschschweiz und deren PR-Organisation, der Verein Raclettekäse Schweiz, nicht so und legten Rekurs ein. Der Begriff Raclette sei ursprünglich nur für die Zubereitung des Gerichts verwendet worden und nicht für den Käse, wurde argumentiert. Zudem würde der Raclettekäse erst seit 1970 so genannt und nur 15 Prozent aller Raclettegerichte in der Schweiz würden aus Walliser Käse zubereitet, der Rest stamme aus der Deutschschweiz oder dem Ausland. Mit anderen Worten: Beim ganzen Gerangel ging es ums Geschäft und das ist – wie man unschwer vermuten kann – alles andere als am Schmelzen.

Trendige Urchuchi. Waren es vor zehn Jahren 3000, sind es heute 15 000 Tonnen Raclette, die jährlich in der Schweiz gegessen werden. Das liegt vor allem an den Tischöfen, die das Raclettieren einfacher machen. Auch die Auswahl an Käsesorten hat zum Raclette-Boom beigetragen: Es gibt Raclettekäse mit Knoblauch, Pfeffer, Paprika und sogar aus Ziegenmilch. Dazu kommen fast unendliche Variationen – vom Raclette mit aufgelegtem Fleisch, Gemüse, Obst oder Salat, über spezielle Gewürze bis hin zum Raclette-Soufflé. Puristen bevorzugen allerdings noch immer das klassische Raclette, traditionell am offenen Feuer zubereitet und mit «Gschwellten», sauren Gurken und Essigzwiebeln serviert. Wobei sich hier bereits die nächste Frage stellt: Wer hat denn diesen Zutatenkanon erfunden? Diesmal muss der gute alte Wilhelm Tell wohl spätestens bei den Essigzwiebeln passen …

In praktisch allen Alpkäsereien im Wallis wird der Käse während der Sommermonate noch im Kupferkessel auf dem offenen Feuer zubereitet. Im Bild die Käserin Chantal Glanz auf der Alp Muttbach unterhalb der Furka.

Klassisches Walliser Raclette mit Kartoffel, Essigkurke und Silberzwiebel. Im Bild ein einfacher Abstrich, oft wird der heisse Käse jedoch zwei Mal pro Portion abgestrichen.

Das Original aus dem Wallis. Damit sich ein Käse «Walliser Raclettekäse AOC» nennen darf, muss er nach strengen Vorgaben hergestellt werden: Nur rohe, unbehandelte Kuhmilch darf verwendet werden. Der Käse muss einen milchigen Geschmack haben und gut schmelzen. Auch das Gewicht (4,8 bis 5,2 Kilogramm), der Durchmesser (29 bis 31 Zentimeter) und sogar die Farbe der Rinde sind genau festgelegt. Zudem muss der Käse auf Rottannenholz gelagert werden. Nach diesen Vorgaben werden heute in über 50 Walliser Tälern Raclettekäse hergestellt. Jeder Käse trägt den Namen seines Ursprungsortes, zum Beispiel Goms, Les Haudères, Simplon, Binn, Anniviers. Manche tragen zusätzlich die Nummer der Käserei, wenn es in einer Region mehrere gibt, zum Beispiel Bagnes 98 (aus Vollèges-Etiez), Bagnes 4 (aus Liddes), Wallis 65 (aus Tourtemagne).

DER KÄSE, DIE LIEBE UND DER TEUFEL

Rund um die Erfindung des Raclettes ranken sich zahlreiche Legenden, Mythen und Märchen. Eine der bekanntesten ist die Geschichte mit dem verliebten Hirten in einer kalten Winternacht:

Ein junger Hirte war eines Abends auf der Alp, es war kalt, er hatte Hunger, also machte er ein Feuer und stellte – tief in Gedanken an seine Liebste versunken – versehentlich den Käse zu nahe an die Flammen. Als er sah, dass der Käse zu schmelzen begann, strich er mit einem Messer die flüssige Masse auf ein Holzbrett – et voilà: Das Raclette war erfunden!

Den Ort des historischen Ereignisses nennt die Legende leider nicht, was den Spekulationen Tür und Tor öffnet: Der Hirte war aus Bagnes, behaupten die Käser am Fusse des Grossen Sankt Bernhard, denn die Kräuter seien hier feiner und würziger als anderswo. Natürlich stamme der Hirte aus dem Goms, sagen die Gommer, die ebenfalls hochklassigen Raclettekäse machen. Der Streit um die Lovestory, an der sich auch das Turtmanntal, das Val d'Anniviers und weitere Käsereien im Wallis beteiligen, wird nur durch die Mär vom alten Winzer übertroffen. Diese ist allerdings nicht ganz so populär wie die Liebesgeschichte – kein Wunder: In Siders, genau auf der Sprachgrenze, habe nämlich ein «merkwürdiger Fremder» einem alten Winzer geholfen, das Raclette zu erfinden:

In den Rebhängen von Siders, so erzählt die Legende, habe der alte Winzer ein Feuer aus Rebholz gemacht, um ein Stück Käse und Brot zu essen und sich zu wärmen. Da sei ein fremder, gut gekleideter Mann mit stechenden Augen aufgetaucht und habe so lange über die Kunst der Weinherstellung mit ihm geplaudert, dass er den Käse am Feuer vergessen habe. Als sich der Winzer nach einiger Zeit dem Feuer zuwandte, sah er, dass der Käse schon stark geschmolzen war. Schnell strich er die weiche, brutzelnde Masse auf sein Brot, und als er aufschaute, war der Fremde bereits verschwunden.

Einkaufstipps Unterwallis

WEIN

Zwischen Martigny und Sierre liegt die grösste Weinbauregion der Schweiz. Viele Hundert Winzer pflegen hier ihre Reben; mehrheitlich verkaufen sie die Trauben an grosse Kellereien, doch eine respektable Minderheit sind Selbstkelterer. Viele Etiketten sind eine Empfehlung wert. Wir beschränken uns hier auf einige, die wir besonders gut kennen.

Marie-Thérèse Chappaz, Fully

Marie-Thérèse Chappaz, die wohl berühmteste Walliser Weinproduzentin, ist eine engagierte Önologin, die ihren Wein nach traditionellen Methoden herstellt. Das Angebot reicht von Fendant über Gamay, Dôle, den Rosé «Rhodonite» bis zur edlen, autochthonen Petite Arvine «Grain Blanc». Dazu kommen in der Barrique ausgebaute Weine, darunter der Humagne rouge, von dem sie nur gerade 800 Flaschen im Jahr produziert. Gesucht sind auch die drei Spätlesen: Grain Noble Malvoisie, Marsanne blanche und Petite Arvine. Im Dezember werden sie gekeltert und reifen zwei Jahre im Eichenfass. Mehr zu Marie-Thérèse Chappaz gibt es in der *Urchuchi*-Reportage auf Seite 268. *Marie-Thérèse Chappaz, Cave de la Liaudisaz, 1926 Fully, Tel. 027 746 35 37 und 079 63 64 98, www.chappaz.ch.*

Thierry Constantin, Sion

Dass er früher Marathonläufer war, sieht man ihm nicht an. Wenn man jedoch in den Rebbergen mit ihm herumgeht, spürt man die sportliche Energie dieses Weinprofis. Rigoros reduziert er die Erträge, um erstklassige Weine zu schaffen. Dazu gehören bei den Weissen die Petite Arvine oder die Amigne; bei den Roten der Aguares (Cornalin) oder die Assemblage aus Merlot und Cabernet, genannt «Les Bacchanales». Dazu kommen Süssweine wie «Larme d'Or», gekeltert aus spätreifen Petite-Arvine-Trauben. Beweis für die Klasse der Weine ist die Liste der Restaurants, die Constantins Etiketten führen, dazu gehören Andreas Caminada im Schloss Schauenstein, das Grand Hotel Bellevue in Gstaad oder das Eden Roc in Ascona.

Thierry Constantin, Route de Savoie 99, 1962 Pont de la Morge (bei Sion), Tel. 027 346 61 21, www.thierryconstantin.ch.

Serge Roh, Vétroz

Serge Roh muss man Weinkennern kaum vorstellen. Vor allem sein Amigne Grand cru ist berühmt. 1963 geboren, gehört Serge zur Winzergeneration, die aus den Grands crus von Vétroz ein Aushängeschild für Walliser Qualitätsweine machen wollen. Dabei hat er vor allem den Amigne im Auge, einen besonders fruchtigen Weisswein mit Zitrusaromen. Seit 1996 vinifiziert Serge Roh auch eine Amigne-Spätlese (im Eichenfass ausgebaut) mit einem feinen Mandarinengeschmack. Zudem baut er die Petite Arvine und den Humagne blanche an, zwei weitere autochthone Rebsorten. *Cave Les Ruinettes, Serge Roh, 10, Route de Conthey, 1963 Vétroz, Tel. 027 346 13 63 und 079 232 18 60, www.vins-roh.com.*

Provins

Provins Valais ist eine 1930 gegründete Genossenschaft mit Hauptsitz in Sion. Sie hat mehr als 4400 Gesellschafter – Winzer, die keinen eigenen Wein erzeugen. Sie liefern jährlich zehn Millionen Kilo Trauben an die diversen Annahmestellen zwischen Charrat und Sierre. Rund 23 Prozent aller Walliser Weine werden von der Provins produziert. Das entspricht 10 Prozent der gesamten Schweizer Produktion. Erstaunlich bei dieser Menge ist die Qualität der Weine. Ganz oben stehen die Linien «Maître de Chais», «Grand Metral», «Mémoire du Temps» und «Crus des Domaines», deren Vertreter bei nationalen und internationalen Wettbewerben immer wieder Edelmetall gewinnen – so viel, wie kein anderer Schweizer Erzeuger. Zudem ist Provins mit dem «Vielles Vignes, Maître des Chais» im Mémoire des Vins Suisse vertreten. Die Kooperative hat ganz entscheidenden Anteil am Erhalt der Walliser Weinkultur und der Sortenvielfalt. Die Weine sind in verschiedenen Verkaufsstellen in der Schweiz erhältlich. Und das Gesamtsortiment im «Espace Millésime» in Sion. Auch per Telefon oder E-Shop:

Provins, Rue de l'Industrie 22, 1951 Sion, 027 328 66 19, www.provins.ch

Abricool

Einen mehrfach ausgezeichneten Aprikosenschnaps macht Véronique Mermoud in Fully. Ihr «Millésime» hat gleich drei Mal am Wettbewerbs des Schweizer Schnapsforums Gold geholt. Die ehemalige Lehrerin, die jetzt mit Erfolg ihren eigenen Schnapsladen mit dem Namen «Abricool» führt, ist auch für ihren Eierlikör mit Aprikosengeschmack, den Mirabellen-Brand, den Coing Barrique oder Raritäten wie den «Bleu des glaciers» (einen absinthartigen Brand) bekannt. Die Früchte kauft sie selber ein, lässt sie fermentieren, entscheidet beim Destillateur «tête de cœur», wie genau gefiltert wird und wie lang der Ausbau in der Barrique sein soll. Der Schnapsladen mit einer kleinen Buvette liegt neben der Brücke Saxon-Fully.

Abricool, Les Grands-Barre 56, 1926 Fully, Ruhetage: So. bis Mi., Tel. 027 744 24 56, www.abricool.ch

Williams

Die Williamsbirne liebt das Walliser Klima. Über 80 Prozent der Schweizer Produktion stammt aus der Sonnenstube im Rhonetal. Daraus entsteht unter anderem auch der bekannte Williams bzw. Williamine-Brand, der 50 Volumenprozent aufweist. Für einen Liter braucht es 13 Kilogramm Williamsbirnen. Eine Besonderheit stellt der Brand mit einer Williamsbirnen in der Flasche dar. Jeweils im Mai, wenn die Fruchtknospen klein sind, werden die Flaschen über die Knospen gehängt, und zwar mit dem Hals nach unten, um das Eindringen von Regenwasser zu verhindern. Während des Sommers wachsen die Birnen im Innern der Flaschen. Ende August sind sie reif. Dann werden die Flaschen von den Bäumen geholt und mit Brand aufgefüllt. Die Ausbeute ist nicht gross, weil nur die schönsten Früchte verwendet werden können. Um die Sache zu vereinfachen, werden die Flaschenböden heute oft einfach aufgeschnitten und nach dem Einbringen

der Birnen wieder zugeschweisst. Einen erstklassigen Brand mit echten, in Flaschen gewachsenen Birnen, hergestellt ohne jegliche Additive oder Geschmacksverstärker, findet man bei: *Louis Morand, Rue de Plaisance 2, 1920 Martigny, Tel. 027 722 20 36, www.morand.ch.*

KÄSE

Traiteur Le Jardin, Leytron

In Sachen Käse ist Claude Luisier kaum zu schlagen: Im uralten Keller seiner Grossmutter in Leytron reifen die besten Käsespezialitäten des Kantons bei Temperaturen von 10 bis 14 Grad und einer Luftfeuchtigkeit von 94 Prozent. Hier kann man einige Raritäten vor allem im harten und halbharten Bereich entdecken, darunter einige gepflegte, entsprechend runzelige Oldies. Wegbeschrieb: Zwischen Sion und Martigny, im alten Dorfkern von Leytron. Unbedingt vorher telefonieren, sonst steht man vor verschlossener Tür. *Traiteur Le Jardin, 1912 Leytron, Claude Luisier, Tel. 027 306 41 45 und 079 628 34 10, www.fromagesduvalais.ch.*

Ab Mitte Juli kann man die Walliser Aprikosen direkt von den Produzenten kaufen. Überall im Unterwallis findet man Verkaufsstände am Strassenrand, wie hier an der alten Landstrasse in der Nähe von Fully.

Weitere Restaurants im Unterwallis

GEHEIMTIPP

Le Carrefour «La Mère Valérie», Bruson

Eines der Lieblingsrestaurants von Marie-Thérèse Chappaz und eine innenarchitektonische Perle: Die Tische, die Wände, die Decke, alles ist im Le Carrefour in Bruson (nicht zu verwechseln mit dem gleichnamigen Restaurant in Verbier) aus Holz, und zwar höchst gekonnt, in einem noblen Chaletstil. Besonders schön ist die Gaststube im ersten Stock, genannt «La Mère Valérie», mit einem alten Specksteinofen.

Gepflegt ist auch die Kulinarik: Im unteren Teil ist Terroirküche angesagt. Es gibt Bergler-Salat mit Kartoffeln, täglich frisch zubereitete Gemüsesuppe, Käseplatte mit Gschwellti, Käseschnitte (und zwar eine richtige!) und Fondue in nicht weniger als sechs Varianten. Im Herbst gibt es zudem Raclette und für den kleinen Hunger Crêpes. Im ersten Stock geht die Küche ins Kreative, jedoch mit starkem Terroirbezug: Es gibt zum Beispiel Lammwürstchen mit Gemüse (siehe Foto), flambierte Schnecken, Confit de canard, auch Entenleber ist Teil der Menüs, die man frei zusammenstellen kann. Im Winter werden vier bis fünf Rinder gemetzget, von denen dann vom Schwanz bis zu den Bäggli alles auf den Tisch kommt. Ab Oktober beginnt die Wildzeit, ein Höhepunkt im kulinarischen Programm des Hauses. Fest steht schon jetzt, dass hier, im schön erhaltenen Dorfkern von Bruson, eine der grossen und sympathischsten Adressen im Unterwallis heranwächst. Ein echter Geheimtipp, der (noch) in keinem Restaurantführer zu finden ist. Wegbeschrieb: Von Martigny Richtung Grosser Sankt Bernhard, bei Sembrancher Abzweigung nach Bagnes, in Le Châble über die Brucke und den Berg hinauf nach Bruson. *Café Le Carrefour «La Mère Valérie», Valérie Leuba, 1934 Bruson, Ruhetage: So.-Abend, Mo.-Abend, Betriebsferien: auf Anfrage. Tel. 027 776 14 61, www.lecarrefourabruson.ch.*

TRENDIG

La Sitterie, Sion

Frech und überraschend: Jacques Bovier mischt Walliser Terroir mit Weltküche. Je nach Saison kann man Fisch an einer Pastis-Sauce geniessen, Champignons mit Sbrinz, Reh-Adrio mit Linsen oder Lammracks mit Polenta. Legendär sind seine Desserts, etwa die Vacherin-Glace mit Schokoladenblättern, Kirschkompott mit Kirsch oder Birnengratin mit Coing. Bei schönen Wetter wird im romantischen Garten unter weissen Sonnenschirmen aufgetischt. Der junge Mann ist in den Bergen aufgewachsen, hat dann im Palace in St. Moritz und im Pont de Brent bei Montreux seine Kochkunst verfeinert, jetzt ist er auf dem besten Weg, zum Topshot zu werden. Das Restaurant befindet sich in Sion an der Strasse nach Savièse. *La Sitterie, 1950 Sion, Route du Rawyl 41, Tel. 027 203 22 12 (So., Mo.), www.lasitterie.ch.*

HISTORISCHES GLANZSTÜCK

Beau-Site, Chemin ob Martigny

Urs Vuilleumier, Inhaber, Koch und Mädchen für alles, führt dieses museale Prachtstück aus dem Jahr 1912, das im Führer «Die schönsten Hotels der Schweiz» aufgeführt ist. Es gibt kein TV, kein Radio, dafür eine nostalgische Holzveranda mit farbigen Fenstergläsern, die das Innere in ein Kaleidoskop verwandeln. Die Küche ist nicht ganz so glanzvoll wie die Architektur und konzentriert sich auf vegetarische Biogerichte. Wer als Nicht-Hotelgast essen möchte, muss sich vorher telefonisch anmelden. *Hôtel Beau-Site, 1927 Chemin-Dessus s. Martigny, Tel. 027 722 81 64, www.chemin.ch.*

ALPIG

Chez Nicole, Lac de Tanay ob Vouvry

Der Lac de Tanay ist einer der schönsten Bergseen der Schweiz, umgeben von mächtigen Kalksteinbergen. Nicht weit vom See führt Nicole ihre rustikale Bergbeiz. 1986 hat sie als erste Frau die Bergführerausbildung abgeschlossen, verunfallte dann aber schwer. Heute führt sie zusammen mit ihrem Mann die Bergbeiz. Es gibt Fondues, Käseschnitten, Suppen, Omeletten und täglich zwei saisonal wechselnde Menüs. Bus von Aigle nach Vouvry. Von dort mit Kleinbus nach Miex/Le Flon. Etwa 1,5 Std. Wanderzeit bis zum See. *Chez Nicole, Nicole und Marco Niquille, Lac de Tanay, 1896 Miex, Betriebsferien: Okt. bis Mai (je nach Wetterlage), Tel. 024 481 14 80, www.lactanay.com.*

RUSTIKAL

Auberge du Vallon de Van, Salvan

Freunde des alpinen Holzbarocks kommen in dieser Auberge voll auf ihre Rechnung: Nur das Fundament des Hauses ist aus Stein. Urchig auch die Küche: Walliser Teller, Alpkäse und Roggenbrot, Fondue, saisonal Pilzgerichte, Rindsgeschnetzeltes, hausgemachte Kuchen. Schöne Terrasse. Von Martigny Richtung Salvan, dann durch die Trient-Schlucht ins Val d'en Bas. *Auberge du Vallon de Van, Elisabeth Lometti et Daniel Reymond, Van d'en Bas, 1922 Salvan, Ruhetag: Mo., Tel. 027 761 14 40, www.vallondevan.ch.*

URBAN

Brasserie du Grand-Pont, Sion

Kühnes Design, innovative Küche, sympathische Gastgeber: Die Brasserie du Grand-Pont ist der angesagte Treffpunkt in Sion. Hier kann man modern interpretierte Brasserie-Küche, aber auch nur ein Glas Wein geniessen. Das Quartier hat einen besonderen Charme und lohnt «une petite promenade». *Brasserie du Grand-Pont, Grand-Pont 6, 1950 Sion, Tel. 027 322 20 96.*

TOP

Le Terminus, Sierre

Didier de Courten, Koch des Jahres 2006, zeigt im Le Terminus in Sierre sein herausragendes Können. Dabei muss man nicht unbedingt im stilvoll-modernen Gourmetrestaurant tafeln. Auf der Terrasse und in der Brasserie, genannt «L'Atelier Gourmand», kann man ausgewählte Kreationen des Meisterkochs zu fairen Preisen geniessen. Dazu gehören etwa pochierter Saibling mit Apfelmousse, Kalbsroulade mit schwarzen Trüffeln, Polentarösti, Alpkäse sowie eine grosse Sorbet- und Glace-Auswahl. Dem Ruf des Hauses entsprechend ist die Kulinarik kreativ und umfasst etwa glacierte Melonen-Bonbons mit kristallisiertem Porto oder karamellisiertes Knusperbrot – alles mit einer sympathischen Portion Humor und ohne viel Schnickschnack zubereitet.

Le Terminus, Didier de Courten, Rue du Bourg 1, 3960 Sierre, Ruhetage: So., Mo., Tel. 027 455 13 51, www.hotel-terminus.ch.

OBERWALLIS

Gastronomische Höhenflüge rund ums Matterhorn

Östlich von Sierre wechselt die Sprache vom Französischen ins Deutsche. Auch die Küche wird spürbar alpiner: Das Roggenbrot wird zum grossen Thema. Oder der Safran, der nur im Bergdörfchen Mund wächst und sonst nirgends in Europa. Auch der Wein entwickelt einen starken Terroirbezug: Heida, Lafnetscha oder Resi heissen die autochthonen Sorten, die nur hier angebaut werden – der Heida sogar auf den höchsten Rebbergen Europas. Daneben hat sich rund um das Matterhorn eine gastronomische Hochkultur entwickelt, die zum Besten gehört, was die Schweiz zu bieten hat.

Die Sprachgrenze am Raclettegraben

Natürlich gibt es im Wallis keinen Raclettegraben – im Gegenteil: Der gebratene Käse ist die Nationalspeise des Kantons schlechthin und wird auf beiden Seiten der Sprachgrenze genossen. Eine sprachliche «Wasserscheide» gibt es dagegen schon, und zwar in Salgesch: Das 1300 Einwohner zählende Weindorf beim Pfynwald ist das Bindeglied zwischen Ober- und Unterwallis. Der Bach Raspille bildet die buchstäblich fliessende Grenze, an der die deutsche und die französische Sprache aufeinandertreffen. Im Frühjahr führt der Bach, der zum Teil durch canyonartige Schluchten tost, viel Schmelzwasser und erlaubt spektakuläre Wanderungen bis hinauf nach Tièche. Das Bild zeigt den Ort unterhalb von Salgesch, wo die Raspille als vergleichsweise zahmes Bächlein in die mächtige Rhone fliesst.

Salgesch – auf Französisch Salquenen – ist auch önologisch ein spannender Ort: Hier ist das Walliser Reb- und Weinmuseum zu Hause. Interessant ist die Ausstellung über die historischen Weingefässe, die zeigt: Früher waren nicht nur die Weinfässer, sondern auch die Transport- und Trinkgefässe aus Holz. Also nahmen die Bauern den Wein in kleinen Holzfässern zur Feldarbeit mit. In Salgesch sind auch erstklassige Weinproduzenten zu Hause, darunter die Weinkellerei Fernand Cina. Berühmt ist ihr Pinot noir de Salquenen, der unter 1000 Weinen aus 18 Ländern an der Mondiale du Pinot noir 2005 als bester Rotwein ausgezeichnet wurde.

Caves Fernand Cina, Manfred und Damian Cina, Bahnhofstrasse 27, 3970 Salgesch, Tel. 027 455 09 08, www.fernand-cina.ch. Mehr zum Weinmuseum siehe auch: www.museevalaisanduvin.ch.

Das kulinarische Erbe im Oberwallis

Gsottnigs oder Gsottus

Nach altem Brauch wurden früher am 16. Oktober, am St. Gallustag, in den Oberwalliser Tälern die Tiere geschlachtet. Da die Bauern über keine Kühlschränke verfügten, hängten sie das Fleisch zur Lufttrocknung in den Speichern auf. In den Wintermonaten wurden die Fleischstücke und Würste in einem grossen Topf gesotten. Ergänzt mit Speck, Lamm, Siedfleisch, Kabis, Wirz und grossen Fleischbirnen kam das Gsottnigs (auch Gsottus genannt) als Festmahl auf den Tisch. Obwohl dieser Eintopf eines der ältesten Gerichte im kulinarischen Erbe des Oberwallis darstellt, kommt er heute in den Restaurants nur auf Vorbestellung auf den Tisch, weil die Zubereitung sehr aufwendig ist. Erhältlich ist Gsottnigs im Restaurant Walliserkanne in Fiesch (S. 370), in der Tenne in Reckingen (S. 378 und in der Gommerstuba in Niederernen (S. 362), in der wir auch das obige Bild aufgenommen haben.

Safran aus Mund

In ganz Europa gibt es nur einen einzigen Ort, an dem Safran wächst: das Bergdorf Mund oberhalb von Brig. Die Produktion beträgt pro Jahr nur vier bis fünf Kilogramm und wird vornehmlich in den lokalen Restaurants verwendet. Aber auch die Schweizer Spitzengastronomie schmückt ihre Menükarten gerne mit dem «roten Gold» von Mund (siehe Seite 342).

WALLISER STADEL

Die von der Sonne geschwärzten Holzstadel sind typisch für das Oberwallis. In solchen Speichern haben die Bauern das Fleisch früher an der Luft getrocknet und gelagert. Auch das Roggenbrot wurde hier oft monatelang aufbewahrt. Die Oberwalliser mussten sich eine besondere Konstruktion einfallen lassen, um das Eindringen der Mäuse zu verhindern: Die Holzpfosten mit den Gneisplatten bilden die ebenso einfache wie geniale Lösung. Das Loch unter dem Dachgiebel nennt man Seelenloch, denn es soll den Ein- und Austritt der Seelen bei der Geburt und beim Tod ermöglichen.

Roggenbrot

So hart wie die Köpfe der Walliser, behaupten böse Zeitgenossen, sei auch das Roggenbrot, das erst gegessen wird, wenn es drei Tage alt ist: «Sonst hat es zu wenig Geschmack und produziert zu viel Wind», sagt Lukas Imseng von der gleichnamigen Bäckerei in Saas-Fee. Seit zwei Generationen stellt seine Familie Roggenbrot her. Wie beim Gletscherwein in Grimentz wird dabei das Alte mit dem Neuen vermischt: Imseng nimmt jeweils einen Mocken des Sauerteigs, lässt ihn zwei Tage lang gären und gibt ihn dann zum neuen Brotteig, von dem er dann wieder ein Stück für die kommende Produktion gären lässt: «Seit Generationen wird der Sauerteig so von einer Generation zur nächsten weitergegeben. Wenn man so will, ist in jedem neuen Roggenbrot noch etwas vom Teig drin, den schon mein Vater verwendet hat.» Nicht nur beim Roggenbrot kümmert sich Imseng intensiv um das kulinarische Erbe des Wallis: Nach alten Rezepturen entstehen in seiner Bäckerei Fasnachtskrapfen, die kaum mehr bekannten «Schuhsohlen», aber auch Aprikosen- und Williamstorten. Zudem unterhält er das wohl einzige Bäckereimuseum im Wallis (siehe S. 338).

Sauerteig. Roggenbrote erhalten ihre Backfähigkeit erst durch eine Säuerung mittels Sauerteigführung. Ohne diese Säuerung würden die Enzyme zu viel Stärke abbauen, sodass kein Teiggerüst und somit auch keine Krume gebildet werden kann. Durch die lange Teigführung erhält das Roggenbrot den kräftigen Geschmack. Seit Januar 2004 trägt das Walliser Roggenbrot die geschützte Ursprungsbezeichnung AOC – als einziges Brot in der Schweiz. Nur Brote aus Walliser Roggen, der hier gewachsen, gemahlen und gebacken wird, dürfen das Label tragen. Deshalb wird im Wallis noch immer Roggen in grossen Mengen angepflanzt. Eine Tradition, die bis ins 15. Jahrhundert zurückreicht.

Alte Roggensorten kann man im Sortengarten Erschmatt in der Nähe von Leuk bewundern. Roni Vonmoos leitet die Intitution, die sich für die biologische Vielfalt einsetzt: «Immer mehr alte Kulturpflanzen verschwinden», sagt Roni Vonmoos, «und damit nicht nur altes Wissen, sondern auch Pflanzen, die optimal an die jeweiligen Lebensbedingungen angepasst sind und wichtige Gene in sich tragen. Sie können in Zukunft wichtig sein, weil sie viel resistenter sind als die hochgezüchteten industriellen Sorten.»

Es gibt Sommer- und Winterroggen, wobei im Wallis fast ausschliesslich Winterroggen angebaut wird: «Er kann die feuchte Jahreszeit besser ausnutzen und ist resistenter gegen die Trockenheit im Frühling», sagt der Biobergbauer Helmut Kiechler aus Ammern. Im kleinen Weiler oberhalb von Blitzingen baut er Winterroggen nach uralter Väter Sitte an: «Wir müssen die in Jahrhunderten gewachsene Roggenkultur erhalten – von den Samenkörnern bis zum Brot», sagt Kiechler. Siehe auch Reportage S. 361.

Die Urgesteine unter den Walliser Weinen

Spätestens in Salgesch beginnen Weinkenner mit leuchtenden Augen von autochthonen Rebsorten zu sprechen. Damit meinen sie «alteingesessene» Traubensorten, die vor Jahrhunderten, zum Teil sogar vor Jahrtausenden in eng begrenzten Terroirs heimisch wurden. Himbertscha, Lafnetscha, Resi, Eyholzer und, wohl am berühmtesten, der Heida gehören zu den autochthonen Urgesteinen im Oberwallis. Schon fast ein Ururgestein ist der Gwäss, der als eine der ältesten, mit Namen bekannten Rebsorten gilt. Dies hat José Vouillamoz, Professor an der Universität Neuenburg, mittels DNA-Proben festgestellt: «Der Gwäss ist vor über 2000 Jahren wahrscheinlich aus der Provence ins Oberwallis gekommen und hier heimisch geworden», sagt Vouillamoz.

Vor dem Aussterben gerettet. Dass all diese Urgesteine noch existieren, ist der Winzerfamilie Chanton in Visp zu verdanken. Vater Joseph-Marie Chanton, genannt Chosy, gilt als Pionier im Anbau der alten Sorten. Ende der 60er-Jahre schrieb er seine Diplomarbeit über die Walliser Ursorten, war fasziniert und begann gezielt zu forschen. Beim Himbertscha gestaltete sich die Suche besonders schwierig. Die Sorte galt als ausgestorben. Erst nach langem Suchen fand der Wein-Archäologe bei einem alten Mann in einem kleinen Rebberg im Vispertal noch einige Rebstöcke: «Das war buchstäblich eine Rettung in letzter Minute», erinnert sich Chanton. «Beim Himbertscha konnte man anhand von DNA-Analysen feststellen, dass die Eltern der Humagne blanche und ein Muscat sind.»

Der Gwäss

Der Gouais blanc oder Gwäss ist ein besonderes Urgestein unter den Urreben. Da die Trauben anfällig sind auf Fäulnis, wurden sie früher schon Ende August geerntet. Deshalb hatte der Gwäss auch entsprechend wenig Alkohol und viel Säure und galt lange als Arbeiterwein, denn ein derart saurer Tropfen war gut gegen den Durst auf dem Feld und in den Reben. Zudem wurden die Gwäss-Trauben bewusst am Rand der Rebberge gepflanzt: So konnte man sicher sein, dass niemand auch nur eine dieser nicht gerade süssen Beeren klaute. Heute gilt der Gwäss als idealer Begleiter zu Muscheln und Austern. «Das ist schon fast ein Zitronenersatz», lacht Marlis Chanton, die mich kompetent durch die Welt der Autochthonen führt. «Obwohl wir nur gerade 1200 Quadratmeter Gwäss anbauen, schneiden wir jeweils viel heraus, damit er mit ansprechendem Zuckergehalt geerntet werden kann», erklärt Marlis. Interessant ist beim Gwäss, dass er in vielen verschiedenen Sorten als Elternteil vorhanden ist. Aus natürlicher Mutation mit der Pinot-Traube ist daraus der Chardonnay entstanden, immerhin eine der erfolgreichsten Weinkreationen der jüngeren Geschichte. Auch der Rheinriesling hat offenbar Gwäss-Gene, wie man mit DNA-Analysen vor kurzem festgestellt hat. «Kreuzt mich mit einer Mandarine, dann werde ich süsser», lacht die Zitrone …

Rebberg im Vispertal.

Trauben nach der Lese.

Einige Autochthone aus dem Weinsortiment der Kellerei Chanton. Für das Design der Etiketten ist Marlis Chanton zuständig, die früher Fotografin war.

Sohn Mario, Marlis und Joseph-Marie Chanton, genannt Chosy, in einem ihrer Weinberge oberhalb von Visp.

Zurück nach vorn. Heute gehört der Himbertscha zu den gesuchten Raritäten: Nur gerade 1000 Flaschen werden pro Jahr in der Kellerei Chanton abgefüllt und sind entsprechend gefragt. Denn auch beim Wein geht es zurück nach vorn, wie Chosy sagt: «Ehrliche, authentische Produkte sind gefragt, Weine, die Charakter und eine Geschichte haben.» So manches Spitzenrestaurant schmückt seine Weinkarte deshalb gerne mit Autochthonen aus dem Oberwallis. Zum Beispiel mit dem nicht minder urchigen Lafnetscha. «Er ist hier im Wallis geboren und damit ein echter Eingeborener, den es sonst nirgends gibt», sagt Chosy Chanton. Bereits 1627 ist diese Traubensorte erstmals im Pfarrarchiv erwähnt. Lafnetscha heisst «Trink ihn nicht zu früh», abgeleitet von «laffen» (trinken) oder «Glaffne», was im Dialekt Besoffener heisst.

Heida. Flaggschiff des Hauses ist jedoch der äusserst erfolgreiche Heida, mit dessen Anbau die Chantons 1964 begonnen haben. Inzwischen ist der Heida (auch Païen genannt) ein Aushängeschild des ganzen Wallis geworden. Dies nicht zuletzt deshalb, weil der Heida in den Rebbergen zwischen Visp und Visperterminen sogar auf über 1000 Meter über Meer gedeiht und deshalb oft auch als Gletscherwein bezeichnet wird (allerdings fälschlicherweise, denn der echte Gletscherwein, der so heisst, weil er tatsächlich in der Nähe eines Gletschers reift, kommt aus Grimentz, siehe S. 266).

Kindbettwein. Zu den autochthonen Raritäten gehört auch der fruchtige Humagne blanche, der einen derart hohen Eisengehalt hat, dass man ihn früher als Kindbettwein bezeichnet hat. Denn guter Wein, dies hat die Kirche auch im Wallis früh erkannt, ist immer auch gute Medizin. Jede Frau, die ein Kind auf die Welt brachte, bekam vom Bischof deshalb eine Flasche Humagne blanche als Geschenk und zum Dank für das frischgeborene (katholische) Erdenkind. Auch der Resi oder Rèze, der beim Gletscherwein in Grimentz eine tragende Rolle spielt, wird von den Chantons kultiviert. Desgleichen der Eyholzer Rote, der nur im Dörfchen Eyholz und an wenigen Standorten im Aostatal in Pergolas wächst. Und damit ist das Universum der autochthonen Walliser keineswegs zu Ende: Zu all den genannten Urweinen kommen nämlich noch die Süssweine, bei denen die Trauben jeweils nach Ende November gekeltert werden und heute zu den gefragtesten Raritäten unter den Urgesteinen gehören.

Degustieren. Wer tiefer in die Geschichte der autochthonen Weine hineinsehen möchte, kann dies im Degustationsraum der Chantons in Visp machen, begleitet von kompetenter Fachinformation von Marlis Chanton. Seit Juli 2008 Jahren hat ihr Sohn Mario den Betrieb übernommen und neue Ideen ins Traditionshaus eingebracht. Dazu gehören etwa sein bei minus 12 Grad Celsius als erster Eiswein im Wallis gekelterte Eyholzer Roter Barrique «Crystal» mit satten 175 Öchslegrad oder die Heida-Spätlese «Mario BA». Eine vielversprechende zweite Renaissance im Haus der Urgesteine.

Kellerei Chanton, Kantonsstrasse 70, 3930 Visp, Tel. 027 946 21 53, www.chanton.ch.

Der höchste Rebberg Europas

Weinlese in Visperterminen: Das ist ein bisschen wie im Tessin. Die ganze Familie geht im Herbst in den Rebberg und trägt die Trauben in Brenten auf dem Rücken die steilen Berghänge hinunter. So auch Anne-Danielle Walpen (Zweite von rechts), die im Obergoms arbeitet und im Herbst jeweils einige Tage frei nimmt, um zusammen mit Verwandten und Freunden im Rebberge des Onkels mitzuhelfen. «Das ist nicht viel mehr als ein Hobby», erklärt Anne-Danielle, «pro Kopf schauen höchstens zehn Flaschen Heida für jedes Familienmitglied heraus. Aber es macht Spass, wenn der Wein da ist, und es gehört seit Generationen zur Familientradition.»

Die Heida-Traube, die in Visperterminen auf 1154 Meter über Meer wächst, ist sich ihrer herausragenden Rolle wohl kaum bewusst: Sie gedeiht nämlich im höchsten Rebberg Europas. Die sonnige Südlage, die grossen Trockenmauern und der häufige Föhn machen die Rebberge von Visperterminen zu einer Wärmekammer, die den Trauben bis weit hinauf die nötige Reife verleiht. Die meisten Rebberge gehören Familien, die ihre Trauben an die St. Jodernkellerei verkaufen. 1979 als Genossenschaftskellerei gegründet, umfasst die Kellerei heute über 500 Mitglieder. Die ganze Produktion wird vermarktet und kann in der Kellerei degustiert und auch gekauft werden.

Degustationen: St. Jodernkellerei, Unterstalden, 3932 Visperterminen, Tel. 027 946 41 46, www.jodernkellerei.ch.

RESTAURANT **45**

Fafleralp Lötschental

RESTAURANT: **Fafleralp**

ADRESSE: **3919 Fafleralp, Lötschental**

GASTGEBER: **Christian Henzen**

TELEFON: **027 939 14 51**

INTERNET: **www.fafleralp.ch**

RUHETAGE: **keine**

BETRIEBSFERIEN: **Ende Ok. bis Ende Jan., nach Ostern bis Mitte Mai**

WEGBESCHRIEB: **Postauto ab Goppenstein (Juni bis Ende Okt.)**

SPEZIELL: **Wanderparadies**

Eine «vergessene Talschaft», nannte der Walliser Dichter Maurice Chappaz das Lötschental. Tatsächlich war das Tal früher nur über die steile Lonzaschlucht oder den Lötschenpass erreichbar – beides mühsame und gefährliche Zugänge. Entsprechend lange konnten sich die Bräuche und Lebensformen halten. Am bekanntesten ist die «Tschäggätä»: Verkleidet mit Holzmasken und Tierfellen ziehen die jungen Burschen zur Fasnachtszeit durch die Dörfer. Auch die ursprüngliche Küche der Bergbewohner wird gepflegt, allen voran im Restaurant Fafleralp, in dem man die Besonderheiten der Lötschentaler Urchuchi entdecken kann. Die kulinarische Reise lässt sich mit einer Wanderung kombinieren: Sie beginnt auf der Lauchernalp und führt in einer Stunde zur Fafleralp.

Epfelchiächlinu, Bozuluiter und Tschäggättäbluäd

Wenn die Lötscher Mundart sprechen, verstehen Auswärtige meist kein Wort. Ihr Dialekt stammt von den Alemannen, die vor über tausend Jahren das abgelegene Tal besiedelt haben. Auch die Küche hat im Lötschental ihren ursprünglichen Charakter bewahrt, wie man im Restaurant Fafleralp feststellen kann: Dort kocht Christian Henzen nämlich jeden Mittwoch sein berühmtes Lötschentaler Menü – nach Rezepten seiner Grossmutter.

Lötschentaler Menü. Das modern interpretierte Älplermenü beginnt mit einer kräftigen Suppe, die – wie Gsottnigs – aus gepökeltem, luftgetrocknetem Brustspitz und Gemüse besteht. Dazu gibt es Walliser Roggenbrot mit geschmolzenem Raclettekäse.

«Gälbä Riis mit Chees- und Epfelchiächlinu» heisst der nächste Gang – gelber Reis mit einem Käse- und einem Apfelküchlein. Speziell daran ist, dass es kein Risotto, sondern ein Milchreis ist, gesüsst mit Zimt und Zucker. Das war die kalorienreiche Mahlzeit, welche die Bauarbeiter in den Bergen früher brauchten: «Als die Suonen, die hölzernen Wasserleitungen, im Wallis gebaut wurden, waren ganze Familien in den Felsen und Wäldern an der Arbeit. Kunstvolle Konstruktionen entstanden, um das kostbare Wasser in die trockenen Täler zu führen. Am Abend wurde dann auf dem offenen Feuer der Reis mit Milch gekocht», erklärt Christian. Das Rezept stammt von Grossmutter Henzen, die das

Gericht jeweils an der Tschäggättä aufgetischt hat – allerdings ohne Safran: «Safran war früher viel zu kostbar», erklärt Christan, «er gibt dem Milchreis aber eine besondere Note. Dafür habe ich bei Grossmutters Rezept den Zucker und den Zimt etwas reduziert, um die Sache schlanker zu machen.»

Lammkoteletts von der Guggialp. Nächste Etappe im Lötschentaler Menü sind saftige Lammkoteletts, die Christian in Weissbrotbrösmeli brät und mit Kräuterbutter überbäckt. Dazu gibt es einen wunderbaren Kartoffelgratin und Gemüse. Wer nach diesen Saftbrocken eine Pause benötigt, dem bietet sich ein Rundgang um die Fafleralp an: Das Restaurant liegt in einem subarktischen Urwald mit einer Flora, die ihresgleichen sucht.

Das Finale besteht aus einem hausgemachten Früchtekuchen: Jeden Morgen schiebt Christian riesige Kuchenbleche in den Ofen, je nach Saison mit Aprikosen, Rhabarber, Zwetschgen, Äpfeln oder Heidelbeeren – und am Abend ist jeweils alles weg!

All die aufgeführten Gerichte sind auch einzeln erhältlich, dazu stehen Rindsfilet (serviert auf der Schiefertafel), gedämpfte Forellenfilets, Fondue, Rösti, Walliser Teller und – jeweils am Freitagabend – Raclette auf der Menükarte. Auch beim Wein ist Terroir angesagt. Einige Walliser Tropfen stammen sogar von den eigenen Reben der Familie in Salgesch: Dazu gehören der «Tschäggätäbluäd» (Pinot) oder der «Göigglät» (Cornalin). Auch bei den Spirituosen sind besondere Geister zu entdecken, etwa ein Cognac, der aus dem überschüssigen Wein gebrannt wurde und sechs Jahre im Fass lag. Er bildet den würdigen Abschluss der kulinarischen Reise ins Lötschental und hat selbstverständlich ebenfalls einen Namen aus dem Dialekt: Er heisst «Bozuluiter», was so viel heisst wie Gespenstergetränk (Bozu = Gespenst, Luiter = Getränk).

Lötschentaler Holzmaske, geschnitzt von Vater Alfred Henzen. Solche Masken legen die Tschäggättä (die Gescheckten) jeweils zur Fasnachtszeit im Lötschental an, um den Winter auszutreiben.

Bisse d'Ayent, eine Suone (Wasserleitung aus Holz) im Oberwallis (siehe auch: www.suone.ch).

Mit Kräuterbutter überbackene Lammkoteletts: Der Hauptgang im Lötschentaler Menü.

Vigneron-encaveur
Savièse
75cl

– Lammkoteletts mit Kräuterbutter überbacken, Gemüse und Gratin.
– Fleisch-Gemüse-Suppe mit Roggenbrot und geschmolzenem Raclettekäse.
– Safran-Milchreis mit einem Apfel- und einem Käseküchlein.
– Aprikosenkuchen.

Rezepte von **Christian Henzen** im Anhang.

— **Gälbä Riis mit Chees- und Epfelchiächlinu**
(Gelber Reis mit Käse- und Apfelküchlein), S. 408

RESTAURANT **46**

Zum See
Zermatt

RESTAURANT: **Zum See**

ADRESSE: **3920 Zermatt**

GASTGEBER: **Max, Greti, Marion und Markus Mennig**

TELEFON: **027 967 20 45**

INTERNET: **www.zumsee.ch**

RUHETAGE: **In der Saison keine**

BETRIEBSFERIEN: **Mitte April bis Mitte Juni, Anfangs Okt. bis Mitte Dez.**

WEGBESCHRIEB: **von Zermatt 40 Min. zu Fuss, oder mit der Seilbahn Furi bis zur Mittelstation (von dort 15 Min. Wanderung talwärts); im Winter für Skifahrer auch direkt über die Piste Furi-Zermatt erreichbar.**

SPEZIELL: **13 GM**

Das Restaurant "Zum See" liegt oberhalb von Zermatt, auf 1760 Meter Höhe, und ist nur zu Fuss, im Winter auch auf Skis erreichbar. Nach wenigen Minuten ist man im kleinen Bergdorf, das schon fast einem Museum gleicht. Vor dem Restaurant steht ein mächtiger Steinbrocken, hinter dem Haus sieht man knapp noch den obersten Spitz des Matterhorns. Doch sollte man sich hier vor allem auf die kulinarischen Spitzenleistungen konzentrieren: An diesem märchenhaften Ort kommen garantiert keine fettigen Pommes oder langweiligen Wienerli auf die Teller.

Crèmeschnitte XXL am Meter

Es gibt gute, es gibt sehr gute, und es gibt die allerbesten auf dieser Welt. Gemeint sind die Crèmeschnitten, die Max Mennig in liebevoller Feinarbeit zum Rolls Royce unter den schaumgeborenen Dessertkreationen entwickelt hat. Da täuscht kein bleicher Zuckerguss über mangelnde Substanz hinweg; da gibt es keine Vanillesauce von Oetker und schon gar keinen pampigen Kuchenteig. Max arbeitet mit luftig-leichtem Blätterteig, legt dicke Schichten Rahm-Crème darauf, für deren Geheimrezeptur ihm schon ein Vermögen geboten wurde. Und Max macht zwei Lagen: Nach der Ersten folgen nochmals filigrane Schichten Blätterteig und nochmals zwei Zentimeter von dieser sagenhaften Crème, bis dann, in vergleichsweise schwindelerregender Höhe die letzten, die knusprigsten aller Blätterteigblätter die Königin aller Crèmeschnitten krönen. Und die ist so gut, dass Max sie am Meter produzieren muss. Es soll Gäste geben, die sich ihr Exemplar telefonisch reservieren lassen.

Ein Platz an der Sonne. Auch bei den übrigen Gerichten wird nicht tiefgestapelt. Es gibt ein Rindscarpaccio, dem man ansieht, dass das Fleisch frisch aufgeschnitten wurde. Oder eine Käseschnitte im Pfännli, mit knusprig gebratenem Speck. Aber auch das Emmentaler Kalbssteak an einer Morchelrahmsauce, die Kalbsleber mit Rösti oder die Lammracks mit einem Gratin, der fast süchtig macht, sind meilenweit entfernt von

langweiligem Berghütten-Food. Zudem kocht Max jeweils ein Tagesmenü; heute sind es Spargeln, nach Wahl mit Kalbsleberli, Milken oder Fisch. Um elf Uhr kommen die ersten Gäste. Jeder bekommt eine warme Wolldecke. Zwei weitere Terrassen bieten zusätzliche Plätze an der Sonne. Auch der Eiskübel mit dem Champagner fehlt nicht – ein Indiz, dass hier auch gehobene Wünsche erfüllt werden: Austern, Entenleberterrine, Riesencrevetten oder Gambas an Currysauce stehen mit auf der Menükarte. Spätestens bei der Weinkarte wird klar, dass wir in einem der nobleren Winterkurorte sind. Die Karte umfasst über 100 erlesene Etiketten, die meisten sind Schweizer.

Besonders schön ist die Auswahl an autochthonen Sorten wie Himbertscha, Petite Arvine, und natürlich die Klassiker Humagne rouge, Cornalin und der edle Syrah von Simon Maye aus dem Eichenfass, der das Sortiment nach oben abrundet. Obwohl ich Max auf den Knien gebeten habe, das Rezept für die Crèmeschnitte rauszurücken, gab er es mir natürlich nicht. Dafür bekam ich dasjenige für den Apfelstrudel, der auf dem besten Weg ist, der Crèmeschnitte den Rang abzulaufen (siehe Folgeseite).

Max Mennig, der Crèmeschnittenmeister am Werk.

Auf dem Weg zum Restaurant zeigt sich das Matterhorn von seiner besten Seite.

Naturkühlschrank im Freien.

Hauskaffee mit Güx – Kirsch, Abricotine, und Cherry Brandy (die Mischung ist Hausgeheimnis!) und Schlagrahm.

– Crèmeschnitte «Zum See».
– Rindscarpaccio mit Ruccolasalat. Im Hintergrund eine kleine Weinauswahl des Hauses.
– Käseschnitte mit Speck.
– Lammracks mit Kartoffelgratin und Gemüse.

Rezepte von **Max Mennig** im Anhang.

— **Kalbsmilken an Morchelrahmsauce,** S. 404
— **Apfelstrudel «Zum See» mit Schlagrahm oder Vanillesauce,** S. 417

RESTAURANT **47**

Hohnegg
Saas-Fee

RESTAURANT: **Hohneggs Restaurant und Gourmetstübli**
ADRESSE: **3906 Saas-Fee**
GASTGEBER: **Beatrice Bumann und Markus Ries**
TELEFON: **027 957 22 68**
INTERNET: **www.hohnegg.ch**
RUHETAGE: **Mo.**
BETRIEBSFERIEN: **Mai und Nov.**
WEGBESCHRIEB: **Postauto von Brig oder Visp direkt bis nach Saas-Fee; mit dem Auto bis zum Dorfeingang (Saas-Fee ist autofrei).**
SPEZIELL: **13 GM, Goût Mieux, Guide Michelin**

Das Hohnegg's Restaurant und Gourmetstübli ist vom Dorf aus zu Fuss in 20 Minuten erreichbar. Als Variante gibt es das Öko-Taxi (Elektromobil; Saas-Fee ist autofrei). Das Resultat ist spürbar: Saubere Luft, Ruhe und eine paradiesische Natur erwarten den Gast. Seit zwei Jahrzehnten setzen die Besitzerin Beatrice Bumann und ihr Küchenchef Markus Ries auch in der Kulinarik auf Natur: Saisonal, regional, biologisch heisst das Konzept, das hier so kreativ umgesetzt wird, dass man schon fast von einem Musterbetrieb sprechen kann. Auch für Wanderer und Skifahrer ist Saas-Fee paradiesisch: Im Gletschergebiet kann man auf 3500 m das ganze Jahr skifahren. Rund um Saas-Fee führen Dutzende von Wanderwegen in die Natur, darunter auch der von Carl Zuckmayer beschriebene Höhenweg nach Grächen.

Paradiesgarten im Saaser Gipfelkranz

Er ist zwar nicht ganz so berühmt ist wie das Matterhorn, doch er ragt genauso stolz in den Himmel: der Allalin, der schneebedeckte Hausberg von Saas-Fee. Wer vereiste Zauberberge und Felspyramiden liebt, kommt auf der Sonnenterrasse im Hohnegg voll auf die Rechnung: Man sitzt in einem Gipfelkranz von Viertausendern, kein Autolärm ist zu hören, nur das Plätschern des Quellwassers vor dem Haus. Auch in betrieblicher Hinsicht ist das Hohnegg vorbildlich: Von der eigenen Wasserversorgung bis zu den natürlichen Baumaterialien hat Beatrice Bumann in den letzten zwanzig Jahren ihren Betrieb konsequent ökologisch ausgerichtet: «In dieser wundervollen Landschaft muss der Respekt vor der Natur im Mittellpunkt stehen, alles andere wäre für mich nicht vertretbar», sagt die sympathische Gastgeberin. Entsprechend zahlreich sind die Auszeichungen: Das Hohnegg figuriert unter den zehn besten Bergrestaurants und den hundert sympathischsten Hotelbetriebe der Schweiz, gewann den Wettbewerb «Schweiz pur» und wurde als erster Betrieb mit dem Label «Vegetarismus» ausgezeichnet. Die Loorbeeren sind dem Ferieneck in den letzten Jahren nur so zugeflogen, was nicht zuletzt auch am hervorragenden Essen liegt:

Naturküche. Alles, was auf den Tisch kommt, stammt aus biologischer Produktion, was sich in einer einzigartigen Geschmacksintensität ausdrückt. «Biologisch

bedeutet für mich Qualität», sagt Markus Ries, «da schmeckt eine Karotte noch nach Karotte, und ich weiss bei jedem Produkt, woher es kommt.» Der aus Würzburg stammende Koch ist ein Naturfreund. Eben hat er den seltenen Türkenbund in der Wiese entdeckt, am Morgen ist er auf die Hannigalp gewandert, um bei Toni Bobe frischen Ziegenkäse zu kaufen, vorbei an Murmeltieren, die hier so zahm sind, dass man sie berühren kann. «Saas-Fee ist einer dieser magischen Orte, wo sich manche Köche für eine Saison verpflichten und dann für immer bleiben», sagt Ries und meint nicht zuletzt sich selber: Vor zwanzig Jahren kam er für eine Saison nach Saas-Fee und ist für immer geblieben. Gut für alle, die erstklassiges Essen lieben. Zum Beispiel Hobelkäse von der Alp, geräuchertes Fischfilet auf Randen oder marinierten Ziegenfrischkäse mit Kapuzinerkresse, Duftveilchen und Borretsch. «Die Blüten sind nicht nur dekorativ, sie schmecken auch vorzüglich, vor allem, wenn sie wie hier auf der Hohnegg von Naturwiesen kommen», sagt Ries. Als nächstes hat er Bramata-Polenta mit Kabis, jungen Kefen und Karotten zu einem Türmchen geschichtet – passend zu den Gipfeln im Hintergrund. Es ist eines der vielen vegetarischen Gerichte des Hauses, die beweisen, dass auch fleischlose Küche exzellent und kreativ sein kann. Auch Fisch fehlt nicht auf der Menükarte, heute ist es marinierter Saibling mit Fenchel, der den sommerlichen Temperaturen angepasst, kalt serviert wird. Den Abschluss bildet noch einmal Ziegenkäse, diesmal mit Alpenrosen drin: Karamelisiert kommt die süsse Dessertspeise als kleines Törtchen auf den Tisch.

Alles Bio. Auch wenn das Haus 13 Gault-Millaut-Punkte hat: Markus Ries kocht ohne Schnickschnack. Erstklassige Ausgangsprodukte und eine saisonale Ausrichtung stehen für ihn im Vordergrund. «Die Gäste sind heute bereit, für Qualität auch etwas mehr zu bezahlen», ist Markus überzeugt, «lieber reduzieren wir die Portionen ein klein wenig, als dass wir bei der Qualität Abstriche machen.» Vielen Gästen auf der Hohnegg geht es angesichts dieser Gaumenfreuden wie den Köchen: Haben sie einmal in diesem Paradiesgarten gegessen, würden sie am liebsten für immer bleiben.

Blick vom Restaurant aus zum Allalin.

Türkenbund.

Von Toni Bobe auf der Hannigalp stammt der Ziegenfrischkäse, der im Restaurant Hohnegg als luftig-leichte Vorspeise oder als Desserttörtchen serviert wird (siehe auch Einkaufstipps S. 348).

Polenta mit Chabis, Kefen und Karotten.

– Marinierter Saibling mit Fenchel.
– Roggensoufflé mit Ratatouille.
– Ziegenfrischkäse von der Hannigalp.
– Bramata-Türmchen mit Kabis, jungen Kefen und Karotten.
– Ziegenkäse-Törtchen.

Rezepte von **Markus Ries** im Anhang.

— **Roggensoufflé mit Ratatouille,** S. 410
— **Karamellisiertes Ziegenkäse-Törtchen,** S. 416

RESTAURANT **48**

Imseng
Saas-Fee

RESTAURANT: **Hotel und Bäckerei Imseng**

ADRESSE: **3906 Saas-Fee**

GASTGEBER: **Lukas Imseng**

TELEFON: **027 958 12 58**

INTERNET: **www.hotel-imseng.ch**

RUHETAGE: **keine**

BETRIEBSFERIEN: **3 Wochen im Mai, 2 Wochen Ende Nov./Anfang Dez.**

WEGBESCHRIEB: **Postauto von Brig oder Visp, jede halbe Stunde.**

SPEZIELL: **Bäckerei-Museum, Gletscher-Bräu**

Wenn einer Imseng heisst, dann kommt er mit grosser Wahrscheinlichkeit aus dem Gletscherdorf Saas-Fee. Die halbe Dorfbevölkerung heisst hier Imseng, Bumann oder Supersaxo. Doch nur die Familie Imseng betreibt seit 1946 eine Bäckerei und Konditorei, die wie keine Zweite die Walliser Traditionen pflegt. 1993 hat Lukas Imseng das Traditionshaus komplett neu gebaut und zu einem Hotelbetrieb mit Konditorei und Cafeteria ausgebaut.

Roggenbrot, Schuhsohlen und Ponscheggia

Dass wir für einmal eine Bäckerei und Konditorei ins Rampenlicht stellen, liegt an Lukas Imseng: Soeben hat der umtriebige Konditor und Bäcker aus Saas-Fee mit Irma Dütsch am Buch *Saas-Fee für Gourmets* mitgearbeitet, einige Wochen vorher Rezepte für ein Walliser Kochbuch zusammengestellt, und bereits steht ein neues Buchprojekt im Raum: Vom Roggenbrot über die Roggenmousse bis zum Roggenpraliné will Imseng so ziemlich alles zusammenstellen, was sich aus Roggen machen lässt. «Diese Roggenmanie scheint in unserer Familie in den Genen zu liegen», sagt Lukas Imseng. «Schon mein Vater Leo war ein engagierter Roggenbrötler, der wusste: Das Roggenbrot ist das Herzstück unserer Esskultur. In jedem Dorf haben die Bauernfamilien früher in der gemeinsamen Backstube einmal im Monat das Brot gebacken. Das ist ein wichtiges Stück Kultur, das ich weitertragen und wenn möglich sogar noch erweitern möchte.»

Ein Roggenbrötler. Das beginnt bei Lukas zunächst einmal ganz klassisch: Jeden Morgen entstehen in seiner Backstube Dutzende von Roggenbroten nach AOC-Norm. Doch daneben macht er auch solche jenseits aller Normen, mit Nüssen, Birnen- und Aprikosenschnitzen. «Der Roggen ist ein Getreide, das sich vor allem mit Früchten und Nüssen gut ergänzen lässt», sagt der umtriebige Saaser, der sich seit Jahren intensiv für die Pflege des kulinarischen Erbes im Wallis einsetzt.

Roggenbrot.

Schuhsohlen. So stellt er nach alten Rezepturen auch die fast vergessenen «Saaser Schuhsohlen» her, die aus zwei knusprigen Blätterteigschichten bestehen, dick gefüllt mit Haselnusscrème. «Das Rezept ist uralt und stammt von meiner Urgrossmutter» sagt Imseng. «Die älteren Saaser haben jeweils Tränen in den Augen, wenn die Schuhsohlen aus meiner Backstube kommen.» Auch vergleichsweise jüngere Repräsentanten des kulinarischen Erbes pflegt der umtriebige Bäcker mit Sinn für das Authentische, allen voran die Walliser Aprikosenkuchen, die er jeweils ab Juli mit frischen Früchten zubereitet. Oder die Williamstorte, die ab August die Cafékarte ziert, selbstverständlich mit einem schönen Schuss Williamine drin. Und nicht zuletzt die Ponscheggia, wie die Fasnachtskrapfen im Saaser Dialekt heissen, in deren Füllung das halbe Wallis steckt: Da sind gedörrte Aprikosen drin, Abricotine, Walliser Fendant, Dôle und selbstverständlich Roggenbrot, diesmal in kleine Würfel geschnitten.

Bäckerei-Museum. Während Jahren hat Lukas Imseng alte Bäckerutensilien gesammelt, die man im Ambiente einer alten Backstube aus dem Jahr 1920 im Untergeschoss bewundern kann. Antike Back-, Schokolade- und Marzipanformen sowie eine schöne Sammlung alter Brotstempel bilden die Highlights im kleinen Museum, das allein schon einen Abstecher zu diesem umtriebigen Zuckerbäcker lohnt.

Alte Brotstempel.

Aus Roggen und Dinkel braut Lukas Imseng zusammen mit Werner Manger das Saaser Gletscherbier. «Wir sind die höchstgelegene Brauerei Europas», sagen die beiden mit einem Augenzwinkern. Und das Gletscherbier ist nicht die einzige Bieridee: Entstanden sind auch die Saaser Bierwurst, ein Käse mit dem Namen «Bierbergkäse» und sogar Pralinés mit Gletscherbier.

– Walliser Aprikosenkuchen.
– Williamstorte.
– Saaser Schuhsohlen.
– Ponscheggia (Fasnachtschräpfli).
– Walliser Nusstorte.

Rezepte von **Lukas Imseng** im Anhang.

— **Walliser Roggenbrot,** S. 421
— **Ponscheggia** (Saaser Fasnachtschräpfli), S. 422
— **Walliser Aprikosenkuchen,** S. 423

RESTAURANT **49**

Salwald
Mund

RESTAURANT: **Salwald**

ADRESSE: **3903 Mund**

GASTGEBER: **Martha Schnydrig**

TELEFON: **027 923 12 18**

INTERNET: **keines**

RUHETAGE: **Mo.**

BETRIEBSFERIEN: **Ende Okt. bis Ostern**

WEGBESCHRIEB: **von Brig oder Naters nach Mund; Postautoverbindung ab beiden Ausgangspunkten**

SPEZIELL: **schöne Sonnenterrasse, ruhige Lage, 1600 Meter über Meer**

Mund, das berühmte Walliser Safrandorf, erreicht man von Brig aus. Am spannendsten ist der Ausflug Ende Oktober/Anfang November, wenn über Nacht die Krokusse aus dem Boden schiessen. Dazu braucht es allerdings ideale Bedingungen: Es muss zunächst kalt und trocken sein, dann warm und sonnig. Nur dann kommen die lila Blüten mit den wertvollen roten Fäden auf 1600 Meter Höhe ans Tageslicht.

Safran – das rote Gold von Mund

Mund ist die einzige Gemeinde in der Schweiz, in der Safran kultiviert wird – in kleinen Mengen, aber doch genug, damit sämtliche Restaurants im Dorf ausschliesslich Gerichte mit dem «roten Gold» anbieten können. Das Restaurant Salwald ist keine Ausnahme: Vom Fondue bis zum Gugelhopf, vom Bergkäse bis zum Brot ist so ziemlich alles in der gemütlichen Bergbeiz mit Safran zu haben. Mit dem Unterschied, dass hier eine begnadete Tüftlerin am Werk ist, die den Safran selber anbaut, abgöttisch liebt und immer wieder mit neuen Kreationen aufwartet.

Martha, die Safrantüftlerin. Das spürt man schon beim Risotto, den Martha mit Geschnetzeltem oder Lammfleisch serviert. Nur wenige Fäden genügen, um dem Safranklassiker den typischen, leicht süsslich-bitteren Geschmack zu verleihen. Die Balance ist wichtig: «Man darf nur wenig Zwiebeln und auf keinen Fall Knoblauch verwenden», sagt Martha, «sonst geht der Safrangeschmack verloren. Zu viel Safran ist auch nicht gut, sonst wird der Risotto schnell bitter.» Dagegen funktioniert Safran mit Käse und Rahm sehr gut, zum Beispiel beim Fondue. Mit Sicht auf die Walliser Viertausender – weit hinten die Pyramide des Matterhorns – geniesse ich ein geradezu kitschig gelbes Fondue mit echtem Munder Safran drin. Da schwimmen sogar einige rubinrote Safranfäden auf der Oberfläche, was auch einem Gourmettempel alle Ehre machen

würde. Denn der Kilopreis des Munder Safrans ist zwischenzeitlich höher als der von Gold. Doch das scheint Martha nicht zu bremsen: Auch das Safranparfait, eine ihrer jüngsten Kreationen, dekoriert sie liebevoll mit einigen der kostbaren Fäden. Und genau so macht sie es im Herbst, wenn Hirschfilet oder Rehpfeffer das Thema sind: Dann sind es die Spätzli, die vom teuren Gewürz profitieren. Sogar einen eigenen Käse hat sie vor Kurzem kreiert: Der Käser im Dorf hat ihren Vorschlag mit einigem Stirnrunzeln entgegengenommen, doch schliesslich hat er ihn umgesetzt. Und jetzt gibt es «Marthas Safran-Bergkäse», die jüngste Kreation im Safrandorf.

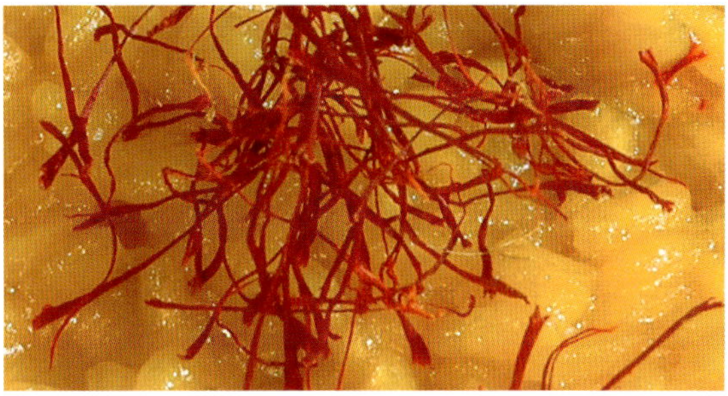

Krokusblüten. Am nächsten Morgen gehe ich mit Martha auf die Krokusfelder der Familie. Einige Hundert Blüten sind über Nacht aus dem Boden geschossen. Die roten Fäden in den Kelchen sind gut sichtbar. Drei Stück sind in jeder Blüte drin. Da arbeitet die ganze Familie Tag und Nacht, um die filigranen Kostbarkeiten herauszulösen. Und danach ist die Arbeit nicht beendet: Jetzt werden die Fäden getrocknet, zum Teil auch vermahlen. Jedes Jahr müssen zudem die Krokuszwiebeln wieder neu gesetzt werden. 12 000 Zwiebeln sind es allein auf dem Acker der Schnydrigs. Doch das nehmen sie wie alle Munder Safranpflanzer in Kauf: «Safran ist unser Leben», sagt Martha, «früher haben wir sogar die Wolle mit Safran eingefärbt, oder den Milchreis, bei dem ein einziger Faden genügte, dann war er goldgelb.»

Sagt es und serviert mir zum Abschluss noch ein Stück Safrangugelhopf. Dazu gibt es einen Amigne, der zur Abwechslung eine ganz besondere, nämlich wunderbar kräftige, rubinrote Farbe hat.

Die Holzfassade, Baujahr 1985.

Crocus sativus mit den charakteristischen drei roten Staubfäden.

Getrockneter Safran aus Mund, der wertvoller ist als Gold.

Fondueplausch mit Blick in die Matterhornregion.

– Safranrisotto.
– Safranbergkäse.
– Safranfondue.
– Safranparfrait.

Rezepte von **Martha Schnydrig** im Anhang.

— **Munder Safranrisotto,** S. 408
— **Munder Safranparfait,** S. 418

Safran

Crocus sativus ist eine sensible Pflanze. Nur wenn der Boden trocken und sandig ist, wenn im September die Nächte kühl sind und viel Regen fällt, der Oktober dann sehr sonnig und trocken ist, nur dann schiessen die Krokusse aus dem Boden, oft über Nacht. Die Pflanzen blühen nur wenige Tage, stets öffnen sich weitere Kelche, sodass sich die Felder in ein lilafarbenes Meer verwandeln. Die Blütenpracht ist Gold wert. Denn mit ihren gelben Stempeln recken die Kelche auch drei rote Narben in die Höhe, und daraus entsteht das «rote Gold» von Mund. Dass es so kostbar ist, liegt an der enormen Diskrepanz zwischen Aufwand und Ertrag: 12 000 Blüten müssen die Schnydrigs, die das Restaurant Salwald führen, in mühsamer Handarbeit auf ihrem Acker pflücken: «Das klingt nach viel, bringt aber nur etwa 100 Gramm Safran», sagt Martha Schnydrig. Doch der Munder Safran ist einer der besten weltweit, wie Untersuchungen zeigen: Die Geschmacksintensität ist dreimal höher als bei importiertem Safran. Auch bei der Farbkraft gibt es keinen Vergleich: Drei Fäden genügen, um mehrere Portionen Risotto goldgelb zu färben.

Ursprung im Orient. Wie das kostbare Gewürz nach Mund kam, ist nicht gesichert. Kirchliche Quellen behaupten, Pilger hätten die Knollen aus Compostela mitgebracht; andere Quellen gehen von Söldnern aus, die im

Mund, das 550-Seelen-Dorf im Oberwallis, war früher nur über Saumpfade erreichbar. Erst 1951 wurde eine Seilbahn errichtet und Ende der 70er-Jahre eine Strasse gebaut. Das Dorf gleicht einer Postkartenidylle: Die Dächer sind aus Granit, die Speicher aus gebeiztem Holz, und weit hinten am Horizont ragen sechs Viertausender in die Höhe, darunter das Matterhorn.

14. Jahrhundert in Spanien Dienst leisteten. Einer dieser Haudegen, ein Walliser aus Mund, habe einige Knollen in seinem Haarschopf versteckt und dabei sein Leben riskiert, denn auf Safranschmuggel stand damals die Todesstrafe. Die Urheimat des Safrans liegt jedoch im Orient.
Zwischen Euphrat und Tigris wurde der Crocus sativus, der zu den Liliengewächsen gehört, schon vor 3500 Jahren kultiviert. Im Himalajagebiet sogar noch länger. In Kaschmir findet man noch heute riesige Krokusfelder. Von hier stammen auch die Vorfahren der Krokuszwiebeln in Mund. 1979 wurden sie durch die damals gegründete Safranzunft importiert. «Sozusagen in letzter Minute», wie der Zunftmeister Daniel Jeitziner erklärt, «fast wäre die Safrankultur für immer aus unserem Dorf verschwunden. Die Leute fanden im Tal besser bezahlte Arbeit, also gaben viele die Safranzucht in den 70er-Jahren auf.»

Vom Armenhaus zur Weltberühmtheit. Das Oberwallis galt während Jahrhunderten als Armenhaus. Die Äcker brachten zu wenig Ertrag, um die kinderreichen Familien zu ernähren. Viele wanderten aus, leisteten Kriegsdienst im Ausland, verdingten ihre Kinder. Erst als der Safran 1420 nach Mund kam, wurde ein gewisses Einkommen möglich. Fast alle Bauern in Mund bauten damals Safran an, meist zusammen mit Roggen. Über Saumpfade wurde das «rote Gold» ins Tal befördert und sogar bis nach Italien gebracht, um das Luxusgewürz gegen Lebensmittel einzutauschen. Doch dann, vor vierzig Jahren, drohte diese jahrhundertealte Kultur auszusterben, hätte nicht der im Ort geborene Erwin Jossen eine Rettungsaktion gestartet. «Was der Eiffelturm für Paris, ist der Safran für Mund», lautete sein Wahlspruch. Zwanzig Bürger gründeten die Safranzunft und holten sich finanzielle Unterstützung beim Kanton und beim Bund. Heute hat die Safranzunft 216 Mitglieder, die meisten sind Pflanzer. Auf 16 000 Quadratmetern wird wieder Safran angebaut.

30 Franken das Gramm. Doch wer im Dorf Safran kaufen will, geht häufig leer aus. Zwar verkauft der Dorfladen Safranbrot, Safrannudeln und den Likör «Munder Gold». Doch getrockneten Safran, das Gramm zu 30 Franken, gibt es selten. «Das meiste geht in die Gastronomie», sagt Jeitziner, «viele Spitzenköche reservieren alljährlich einige Gramm im Voraus. Das brachte früher viele Fälscher hervor. So manches Lokal bot Gerichte mit Munder Safran an, verwendete jedoch importierte Safran. Das ist heute verboten, denn der Munder Safran ist als Marke eingetragen und geschützt.» Auf die Munder Safranbauern kann sich der Zunftmeister verlassen, denn die sind genau so wählerisch wie die Pflanze selbst: «Die verkaufen ihre Ernte lieber innerhalb des Dorfes, auch wenn sie von ausserhalb mehr Geld bekommen würden.» Oder wie Martha Schyndrig sagt: «Wir machen das, weil wir diese Pflanze lieben, und weil sie uns liebt: Denn sie wächst ja nur hier in Mund und sonst nirgends in Europa.»

Der Krokus liebt sandige, trockene Böden und viel Sonnenschein.

Die Blüten werden einzeln gepflückt. Rund 12 000 braucht es für 100 Gramm Safran.

BUCHTIPP

Erwin Jossen, *Mund – das Safrandorf im Wallis* erschienen im Rotten Verlag, Visp (www.rotten-verlag-visp.ch)

Mehr infos auf: www.mund.ch

Einkaufstipps Oberwallis

TRAUBENKERNÖL

Fructum Vitis, Salgesch

Ein ganz besonderes Speiseöl stellt Heidi Kuonen-Goetz in Salgesch her: Es wird aus den Traubenkernen gepresst, die üblicherweise nach der Weinproduktion weggeworfen werden. Da das kaltgepresste Traubenkernöl viele ungesättigte Fettsäuren enthält, ist es besonders gesund; zudem ist der Rauchpunkt sehr hoch (190 Grad Celsius), sodass es auch zum Braten verwendet werden kann. Ein weiteres Produkt des Hauses ist das Traubenkernmehl. Erhältlich sind die Produkte beim Winzer *Adrian Mathier, 3979 Salgesch, Bahnhofstrasse 50, Tel. 027 455 75 75, oder per Internet bei Fructum Vitis, Heidi Kuonen-Goetz, 3780 Salgesch, Tel. 078 851 35 44, www.vinotherapy.ch.*

KÄSE

Ziegenfrischkäse, Saas-Fee

Jedes Jahr, von Mitte Juni bis Ende September, hängt der gelernte Schreiner Toni Bobe Säge und Hammer in seinem Heimatdorf in Bayern an den Nagel und kommt als Hirt und Käser nach Saas-Fee. Dann gibt es auf der Hannigalp wieder Ziegenfrischkäse, Formaggini, Milch und Joghurts. Den Ziegenfrischkäse gibt es nicht nur «nature». Toni mischt je nach Saison auch Bärlauch, Löwenzahn, Brennnessel, Thymian oder sogar Alpenrosen in den Bruch. Die Molke verfüttert er den Schweinen, die im Herbst gemetzget werden. Wegbeschrieb: Mit der Hannigbahn hinauf und dann 20 Minuten Wanderung talwärts zur Hannigalp. Oder über den Gemssteig hoch (ca. 1 Std.). *Toni Bobe, Hannigalp, 3906 Saas-Fee, Tel. 077 425 17 34.*

Raclette- und Alpkäse, Turtmann

Zwischen Visp und Gampel liegt das wild-romantische Turtmanntal, berühmt für seine würzigen Alp- und Raclettekäse. Kaufen kann man sie gut gelagert im gleichnamigen Dorf im Rhonetal. Hier hat Hans-Jörg Jäger seinen stets gut frequentierten Lagerraum, in dem er auch einen erstklassigen Hobelkäse sowie Bienenhonig aus dem Turtmanntal verkauft. Berühmt ist jedoch vor allem sein Raclettekäse, der in einigen der besten Restaurants im Wallis auftaucht – kein Wunder, schliesslich wurde das Raclette hier, im Turtmanntal, erfunden, behaupten zumindest die Turtmänner. Der Laden befindet sich im alten Dorfkern beim Burgerhaus; unbedingt die Öffnungszeiten beachten, sonst steht man vor verschlossener Tür. *Käserei Jäger, Hans-Jörg Jäger, 3946 Turtmann, Öffnungszeiten: Mo. bis Fr. 17 bis 18 Uhr, Sa. 9 bis 12 Uhr, Tel. 027 932 22 12.*

BROT

Roggenbrot, Simplon-Dorf

Seit vier Generationen stellt die Familie Arnold im abgelegenen Bergdorf auf dem Simplon Roggenbrot her – und zwar jenseits von allen AOC-Normen, nach alter Väter Sitte: Roggenmehl, Wasser und Salz bilden die Ausgangsprodukte; ein Teil des Teigs vom Vortag, der sogenannte «Chef», wird als Treibmittel verwendet. Mit diesem Urrezept gewann Vater Arnold 1961 an der Brotausstellung in Bern die Goldmedaille. Das Signet der damaligen Ausstellung ist heute das Markenzeichen auf dem Simpiler (Simploner) Roggenbrot. Urs Arnold verschickt sein Roggenbrot auch per Post. *Bäckerei Urs Arnold, 3907 Simplon-Dorf, Ruhetag: Do., Betriebsferien: keine, Tel. 027 979 11 25, www.baeckerei-arnold.ch.*

WEIN

Kellerei Chanton, Visp

Die Chantons sind spezialisiert auf autochthone Weine wie Resi, Lafnetscha, Himbertscha, Heida (siehe ausführliche Reportage S. 322). Wer sich für das Universum der Urweine interessiert, kann sich hier kompetent verdegustieren lassen. In der Altstadt von Visp verfügt die Winzerfamilie auch über einen Degustationsraum für grössere Gruppen. *Kellerei Chanton, Kantonsstrasse 70, 3930 Visp, Tel. 027 946 21 53, www.chanton.ch.*

St. Jodernkellerei, Visperterminen

Heida vom höchsten Weinberg Europas gibt es in der St. Jodernkellerei in Visperterminen. Auf Voranmeldung kann man die hoch gewachsenen Tropfen hier degustieren und natürlich auch kaufen. Flaggschiffe des Hauses sind der Heida «Melodie» und der Heida «Barrique», dazu kommen Spezialitäten wie Resi, Muscat und Dôle blanche. *St. Jodernkellerei, Unterstalden, 3932 Visperterminen, Tel. 027 946 41 46, www.jodernkellerei.ch.*

Stoffelwein, Visperterminen

Eine weitere Weinkellerei im Heida-Dorf ist diejenige von Lukas Stoffel. Auf Voranmeldung sind hier Degustationen möglich. Dies lässt sich gut mit einer Wanderung verbinden. In Visp beginnt der alte Saumweg durch den höchsten Weinberg Europas. Auf Informationstafeln erfährt man viel Wissenswertes über die lokalen Rebsorten, die Anbaumethoden sowie Land und Leute. *Weinkellerei Lukas Stoffel, 3932 Visperterminen, Tel. 027 946 57 64, www.stoffelwein.ch.*

SAFRAN

Safran, Mund

Eine Messerspitze reicht aus, um einen ganzen Risotto goldgelb zu machen – doch selbst diese Messerspitze ist im Safrandorf Mund nicht ohne Weiteres erhältlich. Wobei es sich ohnehin empfiehlt, von diesem kostbaren Produkt nur Fäden und nichts Gemahlenes zu kaufen. Versuchen Sie's im Dorfladen, vielleicht haben Sie Glück. Komplett von der Bildfläche verschwunden ist offenbar der Safranlikör «Munder Gold», den man in der Safranerie gleich nebenan vor einigen Jahren noch kaufen konnte. Vielleicht kommt er wieder, deshalb sicherheitshalber die Koordinaten: *Safranerie, Bielstrasse 2a, 3982 Bitsch, Tel. 027 927 42 41.*

Amigne Rubin, Salgesch

Einen Eiswein im buchstäblichen Sinne produziert die Salgescher Weinbaufamilie Mathier: Sie lässt ihren Amigne Rubin in Eichenfässern in einem Keller im Rhonegletscher reifen. In Vétroz wachsen die Trauben, die jeweils im November gelesen werden und rund 140 Öchslegrade enthalten. Zurück in die Eiszeit? Das Klima spricht eine ganz andere Sprache. Der Rhonegletscher, der einst das ganze Wallis bedeckte und noch um 1900 bis nach Gletsch reichte (siehe Bild), zieht sich immer weiter zurück. *Adrian Mathier AG, Bahnhofstrasse 50, 3970 Salgesch, Tel. 027 455 75 75, www.mathier.com.*

Weitere Restaurants im Oberwallis

SCHÖNE AUSSICHT

Chez Vrony, Zermatt-Findeln

Alphüttenstimmung mit Blick aufs Matterhorn, 2100 Meter über Meer. Die Küche arbeitet konsequent mit Bioprodukten, die Zubereitung erfolgt «nach Papas überlieferten Rezepten». Es gibt viel Bodenständiges wie Trockenfleischcarpaccio, Würste, Alpkäse oder Findlermakronen mit Apfelschnitzen. Zu diesem paradiesischen Plätzchen kommt man mit der Metro bis Sunnegga, dann mit der Sesselbahn nach Findeln. *Chez Vrony, Vrony und Max Cotting-Julen, 3920 Zermatt-Findeln, Ruhetage: keine, Betriebsferien: Mitte Okt. bis Ende Nov, Ende Apr. bis ca. 10. Juni, Tel. 027 967 25 52, www.chezvrony.ch.*

Gletschergrotte, Saas-Fee

Wer zur Gletschergrotte will, muss ordentlich bergwärts steigen, wird jedoch mit einer herrlichen Sicht aufs Saaser Bergpanorama belohnt. 1885, als Peter Josef Imseng das Café Glacier baute, lag der Gletscher noch vor der Haustüre, und der Mann verdiente mit seinen Führungen in die Eisgrotte gutes Geld. 1931 wurde das «Gröttli» abgegrissen und am heutigen Standort, 40 Meter weiter oben, neu erbaut. Seit acht Jahren führen der Urner Kari und seine Frau Sandra das Bergrestaurant. Es gibt klassische Walliser Spezialitäten, Salate, den Grottu-Fleischspiess und für den grossen Durst den «Monsterkaffee» im Literglas.

Bergrestaurant Gletschergrotte, Kari und Sandra Kempf, Ruhetage: keine, Betriebsferien: Mitte Okt. bis Ende Nov. und April bis Mitte Juni, Tel. 027 957 21 60, www.gletschergrotte.ch.

Waldhüs Bodmen, Saas-Fee

20 Minuten dauert die Wanderung von Saas-Fee durch den Arven- und Lärchenwald zum Waldhaus Bodmen (Richtung Almagell). Das «Waldhüs», wie es die Saaser nennen, verfügt nicht nur über eine einzigartige Sonnenterrasse mit Blick ins Saasertal und auf das Bietschorn. Auch kulinarisch werden einige Besonderheiten geboten: So wird das Lammgeschnetzelte im Specksteintopf serviert (mit Rösti), hervorragend sind auch das Trockenfleischtatar, die Specksteinplatte mit erstklassigem Fleisch zum Selberbraten und nicht zuletzt die Roggenbrotmousse, eine Dessertkreation des Hauses, die so gut ist, dass ich dem Küchenchef das Rezept entlockt habe (siehe S. 417).

Restaurant Waldhüs Bodmen, Sepp Manser, 3906 Saas-Fee, Tel. 027 957 20 75, www.waldhues-bodmen.ch.

INNOVATIV

Bergrestaurant Moosalp, Törbel

Von Visp geht es Richtung Stalden, dann weiter nach Törbel auf 2048 Meter über Meer. Geführt wird die Moosalp von Carmen und Amadé Kalbermatten, die an sonnigen Tagen oft einen Grossandrang zu bewältigen haben. Der Blick auf den Dom (zweithöchster Berg der Schweiz), die intakte Alpenlandschaft (mit 75 km Wanderwegen) und nicht zuletzt die Kulinarik machen die Moosalp zu einem beliebten Ausflugsziel. Spannend ist es im Juni, wenn Hunderte von Kühen auf die Alp kommen und die traditionellen Eringer Kuhkämpfe stattfinden. Das Essen ist urchig-kreativ und umfasst zum Beispiel Walliser Käse-Brot-Suppe, Cordon bleu im Bätterteig, verschiedene Rösti, die in der Pfanne serviert werden, nach Wahl mit Kalbsleber, Schinken, Speck, Pilzen, Tomaten, überbacken mit Käse. Exzellent ist das Raclette (am offenen Feuer zubereitet), zu dem in Johannisberg eingelegte Aprikosen serviert werden. Schön auch der «Dilgerstein», ein im Specksteintopf serviertes Schweinsfilet mit Gemüse und Bratkartoffeln. Super auch die hausgemachte Crèmeschnitte, die fast noch grösser ist als die von Max und Grete in Zermatt. Wegbeschrieb: Mit dem Auto oder dem Postauto ab Visp via Bürchen.

Bergrestaurant Moosalp, Carmen und Amadé Kalbermatten, 3923 Törbel, Ruhetage: keine, Betrierbsferien: 20. Okt. bis 20. Dez, Apr. bis Juni, Tel. 027 952 14 95, www.moosalp.ch.

TRADITIONELL

Walliser Weinstube, Brig

Die Walliser Weinstube ist das Traditionshaus in der Briger Innenstadt. Im Obergeschoss befindet sich die Pfänderstube, die dem Maler Otto Pfänder gewidmet ist. Schwerpunkt der Menükarte bilden Fondues, Raclette und andere Walliser Spezialitäten. Nomen est omen – deshalb konzentriert sich die Weinauswahl ausschliesslich auf Walliser Etiketten, vom Amigne bis zum Resi. *Walliser Weinstube, Bahnhofstrasse 9, 3900 Brig, Ruhetage: keine, Betriebsferien: Weihnachten/ Neujahr, Tel. 027 923 14 28, www.walliser-weinstube.ch.*

FERIENSTIMMUNG

Bärgji-Alp, Grächen

Marianne und Köbi Ruppen führen dieses erstklassige Bergrestaurant in Grächen, das in etwas zungenbrecherischer Schreibweise daherkommt, kulinarisch jedoch das Beste am Platz ist. Es gibt viel Urchiges aus der Region, etwa Käseschnitte, Bauernrösti oder Älplermagronen, aber auch erstklassigen Tafelspitz, rosa gebratene Wachteln oder gebratene Scampis auf Salat. Auch die Weinkarte überzeugt, die praktisch ausschliesslich Walliser Etiketten enthält. Und nicht zuletzt ist die Sonnenterrasse ein Traum, die das Ferienfeeling noch verstärkt. Das Restaurant liegt unterhalb der Hannigalp-Bahn.
Bärgji-Alp, Marianne und Köbi Ruppen, 3925 Grächen, Betriebsferien: ab 20. Okt. (nur Sa.-Abend und So.-Nachmittag geöffnet) bis zur Wintersaison, Tel. 027 956 15 77, www.baergji-alp.ch.

TOP

Waldhotel Fletschhorn (18 GM), Saas-Fee

Im November 2003 haben Markus Neff, Maren Müller und Charlie Neumüller das Fletschhorn von Irma und Hans Dütsch übernommen und innert Kürze ihren eigenen Stil gefunden: Markus Neff, Koch des Jahres 2007, macht eine kreative Küche, die mit 18 Gault-Millau-Punkten und Michelin-Auszeichnung zu den besten der Schweiz gehört. Doch der junge Topshot kocht, ohne in ambitioniertes Kunsthandwerk abzugleiten: Ob gebratene Entenleber mit Mango, Spanferkelrücken, sautierte Kalbsnieren an Senfsauce, Alpenlammrücken mit Roggenbrotkruste oder Safrantöpfchen mit Mandelkuchen – sämtliche Gerichte kommen gradlinig, mit Bodenhaftung auf den Teller. «Die umliegenden Berge sind schon hoch genug, da müssen wir in der Küche nicht auch noch abheben», sagt Neff. Bodenhaftung zeigen auch die Preise: Die sind im Fletschorn trotz Gourmetniveau ausgesprochen moderat. *Waldhotel Fletschhorn, Markus Neff, Maren Müller und Charlie Neumüller, 3906 Saas-Fee, Ruhetage: keine, Betriebsferien: 24. Okt. bis 15. Nov., 24. Apr. bis 10. Juni, Tel. 027 957 21 31, www.fletschhorn.ch.*

OBERWALLIS–GOMS

Schlemmerparadies im Sonnental

Der Aletschgletscher, der grösste Gletscher der Alpen, ist das Markenzeichen des Goms, eines sonnenverwöhnten Hochtals im Oberwallis. Und genau so archaisch wie die 26 Milliarden Tonnen Eis sind die kulinarischen Erzeugnisse dieser Region: Die saftigen Wiesen ergeben würzigen Käse. Das beste Trockenfleisch kommt aus dem Goms. Und wer noch tiefer in die regionale Küche eintaucht, entdeckt überraschende Urgerichte wie Cholera, Chruchteni oder Hollermües. Um zu wissen, was jeweils auf den Menükarten steht, braucht es da allerdings bisweilen schon fast einen Dictionnaire.

Sagenhafte Küche

Was für das gesamte Wallis gilt, stimmt für das Goms besonders: Die Sonne scheint hier mehr als irgendwo in der Schweiz. Selbst im Tessin ist die Anzahl der Sonnenstunden im Jahresdurchschnitt geringer. Die wahre Sonnenstube der Schweiz haben wir, sagen deshalb die rund 5000 Einwohner stolz. Nicht minder strahlend ist das kulinarische Angebot, denn die Gommeni haben die Werte ihres kulinarischen Erbes schon früh erkannt und pflegen ihre Urchuchi intensiv. Genau wie ihren Dialekt, der aus dem Alemannischen stammt. Im 9. Jahrhundert wanderten die Alemannen über die Grimsel in das Hochtal ein und verdrängten die frankofone Sprache. «Uberi» sagen die Gommer, wenn sie «rüber» meinen. «En Giättä!», wenn sie «Guten Appetit» wünschen. Oder «Rottä», wenn sie von der jungen Rhone sprechen, die im Goms noch einen männlichen Namen trägt, bevor sie weiter unten zur Dame wird. «Die Rhone ist unsere Lebensader» sagen die Gommer. Was auf gut Gommerisch «D Rottä isch inschi Läbesadärä» heisst. An solche gutturalen Urlaute muss man sich als Üsserschwiizer gewöhnen, nicht zuletzt wenn es ums Essen geht. Oder wissen Sie, was Cholera, Chruchteni oder Hollermües ist?

Cholera

Nein, krank wird man von dieser berühmten Ikone im kulinarischen Erbe des Oberwallis nicht – höchstens süchtig. Denn diese prall gefüllte Gemüse-Früchte-Pastete, die je nach Dorf auch Chouera, Choleri oder Chollera genannt wird, ist ein höchst schmackhaftes Gericht, das aus der bäuerlichen Welt stammt: Man hat früher einfach alles, was an Resten in der Küche greifbar war, in einen Teig gepackt, in den Ofen geschoben und gebacken. Entsprechend variantenreich ist die Cholera, die in jeder Familie anders zubereitet wird: Kartoffeln, Lauch, Käse, Zwiebeln, Äpfel, Birnen, Speck – alles darf in die Cholera, die je nach Inhalt eher süss oder salzig, käsig oder fruchtig schmeckt. «Das ist ähnlich wie bei der Pizza, die ursprünglich ebenfalls entstanden ist, um die Resten in der Küche möglichst elegant zu verwerten», sagt Klaus Leuenberger, der die Cholera im Sankt Georg in Ernen oft auf der Karte hat.

Wie die Cholera zu ihrem Namen kam. Wie immer ranken sich zahlreiche Erklärungsversuche um diese geniale Küchenkreation. Die naheliegendste ist: Als im Wallis die Cholera ausbrach, wurde wegen der Ansteckungsgefahr das Kaufen und Verkaufen von Nahrungsmitteln verboten. Jeder Haushalt musste deshalb mit dem auskommen, was noch vorhanden war. Aus all den Resten hat man dann diese kunterbunt gefüllten Kuchen namens Cholera gemacht. Tatsächlich versetzten im 19. Jahrhundert zahlreiche Choleraepidemien die Bevölkerung in Angst und Schrecken. Die Erste brach 1830 aus und verbreitete sich rasend schnell.

CÉSAR RITZ UND DIE RHÔNEKÖCHE

Einiges zum kulinarischen Erbe der Region hat auch der 1850 im Bergdörfchen Niederwald geborene Cäsar Ritz beigetragen. Er begann seine Laufbahn als Küchenbursche in Brig, wanderte dann nach Paris aus und arbeitete sich bis zum Manager der Savoy Hotels empor. 1898 wagte er den grossen Schritt: Er gründete das berühmte «Le Ritz». Innert fünf Jahren entstand daraus ein Imperium mit weiteren Luxushotels in London und Madrid. 1903 erlitt der «König der Hoteliers», wie ihn der Prinz of Wales bezeichnete, einen Zusammenbruch, von dem er sich nie mehr erholte. 1918 starb er in einer Klinik in der Schweiz. Zu Ehren des berühmten Sohnes der Talschaft wer-

den heute in zahlreichen Restaurants im Goms Ritz-Menüs angeboten – ganz im Stil von Auguste Escoffier, dem langjährigen Starkoch von Cäsar Ritz. So auch im Geburtsdorf von Ritz, im Restaurant «Drei Tannen», das sich mitten im alten Dorfkern von Niederwald befindet (siehe S. 388). Auch die heutigen Gommer Köche bewegen sich erfolgreich auf dem internationalen Parkett. Initiiert von Ewald Michlig und Friedrich Zemanek entstand 1999 das Kochteam «Rhoneköche», das an Kochwettbewerben rund um die Welt immer wieder Spitzenplätze belegt. In Bangkok holten die Rhoneköche Gold, in Singapur Silber, in Basel 2007 erneut Gold. Mit Kilian Michlig als Teamleiter und Friedrich Zemanek als Captain haben die Rhoneköche sogar grosse Chancen, demnächst Schweizer Nationalmannschaft zu werden.
Siehe auch: www.caesar-ritz.ch und www.rhonekoeche.ch.

BUCHTIPP:
Adalbert Chastonay: *Cäsar Ritz, Leben und Werk,* Rotten-Verlag, Visp.

Erbrechen, Durchfälle und schwarz-blaue Verfärbungen der Haut waren die Anzeichen, die schnell zu einer Dehydrierung führten. Mehr als die Hälfte der Erkrankten starben – und dies nicht selten innert Stunden. Von dieser ersten grossen Epidemie blieb die Schweiz verschont, doch bereits folgten weitere in den Jahren 1854 und 1867, die dann auch im Wallis Hunderte von Todesopfern forderten. Da die Cholera vor allem in den schlechtesten Wohnlagen ausbrach, sah man einen Zusammenhang mit der mangelhaften Trinkwasserversorgung und den hygienischen Bedingungen. Ärzte, Städtebauer und Sozialreformer setzten sich für die private und öffentliche Gesundheitspflege ein: Baden! Sich waschen! Sauberes Wasser!, hiess der neue Imperativ. Öffentliche Harn- und Kotentleerung (damals üblich) wurden verboten. Bereits ab 1860 entstanden die ersten Kanalisationssysteme und Trinkwasserleitungen – und damit verschwand die Cholera.
Nicht so auf den Tellern: Hier wird die Restenverwertung noch immer gepflegt. Zwischenzeitlich hat sich sogar die gehobene Gastronomie des «Tuttifrutti»-Kuchens angenommen, allerdings mit Niveau: Heute kommen erstklassige Ausgangsprodukte in die Pastete – die besten Äpfel, Birnen, Aprikosen der Region, frisches Gemüse aus dem Garten, auch beim Käse wird nicht mit Resten, sondern mit bestem Alpkäse gearbeitet. Die Cholera, einst ein Restengericht der Armen, ist zu einer Edelspeise geworden. Geniessen kann man sie im Goms zum Beispiel im Restaurant Castle (Seite 374) oder im Restaurant Sankt Georg in Ernen (S. 366). Oder man kann sie auch selber zubereiten (siehe Rezept S. 411).

Walliser Trockenfleisch

Das Walliser Trockenfleisch gehört zu den Urprodukten der Region. Bereits im 14. Jahrhundert wurde die Herstellungsmethode schriftlich festgehalten und gehört damit zu den ältesten urkundlich dokumentierten Traditionen der bäuerlichen Esskultur im Tal. Die Herstellung ist vom Grundprinzip her einfach: Das rohe Fleisch wird mit einem Gemisch von Salz, Kräutern und Gewürzen eingerieben und dann zum Trocknen bis zu sechs Wochen aufgehängt. Im Laufe der Zeit bilden sich die typischen feinen Aromen und – ähnlich wie beim Käse – eine Schicht Edelschimmel auf der Oberfläche. Genau so haben es die Bergbauern früher gemacht, und so machen es noch heute die Walliser Metzger, die ausschliesslich Rindfleisch verwenden, und zwar die edlen Stücke vom Stotzen. Dass das Trockenfleisch aus dem Goms als eines der besten gilt, liegt am trockenen Klima und an den warmen Bergwinden im Hochtal. Und natürlich an den gesunden Tieren, die hier in freier Natur mit saftigem Gras aufwachsen. Heute trägt das Walliser Trockenfleisch die Ursprungsbezeichnung IGP, die garantiert, dass das Produkt tatsächlich hier im Wallis und nach überlieferten Methoden hergestellt wurde.

Siehe auch: www.trockenfleischwallis.ch.

Uralte Konservierungsmethode: In Holzspeichern werden die Rindfleischbrocken, wie hier in der Metzgerei Nessier in Münster, luftgetrocknet. Das Grundprinzip der Trockenfleischherstellung ist überall im Goms das gleiche, dagegen variieren die Würzrezepturen, die in den Metzgerfamilien seit Generationen weitervererbt werden. Nebst den Gebrüdern Nessier bietet auch die Metzgerei Eggs in Reckingen-Gluringen erstklassiges Trockenfleisch an (siehe S. 387).

Hebifass, Leibaich und Tannenholz: Roggenbrot wie in alten Zeiten

Dicker Rauch steigt aus dem Kamin des Backhauses in Münster. Wie immer wird in den Wintermonaten Roggenbrot gebacken und dies wie in alten Zeiten. Vier Tage lang hat der nur aus Roggenmehl und Wasser angemachte Sauerteig im Hebifass gegärt. Täglich hat Therese Lagger, eine erfahrene Bäuerin, lauwarmes Wasser und Mehl beigefügt, damit der Teig immer die gleiche Konsistenz hat. Die lange und vor allem richtige Teigführung ist entscheidend: «Am ersten Tag merkt man dem Teig noch nichts an», sagt Therese, «aber bereits am zweiten Tag kann man sehen, dass sich da einiges tut. Der Umgang mit dem Sauerteig braucht viel Erfahrung und Gefühl.» Das zeigt sich auch am Backtag: Jetzt kommt heisses Wasser zum Teig und dann geht es ab in die grosse Holzwanne, den «Leibaich», wo der Teig geknetet wird. Schon am Vortag hat Peter Lagger, der Mann von Therese, den Holzofen angefeuert, auch das ein Prozedere, bei dem es genaue Regeln gibt: «Entscheidend ist das Holz», sagt Peter Lagger, «Lärche geht nicht, weil da zu viel Harz drin ist, Tannenholz ist dagegen sehr gut, es muss aber ganz trocken sein.» Auch die Temperatur in der Backstube ist bei der Roggenbrot-Alchemie wichtig: «Es müssen 28 Grad, besser sogar 30 Grad sein», sagt Therese, die entsprechend genau darauf achtet, dass die Türe zur Backstube nicht geöffnet wird, damit keine kalte Luft hereinkommt.

Der Ton macht die Musik. Auf einem Holzbrett werden die Brote in den Ofen geschoben. 45 Minuten lang bleiben sie drin. Um herauszufinden, ob sie innen auch wirklich gut ausgebacken sind, klopft der Einheizer auf den Brotboden. Wenn der Ton stimmt, stimmt auch das Brot. Auch Musikgehör braucht es also beim Roggenbrotbacken.

Aus dem Hebifass leeren Therese und ihr Mann Peter den Teig in den grossen Holztrog. Danach heisst es kneten und warten, wieder kneten und warten, damit der Teig sich entwickeln kann. Das Hebifass ist das Heiligtum bei der Roggenbrotherstellung. Nie darf es gewaschen oder gar mit Putzmitteln gereinigt werden, denn in den Ritzen sind die Säurebakterien versteckt, die den Teig aufgehen und sauer werden lassen. Deshalb muss auch keine Hefe beigegeben werden. Wasser, Roggenmehl und etwas Salz genügen.

Auch in Mühlebach bei Ernen wird Roggenbrot in der Schaubäckerei gebacken, dazu auch das Rijea (oder Rjeja), eine Art Zopf, der früher jeweils an Feiertagen auf den Tisch kam. Wann gebacken wird, erfährt man auf den beiden Gemeinden oder im Internet auf: *www.muenster.ch und www.mühlebach.ch.*

Gommer Alp-, Raclette- und Hobelkäse

Eine tragende Rolle im kulinarischen Erbe des Wallis hat die Käseproduktion, die sich im Sommer auf den Alpen abspielt. Zum Beispiel auf der Alp Muttbach, 2100 Meter über Meer, unterhalb des Rhonegletschers. Hier entsteht im Sommer der Gluringer Bioalpkäse, den man im Tal auch einfach «Gluringer» nennt. Stets sind es junge Teams, die ab Mitte Juni den anstregenden Hirten- und Käserjob übernehmen. Schon zum dritten Mal dabei ist Chantal Glanz, eine junge Käserin aus Münster, die vorher Hüttenwartin auf der Galmohorn-Hütte war. Bernhard Roten als Chefhirt und Rachel Jossen als Zuhirtin sind das erste Jahr auf dem oft windigen und kühlen Aussenposten. «Selbst im Sommer kann es unter der Furka winterlich kalt werden», sagt Chantal. Um fünf Uhr morgens steht sie auf und entfacht das Feuer unter dem Kupferkessel. Um sechs Uhr werden die 50 Kühe gemolken. Eine Stunde später beginnt die Käseherstellung. Achtzig Kilogamm Bioalpkäse entstehen jeden Tag, der in einem Natursteinkeller gelagert wird. Täglich müssen die Laibe abgerieben und gewendet werden, damit sich die typische Rinde bilden kann. Je länger der Käse reifen kann, umso würziger wird er im Geschmack. Nach ein-

Auf den saftigen Alpwiesen weiden die Kühe, und wenige hundert Meter entfernt entsteht aus der Milch der Gommer Alpkäse. Achtzig Kilo Bio-Alpkäse sind es jeden Tag, die das Muttbach-Trio herstellt. «Im Sommer, während der Ferienzeit, werden wir förmlich überrannt», sagt Chantal, die den Käse auch verkauft. «Der ist im Grunde genommen noch zu jung, aber viele kaufen den Käse, um ihn dann zu Hause noch ein Jahr zu lagern.» Obwohl die Milch in Zukunft von allen Gommer Alpen in Pipelines in Tal geführt und dort verarbeitet werden soll, dürfte die traditionelle Alpkäserei in Muttbach bestehen bleiben, nicht zuletzt als Touristenattraktion. «Irgendwo sollen die Leute ja noch mitverfolgen können, wie Käse gemacht wird», sagt Chantal, «sonst weiss bald niemand mehr, dass es dazu Kühe und Käser braucht.» Mindestens eineinhalb Jahre muss der Käse reifen, damit er als Hobelkäse gegessen werden kann. Das milde Klima im sonnenverwöhnten Hochtal sorgt dafür, dass der Oberwalliser Hobelkäse einer der besten der Schweiz ist.

Alp Muttbach, Chantal Glenz, zwischen Furkapass und Gletsch, unterhalb des Rhonegletschers, Tel. 079 350 15 92.

einhalb Jahren Reifezeit wird er als Hobelkäse verwendet. Verkauft wird deshalb auf der Alp nur wenig Käse. «Der ist noch zu jung», erklärt Chantal, «der gut Gereifte ist in Gluringen in der Biokäserei erhältlich».
Leider sind die Tage der echten Alpkäseproduktion im Goms gezählt: «Ziel ist es, die Milch mit einer Pipeline in die Käserei nach Gluringen zu pumpen und hier zu verarbeiten», erklärt Gerhard Zürcher von der Biobergkäserei in Gluringen. «So geschieht dies heute bei den meisten Alpkäsereien im Goms: Es wird rationalisiert, auf eine konstante Qualität hingearbeitet, was beim Biokäse besonders wichtig ist. Es hat aber auch damit zu tun, dass die Nachfrage immer grösser wird», erklärt Zürcher, «wir kommen fast nicht mehr nach mit dem Produzieren.» Nebst Muttbach gibt es zahlreiche weitere Alpkäsereien, die einen Ausflug lohnen: Am Nufenen oberhalb von Münster liegt die Alpkäserei Aeginen, die im Sommer ebenfalls Biokäse herstellt. Gleich daneben eine zweite Alpkäserei, die zur Gemeinde Reckingen gehört und normalen Alpkäse herstellt. Im Binntal, oberhalb von Binn, und in Bellwald ob Naters, wird im Sommer ebenfalls Alpkäse hergestellt.

Biobergkäse aus dem Goms

Das Goms will seinen Energiebedarf bis ins Jahr 2030 aus Biomasse, Sonnen- und Wasserenergie decken. Auch bei der Nahrungsmittelproduktion beschreitet das Bergtal den nachhaltigen Weg. Zwölf Biobauern sind in der Genossenschaft der Bio-Bergkäserei Goms dabei und lassen in der vom Bund mitfinanzierten Käserei in Reckingen ihren Käse herstellen.

Vom Bascheli zum Baschi. Um 5 Uhr früh kommen 3000 Liter Milch in den Chromstahlbehälter und werden vom Käser Gerhard Zürcher unter Zugabe von Milchsäurebakterien auf 32 Grad erwärmt. Eine Stunde lang vermehren sich die Kulturen, dann kommt das Lab dazu, das die Milch gerinnen lässt. Ein wichtiger Moment! Um die Festigkeit des Bruchs zu prüfen, steckt Zürcher seinen Zeigefinger in die Masse: «Es ist seit Jahren dieser Zeigefinger», lacht der gebürtige Berner, «er spürt den Widerstand, er ist der feinfühligste von allen.» Mit der Harfe zerkleinert er den Bruch, bis die Bruchstücke alle mehr oder weniger gleich gross sind: «So gross wie Maiskörner müssen sie sein, dann ist es perfekt», erklärt Zürcher. Um 7 Uhr beginnt die eigentliche Käseproduktion, bei der die Temperatur kontinuierlich gesteigert wird. Bei 37 Grad kommen die Kleinsten an die Reihe, die milden «Bascheli»; bei 39 Grad sind es die Mutschli, die durch die leicht höhere Temperatur würziger und aromatischer werden als die «Bascheli». Dann wird die Milch auf 44 Grad erhitzt, das ergibt dann den vollfetten Bio-Gommer. Und am Schluss wird die Molke in einen Chromstahlkessel gepumpt und auf 93 Grad erhitzt. Unter Zugabe von Zitronensäure entsteht daraus Frischkäse. Rund 7 Stunden dauert der ganze Herstellungsprozess und nie sind die Endprodukte identisch: «Die Milch ist nie gleich», sagt Zürcher, «sie verändert sich je nach Wetter und Saison.»

RACLETTEKÄSE

«Beim Raclettekäse wird die Milch auf 38 Grad erwärmt, und es muss reine Rohmilch sein, so wie sie von den Bauern reinkommt», sagt Zürcher. Was ihn fasziniert, ist das Naturprodukt Käse, das nie gleich ist und bei dem schon kleine Abweichungen in der Herstellung zu ganz anderen Geschmacksnuancen führen. Ab Ende Januar kann man dies auch in der Schaukäserei im Dorf beobachten. Dann macht Zürcher auf dem offenen Feuer Käse, allerdings in kleineren Mengen: Nur gerade 60 Liter Milch werden dann jeweils in Bascheli verwandelt.

Mehr zur Bio-Bergkäserei: www.biogomser.ch.

Der «Ballenberg» des Goms

Ammern, eine kleine Siedlung oberhalb von Blitzingen, ist ein Unikat: In den Fünfzigerjahren war das Dorf noch bewohnt, dann zog auch die letzte Bewohnerin hinunter ins Tal. Nur dank der Initiative von Privaten konnte der Weiler mit seinen alten Holzhäusern vor der Vergandung gerettet werden – mit Erfolg: Im Jahr 2000 wurde Ammern mit dem Oberwalliser Heimatschutzpreis ausgezeichnet, der vor fünf Jahren gegründete Förderverein ist auf 150 Mitglieder angewachsen, und über eine halbe Million Franken konnten für den Unterhalt und den Betrieb aufgebracht werden. Wen wundert's, kommen immer mehr Gäste, um hier Ferien «wie zu Schiners Zeiten» zu machen. So interessiert sich nun plötzlich auch die Gemeinde Blitzingen für den touristischen Wert des Gommer Ökobetriebs, wogegen sich der Förderverein natürlich wehrt.
Spannend in Ammern ist jedoch nicht nur das Dorfbild. Hier betreibt Helmut Kiechler nach alter Väter Sitte Landwirtschaft. Er baut Winterroggen, Walser Gerste, Saubohnen, weisse und rote Lötschentaler Kartoffeln und andere uralte und Gemüse- und Getreidesorten an. In traditioneller Weise macht er in seiner kleinen Alphütte Ziger und Käse, zudem betreibt er eine Hirschzucht und züchtet Evolener Rinder, eine Rasse, von der es nur noch einige hundert Exemplare im ganzen Wallis gibt. Wer Lust hat, auf Ammern Ferien zu verbringen, kann dies auf einmalige Art tun: Im 1740 erbauten Düli-Hüs gibt es eine rustikale Wohnung mit allem Komfort. Desgleichen im Spycherli, das aus dem Jahre 1623 stammt. Auf Voranmeldung (und nur auf Voranmeldung!) gibt es auch Führungen in Ammern.

Kontakt: Ecomuseum Ammern, Karolin Wirthner und Helmut Kiechler, 3989 Ammern, Tel. 027 971 12 50 und 079 357 19 31, Betriebsferien: 5. Sept. bis 25. Okt., www.ammern.ch.

Alte Holzhäuser in Ammern.

Helmut Kiechler am Bergheuet.

Evolener Rinder.

Bild aus der Hirschzucht.

RESTAURANT **50**

Gommerstuba Niederernen

RESTAURANT: **Gommerstuba**

ADRESSE: **3995 Niederernen**

GASTGEBER: **Rolf und Franziska Gruber**

TELEFON: **027 971 29 71**

INTERNET: **www.gommerstuba.com**

RUHETAGE: **Juli und Aug.: Mo.; sonst Mo., Di.**

BETRIEBSFERIEN: **Mitte April bis Mitte Mai, Mitte Nov. bis Mitte Dez.**

WEGBESCHRIEB: **von Fiesch 2 km Richtung Ernen**

SPEZIELL: **15 GM; einer der grössten Weinkeller im Goms**

Kaum jemand würde vermuten, dass in dieser gemütlichen Landbeiz am Sonnenhang von Niederernen ein rekordverdächtiges Weinangebot zu finden ist: Die Gommerstuba ist eine Hochburg önologischer Raritäten. Gesucht und gefunden hat sie ein leidenschaftlicher Weinfan, der auch sonst einiges vom kulinarischen Erbe des Wallis versteht: Rolf Gruber kocht, forscht, probiert aus, tüftelt bis sich Alt und Neu zu einem spannenden Ganzen fügen. Dass er nach seinen Wanderjahren als Privatkoch bei einem Multimillionär und Gourmet landete, hat dazu beigetragen, seine Kochkunst zu optimieren: «Das war wie beim Denver-Clan», sagt Rolf.

Der Weinjäger aus dem Mattertal

Die einen sammeln Briefmarken oder Kunst, Rolf Gruber sammelt Wein, genauer: Walliser Wein. Von sämtlichen Rebsorten im Wallis – und das sind zwischenzeitlich über sechzig – hat er die besten Tropfen in seinem Keller: «Kein Terroir auf der ganzen Welt hat eine derart grosse Sortenvielfalt wie das Wallis», erklärt Rolf, «und die Winzer setzen auf Originalität! Das Wallis ist ein einziges, grosses Weinlabor.» All diese überraschenden Geschmacksnuancen sollen Rolfs Gäste entdecken können. Die Sammlerleidenschaft treibt den Weinjäger immer wieder hinaus: Kein neues Talent, keine Rarität entgeht seiner geübten Nase. Was für Briefmarkensammler ein Basler Tübli, sind für ihn ein Nobling, Mennas oder Doral; bei den Roten ein Durize Oriou oder ein Mondeuse noire. «Rolf ist ein typischer Mattertaler», sagt seine Frau Franziska, «extrem neugierig, offen, experimentierfreudig – ganz anders als die Gommini.» Die Gommini (gemeint sind die Bewohner im Goms) und ihren gebremsten Enthusiasmus für Neues, haben die beiden vor zwanzig Jahren gespürt, als sie das im Chaletstil gebaute Haus am Sonnenhang gekauft haben: Die Leute mussten sich zuerst daran gewöhnen, dass da einer einen Salat als kreative Herausforderung versteht, im Sommer kalten Kräutergazpacho serviert, im Winter gebeizten Lachs auf Apfelrösti oder Simmentaler Kalbfleisch auf Entenleberschaum und zum Dessert einen Muscovado-Savarin im Espresso, was von den Gault-Millau-Testern prompt mit 15 Punkten bewertet wurde. Doch inzwischen lieben die Gommini ihren Rolf, auch weil er immer so gut aufgelegt ist, genau wie Franziska, deren Lachen schon fast zum Markenzeichen der Gommerstuba geworden ist.

Kochen im Duett. Seit sechs Jahren ist der junge Lars Dederscheck aus Magdeburg in der Küche dabei – und das Duo funktioniert perfekt: Lars macht die warme Küche, ist zum Beispiel für das rosa gebratene Lammrack mit Olivenkruste oder den in Safranpanade gebratenen Seeteufel zuständig. Rolf macht die kalte, die «kreative Küche», wie er sagt, «da sind die Horizonte weiter gesteckt, vor allem bei den Terrinen, die ich besonders liebe». Ein Kabinettstück legt er zur Vorspeise vor: Es ist eine Rauchforellenterrine im Lachsmantel, ein exquisites Amuse-Bouche. Dann kommt Lars mit einer saftigen Kalbsroulade mit blauen Linzer Kartoffeln, Karotten- und Rettich-Chips – eine süss-scharfe Sache, denn in der Roulade ist viel Chilipesto drin. Dazu gibt es eine Schokoladensauce mit 60 Prozent Kakaoanteil. Dann wechseln wir nochmals zu Rolf, der zum Abschluss ein Traubenparfait serviert – ein pyramidales Meisterwerk der kalten Küche. Natürlich wechselt das Menüangebot laufend, denn gekocht wird in der Gommerstuba strikt nach den Jahreszeiten.

Gsottnigs oder Gsottus. Wer im Wallis unterwegs ist, wird vor allem im Herbst auf diesen Fleischeintopf stossen, bei dem die Walliser Bergluft einen wesentlichen Teil der Arbeit leistet. Viele Fleischstücke werden luftgetrocknet oder gepökelt verwendet, was dem Gericht einen speziellen Geschmack verleiht. Im grossen Topf sind aber auch frischer Speck, Lamm, Siedfleisch, Würste sowie Kabis, Wirz und grosse Fleischbirnen. «Einmal im Jahr mache ich Gsottus für den Verein Musikdorf Ernen», sagt Rolf, «selber würde ich aber nicht weit laufen dafür.» Alle anderen Darbietungen der Gommerstuba entsprechen dagegen ganz seinem Gusto. Insbesondere die von ihm kreierte Patisserie, die zum Kaffee serviert wird. Selbstverständlich kann man danach noch einmal von der Sammlerleidenschaft des Hausherrn profitieren. Im Keller lagern auch rare Spirituosen, zum Beispiel ein Hanfschnaps aus Fully oder ein Calvalais aus St-Leonard.

Rolf in seinem Weinkeller, in dem alles, was Rang und Namen hat in Sachen Walliser Wein, gelagert ist.

Mit 18 Rebstöcken wächst hier vor der Gommerstuba der grösste Rebberg im Goms: Es sind besonders widerstandfähige Rebsorten wie Alexandria, Muscat bleu, Nero, Sirame, Solaris und Ontario.

Das eingespielte Kochduo: Rolf Gruber und Lars Dederscheck

– Kalbsfiletroulade auf Edelbitterschokolade-Sauce mit Kartoffeln und Gemüsechips.
– Rauchforellenterrine im Lachsmantel.
– Bouillon.
– Gsottus.
– Traubenparfait.

Rezepte von **Rolf Gruber** im Anhang.

— **Rauchforellenterrine im Lachsmantel,** S. 396
— **Kalbsfiletroulade auf Edelbitterschokoladen-Sauce mit Kartoffel- und Gemüsechips,** S. 405
— **Gsottus** (auch Gsottnigs genannt), S. 405

RESTAURANT **51**

Sankt Georg Ernen

RESTAURANT: **Sankt Georg**

ADRESSE: **3995 Ernen**

GASTGEBER: **Klaus Leuenberger**

TELEFON: **027 971 11 28**

INTERNET: **www.st.georg-ernen.ch**

RUHETAGE: **Mo., Di.**

BETRIEBSFERIEN: **offen, am besten vorher anrufen**

WEGBESCHRIEB: **im Dorfkern von Ernen; Postauto ab Fiesch**

SPEZIELL: **14 GM, Mitglied bei Slow Food**

Das 1535 erbaute Haus am Dorfplatz bietet schon optisch ein prächtiges Bild. Auch kulinarisch geht es hier zu und her wie im Bilderbuch: Von der Cholera bis zum Sii, vom Fuchsgulasch bis zum Alpenfladen wird authentische Walliser Küche zelebriert. Bei schönem Wetter bietet sich die Sonnenterrasse mit Blick auf den «Hengert» an. So nennen die Erner ihren Dorfplatz, auf dem immer wieder Märkte und andere Veranstaltungen stattfinden, nicht zu vergessen die berühmten Barockkonzerte in der Kirche. Man gibt sich Mühe im «Landschaftspark Binntal», zu dem nebst Ernen auch Binn und Grengiols gehören – alles vorbildlich restaurierte historische Dörfer. Mühlebach, das Nachbardorf, gilt sogar als das älteste Walliser Dorf in Holzbauweise. Hier wird einmal im Monat noch Roggenbrot im Holzofen gebacken.

Urchuchi wie aus dem Bilderbuch

Was im «Heiligen Georg» auf den Tisch kommt, hat keine langen Transportwege hinter sich. Hier bestimmen die regionalen Produkte die Menükarte. Das beginnt schon beim knusprigen Stück Cholera, das der Chef des Hauses als Amuse-Bouche serviert. Dabei variiert er den Oberwalliser Gemüse-Früchte-Kuchen je nach Jahreszeit: Im Sommer gibt es ihn mit Aprikosen, im Herbst mit Kastanien, im Winter mit Wirsing. «Genau das ist die Grundidee dieses bäuerlichen Urgerichts», meint Klaus: «Man nimmt das, was man gerade hat und legt es auf den Kuchenteig; die Cholera war eine klassische Form der Restenverwertung.»

Cholera. Dass der Name Cholera von den gefürchteten Epidemien stammt, die im 19. Jahrhundert auch im Oberwallis wüteten, gehört für ihn zur Legendenbildung. «Um viele alte Gerichte ranken sich Geschichten und Legenden – ob sie wahr sind, weiss später niemand mehr.» Natürlich wollte ich es genauer wissen und habe in Sachen Cholera noch etwas weiter geforscht (siehe Geschichte der Cholera, S. 354).

Sii. Fast so berühmt wie die Cholera ist das Walliser Dessert «Sii», das ursprünglich aus Savièse stammt und mit der Tessiner Brottorte vergleichbar ist. Was der Name bedeutet, weiss niemand genau; wie es gemacht wird, weiss dagegen jeder im Wallis: Altes Roggenbrot wird über Nacht in Rotwein aufgeweicht, dann knetet man die Masse, gibt Rosinen und Baumnüsse dazu und bäckt das Ganze schön knusprig aus – eine höchst verführerische Sache, wie man im Sankt Georg feststellen kann, zumal Klaus die süsse Brotspeise mit einer hausgemachten Tannenspitzenglace ergänzt – perfekt! Und genau so ist alles im «Heiligen Georg». Ob frischer Bachsaibling aus der Gommer Grafschaft, ob rustikaler Braten, der im Kupfertopf auf den Tisch kommt (und dort tranchiert und flambiert wird), ob Fieschertaler Zicklein im Frühling, Alpschwein im Sommer oder ganze Enten und Gänse im Herbst – stets ist eine Zubereitung «wie zu Grossmutters Zeiten» das kulinarische Markenzeichen: ohne unnötigen Schnickschnack, gut gewürzt und mit Fonds, die das Wort verdienen.

Fuchsgulasch. Zum ersten Mal in meinem Leben habe ich Fuchs gegessen, der – wie Dachs oder Murmeltier – zu genau geregelten Zeiten geschossen werden darf: Mindesten 12 Stunden hat Klaus das Fleisch gewässert, dann mehrere Stunden geschmort, damit es zart wird. Fuchs schmeckt strenger als Rotwild, ähnlich wie Murmeltier, leicht erdig, aber gut. «Dachs ist milder im Geschmack», sagt Klaus, der diese Raritäten allerdings nur selten auf der Karte hat. Anders die klassischen Wildgerichte: Im Herbst sind sie das grosse Thema – vom Gamspfeffer bis zum Hirschrücken, mit etwas Glück gibt es sogar Schneehuhn.

Alpenfladen. Immer auf der Karte ist die von Klaus kreierte alpine Variante der Pizza, die er Alpenfladen nennt. Zubereitet wird sie aus Kastanienmehl, dann kommen Magerquark und frische Kräuter drauf, im Frühling junger Lauch, im Herbst Speck, im Winter Wirsing. Und dann geht's mit Volldampf in den Umluftofen, bis der Alpenfladen so richtig knusprig ist. Bei einem Glas Wein aus dem reich dotierten Keller ergänzt Klaus noch etwas zur Cholera: «Ich würze immer ordentlich mit viel Pfeffer und Majoran, im Winter auch mit Kümmel und Zimt, wie im 16. Jahrhundert im Emmental.» Wen wundert's, denn der sympathische Gommer, der fliessend Oberwalliser Dialekt spricht, kommt ursprünglich aus Huttwil im Emmental.

Essen kann man im Sankt Georg in der Zendenmeisterstube im ersten Stock oder in der urchigen Beiz im Erdgeschoss. Wenn das Wetter stimmt, bietet sich auch die Terrasse am «Hengert», dem Dorfplatz, an.

Der Chef des Hauses in seinem Kräuter- und Gemüsegarten.

Auswahl aus dem Weinangebot.

Einer der Lehrlinge mit dem Alpenfladen, der alpinen Variante der Pizza.

– Cholera.
– Bachsaibling aus Gommer Zucht mit wilden Beeren.
– Fuchsragout.
– Sii, der Dessertklassiker aus Savièse, mit Tannenspitzen-Glace.

Rezepte von **Klaus Leuenberger** im Anhang.

— **Bachsaibling mit wilden Beeren,** S. 407
— **Cholera,** S. 411
— **Sii** (Dessert aus dem Oberwallis), S. 420

RESTAURANT **52**

Walliserkanne
Fiesch

RESTAURANT: **Walliserkanne**

ADRESSE: **3984 Fiesch**

GASTGEBER: **Friedrich und Romi Zemanek**

TELEFON: **027 970 12 40**

INTERNET: **www.walliserkanne-fiesch.ch**

RUHETAGE: **So.-Abend, Mo. ganzer Tag**

BETRIEBSFERIEN: **im Nov. 2 Wochen, 2 Wochen im Juni**

WEGBESCHRIEB: **in Fiesch beim Bahnhof**

SPEZIELL: **Captain bei den Rhoneköchen; Hotelbetrieb**

Die Walliserkanne in Fiesch dürfte das einzige Bahnhofbuffet der Schweiz sein, in dem man eine derart experimentelle Küche geniessen kann. «Zemanek ist der kreativste Koch im Goms», sagt Ewald Michlig von der Tenne, der ihn bestens kennt: Zusammen mit weiteren Spitzenköchen waren sie jahrelang im Team der Rhoneköche Wallis und holten an internationalen Wettbewerben Gold und Silber. Friedrich Zemanek ist heute Captain des Teams, das Chancen hat, sogar Schweizer Nationalmannschaft zu werden. Doch in der Walliserkanne kann man auch einfache Gerichte in Spitzenqualität geniessen. Zum Beispiel Käseschnitte, Spareribs, glacierte Lammhuft, Kaninchen oder Poulet. Eine Besonderheit ist das Schweinsschnitzel gefüllt mit Aprikosen, das mit Munder Safranrisotto serviert wird.

Der Kochkünstler von Fiesch

Der Kontrast könnte nicht grösser sein: An den Wochenenden steigen Dutzende von Wanderern aus der roten Matterhorn-Gotthardbahn und stürmen die Walliserkanne. Innert Minuten müssen Romi Zemanek und ihr Servierpersonal sämtliche Wünsche erfüllen – vom Mineral bis zum Cholerastrudel, vom Edelweissbier bis zum Sandwich. Und kurze Zeit später ist der Spuk vorbei – bis der nächste Zug einfährt. «Davon leben wir», sagt Friedrich Zemanek, der gewissermassen ein Doppelleben führt: Tagsüber macht er eine einfache, aber gepflegte Saisonküche, zugeschnitten auf die Tagestouristen. Und am Abend wechselt der mehrfach ausgezeichnete Küchenprofi die Rolle und wird zum gefeierten Gourmetkoch.

Essen als Kunst. Wenn andere Künstler mit Farbe und Leinwand arbeiten, nimmt Friedrich Zemanek essbare Materialien, um daraus Kunstwerke zu machen. Augenschmaus und Gaumenfreude heisst sein Leitmotiv, das er auch in einem Kochbuch den Jahreszeiten folgend umgesetzt hat: «Es geht mir um unverfälschten Geschmack, aber auch um eine möglichst überraschende Darreichungsform», sagt Zemanek, der ursprünglich aus Böhmen stammt. Stets hat er ein spitzbübisches Lachen im Gesicht, stets kommt der Schalk auch in seinen Gourmetkeationen zum Ausdruck. Zum Beispiel wenn er einen glacierten Schweinebauch in einem riesigen Kristallglas serviert, unterlegt von einem Aprikosen-Peperoni-Chutney. Mit der Pinzette hat er zwei knusprige Reis-Grissini und einen knallgrünen Dachwurz ins Glas platziert. «Die Leute denken, das sei ein Unkraut, weil der Dachwurz auf den Hausdächern wächst, dabei ist er ausgesprochen schmackhaft», erklärt Zemanek. Dass er seine Gäste bisweilen auch irritieren will, zeigt sich beim nächsten Gericht: Es ist Gommer Zicklein, einmal à la minute und einmal im Ofen gegart, beide gefüllt mit Oliven und Tomaten. Überraschend am Ganzen ist die frittierte Heuschrecke, die über allem thront: «Das ist natürlich ein Gag», lacht Zemanek, «wobei die Heuschrecke absolut essbar ist, in Thailand gelten knusprig frittierte Grillen sogar als Delikatesse.» Schon fast ein Zemanek-Klassiker ist die nächste Kreation: Auf einer gläsernen Röhre türmen sich spiralförmig Spaghetti in die Höhe, gefüllt mit Wurzelgemüse und flankiert von Gemüse-Charlotten. Nappiert ist das Pasta-Türmchen mit luftig aufgeschäumter Ziegenmilch. «Mit dieser Kreation habe ich am Bocuse-Wettbewerb 2008 in Bern einen Preis geholt», erklärt Friedrich, der oft an internationalen Kochwettbewerb teilnimmt: «Das ist mein Hobby, hilft mir aber auch, die Grenzen beim Kochen auszuloten», sagt Zemanek, der in jungen Jahren auch geografische Grenzen überschritten hat: So war er mehrere Monate als Schiffskoch in der Karibik unterwegs. «Da standen wir in der Küche oft knöcheltief in den Langusten», erinnert sich Romi, die seit über zwanzig Jahren mit dem Spitzbuben, wie sie ihn nennt, verheiratet ist.

Slow Food. Ganz im Sinne des Meisters hat Kochlehrling Michael das Dessert kreiert: Es besteht aus einem Frischkäse-Honig-Parfait am Stiel, einem Schokoladetörtchen mit flüssiger Schokolade und frischen Beeren sowie Orangensaft, Kirsch und Blue Curaçao im Reagenzglas – eine frischfröhliche, geradezu postmoderne Kreation. Unnötig zu sagen: Wer ein 4-Gang-Menü in diesem Stil geniessen will, muss mindestens zwei Stunden einplanen. Denn genau genommen sind es – inklusive zwei Amuse-Bouches, Vorspeise, Suppe, Entreacte, Hauptgang, Käse, nochmals Amuse-Bouche und schliesslich Dessert – acht Darreichungen. Und alles wird à la minute zubereitet. Beim 10-Gang-Menü sollte man deshalb sogar einen halben Tag einrechnen. Und dann mindestens noch einen für den Gommer Höhenweg …

Frittierte Heuschrecken, Dachwurz, Schweinebauch im Bowlenglas: Wer den Zemanek kennt, weiss: Solche Gags gehören bei ihm einfach dazu. Auch an den Kochwettbewerben muss er immer wieder Neues ausprobieren. Mindestens einmal pro Jahr steigt er in einen kreativen Wettstreit und kommt mit Lorbeeren zurück, die man im Treppenhaus bewundern kann.

Sporadisch dampft der historische Zug in den Fiescher Bahnhof. Im Sommer verkehrt die alte Furkabahn regelmässig zwischen Brig und Realp.

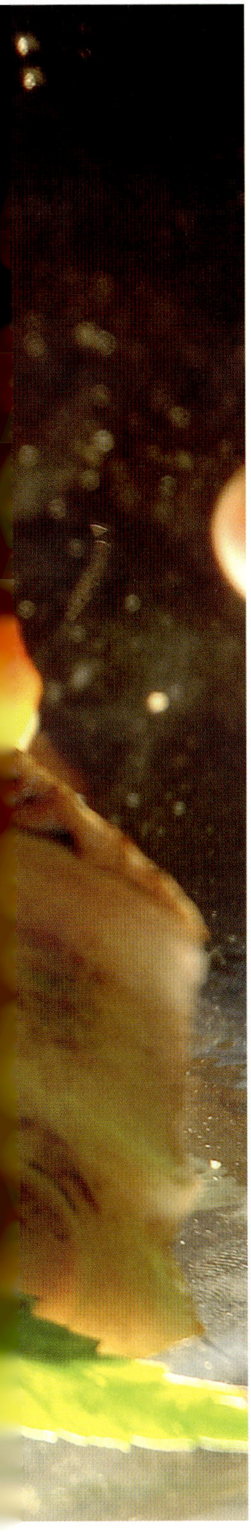

– Glacierter Schweinebauch im Kristallglas mit knusprigen Reis-Grissini und Dachwurz, unterlegt von Aprikosen-Peperoni-Chutney.
– Spaghetti-Türmchen, gefüllt mit Wurzelgemüse, nappiert mit aufgeschäumter Ziegenmilch, links und rechts Gemüse-Charlotten.
– Gommer Zicklein in zwei Zubereitungsarten: à la minute und im Ofen gegart, je gefüllt mit Oliven und Tomaten; als Dekor eine frittierte Heuschrecke aus dem Fieschertal.
– Frischkäse-Honig-Parfait am Stiel, Schokoladetörtchen, frische Gommer Beeren sowie Orangensaft, Kirsch und Blue Curaçao im Reagenzglas.
– Sii-Törtchen.

Rezepte von **Friedrich Zemanek** im Anhang.

— **Grüne Biobergkäse-Suppe,** S. 394
— **Holunderküchlein,** S. 417
— **Roggenbrotmousse mit Weindrusencrème,** S. 417

RESTAURANT **53**

Castle Blitzingen

RESTAURANT: **Castle**

ADRESSE: **3989 Blitzingen**

GASTGEBER: **Peter und Brigitte Gschwendtner**

TELEFON: **027 970 17 00**

INTERNET: **www.hotel-castle.ch**

RUHETAGE: **keine**

BETRIEBSFERIEN: **Ende Okt. bis Mitte Dez.**

WEGBESCHRIEB: **oberhalb von Blitzingen**

SPEZIELL: **15 GM, Passeport bleu, Viersternehotel**

Blumen in allen Farben, eine Sonnenterrasse mit weitem Blick ins Tal und in der Küche ein Gipfelstürmer, der eine bodennahe, filigrane Urchuchi macht: Das Castle hoch über Blitzingen gehört zu den kulinarischen Highlights im Goms. Geführt wird das Haus, das nebst Restaurant auch über einen Viersternehotelbetrieb und Ferienwohnungen verfügt, seit über einem Jahrzehnt von Brigitte und Peter Gschwendtner – er kommt aus dem Tirol, sie aus dem Goms.

Ein Gipfelstürmer am Herd

Dass Peter Gschwendtner 2004 sogar den Mount Everest gemeistert hat, sieht man ihm nicht an: Der gebürtige Tiroler wirkt wie ein sportlich gekleideter Banker oder eben – mit Kochhut und weissem Dress – wie der Chef einer Küchenbrigade in einem Viersternehotel. Doch es sind bodennahe Gerichte, die der passionierte Bergsteiger kreiert, frei von Showeffekten, schon fast Art brut wie in alten Zeiten: Zum Beispiel die Zigerterrine, die Peter in einem Mantel aus Walliser Roggenbrot serviert – eine Reminiszenz an die alte Bauernküche. Überraschend auch das Gommer Trockenfleisch, das sich als Trio mit einem Carpaccio, einer Roulade mit Früchten und Mascarpone und als Tatar präsentiert. Luftig-leicht dann die klare Pilzsuppe mit einer knusprigen Blätterteighaube, die so gut ist, dass ich mir erlaube, gleich zwei Einmachgläser auszulöffeln.

Ehrliche Küche. Schwer vorstellbar, dass dieser filigran arbeitende Koch an Seilen in den Felswänden hängt oder bei minus 20 Grad in einem eisigen Biwak übernachtet. Das ganze Naturburschen- und Gipfelstürmer-Image nervt ihn auch längst: «Alle denken, jetzt will der Gschwendtner auch noch beim Kochen hoch hinaus. Aber genau das will ich nicht», sagt Peter: «Ich versuche im Gegenteil in die Natur hinein zu hören, zu machen, was sie will. Nur so kann man eine ehrliche Küche machen, die auch ethisch vertretbar ist.»

Das Beste aus der Region. Der Ziger von der Biokäserei in Reckingen; das Roggenbrot von der Bäckerei Winkelried; die Birnen von einem Biobauern aus dem Untergoms: Das ist die Visitenkarte der Castle-Küche, die auf die besten Ausgangsprodukte aus der Region setzt. Mindestens einmal in der Woche ist Peter unterwegs, um Pilze und Kräuter zu sammeln, fast täglich ist er bei den Bauern und Produzenten im Tal, um einzukaufen. Beim Obst und Gemüse geht seine Tour notwendigerweise etwas weiter hinab ins Tal: Von einem Biobauern aus dem Untergoms stammen die Birnen und Äpfel, die er mit Gommer Alpkäse und Zwiebeln in eine Cholera verpackt. Ein Kraftpaket! Highlight der Darbietungen ist jedoch das Lammrack in der Kräuterkruste: Das schmeckt nach Alpenkräutern, hat Saft und Kraft, denn das Goms ist berühmt für sein würziges Fleisch. Die beiden lokalen Metzgereien beliefern die besten Restaurants im Tal, auch etliche Gourmettempel im Unterwallis stehen auf der Kundenliste. Dabei sind all diese Gerichte vergleichsweise einfach, verglichen mit den Kreationen, die Gschwendtner in seinem Kochbuch zeigt – einem der schönsten, die ich kenne. Hier führt er Rezepturen auf, die nicht selten zwei Textseiten umfassen, inklusive Erklärungen zur Herkunft der Gerichte. «Das ist wichtig: Die Leute wollen nicht nur kochen und essen, sondern auch etwas über die Geschichte und Hintergründe der Gerichte erfahren.» Der *Urchuchi*-Autor nickt natürlich freudig!

Dessertaler Gipfelsturm. Schön für meine Bergsteiger-Metaphorik ist, dass zu guter Letzt das Dessert optisch zum Gipfelsturm tendiert: Das Holundereisparfait mit getrockneten Apfelscheiben türmt sich zu einem kleinen Mounteverest, an dessen Flanke eine äusserst leckere Zimtmousse biwakiert. Diesen Berg erklimme ich mühelos und komme bei einem Glas kühlen Eisweins aus dem Val d'Anniviers zum Schluss: Das Castle ist ein guter Ort, um zu erkennen, dass man auch hoch hinaus kommt, wenn man gekonnt auf dem Boden bleibt. Wie Peter und seine Frau Brigitte. Sie ist – neben dem Service – für eine weitere Visitenkarte des Hauses zuständig: Im Garten präsentiert sich eine Pflanzenwelt des Wunderbaren, die spannende Entdeckungen erlaubt.

Cholera, eine der traditionellen bäuerlichen Gerichte im Oberwallis.

Die Blumenpracht ist das Reich Brigittes und eine eindrückliche Visitenkarte des Castle.

Lammrack mit Blick ins Grüne.

– Lammrack mit Kräuterkruste, Grillgemüse und Kartoffelgratin.
– Variation von Gommer Trockenfleisch mit Tatar, Carpaccio sowie Roulade mit Früchten und Mascarpone.
– Pilzsuppe (Eierschwämme, Steinpilze, Champignons) im Einmachglas mit Blätterteighaube.
– Gommer Zigerterrine im Roggenbrotmantel mit Trockenfleisch.
– Holundereisparfait mit getrockneten Apfelscheiben und Zimtmousse.

Rezepte von **Peter Gschwendtner** im Anhang.

— **Essenz von Steinpilzen im Einmachglas mit Blätterteighaube,** S. 395
— **Terrine von Gommer Ziger im Roggenbrotmantel,** S. 396
— **Mousse von Morcheln mit Bärenkrebsen,** S. 398
— **Lamm und Kaninchenfilet im Blätterteig auf Speckbohnen,** S. 405

RESTAURANT **54**

Tenne
Reckingen-Gluringen

RESTAURANT: **Tenne**

ADRESSE: **3998 Reckingen-Gluringen**

GASTGEBER: **Caroline, Ewald und Fernando Michlig**

TELEFON: **027 973 18 92**

INTERNET: **www.tenne.ch**

RUHETAGE: **Di. (Sommer- und Zwischensaion), im Winter durchgehend offen**

BETRIEBSFERIEN: **Juni, Mitte bis Ende Nov.**

WEGBESCHRIEB: **an der Hauptstrasse in Reckingen-Gluringen**

SPEZIELL: **15 GM, Gilde-Restaurant, Walliser Gastgeberteam 2006**

2006 wurde die Tenne als Walliser Gastgeberteam des Jahres gekürt – ein verdienter Oscar: Im stattlichen Restaurant- und Hotelbetrieb an der Gommer Hauptstrasse wird der Gast nach allen Regeln der Kunst verwöhnt. Seit Kurzem steht Fernando, der Sohn des Hauses, neben Vater Michlig am Herd. Der Jungkoch hat unter anderem bei Beat Bolliger im Walserhof und zuletzt bei Georges Wenger in Le Noirmont seine Lehr- und Wanderjahre absolviert.

Heusuppe, Gamspfeffer und Rosinenpolenta

Wenn Ewald Michlig ein neues Gericht kreiert, dann greift er oft zu Papier und Bleistift: «Ich muss alles genau zeichnen, bevor ich mit dem Kochen beginne», erklärt der Gommer mit dem Schnauz, der mit seiner Frau Caroline seit drei Jahrzehnten die Tenne führt. Entwickelt hat er seine Visualisierungstechnik an internationalen Kochwettbewerben: Jahrlang war er Teamchef der Walliser Rhoneköche und hat mit seinen Kollegen mehrmals Gold und Silber geholt. «Da spielt die Präsentation eine wichtige Rolle», erklärt Ewald und serviert mir zum Beweis eine Heusuppe: Umrahmt von Bergheu ragt die weisse Suppenschale wie eine Kathedrale aus der Mitte; darin dampft die nach Heu duftende Suppe mit einigen Streifen Gommer Trockenfleisch.

Wild aus eigener Jagd. Gut in Szene gesetzt sind auch die Wildgerichte, die im Herbst auf der Menükarte erscheinen. Gommer Gamspfeffer zum Beispiel, begleitet von Munder Safranspätzli. Oder Hirschracks, aussen knusprig, innen rosa gebraten, die mit gelben Pfälzer und orangen Karottenstengeln, hellgrünen Rosenkohlblättern und goldgelber Rosinenpolenta serviert werden. Dass das «Gesamtkunstwerk» nicht nur gut aussieht, sondern auch hervorragend schmeckt, liegt nicht zuletzt auch an den Ausgangsprodukten: Ewald Michlig ist passionierter Jäger. Im Goms und im österreichischen Burgenland geht er auf die Pirsch. Vor allem Rehwild stammt aus eigener Jagd. Gut abgehangen kommt es auf den Tisch, wie ich beim Rehrücken feststellen konnte: Während meiner sechsmonatigen Recherchen im Wallis habe ich ihn gleich zweimal genossen. Auch sonst kommt in der Tenne nichts aus dem Plastiksack: Alles stammt aus der Region, wird direkt bei den Produzenten eingekauft – vom zweijährigen Alpkäse aus Muttbach bis zu den Mutschli, die nur noch zwei Bauern – Urs Holzer in Reckingen und Josef Werlen in Geschinen – herstellen. Auch die Kartoffeln sind echte Raritäten: Aus einem alten, nur im Goms verwendeten Saatgut wurden sie gezüchtet. Dass sie besonders geschmackvoll sind, hat seinen Grund: Die Bauern entfernen im August das Kraut, lassen die Kartoffeln aber noch einen Monat länger im Boden. «Das bedeutet zwar sehr viel mehr Arbeit, aber genau darum sind diese kleinen Kartoffelwunder so gut und so gefragt», erklärt Ewald.

Vater und Sohn. Seit 2008 steht Sohn Fernando mit in der Küche. Auch wenn er bei den Besten des Fachs das Handwerk gelernt hat, unter anderem bei Georges Wenger in Le Noirmont, will er aus der Tenne keinen teuren Gourmettempel machen: «Hier im Goms ist Terroirküche angesagt, und die wollen wir auf hohem Niveau pflegen.» Eine Innovation hat der Jungkoch allerdings schon eingebracht: Seit Kurzem lässt die Familie drei Schweine auf einer Alpkäserei sömmern, die mit Schotte gefüttert werden. «Besseres Schweinefleisch gibt es kaum», sagt Fernando, der noch eine weitere bäuerliche Tradition aktivieren möchte: Gsottnigs! Das ist so etwas wie die alpine Version der Metzgete im Oberwallis. Da kommen frischer Speck, Hauswurst, Rindfleisch, Schaffleisch, getrocknetes Euter und speziell gesalzenes und getrocknetes Schweinefleisch in den Topf.» Sagt es und lädt mich zu einem Gsottnigs mit zwölf Sorten Fleisch ein, begleitet von Sauerkraut und Salzkartoffeln, gedämpftem Kabis, Risotto aus der Brühe und saftigen Fleischbirnen – eine Rarität aus Grossmutters Küche. Dazu gibt's erlesene Tropfen aus dem Keller und zum Schluss ein Heidelbeerparfait mit Aprikosenschaum. Hüärä güet, würde ein Oberwalliser wohl begeistert dazu sagen!

Sohn Fernando und Vater Ewald Michlig im Käsekeller auf der Alp Muttbach.

Skizzen des Küchenchefs Michlig, der bei neuen Kreationen stets zu Papier und Bleistift greift.

Ausführung des Entwurfs mit millimetergenauer Ausrichtung.

– Gommer Heusuppe mit Walliser Trockenfleisch.
– Gämspfeffer mit Munder Safranspätzli, Rotkraut und Kastanien.
– Hirschracks auf Holundersauce mit Rosinenpolenta, Rosenkohlblättern, Kohlrabi, Gommer Kartoffeln und Pfälzer Karotten.
– Heidelbeerparfait mit Walliser Aprikosenschaum.

Rezepte von **Ewald Michlig** im Anhang.

— **Gommer Heusuppe mit Trockenfleisch,** S. 395
— **Gämspfeffer,** S. 404
— **Munder Safranspätzli,** S. 409
— **Rosinenpolenta,** S. 409
— **Heidelbeerparfait mit Aprikosenschaum,** S. 418
— **Walliser Aprikosenschaum,** S. 420

RESTAURANT **55**

Baschi
Geschinen

Raclettieren und Grillieren

RESTAURANT: **Baschi**

ADRESSE: **3985 Geschinen**

GASTGEBER: **Louis und Fernanda «Baschi» Müller**

TELEFON: **027 973 20 00**

INTERNET: **www.baschi-goms.ch**

RUHETAGE: **im Sommer am So., im Winter durchgehend geöffnet**

BETRIEBSFERIEN: **April bis 20. Mai; Ende Okt. bis 20. Dez.**

WEGBESCHRIEB: **zwischen Geschinen und Ulrichen**

SPEZIELL: **Fleisch vom Holzfeuer; Raclette; Weinkeller mit Raritäten**

Architektonisch ist das Haus keine Schönheit, doch im Innern ist es urgemütlich: Man sitzt an langen Holztischen, vorne knistert das Arvenholz im Cheminée, und auf dem Grill bereitet Baschi seine legendären Grilladen und Raclettes zu. Und das ist schon fast alles, was die Menükarte zu bieten hat. Doch es genügt, um die Hütte fast täglich voll zu kriegen. Während sich andere mit hochkomplizierten Gourmetmenüs herumschlagen, arbeiten Louis und seine Frau Fernada nach dem ebenso einfachen wie erfolgreichen Prinzip: «wenig, dafür alles überdurchschnittlich gut».

Das Restaurant Baschi bildet einen würdigen Abschluss unserer *Urchuchi*-Reise in die Romandie: Hier kann man noch einmal ein richtig gutes Raclette geniessen! Oder einen saftigen Brocken Fleisch vom Feuer. Für beides ist das Restaurant im Goms berühmt. So berühmt, dass an Spitzentagen ohne Reservation kein Platz zu bekommen ist. Dann muss sogar Diego Orelli, Gemeindepräsident des Bedrettotals, vorreservieren: Mindestens einmal im Monat macht er nämlich den langen Weg über den Berg, um Baschis Grilladen zu geniessen. Das saftige Rindskotelett zum Beispiel, serviert mit Grilltomaten und urchigen Baschi-Kartoffeln. Oder ein zartes Rindsfilet, ein Entrecôte oder ein ganzes Lammgigot. Es sind stets gut portionierte Brocken, die perfekt grilliert, chüschtig und zart auf die Teller kommen. «Das Geheimnis ist das alpine Klima», erklärt Baschi, «die Tiere bewegen sich hier auf 1350 Meter über Meer, atmen saubere Luft, fressen würziges Alpengras – und nach dem Schlachten darf das Fleisch mindestens vier bis fünf Wochen abhangen.» Das zweite Betriebsgeheimnis ist die Marinade, doch wie Baschi seine Saftbrocken würzt, verrät er keinem. Das gilt auch für die Marinade der Kartoffeln, die eine andere, ebenfalls spezielle «potion magique» bekommen: Damit werden diese kleinen, unscheinbaren Bergkartoffeln, die auf dieser Höhe ohnehin schon besonders viel Geschmack entwickeln, erst recht zur Delikatesse.

Raclette oder Grillade? Das ist bei Baschi stets die Frage. Ich löse sie, indem ich jeweils zuerst eine Portion Raclette nehme. Der vollfette Gommer Käse hat eine feine, kräftige Würze und genügend Feuchtigkeit, um schnell zu schmelzen. Leicht, ohne «Ölspur» kommt der heisse Käse mit Kartoffeln, Gurken und Silberzwiebeln auf den Tisch. Dabei wird bei jeder Portion zwei Mal raclettiert. Als Variante bietet sich ein Plättli mit erstklassigem Hobelkäse und Trockenfleisch an. Und damit sind schon fast alle Verführungen des Hauses aufgezählt, bis auf die Glaces: Sie sind selbstverständlich hausgemacht und variieren je nach Saison. Am Tag meines Besuchs im Sommer waren es Heidelbeer-, Heublumen-, und Hagebuttenglace mit Waldbeerensauce.

Rekordverdächtig. Dass auch der Service erstklassig ist, liegt an Fernanda, die sich auch als profunde Weinkennerin ausweist. Keine leichte Aufgabe! Im Keller des Holzhauses auf der anderen Strassenseite lagert ein Weinsortiment, wie es auf 1350 Meter Höhe am ganzen Alpenkamm wohl nur wenige gibt. Über 500 erlesene Flaschen warten im wohltemperierten Untergrund auf die Entkorkung. Vom vergleichsweise normalen Heida bis zum edlen, 20-jährigen Cornalin Barrique. Jüngste Innovation des Hauses ist das Baschi-Mineralwasser, «gezapft» aus der eigenen Quelle.

Das Raclette (von franz. racler = schaben, kratzen) wird im Baschi nach alter Väter Sitte am offenen Feuer zubereitet.

Der Weinkeller, einer der grössten am Alpenkamm.

Der kleine Baschi mit seinem Vater Sebastian, der bereits in den 50er-Jahren hat seine Gäste mit Raclette verwöhnt hat. Nebenbei pflanzte er auf 1350 Metern auch noch Erdbeeren an. «Er war ein verrückter Chaib», sagt Louis. «Wenn er frei hatte, flog er mit Hermann Geiger, dem berühmten Gletscherpiloten, durch die Gegend.» Was auch mal zu einer kleinen Bruchlandung führte. Direkt vor dem Restaurant kippte Geigers Maschine um. Baschi, der das Restaurant 1979 von seinem Vater übernahm, ist ein ähnlicher Himmelsstümer: Er erweiterte die Menükarte, legte einen der grössten Weinkeller am Alpenkamm an, raclettiert, grilliert und schwingt in der Freizeit die Fahnen.

– Gommer Rindskotelett mit Grilltomaten und Bratkartoffeln in der Geheimmarinade.
– Plättli mit Hobelkäse und Trockenfleisch.
– Raclette aus Gommer Käse mit Bergkartoffeln.
– Trio aus Heidelbeer-, Heublumen-, und Hagebuttenglace mit Waldbeerensauce.

Rezept von **Baschi** im Anhang.

— **Gommer Heublumenglace,** S. 418

Einkaufstipps Goms

BROT

Bäckerei Imwinkelried, Fiesch

Die sympathische Bäckerei im Dorfzentrum von Fiesch war täglich meine erste Anlaufstelle während meiner Recherchen im Goms: Der Kaffee, die Gipfeli, Kuchen, Torten, Backwaren – alles ist vom Feinsten. Herausragend sind die Roggenbrote, die klassisch nach AOC-Norm, aber auch – und weit spannender – mit Nüssen und Früchten gebacken werden.

Rainer und Lisbeth Imwinkelried, Furkastrasse, 3984 Fiesch, Tel. 027 971 21 22, www.baeckerei-imwinkelried.ch.

KÄSE

Raclette- und Hobelkäse, Obergesteln

«Die Käserei Obergesteln macht den besten Raclettekäse weit und breit, sagt Baschi vom gleichnamigen Restaurant in Geschinen, der seinen Raclette- und Hobelkäse ausschliesslich in der Sennerei Obergesteln kauft. «Hier darf der Alpkäse noch schön lang reifen», sagt Baschi – was der Käse auch macht, und zwar in einem Keller aus Bruchsteinmauern. Eineinhalb Jahre lang kann der Hobelkäse hier sein Aroma entwickeln. Auch beim Raclettekäse hat Zenhäuser eine ganz besondere Methode: «Guter Raclettekäse braucht etwas Wasser in der Milch, drei Prozent genügen, und bereits entsteht ein feiner, zartschmelzender Käse».

Sennerei Obergesteln, Alexander Zenhäuser, Furkastrasse 1, 3988 Obergesteln, Tel. 027 973 20 12 oder 079 508 22 19.

Ziegenfrischkäse, Reckingen

Genoveva und Eduard Walpen in Reckingen halten Dutzende von Ziegen, die erstklassigen Frischkäse liefern. Im Sommer sind die Ziegen auf der Alp. Wer Zeit und Lust hat, kann direkt auf der Alp den Käse kaufen. In den übrigen Zeiten ist die Ziegenranch in Reckingen für die Freunde authentischer Terroirprodukte da.

Gommer Ziegenranch, Genoveva und Edi Walpen, Stiege, 3998 Reckingen, Tel. 027 973 17 56 oder 079 389 71 27, www.ziegenranch.ch.

Bio-Bergkäserei Goms, Gluringen

Die einzige Bio-Bergkäserei im Oberwallis befindet sich an der Strasse in Gluringen. Käsermeister Gerhard Zürcher und sein Team produzieren hier den «Biogomser 11», das Flaggschiff des Hauses; dann die beiden Mutschli-Varianten, den «Baschi» und den «Bascheli»; die «Gommer-Fee», einen Käse à la Camembert; den Gluringer» (halbfett) und einen vor wenigen Jahren mit Erfolg eingeführten Käse mit gerösteten Sonnenblumenkernen.

Einen Morgen lang habe ich die Käseproduktion hautnah miterlebt, die bereits um vier Uhr früh beginnt. Ein kleines Team arbeitet mit Liebe und hohem Können an den Produkten. Mit zum Betrieb gehört ein Laden, in dem die Produkte zu kaufen sind.

Bio-Bergkäserei Goms, Gerhard Zürcher, 3998 Gluringen, Tel. 027 973 20 80, www.biobergkaese.ch.

FLEISCH

Metzgerei Nessier, Münster und Fiesch

Die Gebrüder Marcel und Thomas Nessier führen die grösste Metzgerei im Goms, mit Filialen in Fiesch und in Münster. In Münster verfügen sie über eine grosse Schlachterei, trocknen das Fleisch in Naturluft und verarbeiten auch das meiste Hirschfleisch von Ammern. Bekannt sind die beiden Metzger nebst dem Trockenfleisch für ihre Hauswurst, das «Gommerli», aber auch Spezialitäten wie getrocknete Leberwurst, Pfefferwurst, Schafwurst, Salametti und Salami.

Metzgerei Nessier, Furkastrasse, 3985 Münster, Tel. 027 973 11 21, www.metzgerei-nessier.ch

Metzgerei Eggs, Reckingen-Gluringen

Klein und fein ist die Dorfmetzgerei von Beat Eggs in Reckingen-Gluringen. Als sein Vater an einem Herzinfarkt starb, schmiss Beat kurzerhand sein Ingenieurstudium und übernahm den Familienbetrieb. Heute ist er ein gefragter Spezialist für Gommer Fleischspezialitäten. Dazu gehört nebst dem Trockenfleisch eine eindrückliche Palette von Wurstspezialitäten, die von Lamm-, Ziegen- und Hirschwürsten, über Holunder- und Lauchwürste bis zur knorrigen Hauswurst reicht. Wie fast alle Gommer Wurstspezialitäten werden sie getrocknet genossen., wobei die Trockung bei Beat Eggs in einem modernen Klimaraum erfolgt.

Die armen Bergbauern mussten früher erfinderisch sein. Also streckte man die Würste mit allem, was die Felder und Gemüsegärten damals hergaben. Zum Beispiel mit gekochten Randen. Sie gaben der Wurst eine fleischige Farbe, auch wenn nur wenig Fleisch drin war. Heute ist der Fleischanteil hoch, geblieben aber ist die Zugabe von Randen und damit die randenrote Farbe. Die Randenwurst ist heute eine der beliebtesten Gommer Wurstspezialitäten und gilt als Kandidatin für die Slowfood-Arche, in der aussergewöhnliche Produkte gefördert werden. *Metzgerei Beat Eggs, Furkastrasse, 3998 Reckingen-Gluringen, Tel. 027 973 11 47.*

Galloway aus Obergesteln

Tania und Florian Hallenbarter züchten Galloway-Rinder in Obergesteln. Von deren Fleisch gibt es Gourmet-Beef, Trockenfleisch, Bratwürste und sogar Galloway-Edelweiss-Wurst. Zu kaufen sind die Spezialitäten im Laden an der Hauptstrasse. Hier gibt es auch sonst viel zu entdecken: vom Eierlikör über Munschäni (Merengues) bis zu süss-sauren Zucchetti. Öffnungszeiten. Dezember bis April: Do. – Sa. von 16.00 bis 18.00 Uhr, Juni bis November: Fr. – Sa. von 18.00 bis 19.00 Uhr. *Tania und Florian Hallenbarter, Landwirte, 3988 Obergesteln, Tel. 027 973 38 77 und 079 337 37 86.*

Lammfleisch Ritler, Blatten im Lötschental

Wer Lammfleisch nicht köstlich findet, ist auf der Zunge farbenblind – steht auf der Visitenkarte von Daniel Ritler aus Blatten. Der Mann verkauft Lammfleisch und sonst gar nichts. Das dafür in erstklassiger Qualität. *Daniel Ritler, Lammfleisch, Dorfplatz, 3929 Blatten, Tel. 079 217 57 51, www.danis-lamm.ch.*

KRÄUTER, TEE, KONFITÜREN

Bergland-Lädeli, Ernen

Am Eingang dieses sympathischen kleinen Ladens im alten Dorfkern von Ernen steht «Waren aller Art» – und das stimmt: Vom Gommer Suppengemüse über Kräuter, Gewürzkräuter, Fleisch, Ziegen-, Schaf- und Kuhkäse bis zu Saucen, Sirups, Wein und viel Eingemachtem stammt fast alles aus eigener Produktion. Herausragend ist das riesige Sortiment an Bergkräutertees. Die initiativen Lädelibesitzer gehören zu drei Familien, die in Ernen einen Demeterhof betreiben. Die Bergland-Produkte werden auch per Post zugeschickt. *Bergland-Produkte, Ernen-Dorf, 3995 Ernen, Ladenöffnungszeiten, 10 bis 11.45 und 15 bis 18 Uhr, Tel. 027 971 23 60, www.bergland.ch.*

TEIGWAREN

Alpenteigwaren Novena, Ulrichen

Pasta aus dem Goms? Das mag überraschen, gibt es jedoch tatsächlich, und zwar hergestellt von der kleinen Pastafabrik Novena in Ulrichen. Über 50 Sorten Pasta stellt Roman Bernegger mit seinen Mitarbeitern her. Da ist alles dabei, was man mit Mehl und erstklassigen Zutaten zu Pasta verarbeiten kann: Es gibt Dinkel-, Roggen-, Kastanien- oder Weichweizen-Nudeln, einige mit Safran, dann gefüllte Pasta mit Kürbis, Bergkräutern, Bergkäse, Trockenfleisch. Aber auch höchst innovative Bergravioli wie etwa die Gorgonzola-Zedernuss-Ravioli. Und meine Lieblinge: Gommer Raviolo gefüllt mit Gommer Kartoffeln.

«Bergprodukte sind im Trend», sagt Roman Bernegger und verweist auf die Bestrebungen von Grossverteilern, zusammen mit Granalpin und anderen Institutionen die Produkte und Arbeitsstrukturen in den Schweizer Bergen zu erhalten. Die Bergpasta von Roman Bernegger ist ein intelligenter und überraschender Schritt in diese Richtung.

Novena AG, Roman Bernegger, 3988 Ulrichen, Tel. 027 973 40 30, www.novena-pasta.ch.

Weitere Restaurants im Goms

GEPFLEGTE URCHUCHI

Mühle, Geschinen

Die Möblierung ist Programm: Alles, was hier nicht niet- und nagelfest ist, kann man kaufen. Die Tische, die Stühle, die Pflanzen. Und selbstverständlich stammt alles aus einheimischer Produktion, nämlich aus dem angrenzenden Schreinereibetrieb. Einheimisch ist auch alles, was auf der Menükarte steht. Dazu gehören erstklassige Gommer Wurstspezialitäten, darunter eine Heidelbeerwurst, serviert mit Alpkäse, dazu kommt eine reichhaltige Salatauswahl, saftiges Fleisch aus dem Goms, etwa Lammgeschnetzeltes an Bärlauchsauce, Schweinssteak im Rohschinkenmantel. Und wer sich nicht entscheiden kann, wählt das Überraschungsmenü, das drei bis sechs Gänge umfasst. Im September führt die Mühle Thementage «Wild und Wein» durch, im August gibt es Filmabende vor der «Leinwand unter Sternen» mit passenden Menüs. Eine höchst sympathische, junge Adresse im Goms!

Restaurant Mühle, Barbara Villiger und Andreas Ritz, 3985 Geschinen, Ruhetage: Sommer: Mo.; Winter: Mo., Di. ab 16 Uhr. Betriebsferien: Monat nach Ostern; Monat Ende Okt. bis Anfang Dez., Tel. 027 973 19 20, www.muehlegastro.ch.

CÄSAR RITZ

Drei Tannen, Niederwald

Das 1642 ganz in Holz gebaute Restaurant macht dem Geburtsort von Cäsar Ritz alle Ehre: Hier gibt es eines der besten Ritz-Menüs im Tal. Es wird saisonal mit Produkten aus der Region zubereitet und ist als 3- oder 4-Gänger erhältlich. Im Sommer sind dies Salat mit glacierten Milken, Kalbssteak mit Morchelsauce, Safrannudeln und Gemüse, sowie ein Schwarzteeparfait mit Kardamon auf Kirschenkompott. Beim 4-Gänger unter anderem überbackene Zwiebelsuppe, Rindsfilet mit Gänseleber nach Auguste Escoffier (dem Küchenchef von Cäsar Ritz), gekrönt von einem Walliser Sorbet-Duett. Schön auch das Schweinsfilet im Speckmantel mit Polentaschnitten (siehe Bild) oder das Fleischfondue «Drei Tannen». Ein sympathisches Plätzchen (mit Sonnenterasse) im Goms, das mit jedem Jahr noch besser wird.

Drei Tannen, Karin und David Gehrig, 3989 Niederwald, Ruhetage: Zwischensaison: Mi., Betriebsferien: im April und November, Tel. 027 971 11 73, www.dreitannen.ch.

AUSFLUGSBEIZ

Restaurant Imfeld, Binntal

Ganz hinten im Binntal (Postautoverbindung), auf 1500 Meter über Meer, liegt die berühmte Forellenbeiz von Pius und Annemarie Zumthurm. Sie ist berühmt wegen des barocken Berghüttendekors, das eine urgemütliche Stimmung schafft; vor allem aber wegen der Forellen, die aus dem Teich jeweils frisch für den Gast herausgefischt werden. Zudem gibt es einen schönen Fleischspiess namens «Römerschwert», saftiges Cordon bleu, Fleisch vom heissen Stein, diverse Fondues unter anderem mit Pilzen oder Birnen und Williams, nicht zu vergessen die Hauswürste aus eigener Produktion: Pius hält eine Herde Eringer Kühe, die er jeweils auch an die Kämpfe schickt. Nicht zu vergessen der hausgemachte Apfelkuchen und der Strahlerkaffee mit besonders viel «Güx» drin. Knapp eine Viertelstunde entfernt liegt die berühmte Langenbachgrube, das Mekka der Strahler. Hier findet man mit etwas Glück einen «Wunderstein». Und wenn nicht, gibt es genügend Kaufmöglichkeiten im Tal, das für seine gute Strahlung bekannt ist. *Restaurant Imfeld, Pius und Annemarie Zumthurm, 3996 Binn, Ruhetage: Mo., Di. (bis Pfingsten), danach immer offen. Betriebsferien: Ende Okt. bis vor Ostern (Karfreitag offen), Tel. 027 971 45 96.*

Rezepte

Die folgende Rezeptsammlung enthält über 120 Rezepte aus der französischsprachigen Schweiz. Die meisten Rezepte sind Bestandteil des kulinarischen Erbes der Romandie und gehören inzwischen zu den Klassikern. Andere wurden von innovativen Köchinnen und Köchen in jüngerer Zeit entwickelt. Allen Rezepten gemeinsam ist: Sie bauen auf den Terroirprodukten der Romandie auf und eignen sich auch für Nichtprofis zum Nachkochen. Wir wünschen gutes Gelingen und: Bon appétit!

Glossar

Was bedeutet was in der Westschweizer Küche?

Atriau: Brät im Schweinsnetz, im Unterschied zum Adrio mit etwas Leber drin.

Boudin: Blutwurst; wird in der Romandie in der Regel mit Rahm gemacht.

Boudin noir: Die sog. «schwarze Blutwurst»; wird zusätzlich mit Rotkohl, Äpfeln und Lauch gefüllt.

Bouquet garni: Kräutersträusschen, meist aus zusammengebundenem Petersilie, Thymian und einem Loorbeerblatt; bei Schweinefleisch (z.B. Evolener Eintopf) Salbei, Thymian und Majoran.

Boutefas: Die knorrigste aller Westschweizer Würste; gefüllt mit grob gehacktem Schweinefleisch, gewürzt mit Wein oder Schnaps; wird ausschliesslich gebrüht genossen.

Braisi: Schmorbraten aus luftgetrocknetem oder gepökeltem, geräuchertem Fleisch.

Brunoise: Klein gewürfeltes Gemüse oder Kartoffeln.

Chasselas: weisse Traubensorte; daraus werden Fendant, Chasselas und Neuenburger gekeltert.

Cholera: Oberwalliser Blätterteigkuchen, der mit Gemüse und Obst gefüllt wird.

Creme anglaise: Grundcrème für Desserts aus gekochter Milch, Eigelb, Zucker und Vanille.

Damassine: Wildpflaume, die in der Ajoie (Jura) wächst; daraus wird der gleichnamige Schnaps gebrannt.

Gelée: Sulz, Sülze; Fleisch-Gemüsebrühe, die man erkalten lässt, sodass sie sich verfestigt.

Longeole: Genfer Rohwurst, gefüllt mit den gallertigen Teilen des Schweins; wird ausschliesslich gebrüht gegessen.

Non filtré: Ungefilterter Weisswein aus dem Kanton Neuenburg.

Parfaits: Meist verwendet für luftige Schnapsglace (Grandmanier), aber auch für Parfaits mit feinen Füllungen aus Fleisch, Fisch, Meeresfrüchten, Trüffeln etc., die mit Gelatine und Eigelb gebunden und gekühlt serviert werden.

Pinot noir: Blauburgunder; hochwertige Rebsorte für Rotwein.

Saucisson vaudois: Geräucherte Rohwurst mit unterbrochener Reifung; ausschliesslich aus Schweinefleisch hergestellt. Sie wird als Brühwurst gegessen (nicht gebraten). Wird in Schweinedarm abgefüllt, deshalb rötlich-braun.

Saucisse vaudoise: Schweinsbratwurst, am Meter hergestellt und schneckenförmig gerollt; wird gebraten.

Saucisse au choux: Geräucherte Rohwurst mit unterbrochener Reifung, die nebst Schweinefleisch mit gebrühten Schwarten, Schweineleber und Weisskohl gefüllt wird. Abgefüllt in Rindskranzdarm, der weniger elastisch ist als der Mitteldarm; deshalb hat die Wurst eine gekrümmte (hufeisenförmige) Form und ist gelblich-braun.

Saucisson neuchâtelois: Ähnlich wie der Waadtländer Saucisson, abgefüllt in Rindsmitteldärme.

Saucisse neuchâteloise: Ähnlich wie die Waadtländer Saucisse, abgefüllt in Rindskranzdärme (deshalb gekrümmt); wird gebraten gegessen.

Saucisse d'Ajoie: Brühwurst aus dem Jura mit Schweinefleisch, Speck und höchstens 10 Prozent Rindfleisch; wird gewürzt mit Kümmel, Muskatnuss und Rotwein; wird mindestens acht Stunden im Holzrauch geräuchert.

Soufflés: von franz. souffle (Hauch, Atem); luftige Vor- oder Dessertspeisen (Auflauf), meist auf der Basis von geschlagenem Eiweiss.

Striflates: Schneckenförmige, jurassische Crêpes, die mit Mehl, Eiern und Kirsch zubereitet werden.

Tête de Moine: Zylinderförmiger Käse aus Rohmilch, der mit der Girolle zu Rosetten geschabt wird; Spezialität des Jura, erfunden im ehemaligen Kloster von Bellelay.

Vin cuit: eingekochter Saft von Büschelibirnen (auch «raisinée» genannt); wird für die Moutarde de Bénichon und den Vin-cuit-Kuchen verwendet.

Welschland

Sofern spezielle Zutaten erforderlich sind, haben wir bei den Rezepten jeweils die entsprechenden Bezugsquellen oder Hinweise angefügt. Erhältlich sind viele Waadtländer Spezialitäten (z.B. Saucissons, Saucisses, Käse, Vin cuit, Damassine, Absinth, Jurabier aus Saignelégier usw.) auch bei: *Welschland, Laurent Houriet und Jürg Steiner, Zweierstrasse 56, 8004 Zürich, Ruhetage: So., Mo., Tel. 043 243 98 50, www.welschland.com.*

Suppen

Kürbissuppe à la jurassienne

Von Markus Mettler, Restaurant du Boeuf, Courgenay, JU
Für 4 Personen

In einem grossen Kochtopf **1 EL Butter** schmelzen und **1 grosse Zwiebel, 2 Knoblauchzehen, 200 g geschnittene Kartoffeln, 400 g gelben, klein geschnittenen Kürbis** miteinander dünsten. Ablöschen mit **2 l Wasser,** würzen mit **Nelke, Lorbeer, geriebenem Muskat, Meersalz aus der Mühle** und etwas **Rindsbouillonpaste.** Das Ganze 40 Min. köcheln lassen und ab und zu gut vermischen und eventuell nachwürzen. Die Gewürze herausfischen und die Suppe mit einem Stabmixer pürieren oder durch ein Passevite treiben. Vor dem Servieren nach Belieben klein geschnittene **Speck-** und **Brotwürfel** in **Butter** braten und die Suppe mitten auf den Tisch stellen – jeder bedient sich nach Lust und Laune.
Gourmet-Variante: Geben Sie die Kürbissuppe in grosse Suppenteller und garnieren Sie sie mit frischen, heissen Ravioli und der passenden Garnitur, je nach Saison.

Schwarzwurzelsuppe mit Randenchips

Von Urs Trachsel, Restaurant zum Bauernhof, Ulmiz, FR
Für 2,4 Liter

1 Knolle Randen hauchdünn aufschneiden, in der Fritteuse knusprig frittieren, danach leicht salzen. **700 g Schwarzwurzeln** rüsten, in kleine Stücke schneiden und in **Zitronenwasser** geben (sonst verfärben sie sich). **70 g Lauch** und **40 g Sellerie** rüsten und klein schneiden. **70 g Zwiebeln** klein schneiden. **50 g Butter** in Pfanne geben und Gemüse (ohne Schwarzwurzeln) anziehen, ohne dass sie Farbe annehmen. Schwarzwurzeln beigeben und kurz mitdünsten. Mit **2 l Bouillon** auffüllen und köcheln lassen, bis das Gemüse gar ist. Mit Stabmixer pürieren und mit etwas **Salz** und **Pfeffer** abschmecken. Durch ein Spitzsieb passieren und mit **80 g Vollrahm** verfeinern und abschmecken. In heissen Suppentellern anrichten und mit **Randenchips** dekorieren.

Soupe de Chalet (Chaletsuppe)

Von Marielle Colliard, Le Tsalé, Les Paccots, FR
Für 4 Personen.

1 Lauchstange, 50 g Kohlrabi, 1 Knollensellerie (klein), 70 g Kefen, 100 g Spinat rüsten und klein schneiden. **30 g Brotwürfel** in **2 EL Butter** in der Pfanne rösten. **60 g Hörnli** nach Packungsangabe kochen. **2 EL Butter** in einer grossen Pfanne erwärmen, **1 Zwiebel** (fein gehackt) andünsten, danach zuerst Lauch mitdünsten, dann Kohlrabi und Sellerie. **6 dl Wasser** und **2 Bouillonwürfel** hinzufügen, 20 Min. sanft köcheln lassen. **250 g Kartoffeln** (geschält, geschnitten) zur Suppe geben und 20 Min. weiterköcheln lassen. Erst jetzt Kefen und Spinat beigeben und nochmals 5 Min. köcheln lassen. **6 dl Milch** dazugiessen und nochmals aufkochen. Vor dem Servieren **1,5 dl Crème double** dazugeben, die Suppe nochmals aufkochen, vom Herd ziehen und mit **Salz** und **Pfeffer** würzen, Hörnli dazufügen. In Suppentopf, **Baquet** oder **Caquelon** füllen. **Geröstete Brotwürfel, 100 g Gruyère (gerieben)** und **1 Bund Schnittlauch,** geschnitten, darüber streuen, sofort servieren.

Grüne Biobergkäsesuppe

Von Friedrich Zemanek, Restaurant Walliserkanne, Fiesch, VS
Für 4 Personen

200 g Roggenbrot in dünne Scheiben schneiden und mit **250 g Biobergkäse (geraffelt)** in einer Schüssel aufschichten. Mit **1 l heissem Milchwasser (5 dl Wasser, 5 dl Milch)** übergiessen und etwa 1 Std. ziehen lassen. **50 g Butter** erhitzen, **1 Zwiebel** (klein geschnitten) und **1 Knoblauchzehe** (klein geschnitten) darin andünsten. Dies mit der Käse-Brot-Masse vermengen und unter ständigem Rühren köcheln lassen. Mit **2,5 dl Weisswein (Fendant)** auffüllen (je nach Konsistenz noch etwas mehr Wein zufügen). Nach Bedarf mit **Salz** und **Pfeffer** würzen. Mit **3 dl Rahm** verfeinern, mit **Kräutermix,** angerührt in **etwas Weisswein,** verrühren und kurz aufwallen lassen. Dazu **Gschwellti, Birnen-** oder **Apfelmus** servieren.

La Calotte jurassienne (Jurassischer Suppentopf)

Von Alexandre Meusy, Restaurant du Soleil, Le Noirmont, JU
Für 1 Tontopf

1 Tontopf (oder Suppenschüssel) nehmen und einen **ausgerollten Blätterteig** so schneiden, dass er als Deckel des Topfs dienen kann (d.h. 2 cm Rand vorsehen). Ca. **1 l Bouillon** aufkochen. Je nach Geschmack mit **vorgekochten Fleisch- und Gemüsewürfeln** anreichern. Den Topf mit der Bouillon auffüllen. Den Rand des Topfs mit **Eigelb** bestreichen und sofort mit Teigdeckel zudecken. Teigrand fest andrücken und ebenfalls mit Eigelb bestreichen. Im Ofen bei 180 °C backen, bis der Teigdeckel schön aufgegangen und goldbraun ist (ca. 20 Min.). Heiss servieren.

Essenz von Steinpilzen im Einmachglas mit Blätterteighaube

Von Peter Gschwendtner, Restaurant Castle, Blitzingen, VS
Für 4 Personen

1,5 l Rindsbouillon in eine passende Kasserolle geben, **2 kg Steinpilze** säubern und schneiden und dazugeben, ca. 1 Std. die Rindsbouillon mit den Steinpilzen, **etwas Majoran** und **Thymian** auf mittlerer Hitze ziehen lassen, nicht kochen, damit die Essenz schön klar bleibt. Einmachgläser nach Belieben einfüllen. **50 g Blätterteig** ausrollen, mit einem Ring den Blätterteig etwas grösser als die Einmachglasöffnung ausstechen und auf die Einmachgläser legen, Bei ca. 220 °C die Gläser in den Backofen schieben und den Blätterteig aufbacken, anschliessend servieren.

Soupe de la Mère Royaume, Genf

Für 6 bis 8 Personen

400 g Speck (mager, ungesalzen) in **2 l Wasser** gar kochen. **500 g Kartoffeln, 3 Lauchstängel, 1 grosse Zwiebel** schälen, in kleine Stücke schneiden und zum Speck dazugeben. Alles etwa eine Stunde zugedeckt köcheln lassen. Den Speck herausnehmen und warm stellen. **125 g Reis** zum Gemüse geben, mit **Salz** abschmecken und alles nochmals etwa 30 Min. köcheln lassen. **50 g Kerbel** grob hacken und dazugeben. Vor dem Servieren den Speck in kleine Stücke schneiden und der Suppe beifügen. Suppe heiss servieren.

Gommer Heusuppe mit Trockenfleisch

Von Ewald Michlig, Restaurant Tenne, Reckingen-Gluringen, VS
Für 4 Personen

100 g Sellerie, 150 g weisser Lauch und **150 g Kartoffeln** waschen und in kleine Würfelchen schneiden; anschliessend mit **30 g Butter** in der Pfanne dünsten und mit **4 dl Heufond** und **4 dl Molke** ablöschen und weich kochen; mixen und nach Bedarf passieren; mit **1 dl Weisswein** und **1 dl Vollrahm** verfeinern; abschmecken mit **Salz** und **Pfeffer** und mit **Rahmhaube** und **fein geschnittenen Trockenfleischstreifen** garnieren. **Walliser Roggenbrot** dazu servieren
Heufond: Eine **Handvoll Bioheu** in **4 dl kochendes Wasser** geben und die Pfanne vom Herd ziehen. Zugedeckt 3– 4 Std. zugedeckt stehen lassen, damit der Heugeschmack intensiviert wird. Anschliessend die Flüssigkeit vom Heu trennen.

Süsskartoffelsuppe mit Champagner und marinierter Entenleber

Von Werner Rätz, Auberge des Clefs, Lugnorre, FR
Für 6 Personen

1 Entenleber gut kühlen und mit einem Messer in feine Tranchen schneiden. Auf einer Platte oder in einem Teller mit **Olivenöl, Meersalz, Pfeffer** und mit **Balsamicoessig** beträufeln, anschliessend zudecken und marinieren lassen. **300 g Süsskartoffeln** rüsten und in gleiche Stücke schneiden. **2 Schalotten** in **30 g Butter** dünsten, Kartoffeln beigeben und mit **1 l Gemüsebouillon** auffüllen. 10 –15 Min. leicht köcheln lassen, bis die Kartoffeln weich sind. Alles mit dem Mixer pürieren und wieder in den Topf geben. Nochmals aufkochen und mit **etwas Curry** und **Paprika** würzen. Mit **3 dl Rahm** und **2–3 dl Champagner** verfeinern. Die Suppe (nicht mehr kochen!) in Suppentellern anrichten, die Leber sorgfältig auf die Suppe legen, mit **Marinade** und **Kerbel** oder **Sauerampfer** garnieren.

Vorspeisen

Gefüllte Zucchini-Blüten

Von Emilie Ançay Galard, Relais des Chasseurs, Chiboz, VS
Für 4 Blüten

Aus **4 Zucchini-Blüten** (die Blüten müssen geöffnet sein) den Fruchtstempel entfernen. **200 g Sérac** (oder **Ricotta)** mit **1 Ei, 1 Knoblauchzehe** (durchgepresst), **1 Tomate** (fein gehackt) und **1 EL Bergkräutern (Salbei, Majoran, wilder Thymian)** sowie **Salz** und **Pfeffer** mischen. Die Blüten damit füllen. 5 Min. im Dampf garen, danach sorgfältig in einer Bratpfanne kurz in **Olivenöl** anbraten. Heiss servieren.

Kräuter-Sérac (Ziger, Ricotta)

Von Jean-Maurice Luyet, Auberge du Barrage, Sanetsch, VS
Für 1 Portion

200g Sérac (bzw. **Ziger** oder **Ricotta), 1 dl Rahm, 30 g fein geschnittener Schnittlauch, 15 g gehackte Petersilie, 5 g frische Thymianblüten, 5 g Knoblauch** und **5 g Schalotten,** alles zusammenmischen, bis eine homogene Masse entsteht. Kalt stellen. Vor dem Servieren ringförmig (oder nach Belieben) auf Teller geben. Mit **gegrillten Speckscheiben** und einem **Saisonsalat** servieren.

Linsenterrine

Von Hannelies Thomas, Chez Babel, Bardonnex, GE
Für 10 Personen

1 kg grüne Linsen knackig kochen, mit **35 g Körnersenf, 35 g Dijonsenf, 1,5 g Pfeffer, 1,5 g Salz, 1,5 g Aromat, 1,5 g Gewürzmischung** und **0,7 dl Nussöl** mischen. **50 g Gelée** in **3 dl Wasser** anrühren und mit **0,3 dl Himbeeressig** ebenfalls der Masse beifügen. In Cakeformen abfüllen und 24 Std. im Kühlschrank erkalten lassen. Mit **Vinaigrette** servieren.

Terrine von Gommer Ziger im Roggenbrotmantel auf Salatherzen

Von Peter Gschwendtner, Restaurant Castle, Blitzingen, VS
Für 4 Personen

100 g Eierschwämme oder **Morcheln** schneiden, sautieren und abschmecken. **200 g frischen Ziger** aus dem Goms mit **0,5 dl Naturjoghurt** und **0,5 dl Magerquark** im Cutter ganz glatt mixen, **1 dl Rahm** beigeben und mit **Salz** und **Pfeffer** abschmecken. Die Masse in eine Schüssel geben, **1 Gelatineblatt** in kaltem Wasser einweichen und dann abtropfen lassen, leicht erwärmen und unter ständigem Rühren in die Masse unterheben. Die Terrinenform mit **6–8 Roggenbrotscheiben** (dünn geschnitten) auslegen, einen Teil der Zigermasse einfüllen, den Rest der Masse nochmals teilen und in eine Hälfte **10 g fein geschnittene Kräuter** einrühren und in die andere Hälfte die sautierten Eierschwämme oder Morcheln. Die beiden verschiedenen Massen separat übereinander in die Terrinenform abfüllen und mit dem Roggenbrot, das über den Rand geht, abdecken, ca. 3 Std. im Kühlschrank kalt stellen. Die Terrine mit Messer portionieren, **Salatherzen** auf die Teller legen und die Terrine darauf geben, mit einer **Vinaigrette** marinieren und servieren.

Rauchforellenterrine im Lachsmantel

Von Rolf Gruber, Gommerstuba, Niederernen, VS
Für eine Terrinenform von 6 dl Inhalt

80 g Rahm anschlagen. In einer Schüssel **180 g Mascarpone** glatt rühren. **10 g Aspikpulver** in **0,5 dl Bouillon** auflösen und zusammen mit **150 g Rauchforellenfilet** in einer Küchenmaschine pürieren. Die Masse mit dem Mascarpone mischen, mit **Salz** und **Pfeffer** würzen. **50 g Gemüsebrunoise** dazugeben und den angeschlagenen Rahm unterheben. Die Mousse in eine mit ca. **200 g Rauchlachsscheiben** ausgelegte Terrinenform streichen und gut durchkühlen lassen. In Tranchen schneiden und auf Tellern dekorativ anrichten (mit **Blattsalaten**).

Gelée de ménage «Saint-Martin» (Hausmachersülze)

Von Serge Guntz, Restaurant Au Cheval Blanc, Asuel, JU
Für 12 Personen

3 Schweinsfüsse, 2 Schweinshaxen, 250 g Schweinskopf in einen grossen Topf legen, mit **kaltem Wasser** auffüllen, bis alles knapp bedeckt ist. Zum Kochen bringen, Schaum sorgfältig mehrmals abschöpfen, 3 Std. kochen lassen. **1 Lauch, 2 Rüebli (Möhren), 4 Knoblauchzehen, 1 Zwiebel** klein schneiden, dem Fleisch beifügen, **2 Lorbeerblätter, 3 Nelken** zugeben, mit **etwas Salz** abschmecken und nochmals 2 Std. kochen lassen. Das Fleisch herausnehmen. Die Brühe durch ein Sieb giessen, während 24 Std. erkalten lassen. Das noch lauwarme Fleisch entbeinen und in kleine Stücke schneiden; die Schweinshaxen mit den Händen zerquetschen, damit alle Inhaltstoffe sich verbinden. Das Fleisch in ein Leinentuch legen, ein Rechteck formen und während 24 Std. pressen. Das Fleisch in Scheiben schneiden und in die erkaltete Brühe (Sülze) einlegen; mit Scheiben von **gekochten Eiern, Cornichons** und **Karotten** dekorieren.

Entenleber im Torchon

Von Christoph Resch, Auberge de Mont-Cornu, Mont-Cornu, NE
Für 4 Personen

700 g Entenleber (Foie gras de canard) von Nerven und Sehnen befreien. Mit **15 g Salz, 3 g Pfefferkörner** und **1 dl Portwein (rot)** während 24 Std. im Kühlschrank marinieren. Dann die Leber auf einem Backpapier zu einem Zylinder formen. Ins Backpapier einschlagen und auf einem Stück Leinen platzieren, einrollen und mit Faden zusammenbinden; 6 Min. im auf 90 °C vorgeheizten Backofen garen. 24 Std. im Kühlschrank erkalten lassen. Zum Servieren in Tranchen schneiden und auf **Toast** geben. Pfeffermühle auf den Tisch stellen, um nach Belieben nachzuwürzen.

Enten-/Gänseleberterrine «Les Diablerets»

Von Denise Pichard, Auberge de la Poste, Les Diablerets, VD
Für 4 Personen

600g frische Foie gras (nicht gestopfte Enten-/Gänse-Fettleber) salzen und **pfeffern** und während 24 Std. in **7 dl Süsswein** und **1 dl Cognac** marinieren. Den Backofen auf 120 °C vorheizen. Die Leber in eine Terrinenform legen und während 20 Min. im Wasserbad bei 120 °C während 20 Min. im Ofen garen.

Tomaten gefüllt mit Krabbenfleisch, Ziegenfrischkäse und Kokosmilch

Von Thierry Minguez, Café des Négociants, Carouge, GE
Für 2 Tomaten

2 grosse Tomaten waschen, Deckel abschneiden, aushöhlen und abtropfen lassen. **100 g Ziegenfrischkäse, 4 EL Kokosmilch, 1 Messerspitze Piment (gemahlener Nelkenpfeffer), Schnittlauchröllchen, 100 g Fleisch von Königskrabben** und **1 Spritzer Tabasco** mischen. Unmittelbar vor dem Servieren die Tomaten mit der Mischung füllen. Mit **Salatblättern** oder **frischen Kräutern** garnieren.

Millefeuille mit Pilzen

Von Philippe Milleret, Auberge de la Couronne, Lessoc, FR
Für 4 Personen

250 g Blätterteig 3 mm dick zu einem Rechteck ausrollen und backen. Die gebackene Blätterteigplatte vorsichtig in 8 gleich grosse Rechtecke schneiden. **300 gemischte Pilze** (oder **Champignons) 1 gehackten Schalotte** in **1 EL Butter** bei grosser Hitze anziehen, bis sie ihre Flüssigkeit abgegeben haben. Ein Drittel der Pilze pürieren und die Blätterteigrechtecke damit gleichmässig bestreichen. Ein Drittel der Pilze mit **0,5 dl Rahm** vermixen, mit **Salz** und **Pfeffer** würzen und mit etwas **Geflügelfond** zur gewünschten Konsistenz verdünnen. Mit dem letzten Drittel der Pilze vermischen. Die Pilzmischung auf vier bestrichene Blätterteigrechtecke verteilen und mit den restlichen vier Rechtecken bedecken.

Mousse von Morcheln mit Bärenkrebsen

Von Peter Gschwendtner, Restaurant Castle, Blitzingen, VS
Für 4 Personen

1 kleine Zwiebel und **1 Knoblauchzehe** fein schneiden, mit **wenig Olivenöl** und **30 g Morcheln** leicht andünsten, mit **2 dl Vollrahm** im Cutter fein durchmixen. **2 Gelatineblätter,** 5 Min. in kaltem Wasser eingeweicht, mit der Morchel-Rahmmasse leicht erwärmen und gut durchrühren, **3 dl Rahm** fest schlagen und gut mit der Morchel-Rahm-Masse vermengen. Die Morchel-Rahm-Masse in Formen oder Ringe abfüllen und kalt stellen. **4 Bärenkrebsschwänze** mit **Salz** und **Pfeffer** würzen, mit **etwas Zwiebel, saisonalen Kräutern** und, wenn vorhanden, fein geschnittenem **Zitronengras** und den übrigen Morcheln sautieren. Die Morchelmousse auf die Teller legen, mit den Bärenkrebsen und Morcheln beliebig anrichten.

Cannelloni mit Alpensérac (Frischkäse)

Von Thierry Verdonck, Hôtel Bella Tola, Saint-Luc, VS
Für 4 Personen

4 Lasagneblätter al dente kochen. **2 Zucchini** der Länge nach in Streifen schneiden. **400 g Alpensérac** (bzw. **Ziger** oder **Ricotta)** mit einigen Lauchspitzen und sehr fein geschnittenen **Schalotten** mischen; einige Tropfen **Olivenöl** (Olio vergine, kaltgepresst), etwas **Salz, Pfeffer** aus der Pfeffermühle und **wenig Muskat** hinzufügen. Die Zucchinistreifen auf einer Frischhaltefolie nebeneinanderlegen und leicht salzen. Darauf werden die Lasagneteigwarenblätter gelegt, dann folgt die Sérac-Lauchspitzen-Füllung. Sorgfältig zusammenrollen und die beiden Seiten für den Kochvorgang verschliessen. Die Cannelloni in ein Aluminiumpapier einwickeln. Dann entweder mit Dampf erhitzen oder in siedendem Wasser ungefähr 10 Min. kochen. Auf heissen Tellern anrichten und nach Belieben mit **essbaren Blumen** dekorieren.

Fleisch und Geflügel

Freiberger Schweinsbraten

Von Alexandre Meusy, Restaurant du Soleil, Le Noirmont, JU
Für 4 Personen

1,5 kg Schweinshals der Länge nach einschneiden, mit **Salz** und **Pfeffer** würzen. Zusammen mit **1 geräucherten Wurst (z.B. Saucisse d'Ajoie)** in der Bratpfanne auf allen Seiten goldbraun braten und warm stellen. **Rüebli, Sellerie, Zwiebeln** schneiden, in **20 g Butter** dünsten und mit **2 dl Rotwein** ablöschen. Braten und Beilagen in einer Pfanne in **1 l Bouillon** kochen, **1 EL Demi-Glace** beifügen, **2 Lorbeerblätter, 5 g weisse Pfefferkörner, 1 Strauss Petersilie, Rosmarin** dazugeben und zugedeckt 1,5 Std. köcheln lassen. Braten herausnehmen und die Sauce passieren. Wenn nötig nachwürzen. Fleisch tranchieren und Sauce darüber giessen.

Braisi ajoulot (gepökelter, geräucherter Rindsschmorbraten)

Von Markus Mettler, Restaurant du Boeuf, Courgenay, JU
Für 4 Personen

1 kg Rindshals (gebunden, leicht gepökelt und geräuchert; fragen Sie Ihren Metzgermeister) mit **1 EL Bratfett** in einem Gusstopf anbraten und dann herausnehmen. **1 Zwiebel, 1 Karotte, 1/4 Sellerie** in kleine Würfel (Mirepoix) schneiden, in den Gusstopf geben und bei kleiner Hitze anbraten. Dann **2 Knoblauchzehen** schneiden und **1 EL Tomatenmark** in eine Pfanne geben und bräunen lassen. Ablöschen mit **1dl kräftigem Rotwein** und **2 dl Rinderbouillon.** Würzen mit **wenig Meersalz, Rosmarin, 1 Lorbeerblatt** und **3 Nelken.** Im mittelheissen Ofen ca. 120 Min. gedeckt oder über Nacht bei 85 °C 8–12 Std. garen, Kerntemperatur 80–85 °C. Den Braisi herausnehmen, Bratenjus absieben, langsam einkochen, eventuell leicht abbinden. **1 EL geschnittene, frische Gartenkräuter** über den aufgeschnittenen Braisi geben. Dazu serviert man **Flouttes** (siehe separates Rezept), **Spätzli** oder **hausgemachte Bandnudeln.**

Gratin ajoulot (gratinierter Bauernschinken)

Von Markus Mettler, Restaurant du Boeuf, Courgenay, JU
Für 4 Personen

In eine feuerfeste Platte **1dl leichte Rindsbouillon** giessen, **8 Tranchen** zu **60 g Bauernschinken ohne Schwarte** darauf verteilen. **2 dl weisse Sauce (Béchamel)** darüber verstreichen. Mit **1,5 dl Vollrahm** begiessen. **150 g weisse Champignons,** in Lamellen geschnitten, und **150 g gehobelten Ajoie-Käse** oder einen **guten Greyerzer** auf den Gratin verteilen. Nun das Ganze in den oberen Teil des Backofens schieben und bei 250 °C gratinieren.

Froschschenkel à la provençale

Von Yves Rondez, Restaurant du Lion d'Or, Cornol, JU
Für 4 Personen

1 kg frische Froschschenkel beim ersten Gelenk durchtrennen. **50 g Petersilie** fein hacken und beiseite stellen. **6 Knoblauchzehen** fein hacken oder durchpressen. **180 g Margarine mit 10% Butteranteil** in einer grossen oder zwei kleinen beschichteten Bratpfannen erhitzen. Die Froschschenkel mit **Salz** und **Pfeffer** würzen, durch **4 dl Rahm** ziehen und in **40 g Mehl** wenden. Die Froschschenkel in der heissen Margarine goldgelb braten. Knoblauch beifügen und Farbe nehmen lassen. Das Fett mithilfe eines Deckels abgiessen, damit die Froschschenkel in der Pfanne zurückbleiben. Die Pfanne wieder aufs Feuer stellen und mit **2 dl Weisswein** und dem Saft von **1/2 Zitrone** ablöschen. Die Sauce reduzieren, nach Bedarf mit **Salz** und **Pfeffer** abschmecken und wenig Petersilie beifügen. Gut mischen und in einer heissen Platte anrichten. Die Pfanne mit **2 dl Wasse**r ablöschen; **80 g Butter** zufügen, salzen und pfeffern und rühren bis die Butter geschmolzen ist. Die Sauce über die Froschschenkel giessen und mit dem Rest der Petersilie bestreuen.

Für Froschschenkel à la Crème: Gleiches Vorgehen, jedoch am Schluss die Froschschenkel in der Pfanne lassen, **Rahm** beifügen und mit **Salz** und **Pfeffer** abschmecken.

Schweinsbäggli mit Delsberger Wurst (Saucisse vadaise)

Von Ghislain Pissenem, Restaurant du Midi, Delémont, JU
Für 4 Personen

12 Schweinsbäggli (beim Metzger vorbestellen) in Fett anbraten; dann in einen Schmortopf geben. Aus **50 g Zwiebeln, 50 g Karotten** und **50 g Sellerie** ein Mirepoix zubereiten (in feine Stücke schneiden); in Fett anziehen und zum Fleisch geben; **3 dl kräftigen Rotwein** zugiessen, bis das Fleisch knapp bedeckt ist, und ein **Bouquet garni (Petersilie, Lauch, Thymian** und **Lorbeerblatt** zusammengebunden) beifügen. Das Ragout köcheln lassen, bis das Fleisch weich ist. Die Fleischstücke herausnehmen und die Sauce, falls nötig, reduzieren und mit **2 dl Schweineblut** (beim Metzger vorbestellen) und **1 dl Rahm** binden, wie für einen Wildpfeffer. **2 Würste** aus dem Val Vadaise in heissem Wasser (nicht kochend) gar ziehen lassen und sie dann der Länge nach halbieren. **8 Scheiben Kürbis** rüsten, salzen und in einem Sieb über Dampf garen. **600 g Spitzkohl** hobeln; **1 Zwiebel** hacken und **1 Apfel** klein schneiden. Alles in **20 g Butter** anziehen, mit **1 dl Wein** und **etwas Weinesssig** ablöschen. Mit **Zucker, Salz** und **Pfeffer** würzen; weich kochen und am Schluss **40 g Senf** einrühren. **600 g Federkohl** zerzupfen, in **20 g Butter** weich schmoren unter Beigabe von **wenig Kümmelpulver.** Die beiden Kohlsorten auf Tellern schön anrichten; die Kürbisscheiben und die Schweinsbäggli und je eine halbe Wurst daneben anrichten und mit der Sauce überziehen.

Neuenburger Leberwurst auf Chicorée britchonne (Winterendivien)

Von Tony Muller, Restaurant de l'Aigle, Couvet, NE
Für 4 Personen

150 g Zwiebeln fein hacken, **150 g Lauch** in Ringe schneiden. Beides in **20 g Butter** 5 Min. andämpfen. **1,2 kg Chicorée britchonne** (Winterendivien) in feine Streifen schneiden, dazugeben und mitdämpfen. **1 EL Bouillon** beifügen und dann zugedeckt 10 Min. schmoren lassen. **500 g Neuenburger Leberwurst** oder eine andere Saucisse mit Wasser bedecken, erhitzen, knapp unter dem Siedepunkt ca. 45 Min. ziehen lassen (nicht kochen!). **1 dl Vollrahm** zum Chicorée mischen, mit **Pfeffer** und **Salz** abschmecken. Gemüse auf vorgewärmten Tellern anrichten. Saucisse in Stücke schneiden und auf das Gemüse legen.

Saucisson neuchâtelois an Pinot-noir-Sauce

Von Tony Muller, Restaurant de l'Aigle, Couvet, NE
Für 4 Personen

1 grosse Zwiebel in Ringe schneiden und in einer Gusspfanne in **5 EL Erdnussöl** anbraten. **2 EL Mehl** braun rösten, mit **3 dl Wein (Pinot noir)** ablöschen und mit **3 dl Bouillon** auffüllen. 1 Bouquet mit **Petersilie, Thymian** und **1 Lorbeerblatt** zu den Zwiebelringen in die Gusspfanne geben und mit **Pfeffer** und **Salz** abschmecken. Zugedeckt auf kleinem Feuer eine halbe Stunde köcheln lassen. **1 kg Kartoffeln** in Scheiben schneiden und mit **2 Würsten (Saucisses neuchâteloises)** zur Sauce geben. Zugedeckt auf kleinem Feuer etwa 25 Min. ziehen lassen. Wenn nötig nachwürzen. Die Saucisses herausnehmen und 5 Min. ruhen lassen, dann in Scheiben schneiden. Kartoffeln und Sauce in die Teller geben und die Wurstscheiben darüber anrichten. Mit **Brot** servieren (zum Auftunken der Sauce).

Kalbsbäggli «Ferme des Brandt»

Von Cyrille Tribut, La Ferme des Brandt, La Chaux-de-Fonds, NE
Für 4 Personen

8 Kalbsbäggli (beim Metzger vorbestellen) **3 Rüebli** und **1 Zwiebel** schälen, **1 Stange Stangensellerie** und **1 Lauch** waschen. Das Gemüse in Brunoise schneiden. **Kräuter (Löwenzahn, Brennnesselspitzen, Sauerampfer etc.)** hacken. Die Kalbsbäggli **salzen, pfeffern** und **bemehlen.** In einem tiefen Brattopf rundum in **2 EL Traubenkernöl** anbraten, bis sie eine schöne Farbe angenommen haben. Aus dem Topf nehmen und auf Küchenpapier entfetten. Im gleichen Topf die Gemüse-Brunoise in der Butter anziehen und leicht Farbe annehmen lassen. Mit **1 l Wein** ablöschen und **3 Lorbeerblätter** und die Kalbsbäggli zufügen. Zudecken und 2,5 Std. auf kleinster Flamme köcheln lassen. Um festzustellen, ob das Fleisch gar ist, mit einer Messerspitze hineinstechen. Es muss wie durch Butter gehen. Die Kalbsbäggli aus dem Topf heben und warm halten. Die Sauce durchs Passevite passieren oder durch ein Sieb streichen. Die Sauce auf grosser Flamme reduzieren. Die Kräuter zufügen.
Die Kalbsbäggli mit der Sauce überziehen. Mit einem **Linsengemüse** oder **Risotto** servieren.

Kutteln nach Neuenburger Art

Von Evelyne Bühler, Restaurant Von Bergen, La Sagne-Crêt, NE
Für 4 Personen

800 g Kalbskutteln vorkochen und in ca. 4 cm grosse Vierecke schneiden. **1 Zwiebel** mit **1 Lorbeerblatt** und **1 Nelke** bespicken und in **5 dl Weisswein (Neuenburger Chasselas)** und **3 dl Bouillon** (Fleisch- oder Gemüsebouillon) mit **1 Karotte, 1 Lauch, 1 Knollensellerie** (geputzt) und **1 Zweig Petersilie** zum Kochen bringen. **10 Pfefferkörner** dazugeben und mit **Salz** abschmecken. Die Kutteln dazugeben und ca. 50 Min. auf kleinem Feuer köcheln lassen. Kutteln herausnehmen und auf einer warmen Platte oder idealerweise in einem Caquelon anrichten. Mit **Gschwellti, Mayonnaise, Vinaigrette** und **fein gehackten Zwiebelstücken** servieren.

Mit Honig lackierte Schweinsrippchen im Ahornsirup

Von Jean-Luc Geyer, Brasserie Le Cardinal, Neuchâtel, NE
Für 4 Personen

1kg Schweinsbrustspitzen (Costini) während 12 Std. im Kühlschrank marinieren mit **2 EL Honig, 6 EL Ahornsirup, 2 EL Soyasauce, 2 Thymianzweiglein, 1 gestrichenen Teelöffel gemahlener Ingwer, 50 g Puderzucker, 1 TL gemahlenem «5 Gewürze» (chinesische Gewürzmischung), 1 EL gehackte Zwiebel** und **1 Teelöffel fein gehacktem Knoblauch.** Von Zeit zu Zeit wenden. Den Backofen auf 250 °C vorheizen. Die Costini auf ein Backblech legen. Auf mittlerer Höhe in den Ofen schieben. Während 90 Min. im Ofen unter gelegentlichem Wenden und Begiessen mit dem Bratfond braten. Nach 45 Min. die Temparatur auf 180 °C reduzieren.

Entrecôte «Café de Paris»

Von François Vouillamoz, Restaurant Café de Paris, Genf, GE
Für 4 Personen

4 Entrecôtes à je ca. 200 g mit **Salz** und **Pfeffer aus der Mühle** würzen und in **2 EL Bratbutter** gut anbraten. Im auf 80 °C vorgeheizten Ofen während ca. 75 Min. garen lassen. Zusammen mit der **Kräuterbutter «Café de Paris»** servieren (Kräuterbutterrezept siehe S. 424).

Atriaux nach Bauernart

Von Marguerite Nicoulin, Restaurant du Raisin, Rocourt, JU
Für 4 Personen

4 Schweinsnetze und **200 g Schweineschmalz** beim Metzger vorbestellen. Die Schweinsnetze 3–4 Std. wässern. **200 g Schweinsleber** in kleine Stücke schneiden. **1 Lauch** in kleine Stücke schneiden. **1 Zwiebel** hacken und in **20 g Butter** kurz andünsten, Lauch dazugeben und kurz mitdünsten. Alles mit der gehackten Schweinsleber und mit **400 g Schweinshackfleisch** vermischen. **1 Ei, 1 EL Mehl, 1 EL Paniermehl** und **2 EL Damassineschnaps** (oder Pflümli) vermischen, zur Fleischmasse geben und alles gut verkneten. Mit **Salz, Pfeffer** und **Petersilie** abschmecken. 4 ballenförmige Stücke formen und auf die Schweinsnetze legen. Die Netze über die Atriaux ziehen und gut andrücken. Danach die Atriaux in 200 g Schweineschmalz beidseitig anbraten (ca. 10–15 Min.), bis sie schön braun sind. Dazu serviert man in Schweineschmalz gebratene **Rösti.**

Jacquerie neuchâteloise (Schnecken auf Sauerkraut)

Von Marc Lenggenhager, Pinte de Pierre-à-Bot, Neuchâtel, NE
Für 4 Personen

1 EL Wacholderbeeren und **1 EL Kümmel** in Wasser aufgiessen. **50 g Speckwürfel** in **20 g Butter** anbraten. **1 Zwiebel** fein hacken, dazugeben und mitdämpfen. **500 g rohes Sauerkraut** in heissem Wasser waschen, mit **3 dl Neuenburger Weisswein, 1 Schweinsfuss** und **1 Stk. Schweinsschwänzli** mit dem obigen Aufguss kochen. Wenn das Sauerkraut weich gekocht ist, herausnehmen, abtropfen lassen und als 2 cm dicke Schicht in 4 kleine feuerfeste Formen füllen. Kleine Vertiefungen ins Sauerkrautbett machen und pro Form bzw. pro Person das Fleisch von **6 Burgunderschnecken** mit **Kräuterbutter** hineingeben. Jede Schnecke noch mit ca. **0,1 dl Sauerrahm** bedecken. 10 Min. im Ofen backen und heiss servieren.

Auf Heu geräucherte Entenbrust

Von Urs Trachsel, Restaurant zum Bauernhof, Ulmiz, FR
Für 4 Personen

2 Entenbrüste (je ca. 300 g) mit **Pfeffer, Salz** und ein **wenig Ingwer** würzen und im oberen Teil der Entenbrust das Fett einschneiden. In einem Wok **frisches Bioheu** und **etwas Schwarztee** in die Vertiefung geben. Darüber ein in die untere Wölbung passendes Gitter oder einen ähnlichen Einsatz setzen und die Ente darauflegen. Der Rauch soll gut zirkulieren können, die Ente darf aber nicht mit dem Wokboden oder -rand in Berührung kommen. Den Wok mit dem Deckel gut verschliessen. Bei gutem Feuer erhitzen, bis sich Rauch entwickelt. Nach 15 Min. die Entenbrust wenden und die andere Seite räuchern. Vom Feuer nehmen. Wenn die Ente so weit abgekühlt ist, dass man damit hantieren kann, herausnehmen. Die Brust mit **Sesamöl** bestreichen und nochmals kurz in dem Wok mit **wenig heissem Öl** goldbraun dünsten. Danach in feine Tranchen schneiden und auf **Salat** legen. Mit **warmen Orangenfilets** garniert servieren.

Longeoles de la République mit Lauch

Von Gérard Le Bouhec, Les Curiades, Lully-Bernex, GE
Für 4 Personen

3 grosse Longeoles (Genfer Hauswürste) während 3 Std. (es braucht lange, bis sie gar sind) in **ungesalzenem Wasser** auf sehr kleinem Feuer ziehen lassen. **2 kg Lauch** putzen und in grosse Stücke schneiden. **500 g Zwiebeln** hacken. In einem grossen Topf die Zwiebeln in **100 g Butter** goldgelb anziehen, mit **5 dl Weisswein (Chasselas)** ablöschen und den Lauch dazu geben. Mit **Salz** und **Pfeffer** würzen. Den Lauch 30–40 Min. zugedeckt weich dünsten.
Zum Servieren: Die Longeoles in Scheiben schneiden und auf das Gemüsebett legen. Mit in Röllchen geschnittem **Schnittlauch** bestreuen. Da die Longeoles fette Würste sind, braucht es keine Sauce dazu. Das Lauchgemüsse macht ihren Geschmack noch runder. Allenfalls kann eine **Vinaigrette** mit **Meerrettich** dazu gereicht werden.

Fricassée nach Genfer Art

Von Christian Bize, Chez Babel, Bardonnex, GE
Für 4 Personen

600 g Schweinefleisch in kleine Stücke schneiden. In einer Marinade von **Rotwein, Suppengemüse, 1 Majoranzweig, 2 Thymianzweigen** und **1 Lorbeerblatt** 2 Tage im Kühlschrank ruhen lassen. Von Zeit zu Zeit wenden. Marinade um ein Drittel einkochen und durch ein Sieb giessen. Fleisch in Butter oder Schweinefett anbraten, würzen, mit Marinade ablöschen und bei kleiner Hitze ca. 50 Min. schmoren lassen. **1,5 dl Halbrahm** beifügen und reduzieren. **100 g Schweineblut** beigeben, jedoch ohne zu kochen (sonst gerinnt das Blut). Sofort servieren.

Papet vaudois (Lauchgemüse mit Kartoffeln und Chabiswurst)

Von Jean-Claude Daglia, Restaurant de l'Union, Bursins, VD
Für 4 Personen

800 g Lauch in 2 cm lange Stücke schneiden. **1 Zwiebel** hacken und in **10 g Butter** andünsten (nicht braun werden lassen). Den Lauch zugeben und 3–4 Min. mitdämpfen. Mit etwas **Salz** und **Pfeffer** abschmecken. **1,5 dl Weisswein (Chasselas)** und **1 dl Gemüsebouillon** dazugeben, zudecken und 10 Min. köcheln lassen. **400 g Kartoffeln** in kleine Würfel schneiden, dazugeben und alles weitere 10 Min. kochen lassen. **4 Saucisses aux choux (Kabiswürste aus Orbe)** dazugeben und 20 Min. mit dem Gemüse ziehen lassen. **10 g Butter** erwärmen, **1 EL Mehl** dazugeben und 2–3 Min. rühren, danach **3 dl vom Lauchsud** und **0,5 dl Milch** dazugeben. Mit **Salz, Pfeffer** und **wenig Muskatnuss** abschmecken und ca. 10 Min. auf kleinem Feuer köcheln lassen. Das Lauchgemüse, die Kartoffeln und Würste über einer Pfanne in ein Sieb giessen (der Sud in der Pfanne ergibt eine gute Suppe). Das Gemüse und die Würste zur Milchsauce mischen und das Ganze weitere 5 Min. ziehen lassen. Nach Bedarf etwas Lauchsud zugeben, damit die Sauce schön flüssig bleibt. Den Lauch herausnehmen und auf einer vorgewärmten Platte anrichten, Würste darauflegen. Mit einer Gabel einstechen (sonst läuft der Saft beim Schneiden am Tisch heraus). Auf einem Brett die Würste am Tisch aufschneiden.

Kardenpfännchen mit Mark

Von Gérard Le Bouhec, Les Curiades, Lully-Bernex, GE
Für 4 Personen

300 g Karden waschen und schälen (wenn eingemachte Karden verwendet werden, diese gut abtropfen lassen). Karden in **Salzwasser** mit **1 EL Mehl** ca. 20 Min. kochen, bis sie weich sind. **5 Markknochen (in Scheiben geschnitten)** mit kaltem Wasser waschen und während 15 Min. in **Salzwasser** blanchieren. Auf die Seite stellen. In einem Pfännchen **5 dl Pinot noir (Rotwein)** mit **1 Thymianzweig, 1 Lorbeerblatt** und **2 Gewürznelken** kochen und Sauce um drei Viertel reduzieren. **1 Suppenlöffel Kalbsfond** in Wasser auflösen und der Sauce beifügen. Mit **Salz** und **Pfeffer** abschmecken. Das Mark aus den Markknochen herauslösen und in die Pinot-noir-Sauce geben. **50 g Butter** in einer Bratpfanne erhitzen und die gut abgetropften Karden darin schwenken. Die Sauce mit dem Mark dazugeben. Nach Bedarf nochmals abschmecken. In einer tiefen Servierplatte oder in 4 kleinen Pfännchen servieren.

Poulet «Perly» im Salzmantel

Von Franz R. Wehren, Auberge d'Hermance, Hermance, GE
Für 1 Huhn

In einer Schüssel **3 kg grobes Salz, 100 g Mehl** und **1 dl Wasser** zu einer homogenen Masse mischen. **1 Huhn (ca. 1,2 kg)** mit **1 dl Erdnussöl** und **Pfeffer** bestreichen. Mit der Salzmasse rundum bedecken. Den Backofen auf 250 °C vorheizen und das Huhn darin während 45 Min. garen.
Beilage: **2 Karotten, 1 Navet (weisse Rübe), 2 Zucchini** und **200 g grüne Bohnen** in Stäbchen schneiden und in **Salzwasser** blanchieren. **1 dl Hühnerbouillon** aufkochen und **1 dl Crème fraîche** dazugeben, mit **100 g Butter** montieren und **1 EL Schnittlauch** in Röllchen beifügen. Die Gemüse in **100 g frischer, erhitzter Butter** wenden. **2 Kartoffeln** fein reiben; mit **Salz** und **Pfeffer** würzen und in einer Bratpfanne zu knusprigen Küchlein backen. Poulet mit einem Holzhämmerchen aus der Salzkruste lösen und sofort servieren.

Saucisse à rôtir (Waadtländer Schweinsbratwurst)

Von Michel Kunz, Au Bon Vin, Onnens, VD
Pro Person

50 g Karotten und **50 g Sellerie** in Stifte schneiden und in **Gemüsebouillon** weich kochen. **1 Waadtländer Schweinsbratwurst** in einer Bratpfanne gut durchbraten, danach überschüssiges Fett aus der Pfanne wegschütten. In einer separaten Pfanne **50 g Brunoise (klein geschnitte Karotte, Sellerie, Schalotte, Lauch)** in **20 g Butter** anziehen, mit **1 dl Rotwein** und **1 dl Gemüsebouillon** ablöschen und einkochen lassen, bis eine sämige Sauce entsteht. Die gebratene Wurst dazugeben und alles nochmals kurz aufkochen. Auf einer heissen Platte anrichten und mit den Karotten- und Selleriestiften dekorieren.

Saucisson vaudois au Salvagnin

Von Ursula Reichenbach, La Pinte du Paradis,
Château d'Aigle, VD
Für 4 Personen

1 Waadtländer Saucisson im heissen (nicht kochenden) **Wasser** 40–50 Min. ziehen lassen. In einer Pfanne **2 Schalotten** in **1 EL Butter** andünsten und mit **1 dl Rotwein (Salvagnin)** ablöschen. Während 5 Min. köcheln lassen, damit die Sauce etwas reduziert wird. Vorsichtig **0,5 dl Rahm** dazugeben. Die Wurst enthäuten und in Scheiben schneiden. Wurstscheiben zur Sauce geben und gut mit der Sauce übergiessen. Heiss servieren. Dazu passen **Reis, Gratin** oder **Kartoffelstock.**

Schnecken nach Sanetscher Art

Von Jean-Maurice Luyet, Auberge du Barrage ,Sanetsch, VS
Für 4 bis 6 Personen

30 Schnecken bereit legen. **260 g Butter** weich rühren; folgende Zutaten in die Buttermasse einarbeiten: **35 g gehackter Knoblauch, 20 g gehackte Petersilie, 25 g gemahlene Haselnüsse, 15 g geschnittener Schnittlauch,** weitere **Kräuter** nach Belieben, **5 g Salz, 2 EL Worchestersauce** und **2 cl Cognac.** Gut vermischen, dann kalt stellen. **20 g Schalotten** fein schneiden und in **20 g Butter** anziehen; die Schnecken dazufügen und mit **4 cl Marc** flambieren; die Kräuterbutter zufügen. In eine Schneckenpfanne füllen und 8 Min. im Ofen gratinieren.

Boudin noir (schwarze Blutwurst)

Von Jean-Maurice Joris, Restaurant Les Alpes, Orsières, VS
Für 4 Personen

150 g Rotkohl kochen, **2 Äpfel (Golden delicous)** in kleine Stücke schneiden. **150 g fein geschnittener Lauch** und **4 gehackte Schalotten** in **Schweineschmalz** anziehen, dann die Apfelstücke, **5 dl Schweineblut** (beim Metzger bestellen) und **4 dl Rahm** dazugeben und auf kleinem Feuer köcheln lassen. Wenn die Masse fest wird, den gekochten Rotkohl beifügen, mit **Salz, Pfeffer** und **Zimt** würzen; alles kurz durchmixen und erkalten lassen. **150 cm Darm** in 15 cm lange Stücke schneiden. Eines der Enden zubinden. Mit einem Dressiersack in jedes Darmstück **50–70 g Blutwurstmasse** pressen. Das offene Ende zubinden. Die Würste 5 bis 7 Min. im **Salzwasser** ziehen lassen (nicht kochen).

Beilagen:

Pommes confites: **Zwei Äpfel** in Schnitze schneiden. In **2 dl Weisswein** zusammen mit **50 g Butter** 10–15 Min. leicht kochen. Zusammen mit den Boudins servieren.

Mousseline de Pommes (Apfelmus): **3 Äpfel** schälen und kleinschneiden (das Kerngehäuse entfernt) in **2 dl Weisswein** und **3 EL Zucker** ca. 10–15 Min. kochen, dann durchmixen und zu den Boudins servieren.

Gämspfeffer

Von Ewald Michlig, Restaurant Tenne, Reckingen-Gluringen, VS
Für 4 Personen

Den vorgebeizten **Gämspfeffer (ca. 800 g)** von der Beize trennen und mit **Öl** in der heissen Bratpfanne gut anbraten; mit **Salz, schwarzem Pfeffer** aus der Mühle, **Rosmarin, Lorbeerblatt, Nelken, Wacholderbeeren, Kardamom** und **Sternanis** würzen und mit **2 dl kräftigem Walliser Rotwein** ablöschen; mit **Mehl** bestäuben; mit geklärter Beize und ca. **3 dl braunem Wildfond** auffüllen und bei schwacher Hitze ca. 1½ Std. schmoren; anschliessend die Flüssigkeit vom Fleisch trennen und mit **2 EL Heidelbeeren** nochmals aufkochen; mixen und durch ein Sieb passieren und die Sauce bei Bedarf abbinden; das Fleisch zufügen und mit einem Schuss **Marc de Dôle** verfeinern.

Entrecôte flambiert mit Edelweisslikör

Von Charles-Albert Fellay, La Tsâna, Le Châble, VS
Für 2 Personen

1 Karotte, 1 gelbe Rübe, 1 Viertel geschälter Kohlrabi einzeln in **Salzwasser** knackig kochen und sofort mit **kaltem Wasser** abschrecken. **1 Schalotte** in zwei Stücke schneiden, mit **1 EL Zucker** auf kleinem Feuer in **Olivenöl** weich dünsten; **2 Kirschentomaten** halbieren und weich dünsten. **1 Zucchino** längs halbieren und fächerförmig aufschneiden, leicht **zuckern** und mit **Kräutern** würzen. Die Bratpfanne erhitzen und **2 Entrecôtes vom Eringer Rind (je 200 g)** nach Belieben in **50 g Butter** braten. Die Gemüse fächerförmig auf dem oberen Tellerteil anrichten; leicht mit **Olivenöl** und **Gartenkräutern** würzen. Die Entrecôtes auf dem unteren Tellerteil platzieren; 2 Stk. **Wacholderbutter** (oder **Kräuterbutter)** mit einer **Edelweissblüte** (gezüchtete, nicht geschützte verwenden!) darauf setzen. Beim Servieren am Tisch **2 EL Edelweisslikör** in die Mulde der Wacholderbutter giessen und anzünden. Lassen Sie den Rest des Likörs von den Gästen selbst über das Fleisch giessen, sodass das ganze Entrecôte flambiert und dadurch mit dem Edelweissaroma parfümiert wird.

Kalbsmilken an Morchelrahmsauce

Von Max Mennig, Restaurant Zum See, Zermatt, VS
Für 4 Personen

40 g getrocknete Morcheln am Vortag einweichen, danach vierteln und unter fliessendem Wasser gut waschen. **1 Zwiebel** hacken. Von **600 g frischen Milken** kleine Stücke (Nüsschen) abzupfen und von den Häutchen befreien. In einer Teflonpfanne **40 g Butter** erhitzen, bis sie braun wird. Die Milken anbraten, bis sie ebenfalls braun werden. Mit **Salz** und **Pfeffer** abschmecken, aus der Pfanne nehmen und im Ofen warm halten. Gehackte Zwiebel mit **60 g Butter** in der Pfanne goldbraun anschwitzen, dann die Morcheln beigeben und ebenfalls anschwitzen. Die Milken dazugeben, erhitzen und mit **2 cl Cognac** ablöschen und flambieren. **1 dl Weisswein** dazugeben, kurz aufkochen lassen, **2 dl flüssigen Vollrahm** beigeben und nochmals mit **Salz** und **Pfeffer** abschmecken. Mit **Nudeln** servieren.

Lamm- und Kaninchenfilet im Blätterteig auf Speckbohnen

Von Peter Gschwendtner, Restaurant Castle, Blitzingen, VS
Für 4 Personen

4 Lammfilets und **4 Kaninchenfilets (Entrecôte)** gut von Sehnen befreien, mit **1 Knoblauchzehe** einschmieren und mit **Salz** und **Pfeffer** würzen. Die Filets ganz kurz mit wenig Erdnussöl heiss anbraten und abkühlen lassen. **250 g Blätterteig** gleichmässig ausrollen, in gleichmässig grosse Rechtecke schneiden, damit man je ein Kaninchen- und Lammfilet, auf die gleiche Länge geschnitten, einrollen und gut einpacken kann. **200 g frische Bohnen** fein säubern, die Enden abschneiden und im **Salzwasser** weich kochen. **30 g Trockenspeck, 1 Zwiebel** und **1 Knoblauchzehe** fein würfeln, in einer Pfanne glacieren, die Bohnen dazugeben und ziehen lassen. Den Umluft- oder Backofen auf 220 °C vorheizen. Die eingepackten Lamm- und Kaninchenfilets in den Ofen schieben, ca. 7 Min. fertig backen und rosa garen. (Für eine perfekte Garstufe eventuell zuerst einen Versuch machen.) Die im Blätterteig fertig gebackenen Filets aus dem Ofen nehmen. Die Speckbohnen nochmals erwärmen, auf den Tellern anrichten. Die eingewickelten Filets in Tranchen schneiden und anrichten, mit **Lammjus** umgeben und servieren.

Kalbsfiletroulade auf Edelbitterschokoladen-Sauce

Von Rolf Gruber, Gommerstuba, Niederernen, VS
Für 4 Personen

4 Kalbsfiletmignons von ca. 130 g zwischen Plastikfolie flach ausklopfen, mit **Salz** und **Pfeffer** würzen. **120 g Kalbsbrät** mit **1 kleinen gehackten Chilischote** und **1 TL gehackten Kräutern (Petersilie, Thymian, Rosmarin)** mischen. Das Brät auf die Kalbsfilets streichen, zusammenrollen und in gut gewässertem Schweinsnetz einpacken. Von allen Seiten heiss anbraten, im Ofen bei 180 °C während 10 Min. garen. Für die Sauce: **2 dl Kalbsfond** mit **1 dl Rotwein** stark einreduzieren und eventuell **wenig Edelbitterschokolade** einmontieren (ca. 5 g).
Chips: Blaue Kartoffeln, Rettich und **Karotten** rüsten, in hauchdünne Scheiben schneiden (0,5 mm, mit Aufschnittmaschine). Die Chips einzeln blanchieren, in einer Pfanne mit heisser Butter kurz anschwenken und würzen. Auf vier heissen Tellern rund anrichten, die Sauce in den Kreis giessen. Die Kalbsfilet halbieren und je zwei Stück auf die Teller geben.

Gsottus

Von Rolf Gruber, Gommerstuba, Niederernen, VS
Für 10 Personen

Am besten ist es, wenn Sie bei einem Gommer Metzger das Fleisch gemäss Rezept zusammenstellen lassen.
700 g Siedfleisch, 500 g getrocknetes Siedfleisch, 500 g getrockneten Lammrücken, 700 g Schweinsnüssli und **400 g grünen Speck** in einem grossen Topf kochen. Je nach Garzeit die einzelnen Stücke herausnehmen. **500 g Reis** dazugeben und in dieser Bouillon kochen. **2 mittelgrosse Kabis** schmoren und ebenfalls in dieser Bouillon kochen. **5 Fleischbirnen** halbieren und ungeschält in **etwas Weisswein** und **Zuckersaft** dünsten. **40 kleine Kartoffeln** schälen, in Würfel schneiden und in **Salzwasser** weich kochen. **800 g Sauerkraut** gut wässern und zusammen mit **700 g Rippli** weich kochen. **2 Saucissons** und **10 Paar Hauswürstli** in einem separaten Topf auf den Siedepunkt erwärmen und ca. 40 Min. ziehen lassen. Zuerst etwas Bouillon servieren, die zuvor dem Eintopf entnommen wurde, mit **Roggenbrotwürfeln** und **Käsewürfeln** als Beilage. Nachher folgen die übrigen Fleischstücke mit Kohl, Sauerkraut, Kartoffeln, Birnen und Reis.

Evolener Eintopf mit Saucisson, Speck und Alpspeck «Zambetta»

Von Raymonde Pralong, Au Vieux-Mazot, Evolène, VS
Für 4 Personen

1 Schinken, 1 nicht geräucherte Speckschwarte und **1 geräucherte Speckschwarte** in einen grossen Eisengusstopf schichten, mit **1,5 l kaltem Wasser** auffüllen und zum Kochen bringen. Mit einer Suppenkelle abschäumen und Hitze reduzieren. **2 EL Salz** und **2 Zwiebeln** gespickt mit **Nelken** zufügen und 2 Std. leicht köcheln lassen. **3 Lauch, 1 Weisskohl, 4 Karotten, 1 Kohlrabi** rüsten, zerkleinern und separat mit **1 Bouquet garni** (Kräuterbouquet mit Salbei, Thymian und Majoran) in Salzwasser gar kochen. Zusammen mit **2 Brühwürsten** (z.B. Saucisson vaudois), **2 Kochbirnen** und **4 Aprikosen** (halbiert) zum Fleisch geben und alles nochmals 1 Std. ziehen lassen. **500 g Kartoffeln** schälen und separat im Salzwasser kochen. Sobald sie gar sind, in den Eintopf geben und alles nochmals kurz köcheln lassen. Heiss servieren, als Beilage **Dijonsenf** und **Brot.**

Fisch

Frittierte Karpfen

Von Yves Rondez, Restaurant du Lion d'Or, Cornol, JU
Für 4 Personen

1,2 kg Karpfen, vom Fischhändler in 3 bis 5 mm dicke Scheiben schneiden lassen.
Für den Ausbackteig: 1 Ei in einer grossen Schüssel mit **3 EL Salz** und **1 TL gemahlenem weissem Pfeffer** schlagen; **2 dl helles Bier** unter ständigem Rühren zufügen (Erschrecken Sie nicht, wenn das Bier aufschäumt, wenn es mit dem Salz in Berührung kommt; das ist normal). Die Fritteuse auf 180 °C erhitzen. Eine **Portion Fisch (300 g)** im Ausbackteig 3–4 Min. marinieren. **1 kg Weissmehl** auf eine flache Platte sieben und die Fischstücke darin wenden. Das überschüssige Mehl abschütteln und ins **Erdnussöl** in der vorgeheizten Fritteuse geben. Der Garprozess dauert nur kurz: 2–3 Min. Auf Küchenpapier die frittierten Karpfenstücke abtropfen und pro Person drei bis vier Stücke auf einem heissen Teller mit je einem **Zitronenschnitz** und **Mayonnaise** anrichten. Es empfiehlt sich, nur kleine Mengen aufs Mal zu frittieren und das Ganze dreimal zu wiederholen. Als Vorspeise einen **grünen Salat** servieren.

Fischeintopf «Lac Léman» mit Koriander

Von Marc Bohren, Café Le Cercle, Aubonne, VD
Für 8 Personen

200 g rote Zwiebeln und **400 g Kartoffeln** in kleine Würfel schneiden und in **8 EL Olivenöl** extra vergine glasig braten. Mit **5 dl Chasselas (Weisswein)** ablöschen, und mit **1,5 l Fischfonds (Bouillon)** auffüllen (nicht zu salzig). **400 g Sellerieknolle, 600 g Karotten, 400 g Kohl** und **400 g Lauch** in kleine Stücke schneiden und mit **2 Handvoll gehacktem Koriander** in den Topf geben. 10–15 Min. al dente kochen. **250 g Lachsforellenfilets, 250 g Welsfilets, 250 g Zanderfilets, 250 g Eglifilets** in breite Streifen schneiden, mit **Meersalz** und **Schwarzpfeffer** würzen. Die Fische 3–4 Min. im Gemüsesud köcheln lassen. Mit frischem **Koriander** und **Zitronenschnitzen** garnieren. Dazu kann man **Knoblauchbrot** servieren.

Zander nach Vully-Art

Von Werner Rätz, Auberge des Clefs, Lugnorre, FR
Für 6 Personen

1 kg Zander (frisch) ausnehmen und schuppen. **300 g Pilze (Champignons etc.)** putzen und in kleine Würfel schneiden. **150 g Schalotten** abziehen und auch in Würfel schneiden. Den Zander mit dem Saft **1 Zitrone** (nur Saft), **Salz** und **Pfeffer** würzen. Den Bauch mit fein geschnittenen Kräutern (z.B. **Dill, Schnittlauch, Petersilie, Kerbel** und **Estragon), Pilzen** und **Zitronenscheiben** füllen. Den Fisch im Mehl wenden. In einer grossen Pfanne ca. **60 g Butter** aufschäumen lassen und den Zander darin anbraten. Pilze und Schalotten dazugeben und ca. 15 Min. im Backofen bei 220 °C braten. Mit **2,5 dl Riesling-Sylvaner vom Vully** und **5 dl Rahm** ablöschen, mehrmals damit übergiessen und in der Pfanne leicht bräunen lassen. Anschliessend den Zander herausnehmen und warm stellen. In die Sauce vorsichtig **140 g kalte Butter, 200 g rote Trauben** und **2,5 dl geschlagenen Rahm** einarbeiten, danach mit **Zitronensaft, Salz, Pfeffer** und **50 g Knoblauch** abschmecken. Die Sauce über den Zander geben und servieren.

Omble chevalier (Saibling)

Von Christian Bize, Chez Babel, Bardonnex, GE
Für 4 Personen

4 Saiblinge (ausgenommen, gewaschen) innen gut abtrocknen und mit dem Saft von **1 Zitrone** würzen. **Petersilie, Schnittlauch, Thymian, Rosmarin, Estragon** fein hacken. In einer Pfanne **50 g Butter** erhitzen, **3 Schalotten** dazugeben und hellgelb dämpfen. Die feingehackten Kräuter hineingeben und mitdämpfen. Die Fische in die Kasserolle legen, salzen und pfeffern.
Mit einer Mischung aus **1 dl Wein** und **1 dl Wasser** aufgiessen. Noch etwas **Zitronensaft** darüberträufeln und zugedeckt ca. 15 Min. ziehen lassen. Die Fische aus dem Sud nehmen und mit **Zitronenachteln** auf einer heissen Platte anrichten, warm stellen. **50 g Mehl** in **60 g Butter** rösten, mit dem Fischsud ablöschen und die Sauce glatt rühren. **2 dl Rahm** und **2 EL Weisswein** beifügen, mit **Salz** und **Pfeffer** abschmecken. Wenn die Sauce zu kochen beginnt, vom Feuer nehmen und mit **2 Eigelb** glatt rühren. Nochmals kurz erhitzen und über die Fische giessen.

Eglifilets «Du Port»

Von Guy Schacher, Café du Port, Rolle, VD
Für 4 Personen

750 g Eglifilets mit dem Saft von **2 Zitronen** beträufeln und mit **Salz** und **weissem Pfeffer aus der Mühle** würzen. Im Mehl wenden und überschüssiges Mehl abschütteln. Die Filets portionenweise in einer Mischung aus **viel frischer Butter** und **Schweineschmalz** in einer beschichteten Pfanne nicht zu heiss und nur kurz braten. Mit **gehackter Petersilie** bestreuen und mit **Salzkartoffeln** servieren.

Gratinierte Süsswasserkrebse und Eglifilets an Orangen-Rosmarin-Jus

Von Ursula Reichenbach, La Pinte du Paradis, Château d'Aigle, VD
Für 4 Personen

48 Eglifilets (12 pro Person) und das Fleisch von **10 Flusskrebsen** in **50 g Butter** und **etwas Rosmarin** anbraten. Mit **1 dl Orangensaft** ablöschen und die Sauce etwas reduzieren. **2 dl Vollrahm** dazugeben und Sauce weiterkochen lassen, bis sie leicht gebunden ist. Mit **Salz** und **Pfeffer** würzen. **5 EL Paniermehl** über das Ganze streuen und einige Min. im Ofen gratinieren. Mit einem kleinen Zweig **Rosmarin** dekorieren und heiss servieren.

Bachsaibling mit wilden Beeren

Von Klaus Leuenberger, Restaurant Sankt Georg, Ernen, VS
Für 8 Personen

3 Zwiebeln schälen und fein schneiden. Die Schale von **3 Orangen** dünn abschälen und in Streifen schneiden, den Saft auspressen, **2 cm Ingwer** in Streifen schneiden. **250 g Cassissirup, 1 EL scharfen Senf** dazugeben und alles in einem Topf zu Kompott einkochen. **8 Saiblinge à ca. 250–300 g** filettieren, aschen, würzen, mit **frischen Salbeiblättern** belegen und beidseitig in Butter knusprig braten. Mit **Salz** und **Pfeffer** abschmecken.
1 kg Heidelbeeren mit dem Kompott aufkochen, auf heisse Teller mit dem Saibling anrichten.

Lachsforellenravioli mit Basilikumbutter

Von Erneste Krall, Restaurant Clairbief, Soubey, JU
Für 4 Personen

Basilikumbutter: 1 dl Weisswein mit **2 dl Rahm** auf die Hälfte reduzieren, **2/3 Bund Basilikum** beifügen und vom Herd ziehen; die kalte, **in kleine Stücke geschnittene Butter** nach und nach ohne Kochen einarbeiten, bis die gewünschte Bindung entsteht. Mit **Salz** und **Pfeffer** würzen.
Lachsforellen-Ravioli: 200 g Weissmehl in eine Teigschüssel sieben, **2 grosse Eier** beifügen und alles kneten, bis ein geschmeidiger, fester Teig entsteht. **1/3 Bund frisches Basilikum** fein hacken und mit **einigen Tropfen Olivenöl** mischen. **200 g Forellenfilet** in 3 mm dicke Scheiben und dann in Vierecke von 3 cm Kantenlänge schneiden. Mit der **Basilikum-Öl-Mischung** einstreichen und mit **Salz** und **Pfeffer** würzen. Den Teig ausrollen, in zwei gleich grosse Stücke teilen; auf einem Teil des Teiges die Fischstücke mit genügend Zwischenraum verteilen. **1 Ei** verquirlen und den Teig rund um die Fischstücke mit einem Pinsel mit dem Ei bestreichen. Die andere Teigplatte leicht bemehlen und darüberlegen. Zwischen den Fischstücken den Teig zusammenpressen; die Ravioli ausschneiden und in **1 l kochendes Salzwasser** geben. Pfanne mit Deckel verschliessen und die Ravioli 5 Min. im heissen, nicht mehr kochenden Wasser ziehen lassen. Mit einer Schaumkelle aus dem Wasser ziehen. Abtropfen lassen und mit der Basilikumbutter servieren.

Vegetarische Gerichte und Beilagen

Gelber Reis mit Käse- und Apfelküchlein

Von Christian Henzen, Restaurant Fafleralp, Lötschental, VS
Für 4 Personen

Gelber Reis: **20 g Butter** in einem Topf erhitzen; **200 g Rundkornreis (Avorio, Carnaroli, Arborio, Vialone)** darin anziehen, bis er rundum mit Butter überzogen und glasig ist; mit **6–7 dl Milch** ablöschen. **1 Zimtstange** und **1 Messerspitze Safran** zufügen und ca. 20 Min. kochen. Mit **Salz** und **Zucker** abschmecken. **1,5 dl Rahm** steif schlagen und unterziehen.
Käse- und Apfelküchlein: **3–4 Äpfel** schälen und Kerngehäuse ausstechen; in 1 cm dicke Scheiben schneiden. **300–400 g Raclettekäse** in 1 cm dicke Scheiben schneiden. **200 g Weissmehl** in eine Schüssel sieben, mit **2 dl Milch** und **1 Prise Salz** verrühren. **2 Eier** trennen. Eiweiss zu Eischnee schlagen. Die Eigelb schlagen und unter den Teig ziehen; dann den Eischnee darunterziehen. Die Apfel- und Käsescheiben durch den Ausbackteig ziehen und in der auf 180 °C vorgeheizten Fritteuse goldgelb frittieren. **Zimt (gemahlen)** und **Zucker** miteinander vermischen; die Apfelküchlein darin wenden und zusammen mit den frittierten Käsescheiben auf dem Reis servieren.

Munder Safranrisotto

Von Martha Schnydrig, Restaurant Salwald, Mund, VS
Für 4 Personen

1 l Bouillon mit **frischem Gemüse, Stangensellerie, Rüebli, Lauch, wenig Zwiebeln** und **Rindsknochen** zubereiten. Mindestens 1 Std. kochen lassen, dann absieben. **0,5 l Reis** kurz mit **etwas Zwiebeln** andünsten und mit der Bouillon ablöschen. Sofort mit Bouillon auffüllen. **Safranfäden** in **etwas Weisswein (Fendant)** auflösen und gut umrühren. Den Weisswein mit den Safranfäden dazugeben. Am Schluss noch ein **wenig Mascarpone** und **einige Safranfäden** dazugeben, damit der Geschmack zur Geltung kommt.

Risotto Tête de Moine mit getrockneten Tomaten und Pinienkernen

Von Urs Chalupny, Restaurant de la Couronne, La Theurre, JU
Für 4 Personen

10 dl Bouillon (Rind oder Gemüse) aufkochen. **70 g Butter** in einem Topf zergehen lassen. Anschliessend die Würfel von **1 Zwiebel** beigeben und ohne Farbe dünsten. **200 g Risottoreis (z.B. Arborio)** hinzufügen und so lange anschwitzen, bis er glasig geworden ist. Dann die **getrockneten Tomaten** beigeben, mit **1 dl Weisswein** ablöschen und diesen vollständig verdampfen lassen, dann mit so viel **Bouillon** auffüllen, dass der Reis gerade bedeckt ist. Unter stetem Rühren den Reis köcheln lassen. Sobald die Flüssigkeit aufgesogen bzw. verdampft ist, wieder mit etwas Bouillon auffüllen; diesen Vorgang ungefähr 3–5 Mal wiederholen, bis der Reis nur noch einen leichten Biss hat.
Nun die restlichen **130 g Butter, 50 g geriebenen Tête de Moine** und **50 g geriebenen Parmesan** unterrühren, zuletzt etwas **Schnittlauch (geschnitten)** beigeben und mit **schwarzem Pfeffer** aus der Mühle abschmecken. Den Risotto in vorgewärmte tiefe Teller geben, mit **12 Tête-de-Moine-Röschen** und **gerösteten Pinienkernen** garnieren.

Frisettes oder Spätzli ab dem Brett

Von Markus Mettler, Restaurant du Boeuf, Courgenay, JU
Für 4 Personen

400 g Spätzlimehl (in den grossen Warenhäusern erhältlich) in eine Teigschüssel geben und eine Vertiefung im Mehl machen. **3 dl Milch, 4 Eier, etwas Meersalz aus der Mühle** und **Muskat** dazugeben und alles zu einem geschmeidigen Teig rühren und ihn klopfen, bis er Blasen wirft. In einem hohen Kochtopf **Wasser** mit **Salz** zum Sieden bringen. Den Frisette-Teig mit einem Löffel (nicht zu viel auf ein Mal) auf ein Schneidebrett geben und mit Hilfe eines Küchenmessers kleine regelmässige Ribeli in das leicht siedende Wasser geben. Nach jedem Ribeli das Messer kurz in das Kochwasser tauchen (der Teig klebt weniger am Messer). Wenn die Frisettes obenauf schwimmen, sie in eine feuerfeste Platte geben und im Ofen warm halten. Vor dem Servieren **geschmolzene Butter** mit **Streifen von weissem Lauch** darübergeben. Die Frisettes können auch im kalten Wasser abgekühlt, danach abgetropft und in Butter goldgelb gebraten werden.

Munder Safranspätzli

Von Ewald Michlig, Restaurant Tenne, Reckingen-Gluringen, VS
Für 5 Personen

200 g Weissmehl und **50 g geriebenes Weissbrot** in den Schlagkessel oder in die Knetmaschine geben; **3 Eier** und **1 dl Mineralwasser mit Kohlensäure** und **60 g flüssige Butter** daruntermengen; **Salz, Pfeffer** und **1 Prise Munder Safran** beigeben und die Masse zu einem geschmeidigen Teig verarbeiten, bis er Blasen wirft. Durch das Spätzli-Sieb in **leicht kochendes Salzwasser** streichen und die Spätzli pochieren; anschliessend in **Butter** anbraten und bei Bedarf nachwürzen.

Flouttes (Kartoffeltätschli mit Kräutern)

Von Markus Mettler, Restaurant du Boeuf, Courgenay, JU
Für 4 Personen

1 kg Kartoffeln schälen, in kleine Würfel schneiden und mit etwas **Salz** kochen. Gut abtropfen lassen.
In einem Kochtopf **100 g Butter** schmelzen, **2 gehackte Knoblauchzehen, 1 EL gehackte Petersilie, 1 EL geschnittenen Schnittlauch, 1 TL geschnittenen Liebstöckel** dazugeben und in Butter andünsten. Die gekochten, gut abgetropften Kartoffeln dazugeben, abschmecken mit **Muskat** und eventuell mit **etwas Meersalz aus der Mühle.** Alles gut zerstampfen und vermischen. Mit zwei Esslöffeln oder einem Eisportionierer gleichmässige «Quenelles» (Knödel) in eine gebutterte, feuerfeste Platte legen. Begiessen Sie das ganze mit **Vollrahm (Menge nach Ihrem Geschmack)** und berieseln Sie alles mit **alten Weissbrotbröseln (Mie de Pain).** Die Flouttes für ca. 20–30 Min. in den auf 200 °C vorgeheizten Backofen gebeben und goldig gratinieren.

Kartoffelpuffer

Ambros Notz, Restaurant Des Bains, Murten, FR
Für 6 Personen

1 kg Kartoffeln waschen, rüsten und in feine Streifen hobeln. **70 g Zwiebel** fein hacken. Gehackte Zwiebeln mit **1 grossen** oder **2 kleinen Eiern, 50 g Weissmehl** und **1 g Salz** mit den Kartoffeln gut mischen. Aus der Kartoffelmasse Küchlein formen und in **Schweineschmalz** in einer Bratpfanne braten.

Rosinenpolenta

Von Ewald Michlig, Restaurant Tenne, Reckingen-Gluringen, VS
Für 4 Personen

1 kleine gehackte Zwiebel in **Butter** anrösten; **150 g Bramata-Polenta** in die Pfanne geben und leicht glasieren; **3 dl Hühnerbrühe** und **3 dl Milch** dazugeben und auf den Siedepunkt bringen; zugedeckt im «Holdomat» oder Backofen 4 Std. bei 100 °C ziehen lassen; anschliessend eine **Handvoll Rosinen** daruntermischen und mit **Salz** und **Pfeffer** aus der Mühle abschmecken; weitere 30 Min. ziehen lassen; **120 g geriebenen Alpkäse** und **1 dl Vollrahm** daruntermischen. Die Rosinenpolenta passt zu **Wild-** und **Lammgerichten** und kann sehr gut aufgewärmt werden.

Omelette jurassienne

Von Roger Kueny, Restaurant Victoria, Delémont, JU
Für 1 Person

3 Eier schlagen und vor dem Braten mit **Salz** und **Pfeffer** würzen. **1 Bund Petersilie** hacken und mit den Eiern mischen.
1 Kartoffel in der Schale kochen, schälen und in kleine Würfel schneiden. **30 g Speck** in kleine Würfel schneiden. Vom Tête de Moine mit einer Girolle **40 g Rosetten** hobeln. In einer beschichteten Bratpfanne **50 g Butter** bei mittlerer Hitze schmelzen, ohne sie Farbe annehmen zu lassen. Die Speckwürfel darin anbraten; **15 g Zwiebeln** zufügen und weich dämpfen. Die geschlagenen Eier zufügen und bei starker Hitze unter ständigem Rühren mit einem Holzspachtel die Eier zu einer weichen Masse gerinnen lassen. Nun das Omelett braten, damit es eine leichte Kruste erhält. Die Pfanne schräg halten und dem Omelett mit einem kleinen Schlag an die Pfanne die charakteristische ovale Form geben. Auf einen heissen Teller gleiten lassen und mit **geschmolzener Butter** beträufeln. Mit **5 Rosetten vom Tête de Moine, 1 EL Schnittlauch** und **1 Cherrytomate** garnieren.

Pilzschnitte mit Eierschwämmen

Von Sarah de Siebenthal, Refuge de Taveyanne, Gryon, VD
Für 2 Personen

500 g Eierschwämme putzen und halbieren. **4 Scheiben Toastbrot** toasten und beiseite stellen. **1 Zwiebel** hacken und mit **1 Knoblauchzehe** (in kleine Stücke geschnitten) in **20 g Butter** andünsten. Anschliessend die geschnittenen Pilze dazugeben und braten. **Petersilie** beifügen. Mit **2 dl Weisswein (Chasselas)** ablöschen und kurz aufkochen. **4 dl Rahm** beifügen. Mit **Salz** und **Pfeffer** abschmecken. Je 2 Toastbrote in 2 heisse Pfännli (oder Teller) geben, Pilze mit der Sauce darüber giessen. Heiss servieren.

Roggensoufflé mit Ratatouille

Von Markus Ries, Restaurant Hohnegg, Saas-Fee, VS
Für 4 Personen

Soufflé: 150 g Thermo-Roggengrütze (oder **500 g gekochter Roggenschrot)** mit **4 dl Wasser** ca. 5 Min. kochen, danach noch 20 Min. nachquellen und etwas auskühlen lassen. **50 g weiche Butter** schaumig rühren und **2 Eigelb** zugeben. Das lauwarme Roggenthermo mit folgenden Zutaten vermischen: **30 g gehackte Baumnüsse, 1 dl Rahm, 1,5 dl Sauerrahm, 50 g Weizen-** oder **Dinkelvollkornmehl.** Mit **Thymian, Curry** und **etwas Sojasauce** abschmecken. Zum Schluss **2 Eiweiss** mit **etwas Meersalz** steif schlagen und darunterziehen. Die Masse in gebutterte und gemehlte Förmchen abfüllen, diese in eine mit etwas Wasser gefüllte (ca. 1 cm) Form stellen und im Ofen bei ca. 220 °C ca. 20–25 Min. backen. Wenn das Soufflé fertig ist (also wenn es sich fest anfühlt, es sollte jedoch noch etwas saftig sein) aus dem Ofen nehmen und noch etwas ruhen lassen, so lässt es sich dann besser aus der Form stürzen.
Ratatouille: 1 kleine Zucchetti, 1 rote und/oder **gelbe Peperoni, 1 kleine Zwiebel, 2–3 frische Tomaten** separat in Würfel und/oder in Scheiben schneiden. Danach zuerst die Zwiebel mit dem Knoblauch in Olivenöl anbraten, danach Peperoni und Zucchetti zugeben und anbraten, dann frische Tomaten mit **4 dl Tomatensauce** (oder **pürierten Pelati)** zugeben und ca. 20 Min. köcheln lassen. Zum Schluss mit **Meersalz** und **frischen Kräutern** abschmecken.
Zum Anrichten das Ratatouille in die Mitte des Tellers geben und das Roggensoufflé daraufsetzen, als Garnitur kann man noch **etwas gehackte Kräuter** darumstreuen.

Mousseline aus grünen Linsen

Von Marc Bohren, Café Le Cercle, Aubonne, VD
Für 4 Personen

4 EL Olivenöl extra vergine und **1 EL Butter** erhitzen. **2 Zwiebeln** fein gewürfelt darin glasig dünsten. **250 g grüne Linsen, 2 EL Tomatenkonzentrat, 2 grob geschnittene Tomaten, 200 g frische Herbsttrompeten** (oder **80 g getrocknete)** und **1 Handvoll gehackte Petersilie** dazugeben. Mit **2 dl Chasselas (Weisswein)** und **1 dl Porto** ablöschen. Mit ca. **1 l heisser Gemüsebouillon** und **1 l Milch** auffüllen. 35–40 Min. köcheln lassen, von Zeit zu Zeit rühren. Wenn nötig noch etwas Bouillon nachgiessen, der Sud muss immer halbflüssig bleiben. Alles im Mixer pürieren (Maizena zugeben, wenn die Masse zu flüssig ist). **50 g Butter, 2 Eier, 2 dl geschlagenen Rahm** mischen und zur Mousseline geben. Mit **Muskatnuss** (nicht zu viel), etwas **Meersalz** und **Blumenpfeffer** abschmecken.

Pfännchen von vergessenen Gemüsen mit Juratrüffeln

Von Ghislain Pissenem, Restaurant Du Midi, Delémont, JU
Für 4 Personen

1 Juratrüffel schälen (Schalen für die Sauce aufbewahren) und in feine Scheiben schneiden.
Für die Sauce **2 dl roten Portwein** auf die Hälfte reduzieren; **1 dl Geflügelfond, 1 dl dunklen Kalbsjus** und **Trüffelschalen** beifügen. Bis zur gewünschten Konsistenz reduzieren. Nach und nach **50 g Butter** (in kleine Stücke geschnitten) mit einem Schwingbesen in die Sauce einrühren (montieren) und durchmixen.
600 g «vergessene» Gemüse (z.B. Knollenziest, Knollenkerbel, Topinambur, Rote Rübe, Pastinake, Schwarzwurzel) schälen und in mundgerechte Stücke schneiden. Die Pastinaken blanchieren; die Schwarzwurzeln dünsten; die übrigen Gemüse im Pfännchen in **2 EL heissem Olivenöl** und **20 g Butter** anziehen; mit **1 dl Gemüsefond** ablöschen und köcheln lassen. Zum Schluss die Pastinaken und die Schwarzwurzeln beifügen. Das Gemüse im Pfännchen mit **Juratrüffeln** garnieren. Die Sauce getrennt in einer Saucière servieren.

Kleine Kürbisse aus Apples

Von Jean-Yves Raemy, Café Berra, Choëx, VS
Für 1 Kürbis

Den oberen Teil des **Kürbis** ausschneiden, um einen Deckel zu erhalten. Aus dem Kürbis das Fleisch mit einem Löffel herausnehmen. Den leeren Kürbis mit dem Deckel 25 Min. im Dampf kochen. Das Kürbisfleisch mit **20 g Butter** in einer kleinen Pfanne mit Deckel langsam schmelzen lassen. Sobald es weich ist, **0,5 dl Rahm** und **20 g Butter** dazugeben, würzen und gut mischen. Das leere Kürbistöpfchen mit dem Kürbisfleisch füllen. Eine Gratinmischung zubereiten aus **0,5 dl Rahm, 2 Eigelb** und **50 g Parmesan.** Jeden Kürbis mit der Masse überdecken und gratinieren. Das Deckelchen darübersetzen und servieren.

Cholera

Von Klaus Leuenberger, Restaurant Sankt Georg, Ernen, VS
Für 15 Portionen

700 g Kuchenteig ausrollen und auf 2 runde Kuchenbleche von 30 cm Durchmesser auslegen (ca. 2–3mm Dicke). **1 kg Kartoffeln** in der Schale kochen, dann schälen, in dünne Scheiben schneiden und in die Formen geben. **500 g Alpkäse (gerieben)** darauf verteilen. **1,5 kg Lauch** oder **Zwiebeln** rüsten, waschen, fein schneiden und in **Margarine** oder **Butter** weich dünsten, salzen und würzen, dann auch in die Formen verteilen. Weitere **500 g Alpkäse (gerieben)** einfüllen. **1 kg Äpfel** oder **Birnen** vom Kerngehäuse befreien, in Scheiben schneiden, mit **Majoran, Muskat** und **Kümmel** würzen und als letzte Schicht einfüllen. Die Kuchen mit dem restlichen Teig zudecken und im vorgeheizten Ofen bei 180 °C 1 Std. backen.

Fondue und andere Käsegerichte

Fondue moitié-moitié

Von Marielle Colliard, Le Tsalé, Les Paccots, FR
Für 4 Personen.

1 Knoblauchzehe schälen, halbieren und das Caquelon damit ausreiben. Knoblauch in feine Scheibchen schneiden und mit **400 g Gruyère (gerieben oder geschnetzelt)** ins Caquelon geben. **3,5 dl Weisswein** (trocken) zufügen und alles bei mittlerer Hitze unter langsamem Rühren zum Schmelzen bringen. **400 g Freiburger Vacherin (geschnetzelt oder gerieben)** zufügen und ebenfalls zum Schmelzen bringen. In einem Glas **0,5 dl Kirsch, 2 EL Maizena, 1 TL Zitronensaft** anrühren und mit **1 Prise Cayennepfeffer** würzen. Zur Fonduemischung ins Caquelon geben und alles unter starkem Rühren nochmals kurz aufkochen. Mit **Pfeffer, Paprika** und **Muskat** abschmecken. Mit **Brotstücken** servieren.

Fondue Vacherin fribourgeois

Von Marielle Colliard, Le Tsalé, Les Paccots, FR
Für 4 Personen.

1 Knoblauchzehe schälen, halbieren und das Caquelon damit ausreiben. Knoblauch in feine Scheibchen schneiden und mit **3,5 dl Wasser** und **1 EL Maizena** ins Caquelon geben. Erhitzen. **750 g Vacherin fribourgeois (3 Sorten zu gleichen Teilen: 2-jähriger. 1-jähriger, junger)** hineingeben und bei mittlerer Hitze unter langsamem Rühren schmelzen lassen. Nicht zum Kochen bringen! Bei Bedarf **lauwarmes Wasser** zufügen. Mit **Pfeffer** abschmecken. Mit **Brotstücken** und **Gschwellti** servieren.

Ziegenkäsefondue «La Cabriolle»

Von Manon Minnig, Restaurant La Cabriolle, Bulle, FR

Natürlich kann man eine Ziegenkäse-Fonduemischung selber herstellen. Es lohnt sich jedoch, die bewährte Original-Mischung zu kaufen und das Fondue wie auf der Packung angegeben zuzubereiten. Die Bezugsadressen findet: man auf www.lacabriolle.ch. Hier kann man die Original-Fonduemischung auch online bestellen. In Zürich findet man die Mischung immer am Mittwoch am Stand «Mille et un Fromage» am Markt im Zürcher Hauptbahnhof Die Rezeptur ist auf der Packung angegeben. Bei Fragen wenden Sie sich an: *La Cabriolle, Manon Minnig, Tel. 026 912 22 37.*

Malakoff (Waadtländer Käsekugeln)

Von Jean-Claude Daglia, Hotel de l'Union, Bursins, VD
Zutaten für 8 Malakoffs

30 g Mehl, 2 Eier, 1 zerdrückte Knoblauchzehe mit **2 dl Weisswein, 1 cl Kirsch** und **1 Messerspitze Natron** vermischen. **600 g würziger Gruyère** (gerieben) dazugeben und zu einer dickflüssigen Masse vermischen. Mit **Pfeffer** und **wenig Muskatnuss** würzen. **Weiss-** oder **Toastbrot** in 8 runde Scheiben von 8-10 cm Durchmesser schneiden. Die Käsemasse auf den Brotscheiben halbkugelförmig aufschichten (in der Mitte etwa 2 cm dick). In 190 Grad heissem **Frittieröl** kopfüber schwimmend frittieren, bis die Käsekugeln schön goldbraun sind. Danach umdrehen und die Unterseite ebenfalls knusprig backen. Herausnehmen, auf Küchenpapier abtropfen lassen und auf vorgewärmten Tellern anrichten. Dazu serviert man **Essiggurken, Silberzwiebeln** und **Salat.**

Polentaschnitten mit Raclettekäse und Rohschinken

Von Emilie Ançay Galard, Relais des Chasseurs, Chiboz, VS
Für 4 Personen

Walliser Raclettekäse in 8 Tranchen von ca. 10 x 10 cm schneiden, **4 Tranchen Rohschinken** vorbereiten. **250 g grobe Polenta (Bramata)** in **1 l Rinderbrühe** kochen. Auf ein feuchtes Holzbrett (oder Marmorfläche) giessen und erkalten lassen. Danach aus der Polenta runde Scheiben von 15 cm Durchmesser ausstechen. In die Mitte jeder Scheibe eine Tranche Raclettekäse, dann eine Tranche Rohschinken und eine zweite Tranche Käse legen. Zuoberst wieder mit einer Polentascheibe zudecken. 1 Std. zugedeckt in den Kühlschrank stellen. Danach **2 Eier** verrühren, die Polentaschnitten durch die Eiermasse ziehen und in **200 g Paniermehl** panieren. In einer Bratpfanne schwimmend frittieren und im Ofen bei 180 °C 5 Min. fertig garen. Mit einem Salat aus **Walliser Tomaten** servieren.

Desserts

Striflates (frittiertes Gebäck aus dem Jura)

Von Markus Mettler, Restaurant du Boeuf, Courgenay, JU
Für 4 Personen

In eine geeignete Teigschüssel **1 kg gesiebtes Weissmehl** geben, einen Kranz formen und **1/2 TL Salz, 4 Eier (frische Freilandeier)** und **0,5 dl Kirsch** dazugeben. Alles zu einem geschmeidigen Teig vermischen und zugedeckt mindestens 2 Std. in der Küche ruhen lassen. Bereiten Sie in einer genügend grossen Bratpfanne eine kleine Fritteuse vor, indem Sie ca. 2 cm hoch **Erdnussöl** oder einen anderen für das Frittieren **geeigneten Fettstoff** hineingiessen. Bereiten Sie einen Dressiersack vor mit einer kleinen Lochtülle und geben Sie eine kleine Menge Teig hinein. Lassen Sie nun den Teig in das heisse Öl fliessen, indem Sie spiralförmige, enge Kreise ziehen. Mit zwei Holzlöffeln wenden Sie die Striflates. Wenn sie eine goldige Farbe angenommen haben, herausnehmen und auf Küchenpapier abtropfen lassen. In **Zimt** und **Zucker** wenden und sofort in den vorgeheizten Ofen geben. **Dazu serviert man: warme Vanillesauce, Vanilleglace** und **Früchtekompott**

Zwetschgenkompott

Von Urs Trachsel, Restaurant Zum Bauernhof, Ulmiz, FR
Für ca. 10 Konfitürengläser

2 kg frische Zwetschgen waschen, halbieren und entkernen. Mit **300 g Zucker** und **1 Zimtstange** in passendes Kochgeschirr geben, mit ca. **2 dl Wasser** auffüllen (bis die Zwetschgen knapp bedeckt sind) und einmal aufkochen lassen. Heiss in Konfitürengläser füllen, mit Flüssigkeit auffüllen, bis die Zwetschgen zugedeckt sind. Danach gut verschliessen und mit Tuch zugedeckt auskühlen lassen. Die Gläser können so über längere Zeit kühl und dunkel gelagert werden. Vor dem Servieren nochmals warm machen. Nach Belieben kann das Kompott mit **Zimteis** oder mit **Schlagrahm** serviert werden.

Feigen in Weisswein

Von Christian Bize, Chez Babel, Bardonnex, GE

400 g getrocknete Feigen in **4 dl Weisswein** einlegen, **100 g Zucker, 1 Zimstange, 0,5 dl Orangensaft** und **1 cl Feigenlikör** zufügen und alles ca. 1 Std. kochen. Erkalten lassen und mit **Pistacheglace** servieren.

Zwetschgen in Rotwein

Von Christian Bize, Chez Babel, Bardonnex, GE

400 g getrocknete Zwetschgen in **4 dl Rotwein** einlegen, **100 g Zucker, 1 Zimtstange, 0,5 dl Orangensaft, 1 cl Vieille Prune** und **1 cl Cognac** zufügen und alles ca. 45 Min. kochen. Erkalten lassen und mit **Zimteis** servieren

Weisse Schokoladenmousse

Von Jean-Yves Raemy, Café Berra, Choëx, VS
Für 4 Portionen

250 g weisse Schokolade schmelzen, **7,5 cl warmen Rahm** daruntermischen. **3 dl Rahm** steifschlagen und darunterziehen. Wenn die Masse schön abgekühlt ist, mit Saisonfrüchten garnieren und servieren.

Birnen-Schokoladen-Mousse mit Zwetschgensorbet «Val Terbi»

Von Ghislain Pissenem, Restaurant Du Midi, Delémont, JU
Für 4 Personen

125 g Birnenmus mit **70 g Rahm** und **55 g Glukosesirup** erhitzen. **250 Schokoladencouverture** (gehackt) zugeben. **2 eingeweichte Gelatineblätter** zugeben und zu einer homogenen Masse rühren. Auf 35 °C erkalten lassen; dann **240 g leicht geschlagenen Rahm** zufügen. In Förmchen abfüllen und kalt stellen. **Für das Zwetschgensorbet:** Aus **4 dl Wasser** und **300 g Zucker** einen Sirup kochen; **10 g Stabilisator** und **90 g zerstossene Glukose** darin auflösen. **1 l Pflaumenpüree** aus dem Val Terbi beifügen. Ruhen lassen und dann in der Sorbetière einfrieren. **Für die pochierten Quitten: 2–3 Quitten** schälen, halbieren, Kerngehäuse ausstechen und in **stark gezuckertem Wasser** weichkochen.

Himbeermousse mit Rosengelée

Von Christoph Resch, Auberge de Mont-Cornu, Mont-Cornu, NE
Für 4 Personen

Für den Rosengelée: Aus **4 dl Wasser** und **200 g Zucker** einen Sirup kochen. Nach dem erkalten die **Rosenblätter von 2 Rosen** zugeben und 48 Std. marinieren lassen. **6 Blatt Gelatine** in **kaltem Wasser** einweichen; den Sirup durch ein Sieb giessen und die Hälfte davon mit der Gelatine erhitzen, damit sich diese auflöst; dann die andere Hälfte des Sirups dazugeben und mischen. Die Flüssigkeit in 8 Gläser füllen und für 24 Std. kalt stellen.
Für die Himbeermousse: **3 Blatt Gelatine** einweichen und in **2 dl heissem Wasser** auflösen. **400 g Himbeeren** zusammen mit **150 g Zucker** mixen und mit der aufgelösten Gelatine mischen. **4 dl Rahm** steif schlagen und mit dem Himbeerpüree mischen.
Vor dem Servieren: Die Gläser mit dem Rosengelée mit der Himbeermousse auffüllen und für 4 Std. in den Kühlschrank stellen. Mit **Pistazien** und **frischen Himbeeren** garnieren und servieren.

Fromage-blanc-Mousse mit Beerencoulis

Von Philippe Milleret, Auberge de la Couronne, Lessoc, FR
Für 4 Personen

Eine Meringue-Masse aus **4 Eiweiss** und **250 g Zucker** schlagen. **6 Blatt Gelantine** eingeweichen und in wenig warmem Wasser aufgelösten und darunter ziehen. Im Kühlschrank erkalten lassen. **5 dl Rahm** steif schlagen und mit **500 g Fromage Blanc** (zur Not Ricotta nehmen) vermischen und mit der Meringue-Masse vorsichtig vermischen. In Savarin-Förmchen füllen und einfrieren. Für das Coulis **500 g frische Beeren** mit **Puderzucker** (nach Belieben) vermixen, durch ein Sieb streichen und mit Mineralwasser verflüssigen. Auf Tellern, die ein wenig grösser als die Savarinförmchen sind, einen Coulis-Spiegel giessen und die Mousse zu einem Ring ((brauchts das «zu einem Ring»?? Eher weglassen)) auf die Teller stürzen. Mit **Saisonfrüchten** und **Mandelgebäck** garnieren.

Schokoladen-Brunsli

Von Ambros Notz, Restaurant Des Bains, Murten, FR
Für 12 Personen

250 g Zucker mit **300 g Eigelb** schaumig rühren. **800 g Eiweiss** steif schlagen. **500 g Zartbitterschokolade** in 2 cm grosse Würfel brechen, mit **600 g Brösel (Resten von Blätterteiggebäck, Konfekt etc., zu Paniermehl verarbeitet)** mischen und zur Eigelb-Zucker-Mischung geben. Das steif geschlagene Eiweiss sorgfältig unterheben. In einer gebutterten Form bei 180 °C backen. Mit einer Nadel den Backprozess kontrollieren: wenn kein Teig mehr an der Nadel haftet, die Brunsli aus der Form nehmen und noch warm servieren.

Crèmetöpfchen mit Génépi nach Grossmutterart

Von Philippe Milleret, Auberge de la Couronne, Lessoc, FR
Für 4 Personen

15 cl Génépi (Likör aus einer speziellen Alpenpflanze) in **5 dl Rahm** erwärmen und während einiger Min. ziehen lassen. **9 Eigelb** mit **250 g Zucker** weiss und schaumig schlagen. **5 dl Milch** und den Génépi-Rahm zufügen. In ofenfeste Portionentöpfchen giessen und im Steamer bei 90 °C 20 Min. lang garen (eventuell bei 120 °C im Backofen garen). Abkühlen lassen. Sehr kalt mit **hausgemachtem Biscuit de Savoie** servieren.
Biscuit de Savoie: **6 Eier** trennen. Eiweiss mit einer **Prise Salz** steif schlagen. Kühl stellen. **Eigelb** mit **180 g Zucker** 3 Min. mit dem Rührgerät auf höchster Stufe rühren. Dann **1–2 EL heisses Wasser** (nicht kochendes) sowie geriebene **Zitronenschale** hinzugeben und alles zu einer hellgelben schaumigen Masse schlagen. Anschliessend **200 g Mehl** über die Eigelbmasse sieben, ein Viertel des Eischnees dazugeben und mit dem Schneebesen unterrühren. Zum Schluss den restlichen Eischnee vorsichtig unterheben, sodass der Teig nicht zusammenfällt. Eine Springkuchenform mit weicher Butter ausfetten. Danach Mischung aus **1 TL Mehl** und **1 TL Zucker** in die gebutterte Form geben, durch Klopfen gleichmäßig an Boden und Innenwänden verteilen. Überschüssiges Mehl-Zucker-Gemisch durch Umdrehen der Form entfernen. Dann den Teig vorsichtig verteilen, glattstreichen und sofort bei 170 °C im vorgeheizten Backofen ca. 30 Min. lang backen. Das Biscuit sollte eine hellbraune Farbe haben. Kuchen bei halbgeöffneter Backofentür 5–10 Min. ruhen lassen. Dann auf ein Kuchengitter stürzen und abkühlen lassen.

Karamellisiertes Ziegenkäse-Törtchen

Von Markus Ries, Restaurant Hohnegg, Saas-Fee, VS
Für 1 Törtchen

450 g Ziegenfrischkäse, 50 g Zucker, 4 EL Honig, 1 EL Speisestärke, 3 Eier, Zitronenschale und **Vanille** in einen Topf geben, unter ständigem Rühren aufkochen und dann auskühlen lassen. Die Ziegenkäsemasse in ein Mürbteigtartelette oder ein anderes Teigtartelette einfüllen, darauf achten, dass auch der Teigrand mit etwas Ziegenkäsemasse bedeckt ist, dann mit Zucker bestreuen. Mit einem Brenner karamellisieren. Mit **Früchten** garnieren und servieren.

Weiche Schokoladetörtchen

Von Thierry Minguez, Café des Négociants, Carouge, GE
Für 4 Törtchen

170 g dunkle Schokolade (Couverture) im Wasserbad schmelzen. Nach und nach **250 g Puderzucker, 250 g weiche Butter** und **180 g gesiebtes Mehl** unter Rühren beifügen. **4 Eier** aufschlagen und mit dem Schwingbesen schlagen, bis eine glatte Masse entsteht. Unter die Schokoladenmasse ziehen. In ausgebutterte Förmchen füllen und während 10 Min. im auf 180 °C vorgeheizten Ofen backen.

Erdbeersüppchen «Petite Arvine» mit Honigglace

Von Emilie Ançay Galard, Relais des Chasseurs, Chiboz, VS
Für 4 Personen

4 Kugeln Vanilleglace weich werden lassen, mit **2 EL Honig** vermischen und wieder tiefkühlen.
Erdbeersuppe: 600 g Erdbeeren, 3 EL Puderzucker, 2 dl Petite Arvine (Weisswein), 1/2 unbehandelte Zitrone (Saft und in Zesten geschnittene Schale), **1 unbehandelte Orange** (Saft und in Zesten geschnittene Schale): Alles zusammen im Mixer vermixen und durch ein feines Sieb passieren. Die Erdbeersuppe in vier gekühlte Schalen verteilen. Aus der Honig-Vanilleglace kleine Klösschen stechen und auf die Suppe legen. Mit **Holunderblüten** garnieren.

Karamellisierte Apfelschnitze mit Vanillecrème

Von Charles-Albert Fellay, La Tsâna, Le Châble, VS
Für 2 Personen

1 Apfel schälen, Kerngehäuse entfernen, in Scheiben schneiden (4–5 pro Person). **20 g Zucker** in **2 EL Butter** schmelzen, die Apfelscheiben darin karamellisieren.
Englische Crème: 2 dl Milch aufkochen und mit **1 aufgeschnittenen Vanilleschote** ziehen lassen. **2 Eigelb** mit **50 g Zucker** schaumig rühren, bis die Masse beinahe weiss, schaumig und dick wird. Die heisse Vanillemilch unter ständigem Schlagen hinzufügen, bis alles gut gemischt ist. Die Sauce in die Pfanne, in welcher die Milch aufgekocht wurde, zurückgeben und auf kleiner Flamme unter ständigem Rühren mit einem Holzspachtel erhitzen, um das Gerinnen des Eigelbs zu vermeiden. Wenn die Sauce den Spachtel gut bedeckt, diese kurz vor dem Aufkochen vom Feuer nehmen und in die Schüssel zurückgiessen, um die Sauce abkühlen zu lassen. Bis zum völligen Abkühlen weiterrühren.
4–5 Apfelscheiben in einem tiefen Teller ausbreiten. Die kurz erhitzte Englische Crème darübergiessen. **2 Meringues** zerdrücken und darüberstreuen. **1 Kugel Vanilleglace** daraufsetzen. Mit **Blätterteigbisquits** dekorieren. **Zimtpulver** darüberstreuen.

Williamsbirne im Safranhonig

Von Christian Zufferey, Restaurant Château de Villa, Sierre, VS
Für 4 Birnen

100 g Honig mit **4 dl Wasser, 2 g Safran (gemahlen)** und dem Saft von **1 Zitrone** in einer Pfanne aufkochen. **4 Birnen** (nicht zu reife, z.B. Williams) schälen, aber den Stiel stehen lassen. Das Kerngehäuse mithilfe eines Pariser Löffels herausnehmen. Die Birnen auf kleinem Feuer im Honigsirup pochieren. Wenn sie weich sind, die Birnen herausnehmen und abtropfen lassen; beiseite stellen. Den Honigsirup auf 1 dl reduzieren und erkalten lassen. Die Birnen in einer Dessertschale anrichten; mit dem Honigsirup überziehen und zusammen mit **1 Kugel Birnensorbet** servieren. Falls vorhanden, mit **2 Messerspitzen Safranfäden** aus Mund dekorieren.

Apfelstrudel «Zum See» mit Schlagrahm oder Vanillesauce

Von Max Mennig, Restaurant Zum See, Zermatt, VS
für 12 bis 15 Personen

Teig: **250 g Weissmehl, 125 g Wasser, 1 Ei, 1 EL Sonnenblumenöl** zu einem glatten, elastischen Teig verarbeiten. Auf einen mit Mehl bestäubten Teller legen, mit **Öl** bestreichen und mit Klarsichtfolie abdecken. Mindestens 1 Std. bei Zimmertemperatur ruhen lassen.
Füllung: **2,5 kg Äpfel (Canada** oder **Boskop)** schälen, ausstechen und in dünne Scheiben schneiden. **150 g Zucker, 2 EL gemahlenen Zimt, 1 abgeriebene Zitronenschale, etwas Zitronensaft, 125 g gemahlene Haselnüsse, 100 g Rosinen, 150 g Paniermehl** (bindet den Saft) dazumischen.
Über den Küchentisch ein Leintuch (das grösser als der Tisch ist) ausbreiten, und mit Mehl leicht bestäuben. Mit einer mit Mehl bestäubten Teigkarte, wie eine Hand, vorsichtig unter den Teig greifen und diesen auf das Leintuch legen. Die Finger in Mehl tauchen, den elastischen Teig am Rand greifen und um den Tisch wandernd auseinanderziehen, bis der ganze Tisch mit dem dünn gezogenen Teig bedeckt ist. Mit **100 g flüssiger Butter** die ganze Fläche des Teiges beträufeln. Die Apfelfüllung auf 2/3 der Fläche verteilen und den dicken Teigrand an der Tischkante abschneiden. Das Leintuch auf der Seite mit der Füllung anheben und Teig und Füllung zusammenrollen. Auf ein Kuchenblech, mit Backpapier belegt, rollen und nochmals mit 150 g flüssiger Butter bestreichen. Im auf 180 °C vorgeheizten Backofen während 35 Min. backen.

Roggenbrotmousse mit Aprikosen

Von Sepp Manser, Waldhüs Bodmen, Saas-Fee, VS
Für 4 Portionen

1,25 l Milch mit **1/2 Vanilleschote** aufkochen, **100 g Roggenbrot** (zerkleinert) dazugeben und alles mixen. **20 g Kirsch, 75 g Eigelb** und **75 g Zucker** schaumig schlagen. **2 Blatt Gelatine** in **40 g Weisswein** auflösen und alles miteinander vermengen. **300 g Rahm** steif schlagen und vorsichtig darunterziehen. Kann mit **geschlagenem Rahm** und **frischen Früchten (Aprikosen, Beeren)** dekoriert werden.

Roggenbrotmousse mit Weindrusencrème

Von Friedrich Zemanek (Rhoneköche, Goms)
Zutaten für 10 Personen

Mousse: **100 g Roggenbrot** in Würfel schneiden. **125 g Milch** und **1/2 Vanilleschote** aufkochen und zum Brot leeren. Das Ganze gut mixen. **3 Eigelb, 20 g Kirsch** und **75 g Zucker** schaumig rühren. **30 g Weisswein** leicht anwärmen und **3 Blatt eingeweichte Gelatine** darin auflösen. Alles zusammen verrühren und am Schluss **300 g geschlagenen Rahm** darunterheben.
Weindrusencreme: **12 Eigelb** und **75 g Zucker** vermischen. **2,5 dl Milch** aufkochen und zum Eigelb mischen. **3 Blatt eingeweichte Gelatine** in die noch warme Masse einrühren. **0,3 dl Lie du Valais (Hefeschnaps)** beigeben und mit **6 roten Traubenbeeren,** in kleine Würfel geschnitten, daruntermischen, **1,5 dl Rahm** darunterheben.
Roggenbrotmousse in Form bis zur Hälfte abfüllen, dann die Weindrusencrème abfüllen und zum Schluss Streifen von **Schokoladen-Roulade** auflegen. Mindestens zwei Stunden kühl stellen.

Holunderküchlein

Von Friedrich Zemanek, Restaurant Walliserkanne, Fiesch, VS
Für 4 Küchlein

80 g Mehl (gesiebt), **20 g Zucker, 5 g Salz** und **1 Eigelb** zu einem glatten, dickflüssigen Teig verrühren und etwas ruhen lassen. **1 Eiweiss** zu Schnee aufschlagen und unter die Masse heben. **4 Holunderdolden** am Stiel fassen und in den Teig tunken. Im heissen Fett ausbacken, abtropfen lassen und mit **Puderzucker** bestäuben. Mit **sämiger Crème** und **Holundergelée** verfeinern. Der Teig ist im Frühjahr auch für Blüten vom Holunder sowie für andere Blüten geeignet.
Holundergelée: **1 l Holundersaft, 900 g Zucker** und **1/3 TL Zitronensäure** zusammen kochen, bis die Masse dickflüssig ist. Sofort in saubere, heisse Einmachgläser füllen und verschliessen.

Heidelbeerparfait mit Aprikosenschaum

Von Ewald Michlig, Restaurant Tenne, Reckingen-Gluringen, VS
Für 4 Personen

2 Eier und **100 g Zucker** im Wasserbad schaumig aufschlagen, bis die Masse dickflüssig wird (nicht über 45 °C); **4 dl Vollrahm** schlagen und unter die kalt geschlagene Eier-Zucker-Masse ziehen; **100 g Heidelbeeren** und **3 cl Heidelbeerschnaps** oder **-likör** dazugeben und in die Terrineform (ca. 600 g Füllvolumen) abfüllen; für mindestens 6 Std. im Tiefkühler gefrieren lassen.

Quittenparfait

Von Ambros Notz, Restaurant Des Bains, Murten, FR
Für 4 Personen

350 g Quittenmarmelade gut aufrühren und durch ein Haarsieb streichen. **2 Eiweiss** mit **20 g Zucker** steif schlagen. **3 dl Rahm** steif schlagen. Den geschlagenen Rahm mit der Quittenmasse mischen und das geschlagene Eiweiss sorgfältig unterheben. Sofort in passende vorgekühlte Formen einfüllen und 3 bis 4 Std. gefrieren lassen. Vor dem Servieren aus der Form stürzen.

Munder Safranparfait

Von Martha Schnydrig, Restaurant Salwald, Mund, VS
Für 4 Personen

2 Eiweiss steif schlagen, **2 EL Zucker** beifügen und kräftig schlagen, bis die Eiweissmasse glänzt. **4 dl Vollrahm** steif schlagen. **2 Eigelb, 3 EL Zucker** und **2 Briefli Safran** miteinander verrühren. Die Eiweissmasse dazu geben. Den geschlagenen Rahm darunterziehen. Die Masse in 4 vorbereitete Förmchen verteilen und tiefkühlen. Vor dem Servieren leicht auftauen lassen. Mit **Pfefferminzblättern** garniert servieren. Dazu passen **Aprikosen-** oder **Orangenschnitze.**

Gommer Heublumenglace

Von Baschi, Restaurant Baschi, Geschinen, VS
Für 1 Liter

300 g Bergheublumen mit **5 dl Wasser** aufkochen, ca. 30 Min. ziehen lassen und durch ein Spitzsieb passieren. **3 Eigelb, 100 g Zucker** und **40 g Glukosesirup** zu einer dickflüssigen Crème schlagen. Den heissen Heublumenfond und **2 dl Rahm** unter die Eier-Zucker-Mischung rühren und zusammen auf 75 °C erhitzen, Saft von **1 Zitrone** beigeben und anschliessend abkühlen lassen. Die gekühlte Crème in der Eismaschine ca. 25–30 Min. gefrieren lassen.

Souffléglace mit Damassine

Von Roger Kueny, Restaurant Victoria, Delémont, JU
Für 6 Personen

6 kleine Töpfchen mit Backtrennpapier so auskleiden, dass ein Papierkragen von 3 cm über den Rand der Töpfchen hinausragt, und mit **Butter** ausstreichen. In den Tiefkühler stellen. **2 dl Rahm** steif schlagen. **3 Eiweiss** mit **100 g Zucker** zu Eischnee schlagen. **3 Eigelb** mit **50 g Zucker** und der abgeriebenen Schale einer **1/2 Zitrone** zu einer schaumigen weissen Masse rühren. Den geschlagenen Rahm unter die Ei-Zucker-Masse heben und mit **1 cl Damassine-Brand** vermischen und anschliessend einen Drittel des Eischnees vorsichtig unterheben. Dann den Rest des Eischnees ebenfalls sorgfältig unterziehen. Die Masse in die Töpfchen verteilen und einfrieren. Vor dem Servieren mit **Kakaopulver** bestreuen und das Backtrennpapier wegziehen. Mit einem Pariserlöffel (Löffel zum Äpfelausstechen) in der Mitte des Soufflé eine Vertiefung ausstechen und nach Belieben mit Damassine füllen.

Soufflé interdit (Soufflé mit Absinth)

Von Jean-Daniel Oppliger, Restaurant Au Loup Blanc, La Brévine, NE
Für 6 Portionen

1 Ei, 1 Eigelb und **60 g Zucker** weiss und schaumig schlagen (dauert lange). **1,2 dl Rahm** steif schlagen. **2 cl Absinth** zur Ei-Zucker-Masse beifügen. Den Schlagrahm vorsichtig unterheben. In Schalen abfüllen und über Nacht im Tiefkühler einfrieren. Wird mit einem **Schuss Absinth** serviert.

Parfait glacé au Grandmarnier

Von Erneste Krall, Restaurant Clairbief, Soubey, JU
Für 4 Personen

6 Eier mit **150 g Zucker** schlagen bis eine weissliche, geschmeidige Masse entsteht; **25 cl Grandmarnier** sorgfältig zufügen. **5 dl Crème double (Fettanteil 45%)** steif schlagen und sorgfältig unter die Masse heben. In eine Schale oder in Portionentöpfchen abfüllen. Während einiger Stunden gefrieren lassen. Vor dem Servieren mit Schlagrahm und Grand-Marnier-Tröpfchen garnieren.

Parfait glacé à l'Absinthe

Von Cyrille Tribut, La Ferme des Brandt, La Chaux-de-Fonds, NE
Für 8 Personen

200 g Zucker in **1 dl Wasser** in einer kleinen Pfanne auf schwachem Feuer schmelzen. **8 Eigelb** in einer fürs Wasserbad geeigneten Metallschüssel schlagen, den heissen Zuckersirup unter ständigem Rühren zugeben. Ins Wasserbad stellen und mit dem Scheebesen zu einem Sabayon schlagen, bis sich das Volumen verdoppelt hat. Durch das ständige Schlagen wird das Gerinnen der Eimasse vermieden. Wenn die Sabayonmasse die richtige Konsistenz und das gewünschte Volumen erreicht hat, die Metallschüssel in ein Becken mit kaltem Wasser stellen, um den Sabayon abzukühlen. Wenn der Sabayon noch lauwarm ist, **0,5 dl Absinth** zufügen. **0,5 l Vollrahm** steif schlagen und unter die Masse ziehen. In kleine Töpfchen verteilen und für 48 Std. in den Tiefkühler stellen.

Pochierte Basler Kirschen im Torpille-Sirup mit Salamandre-Glace und Vanillerahm

Von Urs Chalupny, Restaurant de la Couronne, La Theurre, JU
Für 4 Personen

500 g Kirschen unter kaltem Wasser abspülen und entsteinen.
1 Vanilleschote der Länge nach halbieren und mit dem Messerrücken das Mark herausschaben. Mark und Schote in **2 dl Rahm** geben und im Kühlschrank über Nacht marinieren lassen.
Mit **1 Sternanis, 2 Lorbeerblättern, 2 Nelken** und **5 g zerstossenen Pfefferkörnern** ein Gewürzsäckchen herstellen.
1 Flasche Torpille-Bier der Brauerei BFM in Saignelégier zusammen mit **20 g Balsamicoessig, 50 g Honig, 50 g Zucker** und dem Gewürzsäckchen in eine Kasserole geben und aufkochen. Danach die Kirschen beifügen und unterhalb des Siedepunktes während ca. 5–10 Min. pochieren. Warmhalten. **2 Flaschen Salamandre-Bier** (ebenfalls von der Brauerei BFM in Saignelégier) zusammen mit **300 g Zucker, 50 g Glukosesirup** und **1 TL Korianderkörnern** um die Hälfte einreduzieren, passieren und mit **3 dl Milch** und **7 dl Rahm** vermischen. Im Kühlschrank während gut 6 Std. ruhen lassen. Danach gut durchmixen.
1/2 Flasche Torpille-Bier hinzugeben und in der Eismaschine gefrieren. Im Gefrierfach aufbewahren. Die Vanilleschote aus dem Rahm entfernen und anschliessend diesen so lange aufschlagen, bis er eine dickflüssige Konsistenz annimmt.
Eine Nocke Eis in die Mitte eines tiefen Tellers geben. Warme Kirschen mit etwas Sirup rundherumgeben und mit halbgeschlagenem Rahm garnieren.

Eingemachte Walliser Aprikosen auf Kokoscrème mit Glace von Schafsmilch und Preiselbeeren

Von Urs Chalupny, Restaurant de la Couronne, La Theurre, JU
Für 4 Personen

30 g frische (oder in Zucker eingelegte) Preiselbeeren unter kaltem Wasser gut waschen, abtropfen lassen und zur Seite stellen.
Für das Schafsmilchglace: **6 Körner Szechuan-Pfeffer** zerdrücken oder in einem Mörser zerstossen. Anschliessend **5 dl Schafmilch** vom Bauernhof, **60 g Butter, 125 g Zucker** und **40 g Glukosesirup** sowie den **zerstossenen Pfeffer** in eine Kasserole geben und bis ca. auf 90 °C erhitzen; nicht kochen lassen. Hernach im Kühlschrank während gut 6 Std. ruhen lassen. Vor dem Gefrieren in der Eismaschine mit dem Stabmixer gut durchmixen; im Gefrierfach zur Seite stellen.
Für die Kokoscrème: **1 g Gelatine (entspricht in etwa 1/2 Blatt)** in kaltes Wasser geben. **2 dl ungesüsste Kokosmilch** zusammen mit **25 g Zucker, 20 g Amaretto, 10 g Zitronensaft** erhitzen (ca. 60 °C) und anschliessend die leicht ausgedrückte Gelatine beigeben. Verrühren und anschliessend passieren, durchmixen und im Kühlschrank eine gute Stunde ruhen lassen.
In kühle, tiefe Teller eine Kugel Schafsmilchglace geben und die Oberfläche leicht platt drücken. Die Kokoscrème kurz aufmixen und um das Glace herum geben. **8 eingemachte Aprikosen** abtropfen lassen und auf das Glace geben. Preiselbeeren auf die Kokoscrème verteilen.

Walliser Aprikosenschaum

Von Ewald Michlig, Restaurant Tenne, Reckingen-Gluringen, VS
Für ca. 4 Portionen

2 Gelatineblätter in kaltem Wasser einweichen; **350 g Aprikosenwürfel** und **1 dl frischer Organensaft** mit **60 g Zucker** aufkochen; pürieren und durch ein Sieb passieren; die Gelatineblätter im warmen (ca. 60 °C) Aprikosenpüree auflösen; die Mousse kalt rühren und in den Kisag-Bläser füllen, ihn mit zwei Gaspatronen versehen; mindestens für 2 Std. im Kühlschrank kalt stellen; vor dem Servieren kräftig schütteln. Das Püree kann bei Bedarf mit **Aprikosenschnaps** verfeinert werden.

Sii

Von Klaus Leuenberger, Sankt-Georg, Ernen, VS
für ca. 10 Personen

3,5 dl Rotwein (Dôle oder **Pinot noir)** mit **2 Teebeuteln Glühweingewürz** aufkochen, **180 g Holundersirup** dazugeben und darin **1 kg altbackenes Roggenbrot** 1 Tag lang aufweichen lassen. **100 g Baumnüsse** gehackt in **80 g Butter** braun rösten und mit **100 g Rosinen** gut in die Brot-Wein-Masse einkneten. Nach Belieben mit **Schlagrahm** garnieren. Dazu kann **Glace, Fruchtkompott** und/oder **Vanillesauce** gereicht werden.

Brot, Kuchen und Gebäck

Walliser Roggenbrot

Von Lukas Imseng, Bäckerei und Restaurant Imseng, Saas-Fee, VS
Für 4 Roggenbrote

Vorteig: **2,5 dl Wasser, 10 g Hefe** und **350 g Roggenmehl** verrühren und in der zugedeckten Schüssel etwa 8 Std. bei 12 °C gären lassen.
Hauptteig: Den Vorteig mit **800 g Roggenschrot, 25 g Hefe, 25 g Salz** und **5 dl Wasser** zum Hauptteig verarbeiten. 10 Min. lang kräftig kneten. In einer zugedeckten Schüssel mind. 40, max. 60 Min. gehen lassen. Nochmals gut durchkneten. Teig auf Backpapier zu 4 flachen Fladen formen. Nochmals 20 Min. gehen lassen. Backofen auf 140 °C vorheizen. Die Brote auf einem Blech auf mittlerer Schiene in den Ofen schieben. Bei 220 °C rund 1 Std. backen. Auf einem Gitter erkalten lassen. Das Roggenbrot ist erst nach einem Tag schnittfest und schmeckt am besten, wenn es drei Tage alt ist.
Variante: Am Schluss **grob gehackte Baumnüsse, Walnusskerne,** Stücke von **Dörraprikosen** oder **Dörrpflaumen** in den Teig kneten.

Bauernhofzüpfe

Von Urs Trachsel, Restaurant Zum Bauernhof, Ulmiz, FR
Für 1 Zopf

8 dl Milch, 20 g Hefe, 250 g Butter und **2 Eier** gut vermischen. Danach **30 g Salz** und **20 g Diamalt** dazugeben. Dann **1,3 kg Mehl** langsam beigeben und zu einem elastischen Teig verarbeiten. Den Teig in zwei Teile teilen. Beide Teile zu gleichmässig langen Rollen, die gegen die Enden etwas dünner werden, formen und wälzen. Die eine Rolle auf die andere legen, wobei die untere Rolle waagrecht, die obere senkrecht liegt (Kreuzform). Die untere Rolle an beiden Enden fassen, die linke Spitze nach rechts und die rechte Spitze nach links quer über die senkrechte Rolle legen. Anschliessend die senkrechte Rolle an den Enden fassen und auf gleiche Weise verschränken: was oben war, kommt nach unten, was unten war, nach oben. Auf diese Weise abwechselnd beide Rollen zu einem Zopf verflechten, die Enden schliesslich umbiegen und andrücken. Danach den Zopf ca. 1 Std. mit Tuch zugedeckt ruhen lassen. Vor dem Backen mit mit **Wasser verdünntem Eigelb** einpinseln, danach bei 200 bis 220 °C in der Mitte des Ofens ca. 40 Min. goldbraun backen.

Genfer Birnentorte «Escalade»

Von François Vuillamoz, Café de Paris, Genf, GE
Für eine Springform von 24 cm Durchmesser

Geriebener Teig: **150 g Mehl** mit **1/2 TL Salz** und **50 g Butter** gleichmässig verreiben, nach und nach **0,75 dl kaltes Wasser** beigeben. Teig nur zusammenfügen, nicht kneten. Rund auswallen auf etwa 30 cm Durchmesser, Form belegen, Rand hochziehen, mit Gabel einstechen.
Füllung: **30 g Zucker, wenig Zimt** und **20 g Mehl** trocken mischen, auf Teigboden streuen. **8 Birnen,** geschält, in Scheibchen, mit **100 g Zitronat** oder **Orangeat** sowie mit **100 g Weinbeeren** und **25 ml Baumnussöl** mischen. Auf dem Teig verteilen und mit **1 dl Weisswein** beträufeln. **1 dl Rahm** mit **40 g Rohzucker** mischen und über die Torte giessen. Bei 220 °C ca. 35 Min. backen. Erkalten lassen, erst dann Rand lösen und Torte aus der Springform nehmen.

Tarte au Vin-cuit (Kuchen mit eingedicktem Birnensaft)

Von Philippe Milleret, Auberge de la Couronne, Lessoc, FR
Für ein Kuchenblech von ca. 30 cm Durchmesser

Geriebener Teig: **200 g Mehl** sieben und mit **1/2 TL Salz** und **70 g kalter Butter** gleichmässig verreiben, nach und nach **1 dl kaltes Wasser** beigeben. Teig nur zusammenfügen, nicht kneten. Auswallen, Form belegen, mit Gabel einstechen und mit Alufolie bedecken.
Mit **Kirschensteinen** belegen und 20 Min. bei 250 °C blind backen.
Guss: **2 dl Vin cuit (eingedickter Apfel-** und/oder **Birnensaft), 2 dl Rahm, 2 Eier** und **1 TL Mehl** gut vermischen, Masse auf Teig giessen und bei 120 °C etwa 45 Min. ausbacken.
Variante: Kuchen kann auch direkt bei 220 °C etwa 50 Min. gebacken werden.

Weinkuchen «La Côte»

Von Jean-Claude Daglia, Restaurant de l'Union, Bursins, VD
Für ein Backblech von 30 cm Durchmesser

250 g Mehl, 100 g Zucker und **1 Prise Salz** mischen. **125 g Butter** (kalt, in Stücke geschnitten) zugeben, alles zu einer krümeligen Masse verreiben und danach eine Mulde formen. **2 Eigelb** und **2–3 EL Wasser** hineingeben und vorsichtig zu einem Teig zusammenfügen. Nicht kneten. Mit einer Folie abdecken und ca. 30 Min. kühl stellen. Teig aus dem Kühlschrank nehmen und auf wenig Mehl 2–3 mm dick auswallen. Kuchenblech ausbuttern und den Teig darauf auslegen. Mit einer Gabel einstechen. **3 EL Zucker** und **1 TL Zimt** mischen und auf den Teigboden streuen. **50 g Butter** (kalt, in Stücke geschnitten) darauf verteilen. **4 dl Rotwein (z.B. Salvagnin)** und **1 EL Maisstärke** verrühren und auf den Teig giessen. Im auf 220 °C vorgeheizten Ofen im unteren Teil ca. 30 Min. backen. Wenn während des Backens Blasen entstehen, mit einem spitzen Messer den Boden einstechen. Nach dem Backen auf ein Gitter legen und vollständig auskühlen lassen. Der Kuchen darf beim Aufschneiden noch ein wenig auslaufen.

Ponscheggia (Saaser Fasnachtschräpfli)

Von Lukas Imseng, Bäckerei und Restaurant Imseng, Saas-Fee, VS
Für 45 Stück

250 g Weissmehl (Typ 405) ((ist der Typ wichtig? Sonst lieber weglassen)) mit **50 g Butter** (kalt, in kleinen Stücken) krümelig reiben. **0,2 dl Fendant, 1/2 dl Abricotine, 3 EL Rahm, 3 Eier** und **1 Prise Salz** dazugeben und zu einem Teig zusammenfügen (nicht kneten, sonst wird der Teig zäh!). Im Kühlschrank 1 Std. ruhen lassen.
Füllung: 130 g Roggenbrotwürfelchen, 1,2 dl Rotwein (Dôle), 40 g flüssige Butter, 60 g Dörraprikosenwürfelchen, 40 g Baumnüsse (gehackt), Saft von **1 unbehandelten Zitrone** und abgeriebene Schale zusammen vermischen.
Den Chräpfliteig 2 mm dünn ausrollen und Rondellen von 7 cm Durchmesser ausstechen. 1 TL der Füllung in die Mitte geben, den Rand mit **Wasser** befeuchten und die Rondellen zusamenklappen. Rand mit Gabel andrücken und die Chräpfli einige Male einstechen. In **Frittieröl** in Portionen frittieren. Mit einem Schaumlöffel herausnehmen, mit **Puderzucker** bestäuben und lauwarm servieren.

Gommer Chräpflini (Fasnachtsgebäck)

Von Anne-Danielle Walpen, Goms

Teig: 1 EL Zucker, 1 dl Weisswein, 6 Eier, 0,5 dl Schnaps, 150 g Butter, 1 Prise Salz: Alle Zutaten mischen. Am Schluss **1 kg Mehl** hinzugeben. Teig kneten und anschliessend 4 Std. ruhen lassen.
Füllung: 250 g Zuckerfeigen fein schneiden, **1–2 Äpfel** in Scheiben schneiden und beides mit **1 Päckli Rosinen** in **250 g Butter** andämpfen. Dann **250 g fein geriebenes, altes Brot, 1 Päckli geriebene Haselnüsse, 150 g Zucker, etwas Zimt, 1 Schuss Kirsch** und **1 dl Weisswein** hinzufügen. Masse erkalten lassen.
Zubereitung: Den Teig dünn auswallen. Die Füllung zu ca. 4 cm grossen Kugeln formen und in genügendem Abstand auf dem Teig verteilen. Teig darüber schlagen und dabei Halbmonde schneiden. Bei Bedarf mit der Gabel die Enden der Chräpfli festdrücken. Bei 170 °C die Chräpflini in der Fritteuse goldbraun frittieren.

Toétché (Jura-Rahmkuchen)

Rezept von Serge Guntz, Restaurant Au Cheval Blanc, Asuel, JU
Für 4 Personen

20 g Bierhefe in **5 dl laumwarmer Milch** mit **50 g Butter** auflösen und mit einem **TL Salz** und **1 EL Sonnenblumenöl** vermischen. **800 g Weissmehl** in eine Schüssel sieben und die Milchmischung zufügen, vermischen, kneten, bis ein glatter, fester Teig entsteht. Zugedeckt 2 Std. an einem warmen Ort aufgehen lassen. Den Backofen auf 250 °C vorheizen. Den Teig in zwei Kuchenformen auslegen, sodass ein Rand überragt, und 15 Min. aufgehen lassen. Den Teig mit einer Gabel einstechen und den Rand mit einem **geschlagenen Eigelb** bepinseln. **3 Eier** aufschlagen, Eigelb trennen und schaumig schlagen, Eiweiss schaumig schlagen. **2,5 dl Crème double** vorsichtig mit dem geschlagenen Ei, dem geschlagenen Eigelb und **etwas Salz** vermischen. Auf dem Teig verteilen und während 15 bis 20 Min. im Ofen backen.

Walliser Aprikosenkuchen

Von Lukas Imseng, Bäckerei und Restaurant Imseng, Saas-Fee, VS

Für ein Kuchenblech von 26 cm Durchmesser

Kuchenblech mit **Butter** einfetten, **1 ausgerollten, runden Teig** in die Form geben und mit der Gabel ein paar Mal einstechen. Teigboden gleichmässig mit **60 g Mandeln (gerieben)** bestreuen. Im Kühlschrank 30 Min. ruhen lassen. Den Backofen auf 190 °C vorheizen. Den Teigboden mit **600–800 g Aprikosen (entsteint, halbiert)** belegen. Kuchen auf dem Kuchenblech auf der untersten Schiene in den vorgeheizten Backofen schieben. Bei 190 °C ca. 20 Min. backen. **3 Eier, 50 g Zucker, 3 dl Rahm** und **1 Briefchen Vanillepulver** verquirlen. Diesen Guss in die Zwischenräume giessen. Den Kuchen nochmals 20 Min. backen. **60 g Aprikosenglasur** erwärmen, Kuchen damit glasieren und mit **50 g gerösteten Mandelblättern** bestreuen. Der Kuchen schmeckt am besten, wenn er noch leicht warm ist.

Gâteau de Vully mit Rhabarber

Werner Rätz, Auberge des Clefs, Lugnorre, FR

Für ein Kuchenblech von 28 cm Durchmesser

10 g Hefe in der **Milch** zergehen lassen. **250 g Mehl, 30 g Zucker, 1 dl lauwarme Milch, 1 Ei** und **50 g Butter** (Zimmertemperatur) mit der Hefe zu einem Teig kneten. Den Teig auswallen und sofort auf das mit **20 g Butter** ausgebutterte Blech geben und aufgehen lassen. Ca. 10 Min. ruhen lassen. **80 g Rhabarber** (gewaschen und gut geschält) in 1 bis 2 cm lange Stücke schneiden, auf den Teig geben und ein wenig eindrücken. **80 g Hagelzucker** auf den Kuchen streuen und mit **2 dl Doppelrahm** übergiessen. Das Ganze ca. 20 Min. bei 200 °C im Ofen backen. Der Vully-Kuchen schmeckt ofenfrisch am besten.

La Taillaule (Neuenburger Brioche)

Von Jean-Luc Geyer, Brasserie Cardinal, Neuchâtel, NE

Für 4 Personen

500 g Mehl (Typ 45) in eine Teigschüssel sieben; mit **2 ½ TL Trockenhefe (oder 20 g frischer Hefe), 1 TL Salz, 2,5 dl Milch, 2 Eier, 60 g Zucker** und **10 g Honig** mischen. 10 Min. kneten, bis der Teig geschmeidig und fest ist. **75 g Butter** in kleinen Stückchen beifügen. Kurz weiterkneten. Wenn alle Butter eingearbeitet ist, **50 g Rosinen** und abgeriebene Schale von **½ Zitrone** beifügen und kneten, bis alles gut vermischt ist. Am Schluss des Knetvorgangs soll der Teig geschmeidig, samtig und elastisch sein. Zur Kugel formen und in einer Schüssel mit Klarsichtfolie oder mit einem Tuch zugedeckt eine Stunde aufgehen lassen. Den Teig auf die leicht bemehlte Arbeitsfläche geben; eventuell in zwei Stücke teilen (entweder gleich grosse oder unterschiedliche, je nach Gebrauch). Den Teig mehrfach übereinanderlegen und mit dem Handballen ein flaches Rechteck bilden. Den Teig zu einer Wurst zusammenrollen und die Enden nach jeder Drehung mit den Fingerspitzen verschliessen, indem der Rand nach unten gedrückt wird. Die «verschweissten» Teigwürste in eine ausgebutterte Cakeform legen, mit einem Tuch bedecken und während 45 Min. aufgehen lassen (der Teig sollte auf Höhe der Cakeform steigen, nicht höher). Den Ofen auf 170 °C vorheizen. Die Taillaules mit **geschlagenem Ei** bestreichen; darauf achten, dass nicht zu viel am Rande hinunterläuft, weil dies das Herausheben der Taillaules aus der Backform erschweren würde. Mit einer Schere einmal links, einmal rechts in 2 cm Abstand die Oberfläche einschneiden; die Einschnitte dürfen sich aber nicht berühren. In den Ofen schieben und während 20–25 Min. backen. Nach 10 Min. die Oberfläche mit einer Alufolie bedecken, damit keine harte oder verbrannte Kruste entsteht. Oft wird die Taillaule, wenn sie aus dem Ofen kommt, mit **in Wasser aufgelöster Aprikosenkonfitüre** bestrichen.

Roggenbrotkuchen «Grand Mère»

Von Jean-Maurice Luyet, Auberge du Barrage, Sanetsch, VS

Für 1 Cake von 25 cm für ca. 10 Personen

600 g Roggenbrot in Würfel schneiden, in **1 l Milch** und **5 dl Rahm** in einer Rührschüssel einweichen. **250 g gemahlene Haselnüsse, 200 g Rosinen, 5 Eier** und **500 g Zucker** beifügen. Alles gut mischen, bis eine homogene Masse entstanden ist. In eine ausgebutterte Cakeform füllen. Mit **Zimtpulver** bestreuen, mit **60 g Butterflocken** belegen und 50 Min. bei 180 °C im vorgeheizten Ofen backen. Erkalten lassen und aus der Form nehmen. Dazu passt **Zimtglace**.

Tarte Savièsanne

Von Lukas Imseng, Bäckerei Imseng, Saas-Fee, VS
Für eine Springform von 26 cm Durchmesser

800 g Lauch in 3 cm lange Stücke schneiden und in **Salzwasser** kochen. Herausnehmen und abtropfen lassen. **2 EL Mehl** in **20 g Butter** kurz andünsten, mit **1 dl Gemüsebouillon** ablöschen. **1,5 dl Weisswein (Fendant)** dazugeben und 3 Min. köcheln lassen. **0,5 dl Vollrahm** dazugeben, mit **Pfeffer, Salz** und **1 Prise Muskatnuss** abschmecken. Sauce beiseite stellen und erkalten lassen. Kuchenblech kalt abspülen, ausbuttern und mit $^{2}/_{3}$ von **500 g Blätterteig** belegen. Einen 3 cm hohen Rand hochziehen. Boden mit einer Gabel einstechen. **300 g Kartoffeln** schälen und in sehr dünne Scheiben schneiden. Den Kuchenboden damit belegen. Sauce darüber giessen. Lauch darüber verteilen. **100 g Magerspeck** in dünne Streifen schneiden, kurz anbraten und auf dem Kuchen verteilen. **250 g Raclettekäse** in dünne Scheiben schneiden und darüber legen. Den Teigrand über die Füllung ziehen. Restlichen Teig auswallen und als Deckel in der Grösse des Blechs über die Form legen. **1 Eigelb** verquirlen und Kuchen damit bestreichen. Kuchen im vorgeheizten Ofen bei 180° C ca. 1 Std. goldgelb backen.

Cuchaule (Safranbrot für die Bénichon)

Von Philippe Milleret, Auberge de la Couronne, Lessoc, FR
Für 3 Safranbrote

1 kg Weissmehl, 1 TL Salz und **120 g Zucker** vermischen. Eine Mulde machen, **100 g weiche Butter** in kleine Stücke zerteilen und in die Mulde einfüllen. **$^{1}/_{2}$ Hefewürfel** zerbröckeln, in **0,5 dl Milch** auflösen und ebenfalls in die Mulde geben. **4,5 dl Milch, etwas Safran** und **1 verklopftes Ei** vermischen und in die Mulde geben. Alles zu einem Teig verarbeiten und kneten, bis er elastisch ist (geht ca. 10 Min.). Teig zudecken und bei Zimmertemperatur aufgehen lassen, bis er doppelt so gross ist. In 3 Stücke teilen und runde Brote formen. Brote mit einem Messer gitterförmig einritzen. Blech mit Backpapier auslegen, Brote darauf legen und zugedeckt ca. 50 Min. aufgehen lassen. **1 Eigelb** mit **1 Prise Safran** verrühren, die Brote mit einem Pinsel damit bestreichen. Im auf 180° C vorgeheizten Ofen im unteren Drittel ca. 35–40 Min. backen.

Diverses

Moutarde de Bénichon

Von Philippe Milleret, Auberge de la Couronne, Lessoc, FR
Für 2-3 kleine Einmachgläser

2 EL Senfmehl mit **1,5 dl Weisswein (Chasselas)** gut verrühren und 24 Std. stehen lassen. **6 dl Wasser** mit **200 g Kandiszucker, 2 Zimtstangen, 1 Anisstern** und **$^{1}/_{2}$ TL Aniskörner** aufkochen und danach 2–3 Std. zugedeckt köcheln lassen. Danach durch ein Sieb passieren. Separat **50 g Mehl** mit **2 dl Vin cuit** (Bezugsquelle Distillerie Morard, siehe S. 163) vermischen, gut verrühren und mit einem Schwingbesen ins Zuckerwasser einrühren. Alles nochmals 15 Min. kochen lassen. Senfmehl-Weisswein-Mischung dazugeben und nochmals 5–6 Min. kochen lassen, bis eine sämige Masse entsteht. Heiss in Einmachgläser abfüllen und abkühlen lassen.

Kräuterbutter «Café de Paris»

Von François Vouillamoz, Restaurant Café de Paris, Genf, GE
Für 200 Gramm

Das Rezept entspricht annähernd dem Originalrezept, das bekanntlich ein Betriebsgeheimnis ist. Die Zusammenstellung der Kräuter kann variiert werden. Klassisch sind z.B. Thymian, Rosmarin und Bohnenkraut, oder Petersilie, Dill und Estragon. Das vorgeschlagene Rezept arbeitet mit Petersilie, Estragon, Rosmarin und Thymian.
200 g Butter (Zimmertemperatur) mit **2 EL Zitronensaft** zusammen verrühren, bis die Masse weiss ist und etwa das doppelte Volumen hat. **1 Bund Petersilie** hacken und mit **4 EL Estragon, 4 EL Rosmarin, 4 EL Thymian** mischen. Mit **1 TL Currypulver, etwas Paprika, Pfeffer** und **Salz** abschmecken. **2 Sardellenfilets** in kleine Stücke schneiden, zerquetschen und mit **4 EL Cognac, 2 TL Zitronensaft, 2 TL Senf (mild)** und dem Saft von **1 Knoblauchzehe** vermischen. Zu den Gewürzen geben, gut verrühren, danach alles unter die Buttermasse ziehen und nochmals gut vermischen. In Töpfchen abfüllen oder mit einem Spritzsack Rosetten formen und in den Tiefkühler stellen (mind. 30 Min.). 10 Min. vor dem Servieren aus dem Tiefkühler nehmen. Passt gut zu Entrecôtes und zu Grilladen.

Rezeptverzeichnis

Suppen

Vorspeisen

Fleisch und Geflügel

Fisch

Vegetarische Gerichte und Beilagen

Fondue und andere Käsegerichte

Desserts

Brot, Kuchen und Gebäck

Diverses

Büchertipps

Sonntagsfreuden

Eine Gruppe engagierter Leute hat sich der journalistischen Aufarbeitung alter Bräuche und kulinarischer Traditionen in unserem Land angenommen. Einige der grafisch schön gestalteten Hefte sind bereits erschienen, unter anderem zu den Themen «Pizzokels», «Schafböcke» und «Bénichon». Weitere folgen. *Sonntagsfreuden,* Roland Früh und Gina-Lisa Bucher, Bertrastrasse 26, 8003 Zürich, www.sonntagsfreuden.ch.

Um die Wurst

Das Buch liefert eine gute Bestandesaufnahme der wichtigsten Schweizer Wurstspezialitäten. Entstanden ist das Buch aus den NZZ-Folio-Kolumnen des Autors, der ein «starkes Verlangen nach Wurst» in unserem Land diagnostiziert. Andreas Heller, *Um die Wurst. Meistermetzger der Schweiz,* Echtzeit Verlag, Basel 2007.

Juraküche

Der opulente Bildband von Georges Wenger dokumentiert die Leidenschaft des jurassischen Spitzenkochs für sein Terroir. Mit zahlreichen Rezepten. Georges Wenger, *Kulinarische Jahreszeiten im Jura,* Société Jurassienne d'Emulation, Porrentruy.

Absinth

Für Absinth-Fans und solche, die es werden wollen, sind diese beiden Bücher wertvolle Fundgruben:
Helmut Werner *Absinth,* Ullstein, München 2002; Matthias Bröckers, Chris Heidrich, Roger Liggenstorfer, *Absinth – die Wiederkehr der Grünen Fee.* Nachtschatten Verlag, Solothurn 2006.

Essen wie Gott im Welschland

Gisèle Peter-André, *Essen wie Gott im Welschland,* Elster-Verlag, Zürich 2007.
Die Autorin ist in der Romandie aufgewachsen und hat die bekanntesten Gerichte ihrer Heimatregion rezeptiert.

Landfrauenküche Waadtland und Fribourg

Die stets schön gemachten Bücher der Landfrauenredaktion versammeln nicht nur traditionelle Rezepturen, sondern auch Gerichte aus der modernen Landküche. Eine Fundgrube für alle, die eine bodennahe, ehrliche Küche lieben.
Redaktion Landfrauen kochen, Waadtländer Bäuerinnen kochen, edition vorsatz, www.editionvorsatz.ch
Redaktion Landfrauen kochen, Freiburger Bäuerinnen und Landfrauen kochen, edition vorsatz, www.editionvorsatz.ch

Waadtländer Pinten

Die Waadtländer Pinten (Dorfbeizen) verkörpern einen wichtigen Teil der gastronomischen Kultur des Waadtlandes. Nicht alle werden jedoch den Modernisierungstrends standhalten. Zwei Journalisten haben die schönsten Pinten deshalb in Buchform gesammelt (erhältlich nur auf Französisch). Dominique Gilliard und Gilbert Salem, *Pintes vaudoises – un patrimoine en péril,* Editions d'en bas, Lausanne 2005, www.enbas.ch

Das Beste aus der Romandie

Ein umfassender, klar aufgebauter Einkaufsführer für praktisch alle Romandie-Spezialitäten, allerdings nur auf Französisch; erhältlich auch im Welschlandladen in Zürich. Véronique Zbinden, *Le meilleure de la Suissse gourmande,* Editions Texto, Genf 2004.

Weiterführende Links

www.patrimoineculinaire.ch

Die Website der Ethnologen, die das kulinarische Erbe der Schweiz seit 2004 systematisch aufarbeiten. Inventarisiert werden Spezialitäten, die im Laufe der Geschichte in einer Region eine besondere Bedeutung erlangt haben. Abgeschlossen ist die Erforschung des Schweizer Gebäcks sowie der Fleisch- und Fischspezialitäten. Zur Zeit werden Obst- und Gemüsespezialitäten erforscht.

www.paysgourmand.ch

Unter dem Label «Pays romand – pays gourmand» sind fast alle regionalen Verbände der Westschweiz gruppiert, die sich für die Spezialitäten ihres Terroirs einsetzen. Auf der Website findet man alle Ansprechpartner und weitere Informationen unter anderem über die Gourmetwanderwege oder die «sentiers des fromageries» sowie einen Veranstaltungskalender mit den wichtigsten kulinarischen Veranstaltungen in der Romandie.

Ansprechpartner für weitere Fragen in den einzelnen Kantonen bzw. Regionen:

www.juratourisme.ch
www.neuchateltourisme.ch
www.fribourgregion.ch
www.waadtland.ch
www.geneve-tourisme.ch
www.wallis.ch
www.goms.ch

Bildnachweise

Die meisten Bilder in der Urchuchi stammen vom Autor Martin Weiss.
Umschlagbilder: Oben Blick auf Féchy (VD), unten Lammragout aus dem Chilbimenü «Le Bénichon» (FR).
S. 8: Dessertkreation mit Panna cotta vom Restaurant Bela Tola in Saint-Luc (VS).
S. 16/17: Schloss Porrentruy.
S. 166/167: Sonnenblumenfeld im Mandement bei Genf.
S. 202/203: Blick ins Lavaux (VD).
S. 258/259: Der Winzer Thierry Constantin in seinem Rebberg bei Sion.
S. 316/317: Alte Stadel im Dorfkern von Saas-Fee.

Folgende Bilder wurden uns freundlicherweise zur Verfügung gestellt:
S. 51, Blick auf den Doubs, Foto: Neuchâtel Tourismus
S. 82, Rebberg bei Bevaix, Foto: Vincent Bourrut, www.bourrut.ch
S. 85, Creux du Van, Val de Travers, Foto: Neuchâtel Tourismus
S. 85, Château d'Auvernier und Weinlese, Fotos: Art Studio, Montmollin
S. 123, Restaurant Au petit Paris, la-Chaux-de-Fonds, Foto: Neuchâtel Tourismus
S. 170, Cardon-Feld, Kanton Genf, Foto: Cynara
S. 201, Châteauvieux, Fotos: Domaine de Châteauvieux
S. 288, Edelweiss und Edelweissfeld, Orsières im Wallis, Foto: Agroscope ACW, C.-A. Carron
S. 352, Aletschgletscher, Foto: Urs Niklaus, Zürich

Dank

Auch der vorliegende dritte Band der *Urchuchi*-Trilogie wäre ohne die tatkräftige Unterstützung zahlreicher Mitdenker und Mitproduzierer nicht zustande gekommen. Dank gebührt allen voran Patrizia Grab, die als typografische Gestalterin dem Werk die sichtbare Form verliehen hat. Unterstützt wurde sie in der Schlussphase von Ulrike Groeger. Das Lektorat hat erneut Jürg Fischer sach- und fachkundige übernommen. Thomas Heilmann vom Rotpunktverlag, selber ein profunder Kenner der Schweizer Kulinarik, hat die (nicht immer einfache) Übersetzung der Rezepte gemeistert. Ein grosses Dankeschön gebührt Martin Jenni, Foodredaktor beim *Migros Magazin,* der viele gute Restauranttipps beigesteuert hat; weiter Yves Gaibrois, der die Jura-Kapitel aufmerksam gelesen hat; Francis Grandjean, der wertvolle Informationen zur Jacquerie neuchâteloise beigesteuert hat; Denis Beausoleil vom Office de Promotion des Produits Agricoles de Genève (OPAGE), der mich auf kompetente Art durch das Genfer Terroir geführt hat; Lukas Imseng aus Saas-Fee, der einige uralte Rezepte ausgegraben und wertvolle Beizentipps vermittelt hat; und nicht zuletzt Anne-Danielle Walpen von Goms Tourismus, Nadja Müller von Wallis Tourismus sowie den Mitarbeitern von Genf Tourismus – alle diese Institutionen haben mich mit Rat und Tat unterstützt. Wie immer danke ich auch Mariangela, meiner Frau, die mich als Fotoassistentin und Materialschlepperin quer über alle Berge begleitet hat. Es war ein spannendes, zeitintensives Unternehmen: Rund 20 000 Bilder sind insgesamt entstanden; pro Restaurant waren für die Vorrecherchen, die Reportage und Textarbeit im Durchschnitt drei Tage notwendig. Die Beschaffung und Übersetzung der Rezepte nicht eingeschlossen. Der zeitliche Aufwand ist der Grund, warum die Entstehung eines *Urchuchi*-Bandes zwei bis drei Jahre dauert.

Autor

Martin Weiss, geb. 1948 in Zürich, Journalist, Dokumentarfilmer, Dozent an der Schule für Angewandte Linguistik (SAL), Mitbegründer der Bookparade. Er lebt in Zürich. Buchveröffentlichungen: *Quartierverbesserer* (Zürich, 1980), *Utopien* (1991). Dokumentarfilme u.a. *Zurück in die Wildnis* (SF DRS, arte), ausgezeichnet mit dem Prix Epona (2002). Der *Urchuchi*-Band 1 (Deutschschweiz und Graubünden) ist 2005, der *Urchuchi*-Band 2 (Tessin und Misox) 2006 im Rotpunktverlag erschienen.

DAS KULINARISCHE

Authentische Schweizer Küch

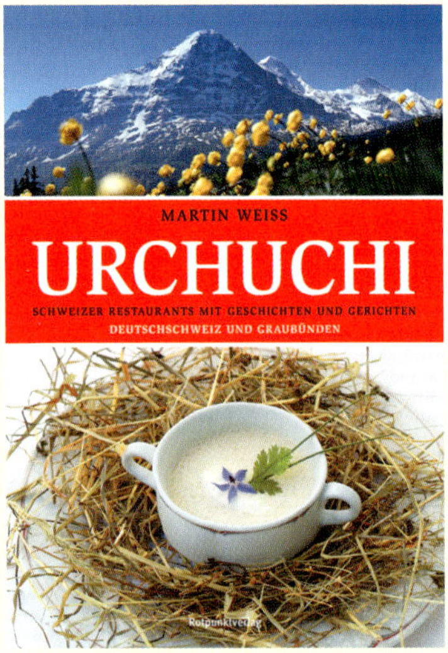

Die Sensation des Authentischen.
Restaurantführer gibt es wie Sand am Meer. Aber keinen, der sein Augenmerk so konsequent auf die «Sensation des Authentischen» legt: 70 Restaurants, in denen Schweizer Spezialitäten wie Capuns, Zigerhörnli, Hacktätschli oder Saurer Mocken frisch und innovativ zubereitet werden, stellt der *Urchuchi*-Band über die Deutschschweiz und Graubünden in ausführlichen Reportagen vor. Darunter sind auch längst vergessene Oldies wie Fenz, Chäs-Schoope oder Vogelheu.
Das Buch porträtiert Kochkünstler wie den Pilzguru Thuri Maag, den Kochpoeten Stefan Wiesner, aber auch Bauernköchinnen wie die 80-jährige Lorenza Caminada in Vrin, die als Einzige noch weiss, wie man Amplius zubereitet. Dazu kommen rund 300 weitere Restaurant- und Einkaufstipps, Hintergrundberichte über wiederentdeckte, uralte Schweizer Produkte wie den Ribelmais, die blauen Kartoffeln oder Topinambur – bis hin zu jüngeren Schweizer Erfindungen wie der Heusuppe, dem Bärlauchschnaps oder dem Willisauerringli-Parfait.
Slow Food statt Fast Food. Das Buch ist eine sympathische Kampfansage an Fast Food und globalisierte Geschmacksverdünnung – ein lebendiges Schaufenster des kulinarischen Erbes der Schweiz, das stark an Terrain zurückgewinnt.

Pressestimmen zur *Urchuchi*:

«Eine Schwelgtour de Suisse durch die Kulinarik der Kantone, saftig in Text und Foto.»
Thomas Widmer, Die Weltwoche, Zürich

«Wer gerne isst und die Schweiz regelmässig kulinarisch erkundet, findet in diesem Buch gewiss einiges an Vertrautem, aber auch Unentdecktes, Überraschendes – Adressen, die zum sofortigen Aufbruch verlocken.»
Paul Imhof, Tages-Anzeiger, Zürich

Martin Weiss
Urchuchi
Deutschschweizer Restaurants
mit Geschichten und Gerichten
Deutschschweiz und Graubünden

mit über 900 Farbfotos von Martin Weiss
440 Seiten, gebunden,
3., aktualisierte Auflage 2008
ISBN 978-3-85869-304-4
Fr. 68.–/Euro 45,–

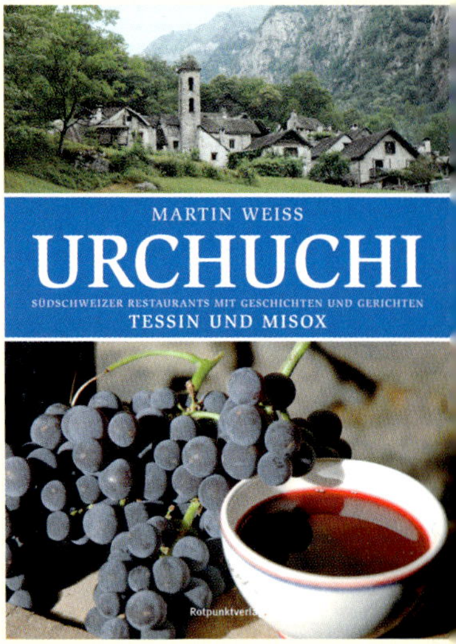

Ein Schaufenster der Tessiner Esskultur.
Wo isst man die beste Polenta? Wo den sämigsten Risotto? Wer produziert die spritzigsten Merlots und Bondolas? Zwei Jahre lang hat der Autor Martin Weiss in der Sonnenstube der Schweiz recherchiert und eine einzigartige Spurensuche unternommen: Die Suche nach der authentischen, urwüchsigen Tessiner Küche, in der sich alpine und mediterrane Duft- und Geschmacksnoten vermischen.
45 Restaurants, 30 Grotti, 200 Einkaufstipps. Von der gemütlichen Osteria im Bedrettotal bis zum Gourmetrestaurant im Süden porträtiert der Autor 45 Tessiner Restaurants. Dazu kommt ein Grottoführer mit 30 der schönsten Waldbeizen der Südschweiz. Ergänzt wird dieses Kapitel durch einen Blick in die jahrhundertealte Entstehungsgeschichte der Tessiner Felsenkeller. Diese urwüchsigen «cantine» sind die eigentlichen Urmütter der Tessiner Gastronomie.

ERBE DER SCHWEIZ

nd originäre Spezialitäten

Eine Fundgrube. Auch wer die Sonnenstube gut kennt, findet in der *Urchuchi* neue, wertvolle Hintergrundinformationen. Etwa über den Zincarlin, den gepfefferten Frischmilchkäse. Oder über die Cicitt, die weltweit einzigartige Ziegenwurst aus dem Maggiatal. Oder den roten Mais, der seit kurzem im Tessin wieder angepflanzt wird und zwischenzeitlich so gefragt ist wie die schwarzen Trüffel aus den Wäldern des Monte San Giorgio. Auch Klassiker wie Polenta, Risotto oder die einst für die Tessiner so wichtigen Kastanien werden in der *Urchuchi* ausführlich beleuchtet.

120 Rezepte aus der «cucina povera». Auch in der Tessiner *Urchuchi* finden Sie 120 Rezepte, die zum Nachkochen und Geniessen einladen: vom Ziegenfrischkäsemousse über Kastanien-Gnocchi, Coniglio al forno und Busecca bis zur berühmten Tessiner Brottorte. Einige Rezepte stammen von Bauernfamilien, die sie seit Generationen weitervererbt haben. Andere wurden von Tessiner Spitzenköchen neu entwickelt und zeigen, dass der kulinarische Prozess im Tessin mit kreativen Ideen weitergeht.

Martin Weiss
Urchuchi
Südschweizer Restaurants
mit Geschichten und Gerichten
Tessin und Misox

mit rund 900 Farbfotos von Martin Weiss
384 Seiten, gebunden
2., aktualisierte Auflage 2007
ISBN 978-3-85869-308-2
Fr. 59.–/Euro 39,–

Ennet dem Röstigraben.
Wer hat das Fondue erfunden? Was sind Malakoffs? Warum wachsen die Büschelibirnen nur im Kanton Freiburg? Die Aufarbeitung des kulinarischen Erbes der Schweiz wäre unvollständig ohne die Romandie. Vom Safran aus dem Walliser Dörfchen Mund bis zur Metzgete in der Ajoie, vom Damassine bis zur Entstehungsgeschichte des Fondues, von der Papet vaudois bis zur «grünen Fee» geht der Autor auch im dritten Band der *Urchuchi* auf eine spannende Spurensuche in den Westschweizer Regionen. Martin Weiss porträtiert rund 55 Restaurants und interviewt Spitzenköche und Kenner des Terroirs wie Georges Wenger.
Erneut werden auch zahlreiche Spezialitäten erfasst, die einzigartig sind, etwa die Taillés aux greubons, der Vully-Pflümli, die «Cholera» oder die Saucissons aux choux aus Orbe. Und selbstverständlich sind erneut auch Käse und Wein grosse Themen dieses Bandes sein: In der Romandie entstehen einige der besten Käsespezialitäten der Schweiz, wie etwa der Tête de moine oder der Fribourger Vacherin. Auch beim Wein geht der Autor zurück zum Authentischen und dokumentiert autochthone Weine wie den Heida oder den Petite Arvine.
Für Freunde der guten, traditionellen Frischküche und Kochgeschichte eine umfassende, reich bebilderte Fundgrube!
Der letzte Band der Trilogie von Martin Weiss.

Martin Weiss
Urchuchi
Westschweizer Restaurants
mit Geschichten und Gerichten
Romandie und Oberwallis

mit rund 1000 Farbfotos von Martin Weiss
432 Seiten, gebunden, 2008
ISBN 978-3-85869-339-6
Fr. 68.–/Euro 45,–

Rotpunktverlag.